简读日本史

JAPANESE HISTORY

张宏杰 著

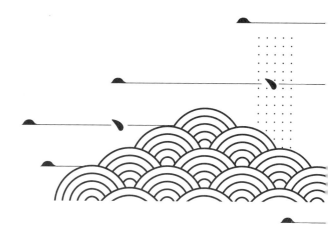

独特的日本历史底盘
与精神世界

CTS 岳麓書社·長沙　博集天卷 CS-BOOKY

目 录

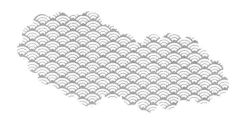

第二编

日本简史：从神话时代到明治维新

第三编

日本与世界

第四编

日本人的国民性

日本和中国骨子里不一样

一

有人问，书店里各种版本的《日本史》已经那么多了，你为什么还要凑热闹再写一本？

我的回答是，我关注的重点和大部分作者不太一样。

这本《日本史》想要解答的第一个问题是日本人独特的国民性是怎么形成的。

对中国和日本都有深入研究的傅高义说，日本国民性最突出的特点是团结性强。他说，中国也在强调团结重要，但是实践得远没有日本人好。中国社会有一个虽然夸张但流传很广的说法，"一个中国人是一条龙，三个中国人是一条虫；一个日本人是一条虫，三个日本人是一条龙"。傅高义对比中国和日本到哈佛大学的考察团，"在日本，一个团能将其考察的成果向其他的考察团提供，而在中国，很多情况下是前面的团考察的结果，后面的团不知道。……中国各单位、部门的本位主义太强，缺乏彼此联系和协调"。[1]

日裔美国学者福山则认为，中国是一个"低信任度社会"，即陌生人之间彼此信任的程度不高，对家族以外的其他人存在极度不信任。而日本是

---

[1]王泰平：《三十多年过去了，为什么还要读〈日本第一〉》，《晶报》2016年8月20日，第B04版。

"高信任度社会"，整个社会信任度高，内耗小。日本人非常遵守公共秩序，日本关联企业之间的内斗也很少，信任合作进行得比美国、中国等很多国家要好。傅高义、福山的说法当然都是一家之言，但是日本社会协调性强，公共秩序好，这确实是绝大多数观察者的共识。

日本国民性的另一个特点是转弯快。

有一个日本朋友说，她发现几乎所有中国人都对明治维新特别感兴趣，几乎所有人都会和她聊起明治维新。

其实中国人最感兴趣的，是日本在世界剧变面前为什么能这么迅速地转身，而且变得这么彻底？

确实，在明治维新之前，日本社会的舆论主流是"攘夷"，充斥着各种排外声音，但是当萨摩和长州被西方人痛打了一次之后，全日本马上清醒过来，迅速转向，彻底改革。明治维新触动了太多既得利益者的蛋糕，但仍然顺利完成，在很短的时间内就让日本实现了"脱胎换骨"。

那么，日本人的团结性、协作性，是从哪儿来的？日本人在危机面前为什么转弯转得这样快？

通过梳理日本历史，我的看法是：以上这些特质，都与日本人身上的"集团主义"特质有关。日本人总是"抱团"式地生活，如同一群鱼，平时总是井然有序地朝一个方向游。如果你朝水中扔一块石子，它们短暂受惊后，又马上集体转向另一个方向。当然凡事都有两面。这种国民性格特点，一方面导致日本社会协调性强，转向迅速；另一方面，一旦领导层决策错误，也会导致日本人盲从集体，犯下重大错误，正如日本在二战期间经历过的一样。

那么日本社会为什么会呈现"集团主义"的特点？日本式的"集团主义"是漫长的历史塑造的。日本的历史和文化，很多地方表面上和中国很像，但是骨子里完全不同。

二

这就涉及这本书探讨的第二个问题，即日本和中国到底有什么不同。

中国人对世界的误解之一，就是日本"克隆"了中国文化，和中国"同文同种"，因此没有本质区别。

没错，从表面上看，中国和日本确实有太多的相似之处了，相似的长相、相似的建筑、相似的文字，甚至文化性格和思维方式都有很多相似之处：两国人都注重形象思维和直觉感悟。两国人为人处世都讲究含蓄，说话都习惯于拐弯抹角。两国人都注重集体主义，倾向于压抑个性。中国人常说"出头的椽子先烂"，而日本也有一句人人尽知的谚语，"出头的钉子先挨敲"。

但是，在这些相似下，再深入挖掘一层，就会发现中日之间很多根本性的不同。对这些不同，中国读者了解得并不深入。

第一，中国从周代开始就认识到近亲结婚的危害，确立了"同姓不婚"的传统，日本历史上却长期盛行近亲结婚，特别是日本皇室的内部通婚，比如兄妹通婚成为传统。大化改新之后，虽然日本几乎全方位地学习中国，但是皇室内部通婚这种在中国文化看来绝对"逆天"的风俗却依然未改。[1]

第二，中国文化中性禁忌产生得非常早，男女之别甚严。受中国文化影响很深的朝鲜李朝也曾经贞节牌坊遍地。日本人却一直没有培养起贞操意识，长期男女混浴，没有出现过太监，没有出现过贞节牌坊，也没有裹过小脚。

第三，日本的家族制度与中国相当不同。中国家族文化中血缘意识很强，能生一定要自己生，实在不行才收养，而且一般不收没有血缘关系的人

---

[1]官文娜：《日本家族结构研究》，社会科学文献出版社，2017年，第64页。

为养子。然而日本却盛行收养无血缘关系的养子，甚至自己有亲生儿子也可能把家业交给养子。

第四，中国人分家时一般诸子均分，也就是每人都有一份，长子和其他孩子的地位没有本质差别。而日本传统家庭实行"长子继承制"，长子和其他孩子之间的地位差别非常大。在农民家庭，长子是主人，其他儿子类同奴仆。传统日本有些地区，只有长子才能结婚，其他儿子根本没有结婚的权利。

第五，汉语里有花样百出的国骂，但是日语里却几乎没有脏话，"唯二"的两句"脏话"还都是来自汉语。第一个是"馬鹿"（ばか，即"八嘎"），来自汉语的"指鹿为马"。"八嘎"后面有时还要加一个"呀路"，这个"呀路"也是来自汉语，即"野郎"，就是"村夫、没教养的人"的意思。[1]这两句脏话听起来实在是太文弱，在中国不过相当于幼儿园小朋友骂架的水平。

第六，中国的坟墓都远离生人居所，在荒郊野外。而日本城市里存在大量墓地，有些与住宅小区就一墙之隔。我在东京访学之时，宿舍对面就是一处墓地。中国人一般认为，人死后会变成鬼，靠子孙后代烧纸钱活着。而日本人认为，人死后或成为"神"，或成为"佛"，不必害怕，也不需要烧纸钱。

第七，中国有句老话，"好死不如赖活着"。而日本人的一般取向与此相反，对日本人来说，"死是最高艺术"，死亡意味着清洁、超脱、干净，一切罪孽都随着死亡而消失。众所周知，日本是世界上自杀率最高的国家之一。奈良有个很小的古刹，叫"暴死寺"，香火很旺，每天都有人来此烧香参拜，祈求自己"暴死"。[2]

第八，日本战国时代曾经出现广泛的社会自治现象。在自治乡村中，农

---

[1][日]铃木贞美：《日本的文化民族主义》，魏大海译，武汉大学出版社，2008年，第61页。

[2]李建军：《日本人自杀行为的历史文化因素》，《社会学研究》1995年第6期，第110—116页。

民们自己处理普通司法案件。有些"惣村"[1]甚至还拥有了"立法权"。在自治乡村的基础上，日本也出现了自治城市，自治城市拥有自己的司法权，许多城市还拥有自己的武装力量，甚至拥有专门维持治安的警察。这些在中国历史上都是完全不可想象的。

第九，中国人从小就受到"集体主义"教育，但是在实际生活中，行事并不全然如此。中国人非常重视家族和亲戚关系，重视"私德"，在社会上则不那么重视"公德"。日本人却不那么重视家族和亲戚关系，倒是发自内心地热爱"公司""单位"等集体。在日本人的价值观中，"不给别人添麻烦"差不多是最高准则。

第十，中国人有着强烈的民族自尊心和民族自豪感，鸦片战争之后，中国社会长期存在着"受害者意识"和"仇外情绪"。而日本人骨子里同样自尊且敏感，但是日本国民性中又有一种独特的"强者崇拜"，或者叫"拎得清"：你比我强，把我打败了，我一不忌妒二不仇恨，而是老老实实向你学习。"鸦片战争"在中国是国耻，迫使日本开国的武力威胁"黑船来航"却被日本人当成带领日本走入现代文明的"恩惠"。

……

了解了这些，你还会认为日本文化和中国文化"基本一样"吗？

三

那么，这些不一样是怎么形成的呢？

中日文化之间的巨大差别，可以追溯到原始社会。

中国从母系文化到父系文化，从原始时代到农业时代，实现了巨大的文化跨越。很多原始时代形成的文化习俗，后来已经消失或者严重变形了。比

---

[1]村民的自治组织，在惣村里，村民们召开集会并自行商定决议大小事务。——编者注

如普通中国人很少有人会意识到，祖先的祖字，是由代表生殖器的"且"字演变而来的。

而日本文化保留了大量的原始时代、母系社会时代的文化因素。至今日本还有400座左右生殖器崇拜的神社。比如小牧市神社祭祀的就是一根大约长七米、直径一米的木制阴茎。"每年到生殖祭的时候，男女老少，大人小孩手上都会抱着一个男性生殖器官样子的人偶参加到祭的游行队伍中，连观念开放的外国媒体都瞠目结舌。但日本人对此没有一点忌讳，他们只单纯地认为那个生殖器模样的人偶是神，希望亲近、触碰、抚摸神来得到祝福保佑，就像西方人触摸耶稣基督的神像一样，再自然不过。"[1]

除了原始的性观念，日本人在原始时代形成的还有"神道教"，这是从万物有灵的萨满教发展起来的原始宗教。日本人集团式的定居生活方式，也是从原始时代就开始的。一般人类社会是进入农业社会后才开始定居，而日本在原始社会后期的绳纹时代，也就是采集时代，就开始定居，形成日本独特的"村社文化"的萌芽。

日本著名学者上山春平说，今天的日本文化表面上有浓厚的"欧洲色彩"；剥去这一层，下一层是中国文化色彩很强的"农业社会"文化；再往下剥一层，就是原始时代即绳纹时代的文化精神。"绳纹文化的遗产……虽几度变形，但仍以种种形态继续生存下去。……对我们的生活和文化仍然起着作用。"[2]

日本之所以能保留这么多上古文化因素，当然是因为日本地理条件的特殊。日本平原很少，国土约75%属山地丘陵地带，小规模的山间盆地散布全国，形成一个个相对独立的地理单元。这种地理结构不利于迁徙，导致日本

---

[1]邓亚晔、吴之桐：《开放、自有与宽容——论日本人的性观念》，《大观周刊》2011年第22期，第182页。

[2]杨薇：《日本深层文化五题》。载南开大学日本研究中心编《日本研究论集》，2001年第2期，天津人民出版社，2001年，第294页。

社会小共同体长期稳定，逐渐形成了"集团主义"的生活方式和思维方式。与此同时，日本离亚洲大陆不远不近，既可以避免大陆的兵锋，又可以从容地向大陆学习。由于日本向大陆学习不是通过被征服、被融合的方式，所以原本的文化基座并没有被打碎。比如大化改新中，日本引进了大部分中国制度，但没有引进科举制，也没有引进中国的家族制度，没有引进中国的孝文化、贞操观念。因此日本在实现跳跃式发展的同时，它的历史基盘，也就是集团式的生活方式并没有被摧毁。

我们往往夸大了大化改新对日本历史的影响。事实上，大化改新虽然效果显著，成就辉煌，但并没有从根本上改变日本历史的个性。大化改新的成功并没有持续太久，一百多年后，日本又滑回到了原有的轨道。从整个日本历史来看，大化改新的全面"中国化"，只是日本历史之旅中的一次短暂脱轨。稍微熟悉日本史的读者都会知道两个词，一个是"和魂洋才"，一个是"和魂汉才"。其实日本还有一个词，"绳魂弥才"。这三个词构成一个序列，背后显示出日本文化发展的一个规律：远离大陆的封闭环境，造成了日本文化核心的稳定性。一旦遇到强有力的外来刺激，日本又会跳跃式地发展，外表发生巨变，不过骨子里的一些东西仍稳定不变。[1]

日本的历史轨迹因此显得与汉字文化圈的其他几个国家——中国、朝鲜和越南非常不同，中国文化对日本的影响，最终主要遗留在了文字、文学、服装、建筑等表层物质文化方面。[2]日本原始文化的很多成分，比如母系社会的"走婚"习俗，独特的性观念，原始时代的神道教传统，村社文化，都相当程度地保持了下来，并且有机地嵌入今日日本社会的运转当中。[3]

---

[1]比如日本人的原始信仰神道教，从原始时代一直持续到现在，至今遍布各地的神社仍然是日本人生活中必不可少的部分。

[2]李卓：《古代中华制度文明在日本的结局——中国文化对日本影响的再认识》，《东北亚学刊》2012年第1期，第31—36页。

[3][日]丸山真男：《丸山真男讲义录（第六册）》，唐永亮译，四川教育出版社，2017年，第9页。

中日文化的另一个根本性区别是，中国文明是原生的，长期远比周边文明发达，具有强大的辐射力，因此一直有一种"傲视四方"的上国心态。而日本文明是受到中国文明的辐射才发展起来的。从一开始，中国的先进就一目了然而且辉煌耀目，由于地理上的安全，历史上外来文明给日本带来的一直是巨大的惊喜而不是恐惧。因此从一开始，日本人就形成了强大的"崇洋心态"和学习本能。

四

这本书要探讨的第三个问题，就是日本人怎么看待历史上的中日关系，以及日本为什么三度向大陆扩张。

中国人对日本历史的另一个很大的误解，是日本和朝鲜一样，历史上一直是中国的朝贡国。

事实上，在几千年间，日本只有一个时期，那就是"倭五王"时期（约为中国南北朝时期），是中国真正的朝贡国，除此之外，在隋唐、五代、两宋、元朝和清朝，日本都算不上是真正的朝贡国。遣隋使因为国书中称"日出处天子致书日没处天子"，惹得隋炀帝不悦。后来的遣唐使则从来没有携带过国书，而国书表文是建立朝贡关系的最重要的标志。朝贡关系的另一个重要标志，是宗主国要册封朝贡国的国王。但是在唐朝，日本从来没有像其他朝贡国那样，请求中国皇帝的册封。在唐代日本人自建年号，自称"天皇"，自处于与中国平等的地位，是不争的事实。

有宋一代，中国和日本只有民间交流而一直没有官方关系。元代忽必烈两度派遣当时世界上最大的渡海远征军入侵日本，仍然没能使日本人屈服。到了室町幕府时期，即明代前期，幕府为了获得巨大朝贡利益，曾经伪造了一个并不存在的"日本国王"的头衔，和中国展开朝贡贸易，然而事实上并不奉中国正朔，因此也算不上典型的朝贡活动。在中国清朝时期，日本甚至通过"正德新例"，试图把中国纳入日本的朝贡国体系。因此在中国的朝贡圈中，日本和朝鲜、越南、琉球甚至泰国都不一样，不能算是藩属国。

不但不向中国称臣，日本历史上还长期自认为是天底下独一无二的"神国"，日本人甚至试图建立"日本型华夷秩序"，即以神国日本为中心，来统治世界万国。1610年，德川幕府致中国福建总督转中国皇帝的信中说：日本"德化所及，朝鲜入贡，琉球称臣，安南、交趾、占城、暹罗、吕宋、西洋、柬埔寨等蛮夷之君主酋长，莫不上表输贡"。因此日本历史上有一个规律性的现象，一旦实现统一，就必对外侵略。刚刚开始大化改新羽翼未丰的日本就试图与大唐一争高下，导致朝鲜半岛上的白江口之战。丰臣秀吉刚刚统一日本，就迫不及待地发动壬辰朝鲜战争，试图以宁波为首都，统治世界，成为"万皇之皇"。[1] 日本明治维新刚刚开始，就兴起了"征韩论"，并在不久后发动了中日甲午战争。至于第二次世界大战，则是日本丰臣秀吉时代征服世界梦想的又一次尝试。

因此，日本文化中一直包含着独特的世界观念和统治世界的意识，这个小国表面上彬彬有礼，骨子里却长期燃烧着征服世界的野心。这是影响日本、东亚甚至世界历史走向的重要因素。

五

恐怕没有什么感情比中国人对日本的感情更加复杂和矛盾的了。提起日本，大多数中国人的感觉都是如同"打翻了五味瓶"，酸甜苦辣，一时不知从何说起。

这是我们最熟悉的一个国家。日本的动漫、游戏和音乐，弥漫在每个90

---

[1]1592年，秀吉秘书山中橘内由名护屋军营中致秀吉的"女中"书中说及秀吉拟在征服中国之后构居于宁波府附近，以便总揽东亚各国之政权。参见"丰臣秀吉记室山中橘内书状"，载郭守田主编《世界通史资料选辑·中古部分》，商务印书馆，1981年，第458页。

后中国人的成长背景当中。年纪更大的人则更熟悉《地雷战》《地道战》《血疑》和《追捕》。

这又是我们最陌生的一个国家，虽然有着几千年的交往，但传统中国通常都全神贯注于同来自西北的马上民族打交道，忙于处理大陆上的兵戈纠纷，除了被"倭寇"在沿海偶尔骚扰一下之外，并不重视日本的存在。甚至在甲午战争之后，乃至第二次世界大战之后，中国对它还是没有给以足够的关注。因此大部分中国人对日本所知甚少，或者说误解多多。提到日本，很多中国人头脑中第一个跳出来的词便是仇恨。

然而，"不共戴天"只能是一种情绪化的表达。不论何时，我们都不得不与这个国家同处一片天宇之下，不仅如此，还不得不与它"一衣带水"，紧紧相依。因此，仅仅仇恨是不够的。

当然，了解日本是不容易的。不光中国人对日本不太了解，世界上其他国家的人也多有这样的感觉。本尼迪克特深有感触地说："在美国曾经全力以赴与之战斗的敌人中，日本人的脾气是最琢磨不透的。"而李光耀说得更为直接："日本不是一个普通正常的国家，它很特别，有必要记住这一点。"[1]

正因为如此，我们才需要多花些时间和精力，来深入了解一下这个独特的国家。这就是我写这本书的动机。

因此这本《简读日本史》分成四部分。第一部分从日本人独特的性观念切入，分析日本历史和文化的独特性；第二部分按时间顺序，简述从绳纹时代到明治维新的历史，重点是分析日本为什么进行大化改新，以及大化改新何以失败，对比日本历史轨迹与中国的相似之处和不同之处；第三部分分析日本人的世界观念以及历史上的中日关系；第四部分则总结日本国民性的成因及特点。

---

[1]刘庭华：《〈开罗宣言〉与钓鱼岛》，载朱成山主编、曾向东执行主编《日本侵华史研究》，南京出版社，2014年第1卷，第15页。

JAPAN

简 读 日 本 史

第一编

日本人的原始观念
和精神世界

第一章

日本神话中的"性"内容

一

日本的开国神话是这样讲的：

传说很久很久以前，世界只有一片汪洋，没有陆地。众神住在天上一个叫"高天原"的地方。

日本的神仙们名字都很"日本"，有"天之御中主神""高御产巢日神""宇麻志阿斯诃备比古迟神"和"天之常立神"等一大堆，中国人读起来肯定觉得头昏脑涨。他们在天上成天无所事事，闲得无聊，有一天心血来潮，突然决定派两个地位不太高的神，一个叫伊奘诺尊[1]，另一个是他的妹妹伊奘冉尊[2]，去创造陆地，看看会有什么结果。

怎么创造陆地呢？方法很简单，兄妹俩用一把长矛插到大海中，用力搅拌，一提起，矛尖滴下的泥水就凝聚成了最初的一个小海岛。

于是，兄妹二人就降落到小海岛上。

哥哥问道："你的身子是如何长成的？"妹妹回答说："我的身子都已长成，但有一处未合。"哥哥说："我的身子都已长成，但有一处多余。今

---

[1]又称伊耶那岐命。

[2]又称伊耶那美命。

以我所余处填塞你的未合处，产生国土，如何？"妹妹答道："好吧。"[1]

于是，兄妹俩就上演了日本最早的"爱情动作片"，此事记载在日本最古老的官方史书——《古事记》和《日本书纪》上。

兄妹二人结成夫妇后，就生下山、海、风等诸神和日本列岛，是的，日本列岛是他们一个一个生出来的。

二

有人说，我们想看的是真实的日本历史，你为什么给我们讲神话？

因为神话很重要。

人类在"信史时代"，也就是有可靠的历史记载之前，在这个星球上已经生存了数百万年了。如果从智人时代算起，也有十多万年了。文明时期以前这漫长的前奏当然并非可有可无，它奠定了人类精神世界的基础，它留下的神话中包含着大量的重要信息。比如日本民族的神话，就分明地揭示了日本民族的与众不同。

有什么与众不同之处呢？首先是对性的态度异常坦率。

兄妹成婚的传说听起来倒也没什么特别骇人听闻之处。因为世界各国的起源神话中并不乏兄妹结婚的故事，比如中国的伏羲和女娲就是一对兄妹。但是一般的神话并不提供兄妹交合的细节，而日本的传说不仅记录了成婚前的对话，还记载了丰富的细节。二人商量好之后，却不知道如何动作。这时候恰好有一对鹡鸰飞来，在边上交尾，兄妹二人一边观摩一边学习，终于成功交合。《日本书纪》说：

---

[1]周作人译《古事记》所云如此。郑硕人编选《世界文学金库·神话史诗卷》，上海文艺出版社，1994年，第43页。而《日本书纪》载："因问阴神曰：'汝身有何成耶？'对曰：'吾身有一雌元之处。'阳神曰：'吾身亦有雄元之处。思欲以吾身元处，合汝身之元处。'于是阴阳始遘，合为夫妇。"

> 遂将合交，而不知其术。时有鹡鸰，飞来摇其首尾。二神见而
> 学之，即得交道。[1]

这些细节显示出，日本人对性的态度是非常坦率的。在很多民族的文化中，性是羞耻的。在《圣经》之中，亚当和夏娃吃了智慧树上的果子之后，意识到自己是裸体，感到羞耻，后来被逐出了伊甸园。

但"日本的神与大多数日本人一样，并不因性行为本身感到愧疚。伊邪那美和伊邪那岐一旦受了鹡鸰的启发便不能自制了。性确是大自然的基本，中心部分，不存在过失的问题"。[2]日本的神不但可以光明正大地尽情地享受性的快乐，还以性为生产力，生下了一个又一个岛屿，组成了"八大岛"，创造了日本国。[3]这种情节设置和很多其他民族的神话显然是大不一样的。在中国神话中，女娲用黄土造出了人类。在西方的神话中，上帝创造了世界。但是在日本神话中，日本列岛居然是性爱活动的结晶。

三

日本神话中不只将伊奘诺尊和伊奘冉尊两人的性细节记载得坦然大方，其他涉及性和性器官的地方也非常多。比如《古事记》"天之岩户"一节中记述道：

> ……天照大御神惊恐，关闭天之石屋的门，隐藏在里边。高天

---

[1][日]舍人亲王：《日本书纪》，四川人民出版社，2019年，第6页。

[2][荷]布鲁玛：《日本文化中的性角色》，张晓凌、季南译，光明日报出版社，1989年，第4页。

[3]姚耀、[日]秋叶良和：《日本地下经济》，新世纪出版社，2013年，第35页。

原立即黑暗，苇原之中国亦悉幽暗，变成永久之夜。……

　　于是八百万众神聚集于天安之河原，……天宇受卖命以天香山的日影蔓束袖，以葛藤为发鬘，手持天香山的竹叶的束，复空桶于岩户之外，脚踏作响，状如神凭，胸乳皆露，裳纽下垂及于阴部。于是高天原震动，八百万众神哄然大笑。

　　……天照大御神即出岩户，高天原与苇原之中国都自然明亮起来了。[1]

也就是说，天照大神因为害怕，退到一个黑暗的岩洞里。整个世界随之漆黑一片。众神集会，商量怎么把她引诱出来。布鲁玛翻译这段文字说，舞蹈之神天宇受卖命像巫女那样，进入一种恍惚状态，开始跺脚，情欲狂发，露出乳房，并"将她的裙子扯到阴部以下"。此刻，表演达到了令人战栗的高潮。一双双眼全盯着她那神圣的生殖器，众神爆发出一阵狂笑，整个宇宙都能听见。天照大神不能眼看着众神当她不在场时那样开心。她将头伸出洞，看究竟什么如此好笑，于是世界又重现光明。[2]

把这么多有关性的内容赤裸裸地写进创世神话当中，在世界文化中是极为少见的。要知道，《古事记》和《日本书纪》并不是同《山海经》等神话那样出现于先秦，而是写作于相当于中国唐代，也就是日本大化改新之后的

---

[1]郑硕人编选：《世界文学金库·神话史诗卷》，上海文艺出版社，1994年，第368页。

[2][荷]布鲁玛：《日本文化中的性角色》，张晓凌、季南译，光明日报出版社，1989年，第3页。日本神话中，关于女性性器官展示有娱众功能的还有这样一则：两个女子被一群妖魔鬼怪追赶，走投无路。一位女神提醒她们，让她们解开衣服露出自己的阴部给魔鬼们看。女神还率先垂范，演示以什么样的方式展露。两位女子照办，魔鬼们果然在一阵"无掩饰的狂喜之后"散去。参见叶渭渠《日本文化史》，广西师范大学出版社，2003年，第64页。另一个涉及性器官的地方，"速须佐之男命的胡为却不止歇，而且加甚了。当天照大御神在净殿内织衣的时候，他毁坏机室的屋顶，把天之斑马倒剥了皮，从屋上抛了进来。天衣织女见了吃惊，梭冲了阴部，就死去了"。"梭冲了阴部"，就是织布的梭子刺穿了阴部。据研究者分析，这可能是暗示织女受了性侵害。参见郑硕人编选《世界文学金库·神话史诗卷》，上海文艺出版社，1994年，第368页。

奈良时代。《古事记》是由日本奈良时代的文官安万侣奉命在712年写成，郑重其事地献给元明天皇。《日本书纪》是720年由皇子舍人亲王等人受天皇之命编辑完成。此时的日本已经深入接受中国文化，里面的天照大神又是天皇的"直系祖先"，如果由中国人编写，肯定会把这些不"雅驯"的内容"技术处理"掉。然而日本的记述者显然认为没有必要避讳。甚至书中记载的第一任天皇神武天皇的皇后，名字就叫"女阴"。《古事记》中说：

> 三岛的湟咋的女儿名叫势夜陀多良比卖，其姿容美丽，美和的大物主神见了喜欢，乘少女登厕的时候，化为涂着赤土的箭，从那厕所的下流，上冲少女的阴门。于是少女惊惶，狼狈奔走，随持来此箭，放在床边，忽化成壮夫，即娶少女而生子，名为富登多多良伊须须岐比卖。[1]

日文"富登"（ホト）就是女阴的意思。女阴皇后的父亲，第一次见到皇后的母亲就被她迷住了，趁她上厕所时化身成一支涂着红色土的箭，插到女方的阴中，后来生下了女阴。

把这些内容毫不阉割地记入"史书"，在中国、朝鲜、越南这样的儒教文化圈国家都是不可想象的，在世界其他文化当中也极为罕见。

---

[1][日]安万侣：《古事记》，周作人译，中国对外翻译出版公司，2001年，第65页。

第二章

日本皇族为什么长期内部通婚

一

上一章讲到，兄妹结婚，生出了日本列岛。后来，妹妹伊奘冉尊不幸死了，哥哥伊奘诺尊在悲痛之余，又独自从左眼生出了天照大神（即太阳神），从右眼生出月读神（月亮神）。

这个"天照大神"就是日本天皇的祖先。至于为什么讲了半天兄妹结婚的事，最后天皇的祖先却是单性繁殖出来的，我们也不知道其中奥妙。

中国人经常说，中国和日本两国一衣带水，同文同种，非常相似。这种说法表面上很有道理。比如，两国的创世神话传说就有很多类同的地方，一个是兄妹成婚的主题中国也有，另外一点，日本神话中从左右两眼分别生出太阳神和月亮神这一情节，与中国《五运历年记》中记载的神话相似，相传盘古死后，左眼变成了太阳，右眼变成了月亮："首生盘古，垂死化身……左眼为日，右眼为月"。

但事实上，这两个国家相似的文化表象之下，却埋藏着本质性的不同。比如兄妹成婚这个事，在中国只存在于神话当中，但是日本人却将它付诸实践，使之成为日本古代社会的一个重要制度。

日本文学名著《源氏物语》中有这样一段：

一天，有一个侍候皇上的典侍，说起先帝的第四皇女，容貌姣好，声望高贵……皇上闻言……未免留情，便卑辞厚礼，劝请四公主入宫。……她住在藤壶院，故称为藤壶女御。

小说中对"先帝"与"皇上"的关系没有明确交代，文学研究者认为，"先帝"不是在位天皇的父亲，而是"皇上"的伯叔父或堂兄弟。那么这位四公主就是天皇的堂妹或侄女。

中国读者恐怕要大吃一惊。不论是娶自己的堂妹还是侄女，那都是不折不扣的乱伦啊！可是《源氏物语》写来，波澜不惊，似乎一切顺理成章。

其实这在天皇家族里还不是最让人惊讶的。

如果你研究日本的古书《古事记》，你会发现，前三十三代日本天皇家族中，出现了十一次兄妹通婚。[1]除了兄妹通婚之外，日本皇室"乱伦"的方式五花八门：有人娶了叔母，有人娶了伯母，有四个人娶了姨母，有人娶了自己爷爷的姐妹！[2]天武天皇同时娶了哥哥的四个女儿。娶堂姐妹表姐妹自然更不在话下。

有人说，日本早期天皇的历史是靠不住的，从第十七代天皇履中天皇起，才是信史。好吧，那我们就从履中天皇开始算。按日本正史的记载，从十七代履中天皇以下，二十二代男性天皇当中，有十七代天皇的皇后都是皇族，而且大部分是天皇的姑妈或者姐妹之类的近亲。[3]其他五个，有一位天皇没有结婚，有四代天皇没有娶皇族，巧合的是，这四代天皇都没有立皇后。

有人说，你说的这些天皇，基本上都是大化改新之前的，也就是全面向

---

[1]其中同父异母的兄妹通婚九次，同父同母的两次（当然，其中有一次被认为是非法的）。
[2]官文娜：《日本家族结构研究》，社会科学文献出版社，2017年，第11—12页。
[3]李卓：《日本古代皇位继承问题》。转引自张友伦、米庆余编《日美问题论丛》，天津教育出版社，1989年，第8页。

中国学习之前的。向中国学习之后应该不这样了吧？

　　事实上，大化改新之后，虽然日本几乎全方位地认真学习中国，但是皇室内部通婚这种在中国文化看来绝对"逆天"的风俗却依然未改。[1]不但没改，反而越来越严重。大化改新后，皇室的异母兄妹婚姻甚至被写入法典，定为制度。按《养老令》中的规定，后宫有品级的妃子，只能是前天皇的姐妹、女儿。[2]从7世纪中叶到8世纪前期，皇室的女子几乎全部内部消化，基本没有嫁给外族的。[3]

二

　　为什么会出现这样奇怪的现象呢？

　　有一种说法是，之所以如此，是因为天皇是"现人神"，即活在现世的神。我们知道，日本人认为天皇家族是天照大神的后裔，天神家族内部通婚，是为了保持神的家族血统纯正，不被凡人的血液污染。

　　这个说法当然有其道理，但是也不全面。因为同族结婚，在古代日本并不只是天皇一族，而是非常普遍的。特别是贵族家族的女子，几乎都嫁给自己的同族。[4]"内部消化"是整个上流社会的习俗。高岛正人对于奈良时代美浓国春部里诸氏中的国造族婚姻的研究发现，在51例婚姻中有41例为族内婚。[5]

　　大化改新后的日本法律，全面抄袭中国法律，唐代"户令"48条中，

[1]官文娜：《日本家族结构研究》，社会科学文献出版社，2017年，第71页。
[2]孙璐：《律令结构下中日古代婚姻制度比较研究——以日本奈良、平安时代为中心》，硕士学位论文，西南政法大学，2016年，第38页。
[3]官文娜：《日本家族结构研究》，社会科学文献出版社，2017年，第70页。
[4]官文娜：《日本家族结构研究》，社会科学文献出版社，2017年，第70页。
[5][日]高岛正人：《大宝二年御野国春部里戸籍の分析——奈良时代における家族构成の戸别的研究（三）》，载《立正大学学术机関リポジトリ》，1968年版（总刊号31号），第10—24页。

有37条是一个字没改地被抄进日本的"户令",但是"同姓不婚"一条却没有被写进去。[1]在日本古代,除了亲生母子和同父同母的兄妹之间不能通婚外,其他的婚姻都是正常的。[2]

我们知道,世界上各个民族大都在很早就形成了族外婚习俗,比如中国从周朝就开始禁止同姓为婚。那么,日本为什么能形成这样独特的习俗呢?从社会心理学来看,在同一个家庭长大的异性间通常不会产生性冲动。或者说,从小一起长大的异性,互相之间天然缺乏性的吸引力,日本人何以能例外呢?

这与日本独特的家庭结构有关。

讲到日本的开国神话,我们要注意一点,就是这个天照大神的性别。天照大神,也就是太阳神,是女性。日本民族的始祖,是女性。

我们中国人心目中,太阳是雄性的象征,月亮才是女性的象征。太阳和月亮,一阳一阴。但是日本人心目中这一观念是相反的。

这说明什么呢?说明了母系社会文化对日本的影响是非常直接非常深远的。

处于母系社会的民族,大都认为太阳是雌性,月亮是雄性。不光日本人是这样,中国一些受母系氏族文化影响很强烈,甚至今天还局部处于母系社会中的一些少数民族,比如羌族、彝族、普米族、傈僳族、独龙族、纳西族以及摩梭人,都是这样。这些民族的神话中,普照大地的太阳都是女子。比如纳西族有一则神话,名字叫作《太阳是女子、月亮是男子》,其中说,女孩太阳白天出来干活,男人月亮晚上才出来。[3]"以雌为尊是母权制时代的原始观念,这是任何民族都曾经历过的,但这种文化遗迹在日本和中国西南

[1]官文娜:《日本家族结构研究》,社会科学文献出版社,2017年,第78页。
[2]官文娜:《日本家族结构研究》,社会科学文献出版社,2017年,第82页。
[3]徐晓光:《日本与我国西南少数民族的女性始祖神话及女神崇拜观念比较》,《贵州民族学院学报(哲学社会科学版)》2006年第2期,第19页。

少数民族神话中最容易找到。"[1]上文我们提到的《五运历年记》记载的盘古传说，很多学者认为是起源自中国南方少数民族的"盘瓠"传说，三国时才被吴国人用文字记录下来。

母系社会通常都实行"走婚"制。

中国西南一些少数民族在历史上实行走婚制。我们熟知的是云南摩梭人的"走婚"。上面我们提到的那个神话，纳西族的《太阳是女子、月亮是男子》，男人月亮晚上才出来。出来干什么呢？走婚，去女孩太阳家里睡觉，天亮以后两个人就分开。

和中国西南一些少数民族一样，日本历史上也有类似的"对歌"习俗，日语称"歌垣"。"歌垣"的地点多在山间、水边、集市，时节多在春秋两季。井上通泰在《万叶集新考》中引赵翼《檐曝杂记》中的记载，"粤西土民及滇、黔苗、倮风俗，大概皆淳朴，惟男女之事不甚有别。每春月趁墟唱歌，男女各坐一边。其歌皆男女相悦之词"，认为"我邦的歌垣也大体如此"。佐佐木高明在一篇发表于1991年的文章中说，"四国山地的高知县大丰町，有座名为柴折药师的寺，直到数十年前在旧历的七月七日，近乡近邻村镇的许多男女都集结起来，彻夜对唱，合适的就结合。非常有趣的是，互相对唱时，若双方情投意合的话，男女青年就把毛巾、头巾、帽子等做为赠品互相交换。这样的习惯与中国西南部的少数民族歌坛的习惯是相同的"。[2]

男女双方在歌垣上两情相悦之后，男子晚上就会来到女子家，跟她同宿，天亮前离开。这种走婚，学术上的说法叫作"访妻婚"——晚上到妻子家里去访问。

大化改新之后，日本步入"文明时代"，婚姻形式比以前更为固定而明

---

[1]徐晓光：《日本与我国西南少数民族的女性始祖神话及女神崇拜观念比较》，《贵州民族学院学报（哲学社会科学版）》2006年第2期，第19页。
[2][日]佐佐木高明：《中国西南少数民族文化与日本的基层文化》，《云南社会科学》1991年第4期，第86页。

确，男女双方可能终生保持稳定的关系，形成真正意义上的"夫妻"，但是"访妻婚"的本质没变。妻子仍然生活在自己父母家，男人通常仍然是夜晚到妻子家中去，天亮离开，生育的子女由外祖父照顾。[1]

我们还是来看《源氏物语》，皇子源氏结婚后，"一味喜欢住在宫中"，经常"无暇去妻子家里"，因此与妻子经常见不到面。这一段，中国读者读了可能还有些奇怪：结了婚，源氏的妻子自然也要与源氏一起住在宫中，怎么要见妻子还要跑到妻子家中呢？其实这就是"访妻婚"的习惯。甚至婚外情也是"夜合朝散"。比如《源氏物语》当中源氏公子走访常陆亲王的女儿均在夜间，大都在第二天破晓之前匆匆离去，以至于很久之后才发现这位小姐是个酒糟鼻。

这种情况下，不同母亲所生的孩子，虽然是同一个父亲，但是却是在不同的家庭长大，极少往来，性成熟后自然也可能产生异性间的好感。甚至由于儿子从小只同生母住在一起，对法律上的"其他母亲"也很陌生，也可能产生性冲动。因此在古代日本社会，除了亲生母亲，和其他任何女人发生性关系，并不被认为是禁忌。甚至很多家族为了保持财产稳定，或者"血统纯正"，刻意内部通婚，这就形成日本独特的"族内婚"。津田左右吉说，日本人与父亲一方的亲人结婚很普遍，这是母系社会留下的风俗。至于与母亲一方的亲人结婚，则是进入父系社会后形成的新风俗。[2]

三

正是因为这种习俗，所以产生了日本历史上一个特殊现象，那就是女皇。

有人说，女皇是中日历史上共同的现象，中国历史上也有女皇武则天。但是正如我们前文说过的那样，中日历史上很多现象表面相似，本质不同。

---

[1]王新生：《日本史随笔》，江苏人民出版社，2011年，第26页。
[2]官文娜：《日本家族结构研究》，社会科学文献出版社，2017年，第79页。

武则天称帝在中国历史上是一个特例，被认为"牝鸡司晨"，大逆不道，因此最终不得不宣布退位，死后以皇后身份入葬。而日本的女皇们，一个个都当得名正言顺，心安理得，因为她们和男天皇一样都是"神"：她们本身都是皇族出身，身上都有"神的血统"。

日本天皇的继承，和中国相比是十分混乱的。虽然《日本书纪》记载前十七代天皇都是父子相继，但从后来真实历史中的天皇继承来看，日本天皇继承制度并没有中国的嫡长制规范，而是十分"自由"，只要是皇族，几乎都有机会，因此有父传子，也有兄传弟、弟传兄、兄传妹、姐传弟、叔传侄、姑传侄、爷爷传孙子、奶奶传孙子……

我们在前文中说，《源氏物语》中当今天皇和"先帝"的关系不是很清楚，有多种可能。中国的小说中绝不会出现这种写法，两位皇帝的关系会交代得清清楚楚，但是日本人认为交不交代都可以，因为历史上这本身就是一笔糊涂账。

不过日本古代有一个不成文的规定，就是皇子只有年满三十岁，才能登基为天皇。每当皇位继承上发生变故，或皇太子年纪尚小而无法登基时，常常由皇后登基代为执政，如皇极（齐明）、持统、元明等女皇，都是这样当上天皇的。

丈夫去世后儿子年纪太小，因此自己以皇后身份登基掌权，这是武则天和日本女天皇的共同点。然而武则天姓武，而唐代皇室姓李，唐代皇室不能容忍"武代李兴"，必除之而后快，日本的皇后登上皇位则不存在这些问题，因为这些皇后无一例外是皇女出身。有一些女天皇，比如元正、孝谦天皇，没有当过皇后，直接以皇女身份继位。[1]她们登基的合法性，不是来自皇后身份，而是来自自己的血统，合乎日本民心。所以女皇在日本历史上经常出现。

---

[1]翟新：《日本天皇》，复旦大学出版社，1992年，第23页。

第三章

日本人历史上的"生殖崇拜"

一

第一章里我们讲过，日本人可以把大量性的内容毫不避讳地写进给天皇看的史书当中。这说明什么问题呢？

说明日本人没有中国式的性禁忌观念。

日本社会从原始时代到大化改新之后，一直享有高度的性自由。

走婚制或者说"访妻婚"制下，男女双方没有共同的家庭，各有住处。而且男女关系也并不固定，同一个男人可能和几个十几个女子保持关系，女人也是同样。如果男人不再到这个女人家里来，或者女人不再给这个男人开门，所谓"婚姻"关系也就结束了。双方没有契约，既无责任也无义务，对男人来说，诚所谓"万花丛中过，片叶不沾身"，彼此当然也就没有什么"贞节"可言。

到了大化改新之后，日本人进入名义上的夫妻对偶婚时代，但是由于丈夫仍然只是偶尔在夜间到妻子那里，夫妻无法相互监督，事实上双方仍然拥有相当大的性自由，男人固然可以到处拈花惹草，女人也可能不会独守空房，仍然很难产生中国式的贞操观念。

武士阶层兴起之后，到了南北朝时期，即14世纪左右，"访妻婚"才渐渐消失。但族内婚的习惯却延续下来，在江户时代，朝鲜通信使到达日本，还惊讶地发现日本人依然"婚姻不避同姓，从父兄妹，相与嫁娶"。[1] 甚至到第二次世界大战以后，在日本东北部，还有叔父和侄女结婚的情形。[2]

所以日本社会从原始时代一直到14世纪，一直享有高度的性自由，没有形成中国式的贞操观念（14世纪后虽然武士阶层家庭形成了一定程度的贞操观念，但是远没有中国的严重），甚至没有形成"同姓不婚"的习俗，更没有形成对性的"羞耻"意识。高洪说"古代日本人并不因性行为而感到愧疚，在他们的意识里性是大自然基本而和谐的表现"。他们谈起性来，不懂得需要回避，这是日本神话能原汁原味保留下来的主要原因。

二

在这样的文化基础上，日本社会形成了很多与众不同的现象。

日本奈良县明日香村飞鸟坐神社每年要举行"御田祭"。"那是从上古流传下来经过部分改动的宗教节日的表演"。表演当中，一个人戴着代表男性的"天狗"面具，另一个人戴着代表女性的"多福"面具，"天狗"将"多福"推倒，在"她"的私处演示各种性的动作。这一表演起源自弥生时代（公元前300年—公元250年）。"这一宗教仪式可以证明，弥生时代的日本人在瓜田李下、在水田里或田埂上或野外的任何地方公然性交已成风习，弥生日本人并不视其为可耻、污秽之事。"[3]

日本历史盛行生殖器崇拜，曾经有众多的生殖器雕塑矗立在日本各地，"堪称日本一景。"日本至今还有400座左右生殖器崇拜的神社。比如小牧市神社祭祀的就是一根大约长七米、直径一米的木制阴茎。[4]除了阴茎之

---

[1]申维翰：《海游录》下。转引自金禹彤《朝鲜通信使眼中的日本婚俗与性观念——以〈海行总载〉记录为中心》，《学习与探索》2016年第5期，第146页。
[2]张萍：《日本的婚姻与家庭》，中国妇女出版社，1984年，第21页。
[3]郝祥满：《日本人的"色道"》，湖北人民出版社，2009年，第5页。
[4]叶古编：《世界情话文库·日本爱经》，吉林摄影出版社，1999年，第2页。

外，还有"姬之宝"崇拜。"所谓'姬之宝'便是造型逼真的女性外阴模型。在今爱知县有田神社祭祀的祖灵便是'姬之宝'。巨大的'姬之宝'陈列于殿堂。"[1]

每年的3月15日，小牧市神社都要举行日本古来有名的"天下奇祭"丰年祭，人们用轿子抬出主神像，即这根木制阴茎，民众朝它膜拜、欢呼，以祈求五谷丰登、子孙繁衍。[2]除了这里，日本其他地方也普遍有类似的祭典。

"18世纪的日本女性相信，只要把寄托着她们愿望的小纸条，贴到木制的男性生殖器标志上，就能和心仪的男子相恋。这个木制的男性生殖器标志，竟有两米多高，它粘满了小纸条立在那里，着实招摇，让人想避开不看都不行。"[3]

生殖祭活动的街头

[1]杨薇：《日本深层文化五题》。载南开大学日本研究中心编《日本研究论集》，2001年第2期，天津人民出版社，2001年，第303页。

[2]叶古编：《世界情话文库·日本爱经》，吉林摄影出版社，1999年，第2页。

[3]姚耀、[日]秋叶良和：《日本地下经济》，新世纪出版社，2013年，第35页。

　　"每年到生殖祭的时候，男女老少，大人小孩手上都会抱着一个男性生殖器官样子的人偶参加到祭的游行队伍中，连观念开放的外国媒体都瞠目结舌。但日本人对此没有一点忌讳，他们只单纯地认为那个生殖器模样的人偶是神，希望亲近、触碰、抚摸神来得到祝福保佑。就像西方人触摸耶稣基督的神像一样，再自然不过。"[1]日本人对生殖有着浓厚崇拜，对待性怀抱着自然的态度。

　　除了生殖器崇拜，日本一些地方还有"性放纵"的习俗。工藤隆认为，在日本近代以前的封闭的农村、山村、渔村的祭祀中，在节日祭祀的夜晚，男女间的性关系限制似乎是不严格的。[2]

　　在日本爱宕郡大原村，每年举行完保佑丰收的祭祀那天晚上，全村人无论男女老少都到神社的大殿上一起睡，"唯独今夜无论干什么都可以"。井原在《好色一代男》里描写大原"杂鱼寝"时曾写道："无论是村长的太太、女儿、女佣人，还是男仆人，也不分老少，大家都睡在大殿上。"因为众人躺在一起，犹如被刚刚打捞上来的各类杂鱼混在一起，日本人称它"杂鱼寝"。[3]虽然明治维新后这个神社的习俗已经被警方取缔，但类似的习俗实际上直到1945年在日本一些偏僻的山区依然未根绝。"在日本东北地方的冬季祭祀中，也有过类似做法。……以'枕寺'之称而闻名的神户市驹林，有一所'杂鱼寝堂'，这里也同样对守斋闭居的未婚男女实行性开放。日本许多地方的习俗中，都有允许未婚者在规定的日子里上山幽会，认为这是神意，其婚姻同样为社会所公认。"[4]

[1]邓亚晔、吴之桐：《开放、自有与宽容——论日本人的性观念》，《大观周刊》2011年第22期，第182页。

[2][日]工藤隆：《对歌的世界》，张正军译，上海交通大学出版社，2018年，第62页。

[3]万景路：《扶桑闲话》，广东人民出版社，2016年，第199页。

[4]应骥：《中日夷越文化探究》，云南大学出版社，2008年，第151页。

三

如果说以上这些内容有些读者曾有所耳闻不算新鲜，那么下面这种风俗肯定会让绝大多数读者惊掉下巴。

我们前面提到，"访妻婚"到14世纪开始消失，然而这并不标志男女性自由的消失。事实上，"访妻婚"的遗迹在日本社会上一直持续到明治时代。

封建时代的日本统治者对武士阶级的道德规范有一定要求，但是对其他阶层特别是农民的男女关系，则采取不干预的宽容态度。日本著名民俗学家赤松启介考证，为了缓解农耕作业的劳累，日本一些地方的农民们一直"自发而又井然有序地"追求性的快乐。日文中有一个词，叫"夜這い"，"這"在日语里是"爬"的意思，即男人夜间游荡，寻找性的消遣，女人也在等人上门（不过很多地方的"潜规则"是已婚女性只有在丈夫不在家的时候才可以这样做）。"这种现象在农民们中间是一种无须隐瞒的社交生活，就像今天的人们在晚饭后收看电视剧那样普通。"[1]因此在漂亮女人的门前，晚上经常有男人"撞车"的现象。

一般男人到了十五岁，就有了参加"夜這い"的资格。女孩子参加"夜這い"的资格因村而异。有的地方以初潮为准，有的地方则以是否长出阴毛来判断。在参加"夜這い"之前，有的地方还要专门找人来"破处"。

和中国等大部分国家处女受尊重相反，在日本传统时代的一些乡村，处女是受歧视的。日本近代民俗学家南方熊楠在写于1911年的一封信中向友人汇报说："（和歌山县）东牟娄郡胜浦港古来为淫奔之地。10年前，小生曾居该港郊外。（略）该地在此之前（至今尚有残存）盛行几乎所有十三四岁少女均要求成年男子'破素'之习俗。作为还礼，听说她们要送几升米（或

---

[1]姚耀、[日]秋叶良和：《日本地下经济》，新世纪出版社，2013年，第37页。

酒）与桃红色兜裆布给成年男子。"[1] "在当地似乎女子到了这种年龄还不'破素'就被视为大耻。"之所以要给承担此任务的男子送礼，是因为处女之血被认为是不吉利的东西。"'破素'之后，要将所流之血液视为污秽之物雇僧人（略）、求梵士处置。有些新郎甚至要让奴仆为初嫁新娘'破素'"。[2]

破处之后，女孩子就可以接待"夜這い"的男子。即使女孩子已经订婚，她的父母仍然对陌生男人频繁出入其闺房不以为意。

> 父母为何在决定女儿的结婚对象之后还认可其"爬夜"呢？笔者曾屡屡听到过此类话：如果从未有人与自己的女儿"爬夜"，父母就会担心她将来在别人面前抬不起头。[3]

司马辽太郎在《历史夜话》中提到，纪伊半岛熊野地区的山区人家，夜晚都门户大开，厨房炉灶上一定留有残羹冷饭，并搁一副碗筷，以便黎明时分"远征"回来的男子，可以任意出入各个人家充饥果腹。

明治维新以后，日本政府逐步加大对"夜這い"的干预，这一独特的性风俗才开始衰退。不过，赤松启介考察的结论是，直到20世纪60年代初个别地区该风格仍有残存。

值得注意的还有"夜這い"活动中的"集团主义"倾向。赤松启介介绍说，他调查的京都、大阪、兵库等地农村，男青年通常会组成"若众"或"若者组"，即"青年组"，女青年们则有相应的"娘组"，即"女孩

---

[1]《南方熊楠全集》第8卷，转引自[日]平山和彦《性民俗为中心的各种问题——以所谓"初夜权"习惯为中心》，白庚胜译，《民间文化论坛》2011年第6期，第96页。

[2]《南方熊楠全集》第8卷，转引自[日]平山和彦《性民俗为中心的各种问题——以所谓"初夜权"习惯为中心》，白庚胜译，《民间文化论坛》2011年第6期，第96页。

[3][日]平山和彦：《性民俗为中心的各种问题——以所谓"初夜权"习惯为中心》，白庚胜译，《民间文化论坛》2011年第6期，第103页。

组"。青年男女实行集体住宿。如果不加入，这些青年就会遭受"村八分"，要被集体排斥。[1]

这些组织是干什么的呢？除了维护村中治安外，还有一个重要的功能就是组织集体性活动。[2]因为性资源是不平等的，漂亮的男女自然机会多多，而那些长得丑陋的人就很难得到性机会。因此"青年组"和"女孩组"就统一协调，安排有组织的性生活。一般由男子组成员抽签来决定"夜這い"对象，也有的干脆在集体宿舍轮流亲密，务使"雨露均沾"，皆大欢喜。[3]

四

因此，直到今天，日本人在社会生活和性观念中仍然保留着大量朴素的原始元素。比如日本人虽然含蓄有礼，但一直保持着男女混浴的习俗。"明治政府一度颁布命令，禁止男女在一起洗澡。然而，要改变一个国家的风俗又谈何容易，混浴的现象并没有根除，在一些地方，人们依旧遵循着传统，男女混浴。20世纪60年代，日本有不少澡堂的更衣室都没有男女之分。""直到今天……日本人在温泉或澡堂洗泡澡时，遇到水温或设备上的麻烦，就会当场叫服务员过来处理，而服务员的性别和年龄是'随机'的。在日本的普通家庭中，一家几口共用一个大浴缸的情况也很平常。"[4]

除了性自由，日本人今天的性观念还有其他的特殊之处，那就是对"乱伦"的宽容。

---

[1]一般男子到了15岁，就要提供一升酒，加入"青年组"。[日]平山和彦：《性民俗为中心的各种问题——以所谓"初夜权"习惯为中心》，白庚胜译，《民间文化论坛》2011年第6期，第97页。关于"村八分"，可参见本书第366页。

[2]药进编：《大日本　小日本》，企业管理出版社，2012年，第132—133页。

[3]万景路：《扶桑闲话》，广东人民出版社，2016年，第180页。

[4]姚耀、[日]秋叶良和：《日本地下经济》，新世纪出版社，2013年，第36页。

走婚制导致日本人对"乱伦"不那么敏感。上古走婚时代，女儿只知道自己的母亲，不知道谁是自己的父亲，一个男子夜间游荡的距离最远不会超过三十里，大部分时候都是在附近寻找异性，近亲关系自然难以避免。

第四章

日本人其实并不奇怪

一

读了以上的内容，你一定会认为，与世界上其他民族比起来，日本人似乎太特殊了，日本的性习俗太令人震惊了。

不过如果多读点人类学方面的书，你也许就不会那么震惊了。其实世界各个民族早期都曾经和日本人一样，经历过高度性自由的时代。

认为性活动中包含着大自然的神力，因此产生生殖器崇拜，这是世界各民族早期共同的文化经历。"古代任何一个民族都存在着对性与生殖的崇拜。原始人类从自身所蕴藏的神秘的性能量中，体会到了大自然的性能量。"[1] "韩国南部的济州岛，有许多用石头雕刻而成的石人。……其典型的标志就是石人硕大的男性生殖器。……在朝鲜半岛，他们通常被当作村落的保护神。"[2]

以性活动为祭祀不只是日本的习俗。在罗马早期，"罗马城中差不多每条街上都建造女神庙；雄伟的男根到处耸立，抬眼可见。每逢祭祀生殖神，男男女女都裸体跑上大街，相互追逐嬉戏；男人以皮鞭追打裸体的女人

---

[1]邓亚晔、吴之桐：《开放、自有与宽容——论日本人的性观念》，《大观周刊》2011年第22期，第181页。

[2]翁敏华、回达强：《东亚戏剧互动史》，上海古籍出版社，2014年，第68页。

们，女人们则故意躲避而实际上渴望被鞭打臀部，因为据说挨过鞭打的女人会有旺盛的生育能力。这种裸体追逐的游戏闹到后来，就会发展为疯狂的群交"。[1]

不要以为只有"开放"的"西方"才这样"淫乱"。在中国的《诗经》中，有这样一首诗，铿锵古雅：

以我齐明，与我牺羊，以社以方。我田既臧，农夫之庆。琴瑟击鼓，以御田祖，以祈甘雨，以介我稷黍，以穀我士女。

读起来庄重肃然，其实内容与性有关。诗里的"田祖"是指男根，所谓的"御田祖"，是指在插秧或播种时，让男女在边上性交，作为祭祀。据说这样可以"天人交感"，促进农作物丰收。[2]

在中国初民眼中，性同样是自然的、健康的，也是神奇的。因为性不但能产生快乐，还能创造生命。所以《老子》说："玄牝之门，是谓天地根。绵绵若存，用之不勤（尽）。"《易经》也认为，阴阳交感，是万物之源。《周易·咸卦》说，"咸，感也。……二气感应以相与……天地感而万物化生"（所谓"天地，夫妇也"）。

不要以为这只是上古中国人的奇思妙想，在农业时代早期，用性行为祈求丰收是一个世界性的现象，"古希腊农夫在庄稼收割前，把女祭司拖到地窖中轮奸的风俗；非洲原始部落的男子在庆祝丰收时，集体对着尼罗河手淫射精，以祈求来年更大的丰收"。[3]《金枝》的作者弗雷泽说，许多未开化的种族都有意识地采用两性交媾的方法来确保丰产。比如中美洲的帕帕尔人在播种前四天禁止同房，以便播种前夜可以进行激烈的性活动。古代印尼爪

[1]李书崇：《性文化简史》，群言出版社，2015年，第63—64页。
[2]郝祥满：《解读日本的性习俗》，《科学大观园》2017年第24期，第21页。
[3]李书崇：《性文化简史》，群言出版社，2015年，第58页。

哇岛农民在水稻生长的关键季节，总要带着妻子到田埂上性交，以刺激水稻生长。

性活动不只在播种时用来帮助植物生长，更经常在求雨仪式上用来"刺激"上天下雨。在中国上古，"祷雨必以性交作前奏或殿后"。为什么呢？因为行云布雨就是天公地母的性活动，如果人类花样百出地在天地面前表演，则"天公招架不住人间肆无忌惮的性活动之刺激，只好乖乖地亦步亦趋，与地母'合气'，降雨驱旱。人们既满足性的欲求，又实现丰收愿望，快哉！这是一笔无本万利的买卖，何乐不为？！"[1]

所以在上古的人类头脑中，性活动没有丝毫的不洁，而是自然健康，甚至是神圣的。那时候人类还没有产生性禁忌，无论中外，古人在夸大性交的功能时，态度十分严肃，毫不淫渎戏谑。"在上古时代，性行为既是寻欢作乐，又是神圣生活，它融洽了人们的伙伴关系，很少有暴力的感觉"。[2]

这种思维方式到汉代还在影响着政府的管理和政令。董仲舒说："四时皆以庚子之日，令吏民夫妇皆偶处。凡求雨之大体，丈夫欲藏匿，女子欲和而乐。"（《春秋繁露·求雨》）也就是说，要在庚子日求雨，求雨的这一天，不管官民，夫妇都要同房。"令吏妻各往视其夫到即起雨而止。"[3]显然，到了汉代，朝廷还以行政命令的方式，要求民间以大规模的性活动帮助政府祈雨。甚至到了唐代，因为大旱，白居易还上奏，请求放出一批宫女，嫁到民间，因为这样可以调和阴阳，感动天心，导致降雨："伏见大历已来四十余载，宫中人数，积久渐多。……臣伏见自太宗、玄宗已来，每遇灾旱，多有拣放。书在国史，天下称之。伏望圣慈，再加处分。则盛明之德，可动天心；感悦之情，必致和气。"

[1]龚维英：《原始崇拜纲要　中华图腾文化与生殖文化》，中国民间文艺出版社，1989年，第289页。
[2]郝祥满：《解读日本的性习俗》，《科学大观园》2017年第24期，第21页。
[3]罗泌：《路史·余论》（卷一），1894年，第6页，引董仲舒《请雨法》。

也就是说，男女怨旷，不得其偶，长期没有性生活，是导致旱灾的原因。唐代自太宗、玄宗以来，每逢旱灾，常有遣放宫女出嫁民间之举，这种"盛明之德"有望感动天心，降下大雨。

所以日本的"御田祭"与中国《诗经》时代风俗类似，只不过持续的时间长罢了。

二

"访妻婚"和近亲婚姻在人类历史早期，同样是司空见惯的事。"走婚"这一风俗不只是摩梭人有，在中国西南少数民族地区部分地方也很普遍。比如云南永宁纳西族1956年"民主改革"以前，实行"阿肖婚姻"。所谓"阿肖"就是"共宿的朋友"（"肖"是躺下之意）。因此这种所谓的"婚姻"是因单纯的性需要而产生的，年轻、漂亮的人阿肖自然就多，有的美貌女子甚至有多达数十上百的阿肖。谁也不能独占谁，谁也不允许别人独占。[1]这样的风俗习惯之下，自然无法产生贞操观念。

应骥在《中日夷越文化探究》中说，类似日本"杂鱼寝"这种性放纵的习俗在中国西南一些少数民族当中晚近仍然存在。

> 这一习俗实系古代夷越文化习俗之残存，现今我国南方也有好些少数民族存在像三月三串姑娘之类的社交习俗，也是这一习俗的体现。不过彝族的一些做法似乎与之更接近些。如《中国各民族原始宗教资料集成·彝族卷》第105页记载：（蒙自腊欧支彝族）"祭龙树期间，全村男女老幼不分昼夜，尽情饮酒欢乐……其间性放纵的现象较突出。"[2]

---

[1]钱澄：《从西门庆到贾宝玉：〈源氏物语〉探析》，苏州大学出版社，2012年，第133页。
[2]应骥：《中日夷越文化探究》，云南大学出版社，2008年，第151页。

日本社会的"夜這い"习俗当中，专门组成"青年组""女孩组"，这一情节听起来尤其令人惊异，独一无二。其实太阳底下无新事，在中国西南少数民族地区也有类似的风俗。

云南白族的一个支系，怒江勒墨人的每一个村寨，统一盖有两所特殊的房子——"观兰蒿"。其中一所是村中未婚的青年女子的集体宿舍，另一所是村中未婚青年男子的集体宿舍。"观兰蒿"是白语，"观"即"逛闲"，"兰"为"妙龄女子"，"蒿"即"房子"之意。"观兰蒿"的意思就是未婚青年男女交往的专用场所。孩子成长到了十三岁，就要搬到"观兰蒿"中。在"观兰蒿"中互相倾心的青年男女就在这里以身相许，条件成熟或未婚先孕的，就搬离"观兰蒿"结婚。[1]因此勒墨人对未婚先孕持的是坦然接受甚至"值得庆贺"的态度。长期在"观兰蒿"中住宿却找不到对象或不能怀孕的青年女子会被视作苦命女人。

白族地区的性风俗由来已久。唐代史料记载："南诏有……俗法处子孀妇出入不禁。"南诏时期的云南白族地区，一直有未婚女子和寡妇住处不禁未婚男子入宿的风俗，对婚前性行为持开放的态度，也默认寡妇的性权利，允许少年子弟从寡妇那里学会性知识和技巧。[2]直到新中国成立后，大理地区白族每年也"绕三灵"，"来自不同村寨的男女则情歌对唱，唱中意则双双结偶野合……在节日中的公开偶合，从不会遭到社会舆论的谴责，反以为常。"[3]因此古代白族不以未婚孕为耻，而是将女子没有破处、不能生育视为可怕之事，这种思维被认为是源于人类童年时代对族类绝种的恐惧的原始

[1]赵敏：《从怒江勒墨人的"观兰蒿"风俗看古代白族婚恋观》，载赵怀仁主编《在理民族文化研究论丛》，民族出版社，2004年，第450—451页。
[2]赵敏：《从怒江勒墨人的"观兰蒿"风俗看古代白族婚恋观》，载赵怀仁主编《在理民族文化研究论丛》，民族出版社，2004年，第452页。
[3]赵敏：《从怒江勒墨人的"观兰蒿"风俗看古代白族婚恋观》，载赵怀仁主编《在理民族文化研究论丛》，民族出版社，2004年，第453页。

记忆。[1]了解了这些，我们也许就了解了日本人为什么歧视处女，允许未婚女孩参与"夜這い"。

有人说，你说的这些都是少数民族，汉族肯定没有过。其实不然，汉族在早期也曾经"长幼侪居……男女杂游，不媒不娉"。[2]《周礼》也记载着男女性自由的习俗："仲春之月，令会男女，于是时也，奔者不禁。"与"杂鱼寝"类似的风俗在中国上古也曾经存在。

> 这种"丛社""高禖祠"，虽又有"闷宫""上官""桑台"等名，其性质倒未发生根本变化，在相当长的时间里，它不仅是祈求生殖繁盛的祭场，而且仍然是青年男女一年一度自由结合的"会"所。[3]

直到春秋时代，位于中原的郑国还有类似的"性放纵"习俗。郑国每年三月上巳日，溱洧两水之畔"会男女"。《五经通义》中说，"郑国有溱、洧之水，男女聚会，讴歌相感"。如同西南少数民族一样，男女对歌，情投意合就钻入树林中野合。《诗经》中有一首《郑风·溱洧》，描述的就是郑国男女相会的风俗，[4]朱熹称这首诗是"淫奔者自叙"。

---

[1]赵敏：《从怒江勒墨人的"观兰蒿"风俗看古代白族婚恋观》，载赵怀仁主编《在理民族文化研论丛》，民族出版社，2004年，第454页。

[2]杨伯峻：《列子集释》，中华书局，1979年，第164页。

[3]赵国华：《生殖崇拜文化略论》，《中国社会科学》1988年第1期，第146页。

[4]其中说："溱与洧，方涣涣兮。士与女，方秉蕳兮。女曰：'观乎？'士曰：'既且，且往观乎？'洧之外，洵訏且乐。维士与女，伊其相谑，赠之以勺药。"译成白话的大意是：溱水洧水长长，春来绿波荡漾。男男女女郊游，手拿兰草徜徉。姑娘说："去看看？"小伙说："去过了。""陪我再去又何妨！"洧水对岸，热闹又宽敞。男女相互戏谑，赠朵芍药毋相忘。语言虽然含蓄，意思是明白无疑的。

三

近亲结婚在世界各民族历史上普遍出现过。希腊神话中，宙斯甚至和自己的女儿发生关系，并且生育了后代。在《圣经》的《旧约·创世记》中，跟随亚伯拉罕向迦南移民的先驱罗得，在所多玛时跟自己的两个亲生女儿同房，并生下了孩子。

> 罗得……和两个女儿住在一个洞里。大女儿对小女儿说："我们的父亲老了，地上又无人按着世上的常规进到我们这里。来！我们可以叫父亲喝酒，与他同寝。这样，我们好从他存留后裔。"于是那夜，她们叫父亲喝酒，大女儿就进去和她父亲同寝。……

像这样的乱伦事件，《旧约》中记述了不止一次，此外还有大卫的儿子与其亲妹妹淫乱，犹大与自己的儿媳同寝等。

如果说这些都只是传说，那么在古埃及，近亲结婚也如同日本一样，是王室的一种制度。特别是"兄妹婚"在古代埃及一度非常盛行。我们在埃及史料中经常会看到法老称呼他们的王后为"国王的姐妹"。我们熟知的"埃及艳后"就与她的异母弟弟结为夫妇，并且他们二人共同掌权。

南美洲的印加帝国如出一辙。"印卡诸王从第一代开始，就把王位继承人与自己的姐姐结婚定为严格遵守的法律和习俗。这位姐姐是父母的婚生女儿，是他的法定妻子，称为'科娅'，意思就是王后或皇后。……如果没有亲姐妹，就与王室血统中最近的女亲属通婚，如堂姐妹甚至侄女或姑母，即如果没有男子，可以像西班牙法律那样继承王位的女子。……他们这样做，也是为了保持太阳血统的纯洁，据他们说，与凡人血统混血是非法的。"[1]

---

[1][秘鲁]印卡·加西拉索·德拉维加：《印卡王室述评》，白凤森，杨衍永译，商务印书馆，2017年，第251—252页。

在印度"库尔德族以及许多其他近东民族在所规定的狭窄亲族范围内推行内婚制。（堂）表兄弟与（堂）表姐妹结婚是常见的事。"[1]

至于原始时代人类在野外的温泉中男女混浴，这更不是日本独有的习俗。中国宁蒗彝族自治县的永宁温泉边的摩梭村寨也曾有男女共浴的古老习俗。[2]

因此，日本人不是特殊的，他们的一切性习俗，几乎都可以在其他民族的经历中找到对应记载。

[1][美]普洛格（Plog，F.）、[美]贝茨（Bates，G.）：《文化演进与人类行为》，吴爱明、邓勇译，辽宁人民出版社，1988年，第423页。
[2]当然，摩梭人同血缘的家庭洗温泉，男子不能和女子同池，外人却不用避讳，这就是摩梭人"避内不避外"的男女同浴习俗。

第五章

从性习俗看日本历史演变的核心秘密

一

上一章我们讲到，日本历史上的性自由性放纵，并不是日本独有的，而是世界上各民族早期共有的现象。

问题是，人类的文明进程通常伴随着性禁忌的发展。中国在这方面发展得最早。中国文化一般被认为连续性非常强，但是从原始社会进入农业社会后，发生过一次明显的文化断裂，表现是中国的神话系统被重构，神灵丧失了自然原始属性，变成了"道德楷模"，这个我们在下文中还会细讲。从西周时代起，中国人就认识到近亲结婚的危害，产生了"男女同姓，其生不蕃"（《左传·僖公二十三年》）的说法，以及严格的"同姓不婚"的制度。

而随着父系家长制的成熟，男人对女人的性自由越来越恐惧，因此对女性性资源的垄断越来越严密。按照成书于汉代的《礼记》中记载的原则，那时上层社会女人与除了丈夫之外的男人就已经差不多达到完全隔离的状态了：

> 男不言内，女不言外，非祭非丧，不相授器。……外内不共井，不共湢浴，不通寝席。……女子出门，必拥蔽其面。

从宋代开始，中国人更大力地提倡禁欲主义，开始视性为大恶，所谓"淫是万恶之首"，开始表彰贞洁，宣扬"从一而终""饿死事小，失节事大"，一座座贞节牌坊在华夏大地上立起，性压抑从此成为中国传统社会的主流。

所以中国文化中那些原始的部分，或者在文明化的过程中消失了，或者严重变形，变形到后世已经看不出来了。比如男根崇拜，在中国历史早期也曾广泛存在，考古学家在中国早期文化中发现过陶祖、石祖、玉祖等，但是后来逐渐演变成了玉圭、玉琮、玉如意，演变成了鸟形、龟形、蛇形的各种具象与抽象的造型，"且"字也演变成了祖字。以至今天读者读《诗经》的"不见子都，乃见狂且"一句，往往难解其义。

其他民族虽然不像中国性禁忌发展得如此之早，如此之彻底，但也大致沿着同样的路径前进。虽然"当中国的儒家已经在严肃地讨论嫂子溺水是否应给予援手的时候，俄南却在跟他嫂子性交时玩着体外射精的把戏"[1]，不过，也正是从《旧约》中，我们可以看到，在那个时代，血亲间毕竟已经开始有了禁忌，犹大明白了真相之后，就不再与儿媳做那事了；女人与他人通奸怀孕，开始受到家族的惩罚。[2]随着基督教的发展，性禁忌在西方变得越来越严厉，甚至超越了中国。贬低性和性爱，成为中世纪文化的主流。罗马天主教理论的奠基者圣托马斯·阿奎那认为，任何不是为了生育目的的性活动都是反自然的罪过，独身被看成是基督教信仰的主要美德，呼吁将婚姻中的性与情爱相分离，使性变得毫无乐趣，试图让人们从亚当和夏娃的原罪感中摆脱出来。[3]一些圣徒甚至提出，仅仅是禁欲还不够，应该根除性欲，他们用皮带抽打等严酷的肉体苦行甚至挥刀自宫表示自己对肉体欲望的蔑视，

---

[1]李书崇：《性文化简史》，群言出版社，2015年，第152页。
[2]李书崇：《性文化简史》，群言出版社，2015年，第152页。
[3][美]B.萨多克、B.卡普兰、A.弗雷得曼：《性文化索秘》。转引自邱鸿钟《性心理学》，广东高等教育出版社，2014年，第17页。

有些教士则经过一些特别的训练，达到精神性阳痿。[1]

在世界范围内，只有日本没有经历这样严峻的性观念转折。虽然经历了"大化改新"这样深刻的文化变革，日本的政治、经济以及社会的很多方面都"唐化"了，但日本的"访妻婚"制度和原始的性观念仍然保持下来了，没有被亚洲大陆的主流性观念取代。这在全世界是非常罕见的。

二

所以讲到这儿，我们终于触及日本文化的一个根本特点。人类的原始文化，在其他地区或者消失，或者严重变形，但是在日本却大量地延续下来。

日本近代以来诞生了一个词，叫"绳魂"。所谓"绳魂"的"绳"，指的是绳纹时代（公元前12000年—公元前300年），也就是日本原始社会末期。

杨薇在《日本深层文化五题》一文中说，日本文化的基本模式在它的史前时期就奠定了，"绳纹文化"是日本文化的"母体"。

日本著名学者上山春平说，今天的日本文化表面上有浓厚的"欧洲色彩"；剥去这一层，下一层是中国文化色彩很强的"农业社会"文化；再往下剥一层，就是绳纹时代文化精神。"绳纹文化的遗产……虽几度变形，但仍以种种形态继续生存下去。……对我们的生活和文化仍然起着作用。"[2]

日本著名思想家丸山真男也说，"日本文化的演进并非像石→铜→铁那样，消灭前一种文化后再进入另外一种文化之中，而是重叠并存的"。[3]"在文化发展的高峰时期，日本时而受世界上最优秀文化的刺激而摄取之，但其

[1]邱鸿钟：《性心理学》，广东高等教育出版社，2014年，第17页。

[2]杨薇：《日本深层文化五题》。载南开大学日本研究中心编《日本研究论集》，2001年第2期，天津人民出版社，2001年，第294页。

[3][日]丸山真男：《丸山真男讲义录（第六册）》，唐永亮译，四川教育出版社，2017年，第9页。

在根底上却依然保存着自古以来的文化。"因此日本一方面跨入了文明社会，另一方面又是全世界最多地保留了从原始社会到上古时代的思维习惯和观念习俗的民族。这就是和辻哲郎所说的"日本文化的重叠性"。[1]

那么，为什么日本的原始文化能"原汁原味儿"地保留下来呢？这和日本独特的地理环境有关。

日本的幸运在于离亚洲大陆不远不近。如果太近的话，秦始皇和汉武帝的兵锋可能早已经扫及列岛，日本早早就会被合并为中华帝国的一个郡县，失去自己的文化个性。

表面上看起来，日本和英国很像，都是大陆边上的岛国。但是两国和大陆的距离并不相同。"英国距对岸的法国仅有22英里，而日本距亚洲大陆的最近点（韩国）却有110英里，距俄罗斯180英里，距中国大陆460英里。"[2]因此"自基督问世，英国总共遭遇了4次来自欧陆的成功入侵，而日本却安然无恙。……地理上的细节使得日本更为孤立，也造就了比英国更为与众不同的文化特征"。[3]

但是日本离大陆也不那么远。如果太远的话，日本人可能永远不会发明农业，不会使用金属器皿——澳大利亚人就是这样。他们到了澳大利亚几万年后，还停留在石器时代，而且还是旧石器。而日本早早受到大陆文化的辐射，从蒙昧中醒了过来，开始生根发芽。

正是因为不远不近，日本既可以从中国文化中吸收很多内容，又可以保持自己独特的历史轨道。正是从来没有被打破的封闭环境，造成了日本文化核心的稳定性。

正如李卓所说：

---

[1][日]丸山真男：《丸山真男讲义录（第六册）》，唐永亮译，四川教育出版社，2017年，第9页。
[2]1英里约为1.61千米。——编者注
[3][美]贾雷德·戴蒙德：《枪炮、病菌与钢铁》（修订版），谢延光译，上海译文出版社，2016年，第461页。

在航海很不发达的古代，岛国的地理隔绝成为日本的天然屏障，大陆的影响只是生产工具和技术的接力式的传入，很少伴有人员的交流，既无因征服和被征服引起的种族变化，也没有大规模的同化，牢固的氏族观念与氏族组织从未受到过剧烈冲击，得以在较长时间里保持了生命力。[1]

在历史上，古代日本实现了两次文化跨越。第一次是受秦汉文化辐射，实现了从石器时代到铁器时代的跨越，从绳纹时代进入弥生时代，也就是从原始时代一步跨入农耕时代。第二次是大化改新，全面学习唐朝，日本由此进入封建社会。

然而，和大陆上的文化同化不同，这两次跨越并不是在外力强迫下进行的，不是被征服被同化的结果。两次变革中日本都掌握有相当的主动权，是很从容的。比如大化改新中，日本引进了大部分中国制度，但没有引进科举制，也没有引进中国的家族制度，没有引进中国的孝文化、贞操观念。因此日本在实现跳跃式发展的同时，它的历史基盘，也就是集团式的生活方式并没有被摧毁。

正如我在《简读中国史》一书中所说，青铜器、牛、羊、小麦等外来文化因素的传入并没有改变，反而强化了中国文化的一些核心要素，比如祖先崇拜、血缘家族结构一样，中国文化的输入，甚至后来西方文化的输入，并没有改变日本文化在此前已经形成的一些核心因素。这些核心因素是什么呢？第一个是原始的性观念和性文化。第二个是从万物有灵的萨满教发展起来的原始宗教神道教。第三个是日本人集团式的生活方式。

稍微熟悉日本史的读者都会知道两个词，一个是"和魂洋才"，一个是

---

[1]李卓：《氏姓制度与日本社会》，《史学月刊》1985年第5期，第88页。

"和魂汉才"。其实日本还有一个词，"绳魂弥才"。"弥才"的"弥"，指的是"弥生时代"，就是从大陆输入的农业文明。"绳魂弥才"，意思是日本虽然从大陆学习了农业，但是绳纹时代，也就是原始时代形成的日本文化的核心特点并没有变。

"绳魂弥才""和魂汉才""和魂洋才"这三个词构成一个序列，背后显示出日本文化发展的一个规律：远离大陆的封闭环境，造成了日本文化核心的稳定性。一旦遇到强有力的外来刺激，日本又会跳跃式地发展，外表发生巨变，不过骨子里的一些东西仍稳定不变。[1]

日本历史轨迹因此显得与汉字文化圈的其他几个国家——中国、朝鲜和越南非常不同。日本历史从原始时代就形成的惯性是非常强大的，大化改新虽然一度深刻地改变了日本历史，但是日本最终又放弃了从中国学习的大一统郡县制度，回到了自己的贵族制度，中国文化对日本的影响，最终主要遗留了文字、文学、服装、建筑等表层物质文化方面。[2]日本虽然经历了一系列重大的文化变革，但原始文化中的很多成分，比如母系社会的"走婚"习俗、独特的性观念、神道教传统、族内婚制度，都长期保持了下来，有些还有机地嵌入今日日本社会的运转当中。比如直到今天日本各地的神社仍然得到不绝的祭拜。在代表人类科技发展最高水平之一的核发电厂的奠基开工前，日本要举行正式的"地镇祭"，由神官来祛灾祈福，这在其他发达国家是不可想象的。[3]史前文明中未开化、非理性的因素，正如人类精神结构中的"潜意识"一样，潜伏在日本文化的最深处，并且成为日本文化发展的"内驱力"。

---

[1]比如日本人的原始信仰神道教，从原始时代一直持续到现在，至今遍布各地的神社仍然是日本人生活中必不可少的部分。

[2]李卓：《古代中华制度文明在日本的结局——中国文化对日本影响的再认识》，《东北亚学刊》2012年第1期，第36页。

[3][日]丸山真男：《丸山真男讲义录（第六册）》，唐永亮译，四川教育出版社，2017年，第9页。

第六章

朝鲜人与日本人：性观念的不同走向

一

由于其他绝大多数民族都已经在性观念上走得太远，因此当他们与停留在原始时代性观念中的日本人迎面相撞的时候，会感觉非常震惊。

西方人刚到日本的时候，最震惊的是日本的男女混浴习俗。"19世纪中期，到日本考察的美国人佩里，看到日本人男女混浴的场景后大受震撼，认为日本的低层民众十分淫荡。"

"美国名记者罗伯特·内夫在13岁时和父母一起到日本生活，多年后，他用文字记述了第一次到日本澡堂中洗澡的狼狈之景。一进更衣室，毫无思想准备，他就看到数名一丝不挂的女人，羞得他落荒而逃。"[1]

其实不光是近代万里迢迢而来的西方人，在古代，近邻朝鲜人就已经被日本人的性习俗惊掉过下巴。

江户时代，朝鲜李氏王朝曾经先后十几次派遣"通信使"到访日本。李朝时代的朝鲜独尊儒学，和中国一样，在性方面存在很多严厉的禁忌。[2]因此日本独特的性习俗让朝鲜人感觉非常震撼。

---

[1]姚耀、[日]秋叶良和：《日本地下经济》，新世纪出版社，2013年，第36页。

[2]金禹彤：《朝鲜通信使眼中的日本婚俗与性观念——以〈海行总载〉记录为中心》，《学习与探索》2016年第5期，第145—151页。

1811年出使的朝鲜使团成员柳相弼后来写下了一本出使记录《东槎录》。一到日本境内与朝鲜距离最近的对马岛，柳相弼马上注意到这里特殊的民风。对马不但是由女人驾船，而且这些女人还撩起衣襟，露出乳房，来诱惑朝鲜官员。《东槎录》记载使团所到之处，"彼人成群观光，而女人惯于乘舟，或四五船，或七八船，各摇其橹，环绕楼船，或摇手招我人，或披襟示其乳，其俗之无耻如此也"。[1]

在日本境内，女子做出淫荡动作引诱男人的情况也所在多有。1763年出使的金仁谦记录说：

> 小丘日有倭女聚集，露胸，手指邀约……拍臀挥手招揽，卷裙摆露下身，招引诱人。不见羞耻，风俗淫乱。（金仁谦《日东壮游歌》）

不仅是下层社会或"特殊行业"的日本女子见了朝鲜使臣，会露胸掀裙，拍臀招手，就连上层社会的女子也绝不像中国或朝鲜那样深闭闺中，而是大大方方地公开在社会上露面，并且向朝鲜人招手相邀。1719年的朝鲜使节记载说：

> 贵家女子出入乘轿，观光则倚绣户而垂帘。其余在外者，或坐或立，手持画帨，言笑琅璘。见我国人，不胜欣慕，或作招邀之状，或与倭男年少者，按项抚腮，而相悦于稠人广路，少无愧色。（申维翰《海游录》下）

应该说，日本的江户时代是律令制时代之外受中国儒家思想影响最大的

---

[1]复旦大学文史研究院编：《朝鲜通信使文献选编》第5册，复旦大学出版社，2015年，第291页。

历史时代，也是社会禁锢最严厉的时代。然而虽然幕府再三提倡儒学，日本人仍然没有培养起儒家式的"羞耻"意识。进入日本境内，朝鲜使臣很快发现日本男女衣着"不甚秘"，日本境内没有一座贞节牌坊，女人也从来没有缠过足。朝鲜通信使记载，日本社会上，婚外情很容易发生，"其俗以窃人之妻妾为易事"（金世濂《海槎录》），即使上层社会的家庭，不伦恋也是常事，"亦无妨闲之节，多有淫乱之行"；虽良家女，"亦多有所私"（金世濂《海槎录》）。[1]同时，受族内婚观念的影响，虽然至亲之间，可能"亦相私焉"（姜弘重《东槎录》）。[2]

在日本萨摩，其至还有这样的风俗，如果有他人特别渴慕自己的妻妾，这个人会将妻妾"借"出一夜，以慰其相思之情。"萨摩之人，皆以信为主。人或有其妻妾之美而相思者，则不惜一夜之借，以慰其心。"这种举动，在日本人看来，是"人皆尚义"，够义气。朝鲜通信使则嗤之以"无礼义廉耻"：

> 此不过一禽兽之行，而传以为美谈，其无礼义廉耻可知，还可笑也。（姜弘重《东槎录》）[3]

更容易观察到的现象，则是日本性产业特别是娼妓业的发达。中国和朝鲜虽然也有娼妓，但是远没有日本这样繁盛。幕府时代的妓女被称为"游女"，这是因为这些女子通常在同一个地方待的时间很短而得名：

---

[1]金禹彤：《朝鲜通信使眼中的日本婚俗与性观念——以〈海行总载〉记录为中心》，《学习与探索》2016年第5期，第147页。

[2]金禹彤：《朝鲜通信使眼中的日本婚俗与性观念——以〈海行总载〉记录为中心》，《学习与探索》2016年第5期，第147页。

[3]金禹彤：《朝鲜通信使眼中的日本婚俗与性观念——以〈海行总载〉记录为中心》，《学习与探索》2016年第5期，第150页。

> 此国之俗，女倍于男，故其于别店，淫风大行。游女迨半，见
> 人则遮路请宿，以至牵衣入店受其钱，则虽白昼亦从。（姜弘重
> 《东槎录》）[1]

妓院遍地皆是，自淀浦至大阪城，甚至有"倾城店游女之窟"之称：

> 自大坂至此，即所谓倾城店游女之窟也。数十成群，往来不
> 绝，皆彩服艳装，或有被发者。（姜弘重《东槎录》）

在中国和朝鲜，狎妓毕竟不是很光彩的事，因此正人君子通常不会公然
进出妓院，而日本人不将男女情欲之事视为可耻，对此并无儒家式的道德焦
虑和羞耻意识，而是非常坦然。甚至父子二人共嫖一个妓女，也没人以为有
什么不对：

> 沿途地方多有养汉店，倚市邀迎以收雇债，而略无愧耻，甚于
> 天朝之养汉。
> 父子并淫一娼，并无非之者。（黄慎《日本往还日记》）[2]

这些"淫荡之习"虽然"令人不齿"，但毕竟还属于软弱的人类常犯的
错误。更令古代朝鲜人惊讶的是日本人的"禽兽之行"，也就是在他们看来
超出人类社会底线的行为，即"同姓为婚"。

中国和李朝朝鲜都是同姓不婚。因此朝鲜使臣对日本近亲结婚的习俗无比

---

[1]金禹彤：《朝鲜通信使眼中的日本婚俗与性观念——以〈海行总载〉记录为中心》，《学习
与探索》2016年第5期，第147页。
[2]金禹彤：《朝鲜通信使眼中的日本婚俗与性观念——以〈海行总载〉记录为中心》，《学习
与探索》2016年第5期，第148页。

惊讶。他们记载，不光日本天皇纳后不避同姓至亲，社会其他阶层也不避伦常禁忌。婚姻不仅不避同姓，而且近到堂兄妹的血缘关系也可以公然结婚：

> 国中男女俱盛，而女比男加多。婚姻不避同姓，从父兄妹，相
> 与嫁娶。兄嫂弟妻寡居，则亦为率畜。淫秽之行，便同禽兽。（金
> 世濂《海槎录》）[1]

"同姓不婚"是儒家文化最根本的礼法。在儒家看来，它是区别人类和禽兽的一个基本标准。朝鲜人因此认为，日本人至少在这个方面，还停留在"禽兽"阶段。朝鲜使臣很自然地将日本人定位为不知羞耻的"禽兽"之民。"禽性兽行，丑不忍闻，而畜俗已成，恬不为怪"；"禽犊之行，言之污口"；"婚娶一族，面目虽人，行若狗彘"；"兄嫂弟妻，皆为率畜。"（洪禹载《东槎录》）[2] "四寸娚妹为夫妇，父子并淫一娼，而亦无非之者，真禽兽也。"（金世濂《海槎录》）

他们认为，日本人之所以如此"荒唐无耻"，是因为没有受到"圣王之政教"熏陶：

> 自古情欲之根莫深于男女……所以制礼渐民，而不格于禽兽
> 者，圣王之政教在也。（申维翰《海游录》下）[3]

[1]金禹彤：《朝鲜通信使眼中的日本婚俗与性观念——以〈海行总载〉记录为中心》，《学习与探索》2016年第5期，第150页。

[2]金禹彤：《朝鲜通信使眼中的日本婚俗与性观念——以〈海行总载〉记录为中心》，《学习与探索》2016年第5期，第151页。

[3]金禹彤：《朝鲜通信使眼中的日本婚俗与性观念——以〈海行总载〉记录为中心》，《学习与探索》2016年第5期，第150页。

二

其实朝鲜使臣可能不够了解本国的历史，如果多研究一下本民族的历史，他们对日本人的嘲笑也许就不会如此辛辣了：直到李朝之前不久，朝鲜人的婚俗和性观念还处于和日本高度相似的阶段，朝鲜人也曾经被中国人认为"好淫"。

虽然古代朝鲜半岛与中国土地相接、山水相依，半岛北部又曾经一度为中国郡县，但历史上与中国的文化差异其实相当大。

和日本一样，朝鲜历史上"三国时代"中的新罗，有很多母系社会遗风，近亲婚姻非常常见，[1]新罗金氏王室也和日本一样实施族内婚制，目的和日本一样，也是为了确保金氏龙种纯洁，永不失去王位。[2]

高丽王朝建立后，也实行王族内婚制。高丽王朝的太祖王建生了二十五个儿子和九个女儿，其中六个女儿嫁给了她们的兄弟。945年惠宗王武把自己的女儿嫁给自己的异母弟，后来继位的光宗王昭。之后五代国王，都是皇室近支兄弟姐妹内婚所生。朝鲜的制度是让第一代同父异母的兄弟姐妹通婚，再让第二代的堂兄弟姐妹通婚，进而让第三代的从堂兄弟姐妹继续通婚，通过连续数代王室成员内部的近亲繁育来纯洁血统。[3]因此高丽王朝初期，王室内婚导致的无嗣和早卒发生频率高。[4]

族内婚在高丽一直持续到蒙古统治时代，前后实行了五百年，而且不仅流行于王室，也存在于贵族之中。由于受中国文化的影响，高丽王朝一

---

[1]新罗曾经由朴、昔、金三姓交替继承王位。见朴延华、李英子：《高丽王室族内婚制及其变化》，《东疆学刊》2003年第20卷第1期，第57页。

[2]朴延华、李英子：《高丽王室族内婚制及其变化》，《东疆学刊》2003年第20卷第1期，第57页。新罗实行骨品制与族内婚制，王室族内婚制持续到新罗灭亡。

[3]秋原：《高丽"称帝"幻梦》，载张立宪主编《读库1802》，新星出版社，2018年，第174—178页。

[4]朴延华、李英子：《高丽王室族内婚制及其变化》，《东疆学刊》2003年第20卷第1期，第58页。

度试图禁止同姓婚姻，但因为传统力量的强大，屡禁而不能止，[1]"宣宗二年（1085年）四月判，同父异母姐妹，犯嫁所产仕路禁锢。"[2]即使是国家法律，也只能试图禁止同父异母兄弟姐妹结婚，堂兄妹的婚姻并不在禁止之列。

朝鲜半岛之所以形成族内婚传统，与日本有一个共同的文化背景，就是实行"访妻婚"。

《三国志·高句丽传》有如下记载：

其民喜歌舞，国中邑落，暮夜男女群聚，相就歌戏。

一到傍晚，村落中的男男女女就聚到一起，对歌，游戏，这实际上是挑选配偶的一种方式，如果相互欣赏，晚上男人可能就去敲女人的门。[3]这和日本及中国西南一些少数民族的风俗非常相似。[4]应该说，那个时代的高句丽人和日本人在性风俗性观念方面是高度相似的，所以《太平御览》高句丽条所引《魏略》写道："其俗淫，多相奔诱。"《北史·高丽传》因此也评论说：高句丽"风俗尚淫，不以为愧，俗多游女，夫无常人，夜则男女群聚而戏，无有贵贱之节。有婚嫁，取男女相悦即为之"。

也就是说，高句丽人风俗淫荡，对性不感觉羞耻。女人没有固定的丈

[1]朴延华、李英子：《高丽王室族内婚制及其变化》，《东疆学刊》2003年第20卷第1期，第60页。
[2]朴延华、李英子：《高丽王室族内婚制及其变化》，《东疆学刊》2003年第20卷第1期，第60页。
[3][韩]韩相皓：《高句丽婚俗小考》，载高敬洙主编、延边大学朝鲜问题研究所编《朝鲜学韩国学论丛5》，延边大学出版社，1997年，第36页。
[4]比如瑶族的旧历除夕至正月初二，无论已婚与否，成年人都可以"在山峒间，山岗树林里，互相酬唱民歌，自朝至暮。唱至情意相投，互相偎依，发生性的关系"。此外，贵州丹溪地区苗族人的"闹冲"，海南岛黎族的"放寮"，青海乐都的"六月六"莲花节，彝族的"吃草烟"，阿细人的"跳月"，仫佬族的"后生节"等，都不同程度地保留了类似风俗。参见耿铁华《中国高句丽史》，吉林人民出版社，2002年，第575—576页。

夫，男女相悦，即可以在一起过夜。这和江户时代朝鲜人对日本人的评价如出一辙。

　　随着文明化的进程，访妻婚在朝鲜半岛演变成了进一步的"男归女家婚"或者叫"婿留妇家婚"。《后汉书·高句丽传》和《三国志·高句丽传》里有对高句丽婚俗的最初记载。

　　　　其婚姻皆就妇家，生子长大，然后将还。

　　　　其俗作婚姻，言语已定，女家作小屋于大屋后，名婿屋，婿暮至女家户外，自名跪拜，乞得就女宿，如是者再三，女父母乃听使就小屋中宿，傍顿钱帛，至生子已长大，乃将妇归家。

　　也就是说，婚礼仪式要在女方家里举行，男子婚后要在女家居住一段时间，等生了孩子（在有些地区要等孩子长大以后）再带领妻儿一同回男家。直到今天，韩国还将男子结婚称为"入丈家"。这种婚俗的基本要点是"男归女家，生子及孙，长于外家，故以外亲见重"。[1]

　　到了高丽时代（918年—1392年），朝鲜虽然已经被称为"小中华"，但是文化底层仍然保留着很多与华夏文化迥异的内容，"民间风俗多自然天性，社会文化少礼法束缚"，比如高丽朝的女性地位较高，女儿可以继承父母的家产，当然也由女儿来祭祀父母。妇女可以随便出游，甚至可以骑马。这些都与儒家文化迥然不同。

---

[1][韩]《太宗实录》卷29，15正月甲寅条，转引自李鹏《韩国传统婚俗及其演变》，《哈尔滨学院学报》2006年第27卷第3期，第137页。

三

到了李朝时代，也就是中国的明朝时期，朝鲜才实现彻底的儒学化，或者说理学化。朝鲜文化人认为过去的婚俗是"以阳从阴"，天地倒置，大逆不道。1435年，朝鲜王室第一次举行了"女归男家"的婚礼。1518年，有一个叫金致云的平民也迎娶新娘到自己家里，开了平民迎娶女方的先例。16世纪中期以后，"男归女家婚"才逐渐被"亲迎礼"风俗代替，女性开始嫁到男性家。[1]17世纪以后，朝鲜才形成以男人为主或以长子为主的继承制，成为名副其实的儒教国家。[2]

朝鲜半岛全盘接受中国儒家思想后，社会风俗为之一变，朝鲜人后来居上，比中国人更加强调对女性的禁锢。朝鲜《家政》一文中提到，士大夫阶层的女孩子在十岁之前活动范围仅限于闺房之内，"女子十岁，处于闺内，不许出外，又不许窥见外客，非有父母兄弟之同坐，则勿论同宗异性，不许见从堂族"。李恒福言及其家风时，说"年过十岁，男女不同席，不同施枷。夜行以烛，嫂叔不通问"。[3]成宗十六年（1485年，明成化二十一年）后，"再嫁女子孙禁锢法"的颁布，使得以后再嫁女子孙不能录用东西班官职。朝鲜还禁止僧侣与女性交谈，破此戒律者杖臀受罚。

16世纪随着朝鲜国家仅对行为特异的节妇进行旌表，朝鲜社会上节妇苦行情形日益增多，为了表明自己坚守贞节、不改嫁的决心，节妇们不吃荤腥、不脱丧服、不整理仪容、不沐浴，甚至断发、断臂、割耳、毁容，几乎

---

[1]章玉钧、郝跃南编著：《孝道文化新探》，巴蜀书社，2010年，第629页。
[2]到16世纪中期为止，即使没有子女或儿子也极少领养，最早编撰的族谱上很容易发现因没有子女而断家系的事例。进入18世纪领养制变得非常普遍，甚至有庶子也领养儿子。这种情况表示，不管士庶，以嫡长子为中心的家系继承意识开始扩散，领养制成为社会风俗。参见章玉钧、郝跃南编著《孝道文化新探》，巴蜀书社，2010年，第630页。
[3]《白沙集别集·卷四·杂记》，转引自刘广铭《朝鲜朝语境中的满州族形象研究》，光明日报出版社，2013年，第144页。

无所不用。司译院前衔朴氏妻"不食盐酱，为亡夫守节，二十余年"。京畿观察使李自华状启："其父招来，犹欲改嫁，乃以刀斫断无名指，矢之死靡他之意。"水军金检同妻，夫死后，"其父欲夺其节，誓死不从，一日缢死于亡夫墓侧"。

因此，日本使臣到了朝鲜，对朝鲜的社会风貌同样感到不理解。1876年，当朝鲜通信使来到日本时，日本官员专门发问，"朝鲜女子为什么要回避生人"。朝鲜通信使自豪地回答：

> 此亦我国异于贵国处也。我国男女之别，元来切严，虽以亲戚言之，五六寸以外，不相往来接面。虽亲姊妹兄弟，十岁以后，坐不同席，语必向门。至于间巷贱流，亦皆一醮之后，夫死而不嫁者，往往有之，自然成俗，今六百年矣。所以外国之人，尤为羞涩隐避而不见之。（金绮秀《日东记游》卷二）

也就是说，我国和你们不一样的关键地方，就在这里。我国男女之分很严。虽然是亲兄弟和亲姐妹，十岁以后就不能坐在一张席子上，不能面对面说话。即使是最底层的百姓，也不能再嫁。到今天，这样的风俗已经六百年了。所以女子见到外国人，当然更要回避了。

因此总结来说，从江户时代上溯几百年，朝鲜和日本两国的社会风俗基本类似，两性道德观念都较为自然开放，女性如同璞玉浑金，没有受到更多伦常观念约束。社会上同样存在着大量在儒家观念看来是乱伦的现象。[1]但是到了江户时代，由于朝鲜急遽儒家化，日本人的一些社会习俗在朝鲜人看来，已经完全如同禽兽了。

---

[1]金禹彤：《朝鲜通信使眼中的日本婚俗与性观念——以〈海行总载〉记录为中心》，《学习与探索》2016年第5期，第151页。

第七章

日本人的贞操观念

一

上一章我们讲到，朝鲜人受中国文化的影响，鄙视日本人的性习俗。

但是从另一个角度看，中国和朝鲜李朝由于性禁忌过于严厉，男尊女卑意识强烈，女性在社会上受到的束缚和压迫很深。日本人虽然在性观念上长期"落后"，但对性爱保持着坦率的态度，因此日本女性相对少地被妖魔化，两性关系相对更为平等和自然。[1]

本居宣长说：

> 儒者观日本歌与物语等，虽诬日本风俗男女无防淫乱相甚，但观唐国历史及小说，淫乱之事更甚。尤以鄙俗丑恶者上至贵胄，亦有不堪入目之行径。观日本的歌与物语绝无此污秽之事，皆为优雅香艳之情，怜人之情，催人泪下。[2]

儒家学者看日本诗歌和小说，虽然会说日本风俗淫乱，但是如果你读中

---

[1]廉德瑰：《日本凭什么与众不同》，辽宁人民出版社，2016年，第110页。
[2][日]本居宣长：《本居宣长全集》。转引自[日]家永三郎《外来文化摄取史论》，靳丛林、陈泓、张福贵等译，大象出版社，2017年，第36页。

国的历史和小说，会发现淫乱之事更多。特别是天潢贵胄，也有不堪入目的行径。但是你看日本的诗歌和小说，记载的性事并不污秽，而都是优雅香艳之情，读了催人泪下。

江户时代思想家增穗残口批判从中国传来的男尊女卑说：

> 祈祷阴阳和谐，男女成双，无尊卑之分。然以女子为男人之仆，凡事应追随男子，皆因惑于中国礼教而失日本道德之故，是以男人高抬自己压迫女子之风流行于世。……蒙蔽妇人，使其愚昧。此事渐成日本风俗，违背神国之教化。[1]

男女成双，本无尊卑之分。但是因为受中国礼教的影响，认为女子是男人的仆从，凡事应该追随男子，所以男人高抬自己压迫女子之风流行于世。让女人越来越愚昧，渐成日本的风俗，但这不是日本本来的教化。

不仅在中国化以前的时期，即使在奈良、平安时代，日本男女的恋爱也是相当"自由"的。婚外恋相当常见。男子固然可以偷情，女子红杏出墙也不少见。人们对此似乎并不那么苛责。比如《源氏物语》的主人公源氏的第一个婚外恋的对象是他父亲的宠妃，但他们似乎并没有什么罪恶感，知道这件事的几个人也没把这当成什么大逆不道的事。[2]

日本人在性爱追求中体现了独特的生命美学意识。[3]日本平安时期的女作家清少纳言在《枕草子》中曾描写男女情人冬夏欢会的场景。她写道，"秘密去会见情人的时候，夏天是特别有情趣，非常短的夜间，真是一下子

[1][日]增穗大和（增穗残口）：《神路手引草》。转引自[日]家永三郎《外来文化摄取史论》，靳丛林、陈泓、张福贵等译，大象出版社，2017年，第42页。

[2]杨薇：《日本深层文化五题》。载南开大学日本研究中心编《日本研究论集》，2001年第2期，天津人民出版社，2001年，第305页。

[3]金禹彤：《朝鲜通信使眼中的日本婚俗与性观念——以〈海行总载〉记录为中心》，《学习与探索》2016年第5期，第149页。

天就亮了，连一睡也没有睡……"，"还有冬天很冷的夜里，同了情人深深缩在被窝里，听撞钟声，仿佛是从什么东西底下传来的响声似的，觉得很有趣"。一个所处时代相当于中国北宋初年的女性作家能如此直露地在文字中描述与情人欢会的体验，无所顾忌地展示女性在两性关系中的激情，不难想象当时日本社会的"自由"程度。[1]

江户时代古学者山鹿素行认为，日本伦理道德的根本是神道教的"诚"，而不是儒家的"敬"。人们对内心真实的情感乃至情欲不加以限制，任其自然，纵其发展。山鹿素行说，"诚乃天下古今人情不得已之谓也"。也就是说，人们从内心涌出的不可抑制的感情是"诚"，将自己内心真诚的感情付诸行动也是"诚"。中国宋明理学强调"存天理，灭人欲"，日本却承认人欲的正当性，并不以此为耻。

关于日本的"人情伦理"，美国著名的人类学家本尼迪克特在《菊与刀》中说，"同性恋"的耽溺也是日本传统"人情"的一部分。在古代日本，这是武士和僧侣等高地位人士的"正当享乐"，虽明治时代为迎合西方法律，禁止许多风俗，但日本人对"自淫"的享乐也不持严格的道德态度。本尼迪克特说，之所以如此，是因为"在日本人的哲学中，肉体并非罪恶，享乐可能的肉体快乐也不是犯罪，精神与肉体并不是宇宙中针锋相对的势力"。这一"人情伦理"不能不视为日本异于东方民族的"独特之处"。[2]

二

日本人的性观念导致了日本历史很多侧面与中国不同。

[1]杨薇：《日本深层文化五题》。载南开大学日本研究中心编《日本研究论集》，2001年第2期，天津人民出版社，2001年，第305页。

[2]杨薇：《日本深层文化五题》。载南开大学日本研究中心编《日本研究论集》，2001年第2期，天津人民出版社，2001年，第307页。

第一点是日本没有太监、小脚和贞节牌坊。

中国文化圈的其他国家，比如朝鲜、越南都有宦官。琉球也曾经向明成祖进献"阉者"。唯日本没有太监制度。

桑原骘藏（1870年—1931年）在大正十二年（1923年）写了一篇《中国的宦官》。他说："独我国自隋唐以来广泛采用中国的制度文物，但唯有宦官制度不拿来，这不能不说实在是好事。英国的斯坦特曾发表论文《中国的宦官》，一语道破：东洋各国如此普通的宦官制度在西洋却不太流行，这完全托基督教的福。然而，我国丝毫不指望宗教的力量，竟然不沾染此一蛮风，岂不更足以自负。我们就此也必须十分感谢我国当时先觉者的思考辨别。"[1]

那么为什么中国有宦官而日本没有？桑原骘藏的结论很肤浅，他认为，这是因为中国人嫉妒心强，而日本人不这样。他写道，中国人是嫉妒心极强的国民。为避免男女嫌疑、慰藉嫉妒心，使唤中性的宦官，或许是顺理成章。

事实上，日本宫廷一直没有太监，应该是以下三种因素综合促成的：第一是日本性禁忌不严格，没有产生严格的贞操观念，即使是天皇的后宫也是如此。第二是由于集权制运行的时间短，日本历史上没有来得及建立起成熟的专制制度。日本天皇的后宫人数不多，皇后一人，妃二人，夫人三人，嫔四人，共十人。宫中一直使用尚侍、典侍、掌侍等女官，不必使用大量宦官。第三是日本没有阉割技术。文化人类学家石田英一郎说，去势本来是一种畜牧技术，被文明国家应用到宫廷生活中来。而日本历史上畜牧业一直不发达。陈寿《三国志》说："（日本）其地无牛马虎豹羊鹊。"马是4世纪末叶才由外来移民带到日本列岛的。日本古语里也没有表示去势的词语，对阉割的理解也很幼稚。梵语称阴茎为"魔罗"，日本人以为切去阴茎就可以

---

[1]《桑原骘藏全集·东洋史说苑》，转引自李长声《哈，日本》，中国书店，2010年，第139页。

根绝性欲，便称阉割为"罗切"。[1]

同样因为性观念的影响，日本人想不到要把女人禁锢在家中，或者要求她们夫死不嫁，因此自然也没有诞生小脚和贞节牌坊。

第二点是受性观念的影响，日本语中没有与性有关的脏话。

中国性禁忌一直很严，"男女授受不亲"，性包括性器官和性行为，是生活中最为隐私的部分，一般情况下都会避免提及，因此中国人骂人时也最喜欢用性来攻击人，与性相关的骂詈是骂詈语中最为恶毒的一类。

然而日本人不以性为耻，在他们的意识中，性被认为是最自然和最基本的东西，因此自然也就没有以性作为骂詈语的动机，所以在日语中没有与性相关的脏话。

三

时至今日，日本人对性的态度仍然是很特殊的。虽然日本在其他方面往往给人以谨慎、保守的印象，唯独在性的领域，非常开放，开放到日本的AV产业独步世界。"日本在AV产业上出口大国的地位坚固。通过AV产业给各个领域所带来的经济利益十分可观。"[2]

在有些国家，AV产业如此发达，也许会成为"国耻"，日本人却不这样看。在日本人眼中，性就像吃饭喝水一样，是件很自然的事情，没有什么值得大惊小怪的。日本的AV拍摄大大方方，制作严谨，宣传认真。AV演员像普通影视演员一样受到尊重。"日本民族细腻的民族特质充分地体现在

[1]直到1898年，柳泽银藏才著有《去势术》。虽然弥生时代也养过猪，但因为佛教的影响，平安时代以降，直至17世纪，不再饲养。日本园艺颇发达，对动物品种的改良却大大落后，18世纪20年代，德川幕府从中国和荷兰买进马匹，荷兰兽医和中国人沈大成先后来日本传授养马及骟马的知识。参见李长声《哈，日本》，中国书店，2010年，第140页。

[2]邓亚晔、吴之桐：《开放、自有与宽容——论日本人的性观念》，《大观周刊》2011年第22期，第182页。

AV产业的细分化方面。据参加拍摄的人员形容，日本拍摄色情片有一定仪式。开拍前全体人员要对女演员双手合十表示感谢。"[1]

除了AV产业，日本的其他性产业也很发达。日本人制定了全球最早的"风俗法案"。日本的情色漫画成为漫画中一个专门的类别，公开摆在各大小书店的显眼位置。因此也产生了像"援助交际"这样在中国令人难以启齿的流行词。

时至今日，日本人也没有建立起中国或者韩国式的贞操观和处女情结。"时下（战后）的日本女性，却把处女之身和没有性吸引力等同起来。如果一个女孩子在升入大学时，还是一名处女，她就会感到耻辱。……对日本人来说，贞操和名誉是两回事。相反，不少日本男性认为：与一个性经验较丰富的女性结合，比手把手地调教什么都不懂的处女要轻松很多。"[2]因此虽然同属东方文化、同样受到儒家影响，日本文化体系中，从来没有像华夏文化那样，把女性的处女膜是否完整当回事。[3]

以上这些材料可能会给人一个错觉，就是日本人，特别是日本女人，在性方面是很随便的。这当然也是另一个方向上的误读。

戴季陶在《日本论》中说，许多中国人以为日本女子的贞操观念淡薄，以为日本男女关系差不多形同乱交，这是一个很大的误解。"日本人的贞操观念的确和中国人有很大的不同的地方，然而绝不像中国留学生所说的。"

戴季陶认为，第一，日本人确实不那么重视处女。"日本人对于处女的贞操观念，绝不如中国那样残酷。"日本人对于寡妇是否守贞，也没那么在意。对于妓女，也没有那么轻蔑，所以娶妓女做正妻的事是很普遍的。尤其是明治维新志士的夫人，几乎无人不是来自青楼。这些都是与中国迥异的

---

[1]姚耀、[日]秋叶良和：《日本地下经济》，新世纪出版社，2013年，第33页。

[2]姚耀、[日]秋叶良和：《日本地下经济》，新世纪出版社，2013年，第36—37页。

[3]姚耀、[日]秋叶良和：《日本地下经济》，新世纪出版社，2013年，第37页。

地方。

第二，他认为日本女子还是有明确的贞操观念，或者说对自己的爱人是专一的。"日本的妇人的贞操，在我所晓得的，的确是非常严重，而且一般妇人的贞操观念非常深刻，并不是中国留学生所想象的那样荒淫的社会。一般来说，我觉得日本的社会风纪，比之中国的苏州、上海，只有良好，绝不有腐败。而他们的贞操观念，不是建筑在古代礼教上，而是建筑在现代人情上，也较中国自由妥当得多。"[1]

戴季陶认为日本的男女关系和中国很不一样。他说，中国社会当然是男尊女卑，但是实际上也不这么简单。一方面很多家庭里当然有大男子主义，另一方面，更极端的有妻管严、河东狮吼，"也就是女子压迫男子的事实"。

而日本社会绝不如此。日本是一个男权社会，"女子是绝没有地位的……可是没有像中国那样把女子关锁在后房里，不许与人见面的习惯。女子的言语行动，在一定的制度下面，是有相当的自由的。女子对于她的丈夫，是绝对服从、绝对恭顺。每天丈夫出门回家，必定是跪迎跪送。"。

"女子对于男子绝对服从的对面，是男子对于女子的绝对保护。——固然也有例外，然而例外很少。具备威严的保护爱和具备同情的体谅爱在很巧妙的组织下面调和着。我们在日本社会里面很少看见有女子对男子的河东狮吼，更少看见有男子对女子的虐待。爱护弱者这一种武士的道德，尤其在男女间是看得很亲切的。……日本人的家庭比起中国人的家庭来，要圆满得多。我常觉得日本的男子在他的奋斗生活当中，有两个安慰，一个是日本人所最欢喜的热汤沐浴，一个就是很温和的家庭。日本的女子对于她的丈夫，的确可以安慰他、同情他，使在社会上吃一整天苦恼的男子由一夜的安慰而消除他的疲劳的精神。中国男子很普遍的家庭苦，在日本社会是绝不经

---

[1]戴季陶：《日本论》，光明日报出版社，2011年，第165—166页。

见的。"

　　当然，这只是戴季陶的个人观察，不见得全面准确，不过为我们破除对日本社会的"刻板印象"提供了一个很好的材料。

第八章

怪异的日本姓氏

一

中国人谈起日本人的姓氏，往往津津乐道于其"怪异"。

确实，日本有很多中国人绝对不会使用的姓氏。比如"我孙子""猪手""犬养""鬼头""猪股""牛粪屋""我妻"等。

为什么呢？因为起姓的时候太匆忙了，"慌不择姓"。

原来，在明治维新以前，绝大多数日本人是没有姓的。传统的日本社会，只有贵族和武士才有资格拥有姓氏，普通百姓都没有姓。因此一百多年前的日本，只有6%的人有姓氏。[1]这也是日本传统社会没有严格的性禁忌，没有严格的血缘家族制的一个表征。

明治维新之后，日本政府发布《平民苗字许可令》，允许老百姓拥有姓氏。这听起来是一次社会重大进步，老百姓应该欢欣鼓舞，奔走相告才是。可事实上，却没有多少人积极响应。因为普通日本人千百年来没有姓氏，也这么活过来了，不懂得起个姓有什么用处。因此大部分百姓还是依然故我，没有给自己起姓。

但是政府着急了，因为没有姓氏，不方便征兵、征税、建立户籍。明治

---

[1]李卓：《从姓名看中日家族的血缘性与社会性》，《世界近现代史研究（第二辑）》，2005年，第190—191页。

八年（1875年），日本政府只好颁布强制性的《苗字必称令》，规定所有国民都必须起姓。

这样一来，听话的日本老百姓诚惶诚恐，不知所措。他们不知道姓氏是什么东西，应该怎么起姓。大部分人只好就地取材，住在什么地方，就姓什么。住在大桥边的就姓"大桥"，家门口有棵松树的就叫"松下"。一大批类似地名的姓应运而出，比如"山本""田中""河内""渡边""高桥""上原""小林""中村""近江屋""吉冈屋""三河屋"……

还有一些人，就以自己的职业为姓，比如养犬的，就叫"犬养"。

更多的人，连这样简单的姓也不会起，只好求那些有文化的人，比如村官或者和尚来给自己起姓。

柳田国男在《名字的话题》一文中说：

> 明治初年，姓名解禁，必须在户籍上登录姓氏之时，各村的役场（村公所）皆大骚动。……许多人使用了过去主人家的姓，有的听说邻村有什么姓，只要人家没有异议就作为自己的姓。如果这两种情况都做不到，就由役场的官员给起一个姓氏。家门前有松树的就叫松下，住在山的入口处，就叫山口。其中也有的村官恶作剧，因此伊豫海岸一些渔村家家都以各种鱼类的名字当姓，邻村则都使用各种蔬菜的名字。当时这种事例很多。[1]

因此上至日月星辰，下至花鸟虫鱼，各种各样的姓氏铺天盖地而来，就出现了"我孙子""一二三四五""五四三二一"等形形色色的姓。这次起姓大潮在日本历史上被称为"苗字骚动"。

由于"苗字骚动"，日本人姓氏数量在世界上遥遥领先。日本到底有多

---

[1][日]柳田国男：《定本柳田国男集》。转引自李卓《从姓名看中日家族的血缘性与社会性》，《世界近现代史研究（第二辑）》，2005年，第191页。

少姓氏，各种资料说法不同。《日本姓氏大辞典》内共收集了29万个姓氏，不过有一些是古代姓氏，今天已经不用了。1983年，群马县的一个老人用最直接的方法，对全国各地的电话簿进行逐一调查统计，得出的结果是139 163个。[1]日本人口有一亿多，平均下来，大概一千人一个姓。

日本人姓氏数量之多，和中国等汉字文化圈其他国家一比就一目了然。当代中国人使用的汉姓约为3 000个左右，其中常用的不过500个左右。[2]朝鲜也使用中国式姓氏，常用姓氏为230个。[3]越南的姓氏也是200多个，几乎全部来自百家姓。[4]

因此，只要你能想到的字，在日本姓氏当中几乎都能找到。由于数量众多，日本姓氏可以轻松组成各种系列，比如数字系列，有姓一丹、二井、三木、四岛、一味川的，还有姓六角、七条、八马、九鬼、十石的，还有姓四十五、五十铃、百元、六百田、千家的，甚至有姓百代、万岁的。

二

日本人的姓氏文化和汉字文化圈的其他国家很不一样。

除了近代以前百姓无姓之外，日本人的姓氏文化还有很多和中国、朝鲜、越南完全不同的地方。

中国人非常重视自己的姓。中国人有一句俗话，"大丈夫行不更名，坐不改姓"。因为改了姓，就相当于成为别人的子孙，侮辱了自己的祖宗。因

---

[1]李卓：《从姓名看中日家族的血缘性与社会性》，《世界近现代史研究（第二辑）》，2005年，第187页。

[2]李卓：《从姓名看中日家族的血缘性与社会性》，《世界近现代史研究（第二辑）》，2005年，第188页。

[3]其中大部分来自中国，比如金、李、朴、崔、郑、姜、赵、尹、南宫、诸葛、司空、皇甫等。

[4]其中有约40%的人姓阮，此外还有黎、李、陈、吴等大姓。

此姓氏在中国人的心目中是神圣的，所以甚至可以拿它来发誓："如果这件事真是我干的，我就不姓张。"[1]深受中国影响的朝鲜、越南对姓氏也是从一而终，正常情况下绝不会改姓。

但日本人的姓氏却远没这么神圣，是可以变来变去的。

我们说过，传统日本百姓无姓，但贵族很早就有姓氏。贵族的姓氏有的来自居住地，如"葛城氏"。有的来自职业，比如"鞍作氏"。有的来自官职，比如"中臣氏"。不过早期贵族姓氏数量很少。

到了平安时代，很多大贵族人口繁衍，家系分支越来越多。为了分别彼此，这些贵族支系就给自己起了新的姓氏，叫"苗字"。所谓"苗字"，意思就是大家族的繁衍就如同苗木的分蘖，因此"苗字"是支系姓氏的意思。

日本古代史上最著名的家族藤原氏，到了后来各个支系都起了新的苗字。住在京都的，根据居住地，分别姓"近卫""鹰司""九条"和"一条"。住在外地的，通常在居住地的地名当中取一个字，再加上藤字，作为新的姓氏。比如近江国的藤原氏，便取"近江"与"藤原"的首字，称为"近藤"。住在伊势、远江、加贺的藤原氏就称为"伊藤""远藤""加藤"。

"苗字"出现之后，数量越变越多。除了世家大族人口越来越多之外，还有一个主要的原因，就是日本历史上实行长子继承制。有的家族规定，长子不仅继承家产，也继承"苗字"。其他儿子不仅得不到家产，连"苗字"也没权使用，只得改用新的"苗字"。

比如建立了室町幕府的足利氏一族，为了避免继承争端，明确规定除了继承人以外，其他后代不得使用足利氏的家名。再如丰后地区（今九州大分县）的名门大友氏，长子之家一直使用大友氏这个姓氏，其他家系则分别改用志贺、田原、户次、元吉、鹰尾、三池、门司等近二十个新的"苗

---

[1]李卓：《从姓名看中日家族的血缘性与社会性》，《世界近现代史研究（第二辑）》，2005年，第192页。

字"。[1]德川时代的富商三井家族也规定，长子以外的人在分家之后不得使用"三井"二字。至今日本茶道的三个著名的"千"家，即"表千家""里千家""武者小路千家"都有不成文的规定，即不管有几个儿子，只能由一个儿子继承"千"姓，其他儿子则要改姓。[2]

除了次子以下可能改姓之外，遇到搬家、改行等情况，日本人可能也会改一下姓，以示重新开始。比如贵族菅原氏本属于制造陶器的土师氏，因后来移居大和国菅原伏见邑而改称菅原氏。[3]建立江户幕府的德川家康本姓松平，后改姓德川。江户时代大阪的豪商鸿池家，本来姓"山中"，后来在摄津国鸿池村从事清酒酿造，改姓鸿池。[4]明治维新的功臣山县有朋让他的第三个儿子改姓荻原，因为山县有朋在倒幕维新运动中使用过"荻原鹿之助"这一化名，以此纪念自己的维新事业。[5]

所以改姓在日本历史上是常见的事。

三

连姓都能随便改，在中国人看来，未免有些奇怪。

但事实上，如果你放宽历史的视界，就会发现日本人并不奇怪。中国历史上的"封建"时期，也就是先秦时期，姓氏发展的规律和日本是大致一

[1]李卓：《从姓名看中日家族的血缘性与社会性》，《世界近现代史研究（第二辑）》，2005年，第195页。

[2]李卓：《从姓名看中日家族的血缘性与社会性》，《世界近现代史研究（第二辑）》，2005年，第195页。

[3]李卓：《从姓名看中日家族的血缘性与社会性》，《世界近现代史研究（第二辑）》，2005年，第190页。

[4]王银芳：《中日姓氏数量的差异性及其原因》，《浙江大学学报（人文社会科学版）》，2006年第36卷第4期，第177—180页。

[5]李卓：《从姓名看中日家族的血缘性与社会性》，《世界近现代史研究（第二辑）》，2005年，第190页。

样的。

首先，贵族有姓，普通百姓无姓，中国"封建"时代早期就是这样。

中国姓氏文化之源远流长，在世界上独一无二。中国是世界上最早使用姓的国家之一。历史学家推测，母系氏族社会时代，中国就已经有了姓。因为母系社会生而只知其母，不知其父，所以中国最古老的一批姓如"姬""姚""姜""嬴""姒""妘"等都带女字边。

中国姓氏文化在周代已经初步成熟，是因为周代中国贵族文化中性禁忌已经很发达，"同姓不婚"成为上层社会的制度。一开始，中国的姓很少，大姓不过二十多个。顾炎武说："言姓者，本于五帝，见于《春秋》者得二十有二。"这二十二个姓包括妫、姒、子、姬、己、任、姞、祁、芈、曹、董、姜、偃、归、曼、熊、漆、妘、允等。这些姓都是贵族拥有的，普通平民百姓没有姓氏。这和日本明治维新以前是一样的。

二十多个姓显然不够用，因此到了周代，随着人口的增长，一姓之内又不断分出新的支系，即"氏"，类似后世日本从氏中分出新的"苗字"。和日本贵族时代长子才继承"苗字"一样，周代的姓也只有嫡长子才会继承使用。嫡长子以外的其他儿子通常以自己的封邑作为"氏"。[1]这样一来，"氏"就越来越多。比如"子"是殷人的姓，后来"子"姓之内又分出华氏、向氏、乐氏、鱼氏等；"姬"是周人的姓，"姬"姓之内分出孟氏、季氏、孙氏、游氏等；"姜"是齐人的姓，"姜"姓之内又分出申氏、吕氏、许氏、纪氏、崔氏、马氏等。一个支系以什么为氏，有一定自主权。有人以封邑为氏，有人以爵位官职为氏，有人选择以居住地为氏。在一些特殊情况下，贵族也可以更改氏名。比如春秋末年楚国的伍子胥，本以伍为氏，他的儿子逃到齐国避难，改为王孙氏。陈完本以陈为氏，由于陈国发生内乱，他出奔到齐国，于是就改为田氏。这个分支自立氏名的过程，和日本家族自立

---

[1]王泉根：《先秦"氏"的作用与秦汉姓、氏合一》，《文化学刊》2015年第1期，第25页。

"苗字"是一样的。

因此事实上，周代贵族男子普遍都称氏而不称姓。比如孔夫子的"孔"是氏不是姓，孔子是商代王族的后代，本来是姓"子"的。由于他是公孙嘉之后，公孙嘉字"孔父"，所以就以"孔"为氏。

顾炎武说："考之于《传》，二百五十五年之间，有男子而称姓者乎？无有也。"（《日知录》卷二十三）因为一姓之下，人数太多，姓已经不能说明一个人的身份，只有"氏"可以表明一个人的家世出身与社会地位。"氏所以别贵贱，贵者有氏，贱者有名无氏"。（郑樵《通志·氏族略》）

我们现在能想起来的春秋战国人物的名字，第一个字都是氏，而不是姓。比如郑文公叫郑捷，齐灵公叫齐环，这是以受封的国名为氏。事实上我们知道，"郑"是周代王族后代，姓姬；"齐"是姜太公的后代，姓姜。

所以春秋战国时期，最高级的"国骂"是"坠命亡氏"，这是当时诸侯间最厉害的一句骂人话。郑樵说："古之诸侯，诅辞多曰'坠命亡氏，踣其国家'，以明亡氏则与夺爵失国同。"古代诸侯诅咒别人，都说要让他"亡氏"，请注意，不是"亡姓"。没有氏，就等于被剥夺了爵位，丢失了国家，断绝了子孙。[1]

当然，春秋时代女子还是称姓，因为姓仍然要起"别婚姻"的作用。女子称姓，是为了不触犯"同姓为婚"的禁忌。郑樵说："三代之前，姓氏分而为二，男子称氏，妇人称姓。"

不过孔夫子周游列国时，在路上碰到的长沮、桀溺，这些都是名字，既没有姓，也没有氏，因为他们不是贵族。[2]

到了战国时期，封建制渐趋瓦解，纲纪混乱，大量原本无姓氏的平民也

[1]王泉根：《先秦"氏"的作用与秦汉姓、氏合一》，《文化学刊》2015年第1期，第26—27页。

[2]王泉根：《先秦"氏"的作用与秦汉姓、氏合一》，《文化学刊》2015年第1期，第25页。

效仿贵族，趁着混乱为自己立了氏名。

平民怎么起氏名呢？当然是模仿贵族。春秋战国时期的诸侯国齐、鲁、宋、邓、韩、赵、吴、陈等国家名称今天都成了大姓。另一种方式是以所居地的地名为氏，鲁国的勇士猗顿早先是"耕则常饥，桑则常寒"的平民，后来，他"畜牛羊于猗氏（地名）之南，十年之间其息不可计"，发了财之后就以发家地"猗氏"为氏。此外还有以职业为氏的，比如"梓人"本是一种木匠，后人就以"梓"为氏。此外"陶""匠"等姓也是如此。

战国时代平民起氏名成风，一下子冒出了一千多个新的"氏"。这个平民起姓氏的过程，和日本明治维新后的过程很相似。只不过明治维新是通过政府强令，几年间实现的。在战国时代，则是平民自发的，在几百年间实现的，所以基本没有"慌不择姓"的情况出现。

贵族落魄了，而平民也纷纷起了氏名，"氏"就失去了原来标志社会地位的作用。"氏"与"姓"之间没了区别。因此，秦始皇统一中国，封建贵族制结束后，姓与氏渐渐融为一体，通称为姓。中国人渐渐就不知道自己在历史上曾经长期称氏而不称姓了。

所以，在封建时代的中国，和封建时代的日本，姓氏发展规律基本是一样的。第一，只有贵族才有姓有氏。第二，姓是一成不变的，而氏则可以自立，是可变的。第三，封建贵族时代结束后，平民也纷纷拥有姓氏。

其实人类姓氏文化有共通之处。贵族有姓，平民无姓，这个历史阶段大部分民族都经历过。

比如俄罗斯人本来不论贵贱都没有姓氏。14世纪到16世纪中叶，贵族和大公们才开始模仿其他民族使用姓氏，姓氏被看作是贵族身份的象征。到了19世纪，平民和百姓阶层才开始有了自己的姓氏。[1]早期的英国人（盎格鲁-撒克逊人）只有名没有姓，1066年"诺曼征服"，诺曼人把他们的姓

[1][俄]奥丽娅：《汉俄姓名研究对比》，硕士学位论文，黑龙江大学，2012年，第25页。

氏制度带入英国，英国贵族阶级才开始使用姓氏。中世纪之后，英国人口增长，社会交往频率加快，普通人才渐渐开始使用姓氏。

古代泰国人也是有名无姓，1913年才制定了有关姓名的法令，由国王或官员给百姓取姓。由于起姓的太多，也出现了"慌不择姓"的情况。当时流行一个笑话，一个老百姓进宫见国王取姓时，因为害怕国王不敢上前，躲在门柱后面，国王就给他取姓为"躲柱"。[1]而在缅甸，占全国人口百分之七十左右的缅族至今也没有姓氏。中国藏族也是这样，藏族贵族有姓氏，平民无姓氏，这一现象从奴隶制社会一直延续至今。

因此，日本文化中的很多现象乍一看很奇怪，但是放宽视野一看，其实一点也不奇怪。在世界姓氏文化中，倒是中国的姓氏文化之早熟比较特殊，其原因是中国人对姓氏"别婚姻"功能的重视，其背后反映的是中国人对血缘的极端重视，中国血缘家族在社会关系中的重要性。

---

[1][泰]魏清：《汉泰称谓语比较研究》，博士学位论文，南京师范大学，2005年，第75页。

第九章

高贵的长子，悲哀的次子

一

上一章我们讲到，有的日本家族当中，只有长子才能继承家族的姓氏，其他儿子必须"改姓"。这在中国人看起来绝对是天方夜谭。

确实，中国人很难想象，日本传统家庭当中，长子和其他孩子的地位会有多么大的不同：

吃饭的时候，父亲和长子一起坐在正位，其他人得坐在边上。[1]洗澡的时候，父亲先洗，长子第二，其他人得在后面排着。[2]

兄弟们见到长子，得对长子行礼，以示尊卑之别。他们不能直呼长子的名字，必须冠以"大人"的尊称。

这些不仅存在于古代，直到近代，很多家族也仍然如此。

"索尼电器的创始人盛田昭夫是日本名古屋地区一个经营米酒生意的商人世家的长子，他的父亲是盛田久作工门第十四代，而他从1921年出生那

---

[1]讲究一点的家族，甚至餐具都不一样：父亲和长子用的筷子最长、最精美，其他人只能用普通的筷子。待客的时候，"背靠壁龛、席次最高的正座（称'横座'）只有户主和长子能坐，其左右分别是'向座'和'锅座'，客人坐向座，主妇坐锅座。入口是末席，称'木尻'，尚未接管主妇权的儿媳或其娘家人坐在木尻。"参见[日]北岛正元《江户时代》，米彦军译，新星出版社，2019年，第109页。

[2]王珍珍：《中国宗族主义与日本集团主义的比较研究》，硕士学位论文，哈尔滨理工大学，2014年，第15页。

一刻起，就当然地成为第十五代久作工门。作为法定的家督继承人，昭夫享受着家族给予的许多特权。如在正式的聚餐，他与父亲一起坐在宴会桌的头上，而他的弟弟妹妹们则是坐在最后的桌子末端；从6岁起，昭夫就与父亲一起出席公司新年庆祝会，当父亲发表致辞时，他与父亲一起坐在讲台上，等等。"[1]

在日本历史上，很长一个时期当中，长子以外的其他儿子，活着其实是没什么尊严的。他们之所以被生下来，目的仅仅是充作备胎，以防长子意外死亡："防止天后愁。"[2]儿玉幸多在《近世农民生活史》中描述农民家庭中其他儿子的地位说："吃饭要在全家人之后，还要常常吃冷饭、剩饭。他们只能坐房间入口处的'下座'，在家中总是要小心翼翼的，虽不是奴仆，但要和奴仆们一起劳动，同样吃穿……"[3]所以他们往往被直接称为"厄介"（意为"麻烦"）或者"吃冷饭的"。相比之下，长子生下来就被称为"小头领"。[4]

被侮辱与被歧视还不算什么，更关键的是没有性权利。在电影《楢山节考》中，次子利助三十五岁了，还没有结婚。因为有体臭，他一直没有尝过女人的滋味，只能与狗交欢。这并非编剧的虚构，而是有历史事实为基础：传统日本有些地区，其他儿子根本没有结婚的资格。"在过去日本的东北部农村，社会习俗对长子和非长子之间的不平等的认可有时达到极端的程度。如有的村落中有这样的情况：只有长子才允许结婚。"

有的地方，其他儿子有条件的也可以结婚，但是婚后不能和妻子生活在

---

[1]邓慧娟：《日本家督继承制度》，硕士学位论文，西南政法大学，2011年，第16页。
[2]就拿贴切地反映出农家子女地位的俗话来说，就有"一是卖，二是留，三是防止天后愁"这么一句。其意思是说，嫁出去的女儿等于是卖给人家的，所以最好是第一个生女，其次生一个男孩，作为长子留在身边以便承家继业；再其次，仅仅生一个男孩，怕有什么三长两短。为了防止长子夭折后的愁苦，第三胎还是再生一个男孩为好。[日]福武直：《日本社会结构》，陈曾文译，广东人民出版社，1982年，第25页。
[3]邓慧娟：《日本家督继承制度》，硕士学位论文，西南政法大学，2011年，第32页。
[4][日]福武直：《日本社会结构》，陈曾文译，广东人民出版社，1982年，第25页。

一起。"在中部日本有一个山村里，直到上个世纪（20世纪）来还有这样的传统习惯：只有长子才允许同妻子居住在一起。非长子应当两地分居。"[1]

当然，以上一切现象，都是建立在日本"长子继承制"的基础上。也就是说，家业家产，要由长子继承，其他孩子没份。[2]

经济基础决定上层建筑。在传统日本，所有阶层的非长子们的命运大都是悲哀的。武士家族的其他儿子们，只有两种选择：一种是出继给其他武士做养子，这是最好的出路，因为可以继承养父的家产。此外只能赤手空拳，以各种方式谋生，包括成为社会所不齿的"浪人"。

> 德川幕府时期，日本社会出现了被称为"浪人"的群体，他们原本是武士家族中的次子、三子，因为家督继承而与家业无缘，但又不愿从事其他行业另谋生计，于是便到社会上游荡，仗着其自身的武艺，四处滋事。[3]

农民家庭中，如果土地比较多的话，其他儿子要留在家里，给长子当一辈子长工或者佃户。[4]"所有的非长子被迫一生作为单身的长工为长子干活。"[5]"如果土地不多，他们只能离开家庭，到外面去打工。"当时外出

---

[1]王珍珍：《中国宗族主义与日本集团主义的比较研究》，硕士学位论文，哈尔滨理工大学，2014年，第17页。
[2]邓慧娟：《日本家督继承制度》，硕士学位论文，西南政法大学，2011年，第14页。在武士或者农民家庭，家产几乎都给长子，即使是富有的商人家族，长子以外的儿子能继承到的家产也是非常少的。
[3]邓慧娟：《日本家督继承制度》，硕士学位论文，西南政法大学，2011年，第36页。
[4]典型案例是飞驒白川村的大家族制度。特别是中切部落，明治初年，其总户数的43户中，家族成员在10—20人的仍有28户，20人以上的仍在10户以上。在该部落中，二子、三子不能分家，女儿依附于家庭不能出嫁。这些人在父母家中徒然沦为老叔叔、老阿姨，受家人嫌弃。见[日]北岛正元《江户时代》，米彦军译，新星出版社，2019年，第109页。
[5]王珍珍：《中国宗族主义与日本集团主义的比较研究》，硕士学位论文，哈尔滨理工大学，2014年，第17页。

打工死亡率非常高，所以普遍被视为畏途。

日本的家族因此分成"本家"和"分家"：长子这一系，是本家。其他儿子们的家系，是分家。"本家"是主人，在家族中是施恩者。"分家"是奴仆，要对"本家"感恩。这和中国的家族关系截然不同。在习惯诸子均分制的中国人看来，日本人的这种继承方式，当然太不合常情、太残酷了。"假设将日本家庭和中国家庭当作一棵树的话，那么日本家庭树仅仅只有一个主干，其他分枝只能为了维持主干的发展而被无情地砍掉，而中国家庭树的树干众多，基本上分不清主干和枝干。"[1]

直到二战之后，这种家族制度对日本社会仍然产生着影响。《菊与刀》说："现在，特别是在农村和乡镇，按古老规矩而留在家中的是长子，次子和三子也许进入广阔天地，受到更多的教育，取得更多的收入。但古老的等级制仍十分牢固。"我认识的一位东京大学的教授曾和我开玩笑说，他能成为教授是因为他不是长子。他家是北海道的农民家庭，如果他是长子，就只能在家里继承土地了。这虽然是有点开玩笑的说法，但也说明这种传统思维在日本边远农村地区至今仍有残留。2020年日本女明星石原里美宣布嫁给"普通男"，引起了日本人关于适嫁"普通男"的讨论，除了收入等条件外，大家列出的还有一条，就是要"长男以外"，意思是不能嫁给长子。因为至今日本的长子还往往要继承家业，和父母住在一起。

日本社会的这一切，都肯定会让普通中国人感觉惊讶。不过和姓氏制度一样，如果放宽历史的视界，我们会看到，中国在秦代以前，同样是实行长子继承制的。

在周代的等级制度下，地位和财产都要由嫡长子继承。嫡长子主持宗庙中的祭祀，地位最尊，故称为"宗子"，也就是族长。长子的家族称为大宗。他的兄弟们要另立门户，称为小宗。这实际上就相当于日本的本家和分

---

[1]王珍珍：《中国宗族主义与日本集团主义的比较研究》，硕士学位论文，哈尔滨理工大学，2014年，第17页。

家。嫡长子的地位比其他儿子要高出很多。《礼记·内则》说，家族内部，最有权威的是宗子。庶子要"祇事"，也就是恭敬地侍奉嫡长子，"虽贵富，不敢以贵富入宗子之家。虽众车徒，舍于外，以寡约人。子弟犹归器、衣服、裘衾、车马，则必献其上，而后敢服用其次也。若非所献，则不敢以入于宗子之门，不敢以贵富加于父兄宗族"。

什么意思呢，也就是说，如果你是庶子，即使因为什么特殊原因，发了横财，实际上比嫡长子更富有了，但是你在嫡长子面前仍然必须毕恭毕敬，而且在衣服、器用、车马的享受上都不得超过嫡长子。不能在嫡长子面前摆谱，不管你坐着多好的车来的，也要远远地停在外面，不能坐到门里边。你要是有好的衣服，好车马，则必须把最好的部分献给族长，你用次好的。

除了中国，封建时代的英国也实行长子继承制。贵族的长子继承所有地产、爵位，其余儿子成年后只能各谋出路。因此长子继承制是贵族时代各国比较普遍的选择。《诗经》上称"大宗维翰""宗子维城"，把宗法制比作坚固的城墙。不过随着"周秦之变"，这座城池在中国早就崩塌了，在秦代之后，长子继承制只存在于某些朝代的皇室之中，因此今天的中国人才会对日本的长子继承制感觉新奇。

二

除了长子和次子的差别，日本人的养子制度，也是中国人难以理解的。这一点更是中国和日本本质的文化区别之一。

传统时代的中国人通常不会接受没有血缘关系的人当自己的嗣子。因为"异姓不养"是中国古代的一个重要原则。

什么叫异姓不养呢？就是不能收其他家族的人当自己的养子。为什么呢？因为《左传》有一句著名的话，"非我族类，其心必异"。今天的读者可能会将这个"族"字理解成民族，事实上则是指家族。意思是血缘不同，灵魂没法沟通。《国语》解释得更清楚："异姓则异德，异德则异类。"什么意思呢？收养后代，是为了继承香火，或者说，是为了死后有人给自己祭祀。但是只有有血缘关系的人，才能"气类相感"，他们祭祀的食物，你的灵魂才能享受到。没有血缘关系的人，不论给你烧多少纸，献上多少猪头，你都享受不到。这就是所谓"非其族类，神不歆其祀，故言灭"。"纵有异姓之子能奉香火，然神不歆非类，宁得感通，有后名存，实为绝嗣。"

也就是说，你要是立异姓为养子继承香火，实际上就是绝了后，千秋万代成为孤魂野鬼，四处游荡，非常可怜。

这实在是非常可怕的事。

因此中国古代法律明确规定，不能收养异姓养子。唐律规定，凡是收养异姓男子的，判一年徒刑。明代也规定，"养异姓义子以乱宗族者，杖六十"。可以收义子，但是不能让他们继承宗族（当然，中国历史上也有武人收大量健儿为义子以扩充势力的事例，不过其目的通常与立嗣无关）。

所以中国人如果没能生出儿子的话，产业就只能给侄子，或者族中其他亲人，不能给外姓。

而日本完全不同。日本人不但绝嗣时可以毫不忌讳地收养和自己没有血缘关系的人，而且即使有亲生儿子，也可以收养子，并把家业传递给他。

日本虽然是长子继承制，但是"长子"并不是绝对的。长子继承制的核心是家产只能给一个人而不能分散。如果长子实在不成器，就可以废掉，立其他儿子为"长子"，而那个不成器的长子在家里的地位就会沦落为普通儿子。有的家族甚至明确规定立贤不立长："家有数位男子时，不论嫡庶，要按器量，选择其中一人继承家业。"（《天野文书》）[1]要是其他儿子也都不成器，还可以让没有血缘关系的人继承家业。[2]"若继承家业之人

[1]邓慧娟：《日本家督继承制度》，硕士学位论文，西南政法大学，2011年，第15页。
[2]李卓：《从姓名看中日家族的血缘性与社会性》，《世界近现代史研究（第二辑）》，2005年，第195页。

是无器量之人，可选择有器量之外人，让其作为养子继承之。"（《熊谷文书》）[1]

一个非常有代表性的例子是日本著名的医学世家贺川家。贺川家的始祖贺川玄悦（1700年—1777年）被誉为"日本近代妇产科学之父"。他虽然有两个儿子，但他都不满意，"翁之诸子皆不可其意"。于是收了自己最喜欢的弟子冈本义迪做上门女婿，这在日本叫"婿养子"，让他成为贺川家的第二代继承人。而贺川自己的长子只能离开家，去做旧铜铁器买卖。[2]

这种事在贺川家族发生过不止一回。贺川家族十三代继承人中有八名是养子、婿养子。[3]也就是说，今天的贺川氏后人，和贺川玄悦早已经没有任何血缘关系。而拥有贺川玄悦血缘的真正后代，却只能成为贺川家族的"分家"，处于附属地位，让外姓的"本家"成为自己的主人。

收养异姓养子在江户时代非常流行，从江户时代到明治初期，每四个日本男人中就有一个是养子。[4]

所以日本家族的血统通常是靠不住的，因为日本人不太在乎这个，这凸显出母系社会文化的遗存。"除了天皇家族之外，几乎所有日本人的家族都有与异姓混血的历史"。如同日本家系研究专家太田亮所说，在日本，"即使再出色的家族，也不可能把血缘关系上溯到数代以前，因为家系和血系是很难一致的"。[5]

长子继承制和养子继承制，虽然不符合"自私的基因"原理，但也有其优势。

---

[1]邓慧娟：《日本家督继承制度》，硕士学位论文，西南政法大学，2011年，第15页。
[2]李卓：《妇产科医生世家贺川家的家系继承——关于日本家族制度的一个实证考察》，《日本学研究》2003年第13期，第255页。
[3]邓慧娟：《日本家督继承制度》，硕士学位论文，西南政法大学，2011年，第15页。
[4]李卓：《从姓名看中日家族的血缘性与社会性》，《世界近现代史研究（第二辑）》，2005年，第195页。
[5]太田亮：《家系系图的合理研究法》。转引自李卓、许译兮、郭丽等《日本近世史》，昆仑出版社，2016年，第92页。

诸子均分制导致中国式家族总是"富不过三代"。而长子继承制有利于家族财富的持续积累，也有利于家族技艺的传承，因此日本经常出现传承上百年、几百年甚至上千年的家族企业。传统医学往往需要口传心授，所以中国有句老话，在日本也同样受到崇尚，那就是"医不三世，不服其药"。医生世家如果不传到至少三代，你不要轻易吃他的药。但是中国的名医很少能传到三代以上，因为名医的儿子不见得就有学医的天分。而日本的医学世家却比比皆是，从江户时代后半期到明治时代的一百多年间，贺川家一直位居日本全国妇产科"宗家"的地位。即使是在今天，日本医业世袭继承的比率也高达30%。[1]

这一点，虽然与汉文化有重大差别，却也与中国西南民族类似。

清代云南蒙自一带的罗罗和土僚，"最喜赘婿，即三四子一女者亦然"。[2]民国间中甸一带的居民，习惯将亲子送入佛寺为喇嘛，"而赘入一婿，以延宗嗣"。[3]据《滇中琐记》记载："滇俗，凡有女无子者，多赘异姓子为婿，即以为子；其同姓之子，若昆弟及从昆弟，虽多子，弗以为后，家产亦弗得过问也。""其尤可怪者，已有子，使之出赘他姓，而别赘他姓子以为子"。[4]

三

中日两国家族文化的另一个重要区别，是中国人非常重视辈分关系，而日本人则不太重视。

[1]李卓：《妇产科医生世家贺川家的家系继承——关于日本家族制度的一个实证考察》，《日本学研究》2003年第13期，第255页。
[2]方铁：《边疆民族史探究》，中国文史出版社，2005年，第321页。
[3]方铁：《边疆民族史探究》，中国文史出版社，2005年，第321页。
[4]杨琼：《滇中琐记》"赘婿为子"条。转引自方铁《边疆民族史探究》，中国文史出版社，2005年，第322页。

不同辈分的中国人会"犯"同一个字，比如曾国藩的兄弟们叫曾国潢、曾国荃、曾国华、曾国葆。晚辈则绝对不能"犯"长辈的名讳。家族内的长幼尊卑，一目了然。

然而日本父子祖孙的名字却经常用同一个字。比如江户幕府的历代将军名字中大多都有一个"家"字：德川家康—秀忠—家光—家纲—纲吉—家宣—家继—吉宗—家重—家治—家齐—家庆—家定—家茂—庆喜。这些"德川家×"要是在中国会被误会成是一代人，兄弟或者堂兄弟，实际上他们分属于10代人，时间跨度为270多年。日本财阀三井家族的名字更为整齐，历代家长的名字为高利—高平—高房—高美—高清—高佑—高就—高福—高朗—高栋—高公。[1]

这种起名方式说明日本人没有中国人的辈分意识。日本人在继承家业时，也经常不顾辈分关系。比如上面提到的三井家族，它的第9代家长三井高朗本来是第10代三井高栋的哥哥，后来却当了弟弟的养父，二人的关系居然从兄弟变成了父子。[2]

事实上，天皇家族的继承过程中也出现过同辈变成母子、晚辈传给长辈的情况。大化改新后，皇极天皇让位给弟弟轻皇子（孝德天皇），孝德天皇就尊他的姐姐为"皇祖母尊"。"皇祖母尊"在日语中并非指祖母，而是指母亲。日本历史上，天皇传位过程中还出现过侄传叔，堂弟传位堂兄，孙子传位叔祖父，堂侄孙女传位堂叔祖父等在中国绝对不会出现的情况。[3]

因此，日本人的"家"，和中国人的"家"，意义是不同的。

中国的家族，血缘是唯一的纽带，家族的意义是继承自己的基因和血统。家族内部代际关系非常清楚。日本的家族则是一个混沌的整体，是一个

[1]李卓：《从姓名看中日家族的血缘性与社会性》，《世界近现代史研究（第二辑）》，2005年，第199—200页。
[2]李卓：《从姓名看中日家族的血缘性与社会性》，《世界近现代史研究（第二辑）》，2005年，第200页。
[3]姜金言：《日本上皇制度研究》，硕士学位论文，吉林大学，2015年，第13页。

集团，更类似一个公司，一个企业，血缘不重要，个人在家族中居什么地位并不重要，事业传递才最重要。所以虽然受中国影响，日本少数家族也有家谱，但是写法往往与中国不同，中国家谱是从上往下写，从一个辉煌的但往往是虚构的先祖，比如黄帝写起。但是日本人的家谱是从现在活着的人开始，再往上一代代追溯。中国的家谱只包含有血缘关系的人，而日本的家谱是以长子继承为主线，此外还可能包括仆人、管家等一些外姓人，因为他们同样是"家"这个事业集团的重要成员，这些在中国的家谱中是看不到的。[1]

也因此，日本一些家族的"家长"并不是终身制的，而是"任期制"的。

日本传统家长在家中本来拥有极大权威。日本有句名谚"地震、打雷、失火、父亲"，就是说日本人把父亲与地震、打雷、失火这三样东西列为同样令人恐惧的事物。日本有一则流传极广的谜语："为什么儿子向父母提意见就像和尚要求头上蓄发一样？"答案是："不管怎么想，绝对办不到。"[2]但是家长的存在也是为家族的利益服务的，日本家长如果上了年纪、生了重病，无法料理家业，通常会主动"退休"，把权力交给长子，自己则退居家族普通成员的地位，服从新的家长的统治。[3]甚至日本天皇也很喜欢退休，日本皇室经常会出现两三位卸任天皇和现任天皇同时健在的情况。

在中国人看来，日本人的辈分观很另类。但事实是，中国汉族对辈分的重视，在世界上才是真正另类的文化现象。汉语亲属称谓严格按辈分划分，

[1]王珍珍：《中国宗族主义与日本集团主义的比较研究》，硕士学位论文，哈尔滨理工大学，2014年，第17页。

[2][美]鲁思·本尼迪克特：《菊与刀》，吕万和、熊达云、王智新译，商务印书馆，2017年，第57页。

[3]李卓：《略论日本传统家族制度的特征》，《外国问题研究》1996年第4期，第2页。

目的是区分长幼尊卑。[1]而英语亲属称谓则不那么严格。比如同样是哥哥，中国人会分出大哥、二哥。同样是叔叔，中国人会分出二叔、三叔。这些在英语中是没有的。[2]日语、英语、泰语都可以采用名字加亲属称谓的方法来指明对象，比如"某某（名字）姑姑"，而汉语中直呼长辈名字却是不被允许的。[3]同样，按辈分称呼对维吾尔族来说并不是十分严格的，按年龄层次来称谓（而不是辈分），也是维吾尔语亲属称谓的一个显著的特点。也就是说，按亲戚关系本来应该叫叔叔的，但因为年龄相近，维吾尔人可能会叫大哥。因此中国人以辈分骂人，以当"爷爷"为尊，以当"孙子"为耻，这一骂法在世界上也是很罕见的。阿Q的"精神胜利法"就缘于中国人独特的辈分意识，对这一点，世界上很多民族，包括日本人，是不太容易理解的。

---

[1]蔡春燕：《社会语言学视角下的汉英亲属称谓比较研究》，《厦门广播电视大学学报》2014年第3期，第36页。

[2]蔡春燕：《社会语言学视角下的汉英亲属称谓比较研究》，《厦门广播电视大学学报》2014年第3期，第40—41页。

[3][泰]魏清：《汉泰称谓语比较研究》，博士学位论文，南京师范大学，2005年，第25页。

第十章

日本人的精神世界

一

在中国，墓地都在远离人烟之处。而在日本，活人与死人却经常居住在一起。在东京的居民区，每走几百米你就会遇到一座寺庙，每座寺庙里都有一片片的墓地。

这一事实反映出两种不同的生死观。在中国人的观念中，死亡是可怕的，死人是可怕的。死人会变成鬼魂，《礼记·祭义》说："众生必死，死必归土。此之谓鬼。"许慎《说文解字》说，"人所归为鬼"。而鬼虽然似乎也有着和活人相仿的智商和能力，但在阴间都游手好闲，不务正业，偶尔还会游荡回阳间，可能施害于人，因此中国古来谈鬼色变。《论衡·论死》说："世谓死人为鬼，有知，能害人。"汉代墓中多有"镇墓文"，严厉要求死者老老实实待在坟里，不要返回阳间。[1]

而日本人认为，人死后不会变成鬼。变成什么呢？

信奉神道教的人认为，死者会变成神。

虽然日本引进了儒教和佛教，但是原始的信仰，即神道，仍然是日本人信仰的基础。周作人说，中国的儒教、印度的佛教以及西方的哲学是构成日

---

[1]黄景春：《中国宗教性随葬文书研究》，上海人民出版社，2018年，第113页。

本文化的表层，而神道思想是日本文化的核心部分。

神道是从原始的萨满教演变而来，[1]神道教认为万物有灵，任何东西，一块石头，一棵大树，都有灵魂，在日本神道观念中，不但人，万物死后皆为神。所以日本有"八百万神"的说法。

人死之后，他生前的罪孽都会一笔清空，他的灵魂会升到天上成为神。当然，神与神不同，也有等级之分。我曾和一个日本人讨论过八百万神的说法，他说，在他的理解中，神界也是分层的，上面是天照大神等高级神灵，中间是土地神等"中层干部"，下面是他的祖先变成的神，相当于神界的民众。

信奉佛教的日本人则认为，死者不论高低贵贱，都会成为佛。"日本人的国民感情认为，所有的人都死后成佛。"[2]

不管怎么样，在日本人的观念中，通常死人是不会为害活人的，死人成神或成佛后对活人是充满善意的。所以中国人对死者灵魂敬而远之，指路送灵，让祖先灵魂不留恋现世，不留恋后代，快去阴间，不要再回来。而日本人通常是亲而近之，认为"祖先在近旁会感到安心"。

日本汉字当中也有"鬼"字，但日本的鬼是和中国的鬼完全不同的一种东西，它不是死人变的，而是一种吃人的妖怪，在"鬼"这个汉字传入前就已经存在于日本的传说当中。它有固定的形象，长着角和獠牙，口一直咧到耳朵，裸体，腰围虎皮裙，手持棒子，性格残暴，捉住人便吃。因此它是无情、怪力、勇猛的象征。

高平鸣海在其作品《鬼》中提到："在日本，鬼是万恶之根源。具备人所不具备的力量，令人们惧怕的东西，这是鬼的最基本条件。从外表定义是长着角，有数个手脚的异形的东西，会掠夺，实施暴行，诅咒人，吃人。"古代

---

[1]绳纹时代的文化遗址中发现了由动物遗骸和贝壳残渣堆积而成的"贝冢"。日本学者认为这是绳纹人的祭祀场所，绳纹人相信食用后的动物的灵魂依然存在，通过祭祀可使它们的灵魂归天，保障日后不断的食物来源。

[2]鲁义：《中日相互理解还有多远：关于两国民众相互认识的比较研究》，天津人民出版社，2014年，第108页。

中国人认为鬼是怕见到日光的，只在夜间出现。而日本的鬼却不会受时间和空间的限制，能随时出现。因此日本的鬼和中国的鬼是完全不同的两种东西。

不过，日本文化中，还有一种叫"怨灵"的东西，和中国式的"冤鬼"有些相似。也就是说，并不是所有灵魂都会顺利升天为神，也有极少数含冤而死的人，会成为"怨灵"，飘荡于世间，作祟为害。

这种观念是大化改新之后，可能是受中国文化的影响才发展起来的。785年，桓武天皇之弟早良亲王被冤杀。不久平安京及全国相继发生瘟疫，早良太子的母亲和桓武天皇的皇后染病死去。人们认为这是由于早良太子的灵魂作祟。[1]这是日本历史上较早的灵魂作祟事件。

菅原道真灵魂作祟的事件对日本信仰史的影响更加大。菅原道真是平安时代著名的文学家、政治家，因受藤原氏的排挤，在失意中死去。他死后六年，日本开始流行菅原道真亡灵作祟的说法。比如909年，藤原家族多人陆续死去，人们普遍认为就是菅原悲愤之气郁结为怨灵的结果。930年，雷电击中天皇宫中清凉殿的柱子，击毙大臣数名，之后醍醐天皇也因受惊吓而死，人们认为这是菅原的怨灵化为火雷神作祟。为了"镇其魂"，朝廷修建了北野天满宫来祭祀他。[2]

不过在后来的日本文化中，只有著名的"怨灵"才比较可怕，一般的冤

---

[1]北京大学日本研究中心编：《日本学（第11辑）》，国际文化出版公司，2002年，第332页。

[2]日本人经常把一些全国、全社会性的灾难归因于含怨而死的灵魂的作祟，认为无论灵魂生前怎样具备道德品行，死后作祟时却善恶不分，不仅报复仇家，而且会加害于无关的人。即使是像苏我入鹿那样因生前作恶受到正当惩罚而死的人的怨灵，日本传统信仰同样认为它们具有强大的威力，因此以取悦，甚至利用的态度对待怨灵，以期使灵魂停止作祟，进而谋求给现实生活带来好处。这从一个侧面反映出日本传统信仰中的功利主义、实用主义的因素。中国文化由于深受儒学道德主义的影响，比较注重对人的行为进行道德评价，以求惩恶扬善。中国人为死者建祠立庙，更多的是为了表彰其人的美德，表达崇敬之情，似乎少有因惧怕灵魂作祟而为其建祠，祭祀为神明，对其顶礼膜拜的。惩恶扬善意识可以说是中国伦理的主流，对灵魂的态度也大致不出此范围。参见北京大学日本研究中心编《日本学（第11辑）》，国际文化出版公司，2002年，第338—341页。

屈而死者，只要请和尚做做法事就消气了。各种怪谈里，怨灵即使为患，也不过是和活人开开玩笑，吓唬吓唬活人而已。

成神、成佛、成为怨灵，日本人死后这三种去处，鲜明地体现出加藤周一所说的日本的"杂种文化"特点。

二

因为人死后去的地方不同，日本人的祭祀方式和祖先观念与中国人也不一样。

中国人，特别是南方人普遍有宗族，有家谱。中国人的观念中，鬼在阴间的生活方式似乎与活着差不多。所以中国人必须生儿子，必须保证后代世世代代来上坟，来烧纸，有的还烧纸扎的房屋、汽车、电视乃至"小三"。否则就无法幸福地过活。

而日本人不这样想。日本人上坟是不烧纸钱的。他们只带些水果。日本人的祖先，一般算到祖父母、曾祖父母，再往上就不计了，绝大多数日本人也没有家谱。反正人是从神的世界中来的，死后还要回到神的世界。

当然，这个话说起来简单，细讲起来也复杂。日本的"杂种文化"特点导致很多东西既有本土特点，又混合了中国传来的观念。因此死后为神，也不是一个瞬间完成的过程，似乎是吸收了中国朱子人死之后，"气"也就是灵魂慢慢消散的理论。柳田国男的《话说祖先》中认为，祖灵在经过了一定时期后，逐步失去了个性，单个的祖灵慢慢融合，而渐渐一体化。

具体来讲，随时间流逝，三十三年或者四十九年后，死者灵魂的个性逐渐消失，最终与其他祖先融为有共性的整体。民俗学者堀一郎说，随着忌辰数的增加，在祭祀者的记忆中，死者逐渐丧失个性，被美化、纯净化、类型化。在最后一次祭祀结束后上升为"祖灵"，最后升华为一个整体的"神灵"。

所以日本人死后一段时间内也需要后代的祭奠，但时间长了就不用了。日本人只为自己记得的父母、祖父母或其他近亲的灵位供奉食物。"只设立六七个最近去世的亲属灵牌。"甚至对曾祖父母的墓碑也不再去刷新重书，三代以前的祖先会被很快遗忘掉。因此有人说，日本的家族联系被削弱到了西方的水平，同法国的家族最为近似。[1]

也因此，日本人不太在意有没有儿子，更不在意必须多生儿子，以增加在地下的保险。他们收没有任何血缘关系的养子来继承家业，心理上也没有什么不适。而这在中国是绝对行不通的。

三

神道教信仰在日本文化中一直是重要的组成部分。即使"全盘唐化"之后，日本仍然通过大宝年间（701年—704年）的《神祇令》把神祇官署置于中央机构的最高位置，让神道祭祀制度国家化。《令集解》职员令"神祭"条载："神祇者是人主之所重，臣下之所尊。祈福祥、求永贞，无所不归神祇之德，故以神祇官为百官之首。"

因为属于原始宗教，神道教没有什么高深的哲理，也没有什么经典，供奉的有山神、蛇仙、狐仙等林林总总的神，全国各地神社有数万个，但供奉的大多各不相同。我老家中国东北农村，村头巷角也往往有微缩版的"小庙"，供的也是"黄仙"（黄鼠狼）、狐仙之类，也是萨满教的遗存。区别只在于日本的神社建筑精致华丽，中国的小庙建得矮小潦草而已。

一般来讲，神道教认为，本地的某种神灵掌管着本地的事务，因此需要好好祭祀它，让它保佑一方。日本人向神灵祈求的内容也都是关于现世的，而不是来世的。比如祈求国泰民安、事业顺利、婚姻成就、考试通过之类。

---

[1][美]鲁思·本尼迪克特：《菊与刀》，吕万和、熊达云、王智新译，商务印书馆，2017年，第57页。

　　和一般萨满教不同的是，神道特别崇尚"明净"，忌讳"污秽"，因为神最厌恶的是"秽"。"秽"不仅指不净，而且泛指一切非正常的"异态"。据说这种变态会造成人神间的隔阂，招致神怒，带来不幸。与"秽"相对的是"净"，即"明净正直"，只有明净的身心，才能与神感应沟通，得到神的冥护。因而祭祀的前提是诚、净与真实。

　　所以日本的神社、庙宇都非常干净。最常见的祓式是"手水"和"修祓"。神社都有清水充盈的"手水舍"，人们在参拜前在此洗手漱口，清洁污秽。

　　日本人是酷爱清洁的。据说，关东大地震之后的废墟中，很多人仍然用找到的一点水来沐浴。"在这样的大灾难后，仍然把洗澡这件事看得如此重要，这恐怕除了日本之外，在世界上很难见到。"[1]日本人对洗浴的热爱，除了日本降雨量大所以沐浴方便外，应该更与神道信仰有关。

　　神道以白色为洁净之色，因此古代日本人一向崇尚自然、朴素的色调，日本的木结构建筑，大都不施彩绘，保持原木之美。日本的园林、庭院比中国式的更崇尚自然、素朴的美，这都与神道塑造的审美观有关。

　　神道教对日本人精神世界的另一个影响是日本文化的"现世性"。神道教是处于偶像崇拜阶段之前的原始宗教，不强调来生，不追究死后世界到底是什么样的。加藤周一在回答"什么是日本文化"时，说"日本人的精神结构，首先是以非超验的原始宗教为背景而形成的"。"从社会层面上说，（日本文化的特点）是强烈的集团主义倾向，它体现为典型的非个人性的集团主义，与此相关，在思想层面、心理层面上，不需要任何超越的价值观，或者说不喜欢任何超越性的价值观。这两者互相关联。"[2]

　　日本文化和中国文化的一个类似之处是务实，对抽象的精神问题不感兴趣。现世生活是第一位的，这也影响了日本哲学的深度。

---

[1]赵声良：《东京往事》，甘肃教育出版社，2018年，第260页。
[2]李兆忠：《暧昧的日本人》，九州出版社，2010年，第284页。

四

除了神道教之外，佛教对日本人精神世界的影响也很大。不过日本的佛教和世界上大部分地方的佛教不同。日本佛教的最大特点是"神道化"。如前所述，日本普通民众心目中，所有人死后都能成佛，这实际上就是神道教中"所有人死后都成神"的另一种说法而已。这在世界所有佛教国家当中是独一无二的。"不管什么人，甚至身份最低贱的农民，死后都能成佛。日本人供在佛坛上的家属灵位就称作'佛'。这种用语在佛教国家中没有第二个。"[1]

日本的佛教也不宣扬轮回转世和因果报应。"尽管日本是一个佛教大国，但轮回和涅槃的思想从未成为日本人民佛教信仰的一部分。虽有少数僧侣接受这种教义，但从未影响过民间的思想和习俗。在日本，没有把鸟兽鱼虫看作是人的转世而不准杀生的现象。……不仅一般民众没有这种思想，僧侣们也对它进行加工改制而使之消失了。……日本人对死后世界的空想从来不感兴趣。他们的神话都是讲关于神的故事，而不讲逝世的人。他们甚至拒绝佛教关于死后因果报应的思想。"[2]

所以日本的佛教经过了深刻的日本化的改造，和世界上其他国家的佛教有着本质的不同。本来是禁欲主义的佛教，到了日本，居然也开始"纵欲"了。江户时代的朝鲜使臣注意到，日本不仅"游女"成风，连和尚都不持两性戒律。日本的僧人可以"挟妇而居寺刹"，甚至和尚和尼姑也经常"同宿"，而且并不避人。《老松堂日本行录》记载，朝鲜使臣宋希璟曾问一位居于全念寺附近的朝鲜人："此寺僧尼常于佛殿同宿，其年少僧尼无乃有

---

[1][美]鲁思·本尼迪克特：《菊与刀》，吕万和、熊达云、王智新译，商务印书馆，2017年，第258页。

[2][美]鲁思·本尼迪克特：《菊与刀》，吕万和、熊达云、王智新译，商务印书馆，2017年，第258页。

相犯者乎？"和尚和尼姑住在一起，能不出事吗？此人笑答："尼孕则归其父母家，产后还。"[1]很简单，怀孕了就回娘家生出来，完事回来继续当尼姑。

确实，从日本净土真宗创始人亲鸾公开主张僧侣可"娶妻生子"开始，现在日本大部分寺院的和尚都可以结婚生子，这在世界上是极为罕见的。日本名僧莲如上人甚至有妻妾五人，子女二十七人。[2]孙中山先生在日本期间，曾经娶了一个十六岁的美丽的日本女孩，叫大月薰，两个人还生了一个孩子。不过后来孙中山离开日本，两个人就断了联系，后来大月薰无可依托，就嫁给了一个和尚，还生了一个儿子。日本著名作家村上春树的父亲也做过和尚。日本传统时代职业世袭，很多寺庙也世袭，住持也子承父业。这在其他国家都是难以想象的。

日本的寺庙还有一个特点，就是军事化，庞大的寺产由武装和尚保护，成天打打杀杀。戴季陶说："极平和的佛教，到了日本以后，顺应着封建时代的人心，也变成了一个'强性的宗教'。或者是为宗派打仗，或者是为拥护一派的护法大名打仗。……佛教爱人爱物无抵抗的精神，在日本封建时代，一变而为牺牲的争斗精神。把'罗汉道'杀内贼的功夫，用在杀外敌的上面，也就和武士道没有冲突。"所以他总结说，日本的佛教，"比起中国艰苦而枯寂的佛教来，的确是大不相同"。即使是传统日本知识分子，也一直强调"神佛一体"。他们的佛教信仰中，一直带有神道教的神秘主义色彩。

因此加藤周一说，"我认为，后来传入的佛教，其超验层面并没有从根本上改变日本人的精神结构。佛教传入日本，改变的不是日本人，而是

---

[1]金禹彤：《朝鲜通信使眼中的日本婚俗与性观念——以〈海行总载〉记录为中心》，《学习与探索》2016年第5期，第148页。
[2]杨薇：《日本深层文化五题》。载南开大学日本研究中心编《日本研究论集》，2001年第2期，天津人民出版社，2001年，第306页。

佛教"。[1]

五

中日文化的区别在神话当中也有明显的体现。

中国神话的特点是正邪分明,道德高尚。中国的神灵,可以黑白分明地分成正邪两派。除了一小撮犯上作乱的坏分子比如共工之外,大部分都是道德楷模。女娲补天,精卫填海,后羿射日,神农尝百草,大禹治水,都是为国为民辛勤劳动,只求奉献不图索取,都可以评上"感动中国的道德模范人物"。

中国读者对此习以为常,但事实上,这在人类文化中是非常罕见的。世界各地的神话,很少有这样高度道德化的例子。从苏美尔到希腊,它们的神话人物都更像普通人,个人主义,有七情六欲,贪婪、粗暴,动不动就乱发脾气。比如希腊神话中的主神"宙斯",是个"乱臣贼子",把自己的父亲放逐到了地狱,才登上了最高位。宙斯成为主神之后,并没有如同中国的玉皇大帝那样,正襟危坐不苟言笑,而是成天闹绯闻:或者变身成一只天鹅去勾引美女勒达,或者变成一头白牛去勾引少女欧罗巴。

不过,虽然各国神仙们的道德水平大抵不高,但是大部分也有其道德标准,有些坏事,神仙也知道自己做得不地道。

而日本神话人物的最大特点,是正邪不分,没有道德标准,或者说,人类不对神做的事进行任何道德判断。我们说过,伊奘诺尊的左眼生出了太阳神,右眼生出了月亮神。接下来,他又从鼻子里生出来一个海神素盏鸣尊(又名建速须佐之男命)。

这个素盏鸣尊性格狂暴,胡作妄为。他来到姐姐天照大神那里,和姐姐

---

[1][日]加藤周一:《日本人的皮囊》,李友敏译,新星出版社,2018年,第6—7页。

通婚，生了好多个小孩。但是姐弟俩经常吵架，素盏鸣尊便想方设法折磨姐姐。"在天照大神的大饭厅里乱拉大便，而大神与侍者正在饭厅里举行尝新仪式。他毁坏稻田的田埂，这是滔天大罪。最坏的，也是西方人最不可理解的是，他竟然在姐神的卧室的上端挖个窟窿，从中投入'倒剥皮'的斑驹（即男性生殖器）。"[1]这些荒唐、污秽和残忍的行为在神话中并没有受到批评。"他仍然是日本众神中一位招人喜爱的神，受到应有的尊敬。"[2]

日本神话中还有很多其他残忍的行为。"有一次，大国主命的兄弟劈开一棵树，用楔子顶住缺口，把他强行推入缺口，然后拿掉楔子，把他夹死了。也是基于纯粹的恶意，这些兄弟骗一只受伤的野兔到盐水中沐浴，然后躺着被风吹，身体因起泡而受苦。另一个故事描述一位王子用最鬼祟的方法，趁其兄正在大解时把他杀死，然后将其四肢扯下来丢弃。"[3]

世界其他地方的神话中并非没有这样的残忍行为。但在日本神话中，残忍似乎很普遍，同时从来没有受到过道德谴责。因此，日本人的善恶观有其特点，在伦理上属于恶的事，但是因行动力出类拔萃，也可以受到崇拜。[4]"从单纯动机（无论成功还是失败，无论聪明还是愚蠢）出发将自我能量释放出去，这种行为既是可畏的，又是可敬的。"[5]

所以日本人的善恶观自古就与中国不同。后世的日本人甚至曾给一个叫鼠小僧次郎吉的小偷立碑，他是江户时代的神偷，多次光顾贵族富室，把自

[1][美]鲁思·本尼迪克特：《菊与刀》，吕万和、熊达云、王智新译，商务印书馆，2017年，第204页。

[2][美]鲁思·本尼迪克特：《菊与刀》，吕万和、熊达云、王智新译，商务印书馆，2017年，第205页。

[3][英]肯尼斯·韩歇尔：《日本小史》，李忠晋、马昕译，北京联合出版公司，2016年，第10—11页。

[4][日]丸山真男：《丸山真男讲义录（第六册）》，唐永亮译，四川教育出版社，2017年，第27页。

[5][日]丸山真男：《丸山真男讲义录（第六册）》，唐永亮译，四川教育出版社，2017年，第26页。

己偷成了巨富，直到今天，仍然有不少日本人去参拜他的墓地。[1]

韩歇尔说："日本神话的独特之处是避免做出善恶的道德判断，某些行为被责备、惩罚，但没有道德说教。举例来说，素盏鸣尊只是因胡作妄为被驱逐，未被谴责为邪恶的。神祇与他们尘世的后代在道德水平上没有区别。行为依据情况被接受或否定，不是依据任何明显的普遍原则，这正是当今日本许多评论家评论行为的模式。这样的行为显然源远流长。"[2]

而这种神话叙述方式，显示日本神话保留了更多的原始社会遗留下来的文化特征，而世界其他文化则更多地经历了后来的改造。在世界各文化当中，中国文化对原始时代的神话改造力度是最大的，不符合文明时代伦理原则的内容几乎被删除净尽。

六

日本的儒教也是这样。儒教对日本人的影响也很大，但是这种影响同样没有改变日本人的精神结构，只是改变了其表象。

专门研究日本儒学的王家骅先生认为，大化改新后，许多日本人虽已热衷于全面吸收中国文化，在道德领域的理想层次上也以儒家道德为"理想道德"，但是在道德的实践层次上，仍然是日本固有的道德观念在发挥作用。例如，《万叶集》中的大多数恋爱，可以毫不隐讳地直抒男女思恋之情，这和中国文化早期的《诗经》颇为相似，与后来儒学化的中国不同。《万叶集》中表现的亲子关系也主要以"情"为基调，与中国儒家"无违"和"父为子纲"所表现的"敬畏"关系形成对照。[3]

[1]何柏生：《天才远离法学》，中国民主法制出版社，2017年，第260页。
[2][英]肯尼斯·韩歇尔：《日本小史》，李忠晋、马昕译，北京联合出版公司，2016年，第11页。
[3]杨薇：《日本文化模式与社会变迁》，济南出版社，2001年，第33页。

　　津田左右吉说，日本虽然是因为接受了中国文化才开始得到发展，日本知识分子受中国古典文献的影响也很深，但普通日本人的实际生活与中国人又完全不同。虽然日本过去的知识人的知识，很大部分来源于中国，但是却与普通日本人的实际生活相距甚远，在日本人的实际生活中并没有产生直接的作用。[1]

　　津田特别对儒教与日本人观念的不同之处进行分析。他认为儒教"无视活生生的人性，无视人类的内在要求，是从外部任意强加、干涉人行为的规范"，与日本崇尚自然的国民性格格不入，因此，"儒教并没有渗透到日本国民的生活中"。

　　确实，原始时代的文化遗存给了日本一份与中国不同的发展动力。儒教文化的特点是对人的自然本性，包括身体本能的深入"驯化"，以至于音乐人高晓松夸张地说，汉人天生无乐感——"汉族在能歌善舞这一单项上可排名倒数第一"，只有填词能力非常强。而日本人则长于旋律创作，八九十年代的港台金曲，很多翻唱自日本歌曲，因此有人夸张地说，"日本的原创歌曲养活一半的港台乐坛"。日本人的音乐能力相对更强，可能与他们原始文化因素保留较多有关，具体地说，可能和我们前面提到过的日本人的"歌垣"基因有关。

　　所以津田左右吉说，日本社会虽然表面上受中国文化影响极大，但是日本文化并不是中国文化的一个部分，而是有本质的不同。"生活方式不同，社会组织、政治形态也不同。"[2]

　　加藤周一则认为日本文化特征是"土著世界观的执着持续及其外来文化体系的日本化。"

---

[1][日]津田左右吉：《东洋文化、东洋思想、东洋史》，《历史教育》第6卷第8号，1931年。

[2][日]津田左右吉：《东洋文化、东洋思想、东洋史》，《历史教育》第6卷第8号，1931年。

因此，千言万语一句话，日本文化与中国文化表面相似，骨子里不同。为什么中国文化并没有深入地渗透到日本人的实际生活当中，日本的大化改新，为什么最终失败，日本历史在中国文化和西方文化的影响下，出现了怎么样的特点呢？要弄明白这些，我们还是得在下一编从头讲起。

JAPAN

简 读 日 本 史

第二编

日本简史：从神话时代到明治维新

第一章

难解之谜：日本人是从哪儿来的

一

按照日本神话，天照大神是日本天皇家族的祖先。

不过和我们想象的可能不一样的是，天照大神出生之后，并没有直接统治日本，她飞升到高天，继续当神仙。后来有一天，她的一个后代，第六代孙神倭伊波礼毗古命下凡来玩，结果发现人间的大米饭和生鱼片太好吃了，一吃就停不下来，吃了太多凡人的食物，失去了回到天界的能力，只好很委屈地成为大和王朝的第一代天皇，即"神武天皇"，开始以神的身份统治人间了。这一年是公元前660年，也就是中国春秋时代齐桓公争霸的时期。

这就是传说中日本历史的开始。

按照《古事记》记载，第一代天皇神武天皇在位76年，活到137岁。接下来的十来代天皇，也大多是超级长寿的老人，比如第六代孝安天皇享寿123岁，第十二代景行天皇竟然活到137岁。

因此，很显然，所谓早期天皇时代历史都是传说，不是真事。连早期日本史学家都懒得给他们编更多的故事，从神武天皇往下的八代天皇，[1]在日本历史上被称作"阙史八代"，因为史书上只简单地记载了他们的名字，以

---

[1]从第二代天皇绥靖天皇到第九代天皇开化天皇。

及诞生和即位的时间，没记其他什么事迹。

被虚构的不只是这八代，很多学者认为，第十七代履中天皇才是天皇史上第一个真实的人物。[1]履中天皇的即位时间，已经是公元400年了。也有一些人认为第十六代天皇仁德天皇是第一个真实的人物，而他的即位时间是公元313年。也就是说，日本天皇家族的真实历史，是一千六七百年，而不是传说中的两千六百多年。不过即使如此，也堪称世界最古老的家族之一了。

二

神话当然只是神话。真实的日本历史到底什么样呢？让我们从头讲起。

日本人的起源是人类学史上最复杂的问题之一。"在现代世界列强中，就文化和环境而言，最与众不同的当数日本人。其语言起源也位列语言学界最富争议性的话题。"[2]不光是语言，人种来源同样是众说纷纭。

最早的一批日本人有可能是走路来到日本的。因为日本原本和亚洲大陆是连在一起的。

在距离现代最近的三次冰河时期，由于海水大量冻结成冰，海平面比今天低了91.4米。[3]因此，日本列岛与大陆是连在一起的，至少北部北海道经库页岛与大陆相连。大陆上的人类追逐着各种动物，不知不觉就来到了日本。约在一万年前，冰河期结束，海平面上升，日本被海水隔开了，大陆来

---

[1]这些学者一般综合中国和朝鲜的史料，再加上对《古事记》《日本书纪》的研究，得出这个结论。

[2][美]贾雷德·戴蒙德：《枪炮、病菌与钢铁（修订版）》，谢延光译，上海译文出版社，2016年，第457页。

[3][美]阿尔伯特·克雷格：《哈佛日本文明简史》，李虎、林娟译，世界图书出版公司北京公司，2013年，第3页。

的这些移民在完全不知情的情况下成了最早的一批日本人。[1]

也可能有些早期日本人是从海上到达的。日本列岛的土壤是酸性的，不利于保存骨质，因此长期没有发现早期人骨化石。不过，在今天已经属于日本的冲绳的碱性石灰岩地带，发现了九具人骨化石，被命名为港川人，距今一万八千年到一万六千年。"该人骨非北方人，与中国广西柳江人相似，如果研究属实，港川人与中国南方就有很深的渊源。"[2]他们到达冲绳后，有可能继续前往日本列岛。

由于日本文化与中国西南少数民族文化的诸多相似性，一些日本学者提出了"照叶树林文化论"。[3]所谓"照叶树林"，指的是具有类似山茶那样在阳光下闪闪发光的树叶的常绿乔木树种。这一说法认为由常绿乔木覆盖的地区，从喜马拉雅山脉南麓、阿萨姆、东南亚北部山地、云南高原、长江南侧（江南一带）的山地到日本的西部，文化中存在着很多共同要素，比如纳豆、糯米、鱼裹饭、草履、木屐、干栏式建筑、以水除涩的饮食习惯、对歌、兄妹为婚的神话等。有些学者还特别指出，中国云南的山地是照叶树林文化的中心地带。所以"照叶树林文化说"又称"阿萨姆—云南"起源说。

不论来源如何，在大海刚刚将日本与大陆分开的时候，日本原始人类的发展水平和大陆是同步的，都处于新石器时代，甚至还曾经一度领先。1960年，考古工作者在日本的一处遗址发现了几片碎陶片，经过碳十四测定，它们居然来自1.2万年前，这一发现震动了世界。因为这比世界上其他地方发现的陶器都要早很多年。

---

[1]最早的日本人到底来自哪里，一直没有定论。一种说法是最早的日本人是今天还居住在日本最北端的北海道阿伊努人，他们是在冰河时代末期从库页岛方向来到日本的。另一种说法是最早的日本人是绳纹时代的日本人，来自中国大陆。

[2][日]吉村武彦：《日本社会的诞生》（岩波日本史·第一卷），刘小珊、陈访泽译，新星出版社，2020年，第28页。

[3]喜马拉雅山南麓1500米至2500米一带分布着与日本非常相似的以常绿柞树为主的森林。这种森林覆盖了整个东亚的温暖带。构成这一森林的树种以柞树、柯树、楠树等为主，全是常绿乔木，树叶的表面会像山茶树叶那样闪光，所以称之为"照叶树林"。

因此日本人烧制出了迄今我们所知的人类最早的陶器之一，考古学家把它们命名为"绳纹陶器"，因为这些陶器的共同特点是上面都有用绳子压制出的花纹。历史学家将从那时起的历史称为"绳纹时代"（也就是新石器时代）。

这一点非同寻常。因为陶器的出现，意味着人类开始定居——坛坛罐罐特别是较大的陶器带着不方便。在此之前，人类都处于游猎采集阶段，人类之所以两次走出非洲，也不是因为生性喜欢旅游，而是游猎采集、居无定所的生活方式决定的。

世界上其他地区的人类，都是在进入农业社会之后才开始定居并使用陶器的，而日本却是在进入农业社会前一万年就开始使用陶器。这是日本历史的一个引人注目的与众不同之处。

为什么其他地方的人还在四处奔波的时候，日本人却早早选择定居下来了呢？关于这一点，我在后面"日本人'集团主义'性格是怎么形成的"一章当中还会继续进行论述。

三

因此，日本人的祖先看起来非常聪明而有创造力。但很不幸，分手之后不久，大陆上的人类发明了农业，接下来又相继发明了青铜器和铁器。这些发明在欧亚大陆上迅速传播，一个个文明古国相继兴起。

然而因为被大海隔开，日本人对大陆上发生的这些事一无所知，从公元前12 000年起，一直到公元前300年，日本人一直都安安静静地处于绳纹时代，基本上仍然靠打鱼和采野果为生，烧制带绳子花纹的陶器，生活方式大致一成不变。[1]交流在人类文明成长中的重要性在早期日本身上以反面的方式体现得至为明显。

一直过了差不多一万年之后，中国进入秦汉时代，大陆文明的光芒才直接辐射到日本，第一次把日本从蒙昧状态中唤醒。这个时期中国出现了方士徐福带领三千童男童女东渡日本的传说。传说通常是历史事实的夸张变形。在秦始皇征服六国和秦汉易代的大规模战争中，很多中国人为了逃避战乱，逃到朝鲜。《三国志·东夷传》说："陈胜等起，天下叛秦，燕、齐、赵民避地朝鲜数万口。"可能是在这波移民潮的压力下，大批朝鲜半岛居民去了日本，其中也包括一些先到朝鲜后来又通过朝鲜去日本的中国人。

日本也由此从绳纹时代，进入"弥生时代"（即铜石并用时代）[2]。所谓"弥生"，是指在日本弥生町发现的一种弥生式陶器，这种陶器与朝鲜半岛南部发现的陶器器形相似。经过一万年的停滞之后，在外来文明的刺激下，原始的"绳纹陶器"发展成了先进一点的"弥生陶器"。弥生时代的到来，标志着日本从原始社会跳跃式地发展，进入了农业社会。同时在人种上，绳纹人和弥生人也实现了融合[3]。今天的大部分日本人被认为是绳纹人

---

[1]近年来的考古证明，在绳纹晚期，日本可能已经出现了小米、稗子等早期原始农业作物，也可能出现了旱稻或者利用湿地进行的小规模稻作，佐佐木高明称之为"杂谷栽培型稻作"，但是规模很小，不构成主要生活方式。[日]吉村武彦：《日本社会的诞生》（岩波日本史·第一卷），刘小珊、陈访泽译，新星出版社，2020年，第58页。

[2]为了逃避中国大陆的战乱来到日本的"这批新来者被称为弥生人"。[美]阿尔伯特·克雷格：《哈佛日本文明简史》，李虎、林娟译，世界图书出版公司北京公司，2013年，第5页。

[3]至于弥生人的来源，第一种说法是"公元4世纪穿越朝鲜征服日本的中亚游牧骑手的后代，但又绝非朝鲜人"。第二种说法是"公元前400年左右，带着稻米技术从朝鲜过来的移民后代"。[美]贾雷德·戴蒙德：《枪炮、病菌与钢铁（修订版）》，谢延光译，上海译文出版社，2016年，第458页。第三种说法是弥生人是从长江三角洲一带渡海而来的"照叶树林文化"族群的后代。第四种说法是在以上这些民族的融合中产生了现代日本民族。

和弥生人共同的后代。[1]

四

弥生人来源于哪里，也是一个争议重重的问题。大多数人主张弥生人来自朝鲜半岛，但再进一步追问，朝鲜半岛的人来自哪里，又一次众说纷纭。

内田琉璃子在《日本音乐的寻源与泰国西北少数民族民歌》中说，日本音乐文化既有中国西南民族文化因素，也有阿尔泰语文化因素。"我早就认为日本的音乐之源主要有两条：其一是北方系统……即来自中国的西藏、蒙古一带。听到西藏牧民在马背上哼唱"金马鞍"这首歌时，会因为它酷似日本的'追分'而吃惊。在其发声方法、音乐风格以及四度结构的五声音阶方面都是那么相似，特别是集中力量拖长一个音的末尾并加以颤摇这种方式实在太相似了。……其二是南方系统，即中国南部，特别是以云南一带为中心的南方农耕文化之源。……我于6年间共计13周（约4个月）生活在泰国北部少数民族中。那时常常发现他们在食物、信仰、思考方式中，同日本有着惊人的相似。……听了克伦族的拉卡比大娘唱的歌后，因歌的表情和音阶全和日本相似，以至我产生了是日本农村大娘在唱的错觉。"

"照叶树林文化论"在日本一度影响很大。但是近年来，日本学界又兴起了"长江中下游起源说"。[2]这种学说的大致思路是，在中国长江中下游，生活着古越族人，又称"百越"。根据《汉书·地理志》颜师古注引

---

[1]基因学家假设现代日本人是类似朝鲜人的弥生人与类似阿伊努人的绳纹人融合的结晶，尝试着去测算了这两种基因库的各自影响。结果表明，朝鲜/弥生基因总体占主导地位。阿伊努/绳纹基因在日本西南部的影响最为微弱，因为多数朝鲜移民在之前已经抵达当地，且绳纹人口本就稀少；而在日本北部，其影响则较为明显，那里的森林富产坚果，绳纹人口密度最高，弥生稻米农业发展得最不成功。[美]贾雷德·戴蒙德：《枪炮、病菌与钢铁（修订版）》，谢延光译，上海译文出版社，2016年，第476页。

[2][日]吉村武彦：《日本社会的诞生》（岩波日本史·第一卷），刘小珊、陈访泽译，新星出版社，2020年，第55页。

臣瓒曰，百越的分布极广，"自交趾至会稽七八千里，百越杂处，各有种姓"。后来中原文化南下，古越族文化的覆盖地缩小，退缩到今天以中国西南为中心的地区。日本文化与中国西南地区文化的很多共同特点由此而来。

确实，日本很多早期的习俗和中国典籍记载的吴越一带习俗很像，比如中国吴越一带以捕鱼为生的人都"断发文身"，而《三国志·倭人传》中记载日本"男子无大小皆黥面文身"。两地文身的目的是一样的，即避免水中凶猛动物的伤害。吴越之人说文身可以"避蛟龙之害"，而"倭人"同样认为文身可以"厌大鱼水禽"，即驱避水中的大鱼和水禽。由此可见日本文化与中国吴越文化的联系。至于吴越文化到达日本的途径，有先跨海到达朝鲜半岛再到达日本的可能，也应该有一些中国人是从长江三角洲一带直接渡海而至。早期原始人类可能在绳纹时期即直接渡海到日本，佐佐木高明就认为"照叶树林文化"到达日本的时代很早，在绳纹时代就深刻影响了日本文化。[1]后来中国大陆越灭吴，楚灭越，秦灭楚，也可能导致拥有初步航海技术的吴人、越人、楚人跨海逃亡到日本，参与构成日本弥生文化。

日语的复杂性也证明了日本种族来源的复杂性。日语中既有阿尔泰语、阿伊努语等原始语言成分，又有南岛语、藏缅语、汉语吴语成分。分子人类学的研究证明，"猜测携带单倍群O的人群除了经由朝鲜半岛到达日本九州的线路以外，还可能有一条是从长江中下游沿海路到达日本琉球群岛或九州的路线。……弥生时代日本的主要人群迁徙是经过朝鲜半岛以及经海路抵达日本的大陆移民，途经朝鲜可能为其主要路线。……日本人群父系中约3%的Y染色体单倍群C3-M217和2%左右的单倍群N-M231就非常可能是在与东北亚的突厥语族、蒙古语族、通古斯语族的祖先人群在接触交流中所混入

---

[1]佐佐木高明在《中国西南少数民族文化与日本的基层文化》中认为，后来稻作文化之所以能那么顺利地传入日本，是因为稻作文化同样起源于照叶树林带，有共同的文化基础。"我认为初期稻作文化之所以能够这样快速地在西部日本扩展开，是因为它完全是照叶树林型的火种农耕文化的展开。……在日本西部，稻作文化因为有这样天赋的优越的基本条件，所以能够快速地展开。"

的，日本人及韩国人所特有的Y染色体单倍群O2b1-47z就是日韩人群共祖或混合的证据。"[1]

关于日本人的起源，人类学界还会长期争论下去。不论如何，青铜器、铁器和水稻从大陆传入日本，这是毫无疑问的。弥生时代，水稻种植技术和配套的水利技术（水田技术）同时传到日本，让日本迅速从原始社会跨入农业社会。

---

[1]孙娜、王传超：《语言学和分子人类学视野下日语的起源与日本人群的混合历史》，《复旦学报（社会科学版）》2020年第1期。

第二章

倭奴国、邪马台国和大和国

一

神武天皇定居人间后，向人们展示了他从天上带来的三神器，"天丛云剑""八咫镜"和"八坂琼曲玉"，据说这足以证明天皇家族神的身份。

历史学家推测，所谓天皇三神器中的两样，有可能是弥生时期从中国传到日本的。因为日本弥生时代大贵族的坟墓中，经常可以见到来自大陆的铁剑和铜镜，这些舶来品极受当时的日本贵族重视，成为他们用来炫耀身份的高级奢侈品。因此日本所谓的天皇家族"三神器"，其中至少两样即"天丛云剑""八咫镜"很可能来自中国。

事实上，在日本早期历史中，天皇家族的地位并不突出。

因为日本没有独立发明文字，所以关于早期日本史的文字记载主要来自中国。东汉班固写的《汉书·地理志》说："乐浪海中有倭人，分为百余国，以岁时来献见云。"

这句话提供了一些比较宝贵的信息。乐浪是汉朝在朝鲜设置的四郡之一。"乐浪海中"，说明中国人已经知道日本与朝鲜隔海相望。"分为百余国"，说明在农业和铁器传入日本之后，日本人口迅速增长，原来分散的原始部落，扩大成了部落联盟，形成原始"小国"。这些"小国"规模一般不大，人口可能不过几千人。我们至今无法确定天皇家族统治的小国这时是否已经诞生。"以岁时来献见云"，说明有些"小国"试图积极接近中国乐浪郡，主动获得文化辐射。

在中国东汉和三国时代，前后有两个日本小邦，前来中国朝贡。第一个小国的使者在东汉光武帝时期，公元57年登陆中国。依据中国给周边民族起名都专挑一些难听的字的古老惯例，东汉称这个小国为"倭奴国"，《后汉书》记载，光武帝一高兴，还赐给其一块金印。一千七百多年后，1784年，日本九州北部的志贺岛的一个农民在挖水渠时，挖到一块石板，在下面发现了一枚金印，上面赫然铸有"汉委奴国王"几个字，证明《后汉书》的记载确凿无疑。

第二个被记入中国史籍的小国，是238年，即中国三国时期，前来进贡的"邪马台"女王国。不叫倭，叫邪，同样也好听不到哪儿去。这个国家可能要比"倭奴国"大很多。因为从57年到238年间，日本各地小国势力不断扩张，引起碰撞和兼并，从"分为百余国"合并成了"三十许国"。"邪马台"是这三十多个国家中比较大的一个，有七万多户。

天皇家族统治的国家，是第三个出现在中国史籍中的日本朝贡国。413年，以天皇家族为首领的"倭国"首次代表日本向中国朝贡。这个"倭国"，当然也是中国人命名的，在日本史中，日本人称之为"大和国"。"大和"在日文中同"倭"一样都发音为"yamato"。显然，懂得汉字后的日本人认为"倭"字不文雅，自己改成了"大和"[1]。

大和国起自奈良的大和平原（近畿平原）。集权的政权往往起自平原或者河谷地区，因为这里交通便利，有利于交流。这个国家到底诞生于哪一年，人们一直没有找到确切证据，不过考古资料证明，大约从3世纪起，日本列岛爆发了大规模的统一战争。从这个时期起，在奈良一带的大和平原

---

[1]到了唐朝，他们又从"大和"改成了日本。《旧唐书·东夷传》说："倭国自恶其名不雅，改为日本。"

上，突然出现一种样子很特殊的"古坟"，它们前方后圆，规模巨大。最大的古坟（历史学家怀疑可能是仁德天皇，即日本史上第十六代天皇的陵墓）长约457米，高约30米，"也许是古代世界最大的土坟堆"[1]。这些巨大坟墓显然要驱使大量的人力才可能修成。显然，大和平原上出现了一个拥有强大的组织力的国家，这就是"大和国"。

能够代表日本向中国朝贡，这标志着大和国已经取代其他国家，成为日本列岛上最强大的政权。478年，大和国的首领"倭王武"在致刘宋顺帝的表文中介绍了"倭国"即"大和国"的奋斗过程："自昔祖祢，躬擐甲胄，跋涉山川，不遑宁处，东征毛人五十五国，西服众夷六十六国，渡平海北九十五国。"意思是说，我大和国向东灭掉了五十五个部落，向西征服了六十六个小国，往北消灭了九十五个部落，现在成为全日本最大的政权。

随着大和国的扩张，大和国特有的古坟在日本版图的分布也越来越广，直到7世纪，巨大的古坟在地理分布上的扩张才停止，宣布大和国的势力稳固地建立起来。因此，日本从3世纪到7世纪的时期，被称为"古坟时代"。[2]

二

大和国能在诸国中脱颖而出，从原来一个不起眼的小国到主宰日本，最关键的原因是它掌握了大陆文化输入日本的途径。

---

[1][美]贾雷德·戴蒙德：《枪炮、病菌与钢铁（修订版）》，谢延光译，上海译文出版社，2016年，473页。

[2]在弥生时代之后，日本进入古坟时代。考古学家发现，从3世纪末开始，到7世纪止，日本出现了大量特殊的古坟。一般认为，古坟是大和国的特殊文化产物，并且随着大和国的扩张分布到日本大部分地区。它们的特点是前方后圆，规模巨大。这些长达200米以上的巨大坟墓同弥生时代氏族和部落联盟首领的坟墓截然不同。这种坟墓只有驱使大量奴隶和平民才能修成。说明3世纪之后，受中国文化的刺激，日本文明迅速成长，国家规模和实力都迅速扩大。

在日本早期历史上，大陆因素对日本有决定性的影响。只有积极接受大陆文化辐射的小邦才能强大起来。我们提到的第一个向中国朝贡的小国"倭奴国"，存在于九州北部一带，是日本最接近大陆即朝鲜半岛的地区。"邪马台"女王国据推测，也是九州北部靠近朝鲜的一个国家。

因此，朝鲜这个文化桥头堡对日本非常重要。特别是铁器刚刚传入日本的时候，由于日本本身还不会开采铁矿，只能依赖朝鲜的铁资源。《三国志·魏书》记载："（弁韩）国出铁，韩、濊、倭皆从取之。"弁韩国是朝鲜半岛南部的一个小国，它拥有铁矿，周围小国，包括日本，都从它那儿得到铁资源。

因此大和国很早开始就对朝鲜表现出强烈的征服欲。大部分读者都知道，中日之间的第一次战争是唐代的"白江口之战"，这次战争的伏笔很早就埋下了。早在4世纪中叶，也就是中国东晋年间，大和国就曾经多次出兵攻打并试图征服朝鲜半岛。朝鲜史料记载，从345年到497年这一个半世纪内，大和国入侵朝鲜半岛上的新罗18次，动不动就"抄掠边户"，"掠生口而去"，还占据了朝鲜半岛最南端，建立任那地方，设"日本府"进行统治。[1]《三国志·东夷传》记载："韩在带方之南，东西以海为限，南与倭接。"明确说"接"即接壤而非隔海相望。近年韩国全罗南道发现了从5世纪后半期到6世纪中叶的10多座前方后圆的日本式古坟，说明了日本与这个地区的联系之深。后来隋唐力量深入朝鲜南部，两国势力在朝鲜正式发生冲突，才导致白江口之战。

大和国不断进兵朝鲜，除了获得铁资源外，还吸收了大量的大陆文化，推动大和国的国势一步步强大。接下来，它又频繁向中国朝贡，从413年到502年，大和国曾先后13次向东晋、宋、梁各朝遣使朝贡。我们知道，驱动小国朝贡的动力主要是从中国获得精美的赏赐品。通过这种方式，大和国获

---

[1]吴廷璆主编《日本史》，南开大学出版社，1994年，第29页。

得了大量中国物产，更直接推动了它的崛起。日本人此前不懂得制作衣服，在整张布中间剪一个口，露出个头，就算衣服了。通过向中国朝贡，与中国深入交流，才学会了养蚕织绸，制作中国式的衣服。

> 《魏志·倭人传》中说的是很早就较多受到中国文化影响的筑紫倭人，穿的只是把整幅布处处用线连起来的衣服，或在一块布中间开一个口，从那个口把头伸出来的一种衣服，其他地方就可想而知了。……仁德朝以后，和南朝通好数次，尤其在雄略朝时代，由于汉织、吴织、兄媛、弟媛的归化，深受中国南朝文化的刺激，于是天皇可能也想要在日本实现汉人所说的"衣冠之邦"。[1]

除了这两个渠道，日本接受中国文化还有一个渠道，那就是中国移民的再次大规模拥入。4、5世纪，因为中国国内三国两晋南北朝的战乱，又有很多中国移民经由朝鲜半岛到达大和国。人类总有自高身份的本能，经由新罗到达日本的中国人，自称秦皇族的后裔，后来成为日本的"秦氏"[2]，经由百济来的中国人则自称是汉代皇族后代，后来成为日本的"东汉氏"和"西文氏"[3]。"弓月君有的说是秦始皇的五世孙，有的说是十三世孙，而阿知使主有的说是后汉灵帝的三世孙，有的说是四世孙，传说不一，从年代推算也不对，不足凭信。凡是移居日本的中国人和朝鲜人，大都为了夸耀自己的门第，抬高身价，冒称是某帝、某王的后裔，这种情况，只要一看《姓氏录》中的各蕃就可了解。"[4]

---

[1][日]木宫泰彦：《日中文化交流史》，胡锡年译，商务印书馆，1980年，第37—38页。
[2]今天京都的广隆寺就是秦氏的氏寺。
[3][日]井上亘：《虚伪的日本》，社会科学文献出版社，2012年，第69页。
[4][日]木宫泰彦：《日中文化交流史》，胡锡年译，商务印书馆，1980年，第41页。

他们被统称为"渡来人"。[1]《日本书纪》记载：540年，"召集秦人、汉人等诸番投化者，安置国郡，编贯户籍。秦人户数，总七千五十三户"。他们的到来，大大加速了日本的汉化。这些家族还一度介入日本上层政治斗争。比如东汉一族5世纪从朝鲜渡海而来，7世纪成为朝中的豪族，东汉驹曾经刺杀日本崇峻天皇，并且霸占了天皇的嫔妃。[2]

三

在这些因素的共同作用下，大和国成为全日本吸收中国文化最迅速的地区。有一种说法是日本直到大化改新时才开始使用汉字，事实上，日本人学习汉字的历史要远比这个早。古坟时代的日本出土器物，有三种上面有汉字铭文，显示出当时大和国的汉语水平。

其中一件是埼玉县稻荷山古坟铁剑的铭文，学者们认为是中国史书所记载的"倭王武"时期（456年—479年）的铭文，我们来看一看当时日本贵族的汉语水平：

（表）辛亥年七月中记，乎获居臣上祖名意富比垝，其儿多加利足尼，其儿名弖已加利获居，其儿名多加披次获居，其儿名多沙鬼获居，其儿名半弖比。

（里）其儿名加差披余，其儿名乎获居臣。世々为杖刀人首，奉事来至今。获加多支卤大王寺在斯鬼宫时，吾左治天下，令作此百练利刀，记吾奉事根原也。

---

[1]据《日本书纪》，雄略天皇十五年（471年），"诏聚秦民，赐于秦酒公。公仍领率百八十种胜，奉献庸调绢缣，充积朝廷。因赐姓曰禹豆麻佐"。第二年"冬十月，诏聚汉部，定其伴造者，赐姓曰直。"

[2][日]吉田孝：《飞鸟·奈良时代》（岩波日本史·第二卷），刘德润译，新星出版社，2020年，第11页。

这篇铭文文字简单朴拙，简单地记载下刀的主人一代代先祖的名字，也即其家世，并且记载他制造这把刀，是为了纪念他成为奉事"获加多支卤大王（即倭五王中的武）"的重臣。

差不多同时期的熊本县江田村古坟出土的大刀上的铭文，内容是：

> 治天下获□□卤大王世，奉事典曹人名无利弖，八月中用大锖釜，并四尺廷刀，八十练，六十捃，三寸上好□刀，服此刀者长寿，子孙注注，得三恩也。不失其所统。作刀者名伊太加，书者张安也。

这篇铭文用意是记载这把刀的制造年代，即"获加多支卤大王"在位的时代，主人的姓名以及制造过程，并且祈愿这把刀保佑主人长寿多子，永得王恩。

和歌山县八幡神社收藏的画像镜制作于5世纪中叶或6世纪初，上面有铭文48字：

> 癸未年八月日，十大王年，男弟王在意柴沙加宫时，斯麻念长奉，遣开中费直、秽人今州利二人等，取白上同（铜）二百旱（贯），作此竟（镜）。

"癸未年"可能是指503年，十大王是指武烈天皇，男弟王是即位前的继体天皇。铭文的意思是当他住在忍坂宫时，百济的斯麻王（武宁王）为长期结好，派遣汉人移民"开中费直""秽人今州利"两个人，取上好白铜二百贯，造了此镜。

从以上这些铭文我们可以知道，那时的大和国统治者还没有自称天皇，正式称号是"治天下大王"，或者"大王"。中国《隋书》等史籍记载，当时日本的君主号"阿辈鸡弥"。这个"阿辈鸡弥"正是"大王"一词的日语训读。

除去那些难读的人名，首先我们发现，这些铭文的文法结构已经成熟，显示出比较高的汉化水平。从江田大刀的铭文是由名叫"张安"的人书写这一事实，我们推测这是"渡来人"的作品。但文字内容起码要获得刀剑主人的首肯，证明当时的日本上层社会已经能够读懂这样的文字。八幡神社画像镜的文字则有可能是日本人自己的作品，所以上面的汉人移民的名字不是汉语，铜被写成"同"，贯也被写为"旱"，反映出当时日本人对汉语的使用还不完全熟练。

无论如何，掌握了汉文化传入渠道的大和国成为日本列岛最强大的力量，从此之后牢牢地成为日本历史的主宰。赖肖尔在《当代日本人——传统与变革》一书中这样总结道："到6世纪，一个集团以大阪稍偏东的丛山中的小小的大和平原（即奈良平原）为中心，确立了对日本大部分地区（如果不是全部的话）的明确的领导地位。"

第三章

大化改新背后的历史动力

一

　　日本古代史上最重大的一个事件，当然是大化改新。要讲清这次改新，我们首先要弄清它的历史背景。

　　大化改新是人类史上的一个特例：在没有外力强迫基础上，一个国家能够如此主动、深入而全面地学习另一个国家，"脱胎换骨"，"重新做国"。朝鲜和越南都与中国直接接壤，它们在长期与中国浸润式的接触中慢慢"中国化"不难理解（我们从前面的内容可以看到，朝鲜从唐代开始即努力"中国化"，但一直到明代，才放弃"男归女家婚"）。但是日本与中国隔海相望，它的选择中并无中国压力的因素，这一点相当与众不同。"在世界历史上，很难在什么地方找到另一个自主的民族如此成功地有计划地汲取外国文明。"[1]

　　日本人主动学习中国，直接的动力是什么？是天皇家族对中国式制度的羡慕。

　　在大化改新之前，日本的政治结构和中国完全不一样。日本天皇的权力远没有中国皇帝大。

---

[1][美]鲁思·本尼迪克特：《菊与刀》，吕万和、熊达云、王智新译，商务印书馆，2017年，第62页。

英语里的"king"，除了"国王"之意外，还表示"大的""主要的"。事实上，英国的贵族一直认为国王是自己队伍中的一员，"贵族中的第一人"，或者说贵族当中最大的一个。

日本也是这样，天皇只是众多贵族中的"大哥"，而不是"父亲"。他与其他贵族的地位差距拉得不够大。李卓说："天皇最初只称大王（大君おおきみ），如同'大臣''大连'那样，不过是畿内的一个氏族，其势力也不过比其他最强的君（きみ）略强一些而已。"[1]

中国史书记载，5世纪时，大和国王"珍"（日本史书中的反正天皇）派人到中国朝贡，请求中国皇帝赐予封号。除了他本人的封号之外，"珍又求除正倭隋等十三人平西、征虏、冠军、辅国将军号，诏并听"。就是说，又要求中国皇帝给"倭隋"等十三个臣子各种将军封号。

这种做法在朝贡国中是十分罕见的。在给自己请封的同时，还给自己的臣子请求封号，可见"他们之间的关系非同一般，倭隋等人都是大豪族，很有可能是仅次于天皇的副王，不可怠慢"。[2]

考古证据也支持这一点，当时"天皇的坟墓与豪族的坟墓的规模相当接近"，这更说明日本的天皇绝不像中国皇帝那样高高在上。甚至每当老天皇去世，天皇家族中谁来接班，其他贵族家族也是有很大发言权的。"虽然，作为氏族共同体首领的大王一族，从3世纪起已在名分上获得世袭大和国国君的地位，但事实上，此后相当一个时期内，大王的继位通常是以各贵族集团协商推举的方式来解决的。"[3]这显然是原始民主制的遗存。

---

[1]李卓：《略论日本古代的氏族政治及其历史影响》，载南开大学日本研究中心编《日本研究论集1》，南开大学出版社，1996年，第246页。
[2]李卓：《日本古代皇位继承问题》，载张友伦、米庆余编《日美问题论丛》，天津教育出版社，1989年，第10—11页。
[3]翟新：《日本天皇》，复旦大学出版社，1992年，第9页。

二

天皇权力有限，是由社会结构决定的。大化改新之前，日本的社会结构大致相当于中国的夏商周时代。

如前所述，倭奴国时期，日本存在"百余国"，实际上是约一百个部落联盟，每个国家规模都不大，大部分国家可能只有几千人而已，类似中国上古的"方国"[1]，或者释迦牟尼所出生的释迦国。虽然释迦牟尼据说贵为王子，从小金屋玉马，享尽荣华富贵，但仔细考诸历史，他父亲的"国家"可能统治着不过几十个村庄。

而到3世纪的邪马台女王国时代，国家的规模已经大大扩大。邪马台有人口七万多户，在当时三十多国中是"超级大国"。[2]

这就意味着邪马台的统治者征服和吞并了周围很多部落或者部落联盟。怎么吞并的呢？当然不可能"郡县其地"，派官员给当地百姓编户口，收赋税。这种统治技术当时还没发明。只有一个办法，那就是"包圆儿"。不是嚼碎了咽下去，而是整个儿吞下去。也就是说，征服了这个地方之后，不打散原来的社会结构，原来的首领还按原来的方式管理着部落，只不过你们需要集体给我交纳贡赋或者提供其他服务。

这也是中国周代的统治办法。周灭商之后，虽然征服了各地，但是由于周人人数不多，又没有发明官僚制度，要统治广大的被征服地域，只能"不打乱土著居民的家族组织，亦不强求改革其生活习俗，仍然保持其固有的生活方式，只是在政治、经济上置之于被统治、被役使的地位"。周人到各

---

[1]苏秉琦先生对"古国"的定义是："古国指高于部落以上的、稳定的、独立的政治实体，即早期城邦式的原始国家，红山文化在距今五千年以前，率先跨入邦国阶段。"中国夏朝时"天下万国"，而商朝建立时天下有"三千方国"，这些"国"的性质是类似的，都是部落联盟而已。日本百余国时期的社会发展水平应该大约相当于中国夏朝时期。因此到中国进贡的倭奴国，规模肯定不大。

[2]吴廷璆主编《日本史》，南开大学出版社，1994年，第23页。

地建了诸侯国后，都住在城邑里面，称为"国人"。土著居民住在城邑外面，称为"野人"，这些"野人"仍然按宗族的方式生活，集体为周人从事农耕。[1]"野人"的宗族家长有一定社会地位，但"野人"整体上是"二等公民"。

其实即使发明了郡县制，后来中国中原王朝在征服边疆一些少数民族地区后，也仍然要采取"包圆儿"式的统治方式，即实行"土司制"。当地原有的统治家族被王朝封官授爵，吸收到王朝统治阶层，成为贵族，但他们仍然世世代代生活在原地，用原来的方式管理着当地的民众。之所以如此，是因为地理距离太远，实行郡县制成本太高。

邪马台国也是这样。据《三国志·倭人传》的记载推测，邪马台国时期已经现出了明显的阶层分化，分为"大人"和"下户"，也就是"贵族"和"平民"两个界限分明的阶级。被征服宗族的上层被吸收到"大人"阶级，其他成员成为"下户"。但被征服者还是生活在原来的群体当中，基本保持原来的生活和生产方式。[2]

到了大和国时期，日本社会也没有出现本质性变化，仍然以宗族为国家的基本单位。从现有的文献记载看，大和国的政治社会结构同样类似中国周代。

中国周代是"世官世禄"，就是贵族以家族为单位，世世代代为国家服务。铜器铭文显示，西周王室中大多数官职都是世袭的。比如"师鼎"的铭文说，它的主人一家四代父死子继，世袭"师"官职。微史家族铜器铭文显示，这一家族的六代人从西周初年开始，一直世袭"作册"即史官之职。

大和国也是这样，当时各个贵族家族被称为"氏"。家族首领被称为氏

---

[1]朱凤瀚：《商周家族形态研究》，天津古籍出版社，1990年，第275页。

[2]沈仁安：《试论邪马台国的性质》，载《日本问题》1988年第4期，第52—59页。李卓说："对被征服民单个加以奴役必与生产力发展水平相悖，唯利用旧的氏族组织集体奴役被征服民符合当时社会状况。"

上，一般成员被称为"氏人"。氏上率领自己的族人也就是氏人世世代代分管国家各种事务。比如"苏我氏"一族世代掌管的是国家政务，"中臣氏"一族世代掌管朝廷祭祀事务，"物部氏"一族则历来掌管军事。这叫"氏姓制"。[1]

与"氏姓制"配套的还有"部民制"。

作为贵族的氏上除了管理氏人之外，还拥有"部民"。所谓"部民"，就是在大和国征服的过程中那些归顺和被征服的部落，"被集体安置下来，保留了原来的部落组织，在原有土地上继续生活，有许多仍保留着原来的原始血缘关系"。海边的村庄被编为"海部"，负责向朝廷供献海产品。山中居民被编为"山部"，任务是提供山珍[2]。也有些被征服部族被迁徙到首都，被编成为王室和贵族们服务的各个部，比如"膳部""扫部""土师部"和"陶部"等。顾名思义，"膳部"负责餐饮，"扫部"负责王宫的打扫，"土师部"和"陶部"负责为王室制造餐具等生活用品。不过编部并没有打散他们原来的氏族，在这些"部"的内部，仍然保留着原来的组织结构。

三

因此，倭奴国时代的日本，类似中国商代。邪马台时代和大和国早期的统治方式，和中国周代一致，这当然不是有意学习的，而是相似的发展阶段的社会现象自然吻合。

中国和日本的区别在于，日本被征服者的原有组织更难以被打散。也就是说，在日本建立集权比在中国更难。这是因为地理原因。

---

[1]李卓、张暮辉：《科举制度与日本》，《古代文明》2007年第4期。
[2]浙江工商大学中日文化比较研究所、天津社会科学院日本研究所编《日本历史与文化论集：王金林学术论文选编》，天津社会科学院出版社，2014年，第52页。

第一是日本缺乏大的平原。中国四大平原，东北平原面积三十五万平方千米，华北平原三十万平方千米，长江中下游平原二十万平方千米，关中平原四万多平方千米。而日本最大的关东平原，面积不过一万六千平方千米，而著名的近畿平原（又叫大和平原，奈良平原，即大和国的诞生地）面积才一千多平方千米。

世界上大部分强有力的集权制政权，都是在大的平原或者河谷地带形成。诞生在小小的大和平原的大和国的集权体制相较大陆政权远不够强有力。

第二是日本国土约76%属山地丘陵地带，小规模的山间盆地及平原散布全国，形成一个个相对独立的地理单元。同时日本的河流较短，大部分不能航行。这种地理结构不利于人群迁徙流动，不利于权力触角的深入。

因此日本各地的原始氏族比中国的更难以控制，被征服后只能以原来的结构被保留下来，纳入部民制当中。

四

部民制下，贵族们拥有各自的部民和领地，天皇和他们的区别只不过是部民和领地多一些而已。"大和政权的初、中期，实际是由诸豪族组成的松散的联合统治体制，其脆弱性是可想而知的。"[1]

这一点在神话传说中也有明显的体现。

不熟悉日本史的读者可能以为，日本只有天皇一家是神族。而事实上，不只天皇一家，很多古老贵族家族也把自己的祖先追溯到神灵时代。日本早期"每一个豪门氏族都有一份家谱，根据这份家谱，他们的血统可以追溯到

---

[1]李卓：《略论日本古代的氏族政治及其历史影响》，载南开大学日本研究中心编《日本研究论集1》，南开大学出版社，1996年，第246页。

某个自然神，这个神也就被称为他们的始祖。"[1]比如出云（今岛根县）的千家氏，就是一个和天皇家同样古老甚至更为古老的家族。他们在祭祀的贺词中要追溯千家氏的远祖"天穗比神"和其子"天夷鸟神"的光辉事迹。[2]

> （日本古代）各氏族都争相把神话传说中的神，或者在大和朝廷的建国神话传说中出现过的人物追叙为本族的祖先。《新撰姓氏录》中所记录的诸如"息长真人，出自誉田天皇（谥应神）皇子稚渟毛二俣王之后也"，"藤原朝臣，出自津速魂命三世孙天儿屋命也"一类文字，就是很典型的说明。[3]

因此，贵族家族流行内部通婚，可能有一个动机，也就是为了保持各个神的血统的纯正性。

由于越来越多的贵族宣称自己是神的后代，天皇很不高兴。《日本书纪》记载，415年，允恭天皇曾经举行过一次鉴别真假神灵后代的"探汤"大会：

> 戊申，诏曰："群卿、百寮及诸国造等皆各言，或帝皇之裔，或异之天降。然三才显分以来，多历万岁。是以一氏蕃息，更为万姓，难知其实。故诸氏姓人等沐浴斋戒，各为盟神探汤！"
>
> 则于味橿丘之辞祸户岬坐探汤瓮，而引诸人令赴曰："得实则

---

[1][美]阿尔伯特·克雷格：《哈佛日本文明简史》，李虎、林娟译，世界图书出版公司北京公司，2013年，第13页。

[2]鲁刚：《世界神话辞典》，辽宁人民出版社，1989年，第161页。鸟神大概是天神的使者——鸟的神格化形象。也有人说是原始太阳的象征。

[3]"归化人"也常常把自己的世系与故国的最高统治者联系在一起，如"大秦公宿祢，出自秦始皇帝三世孙孝武王也"，"高向村主，出自魏武帝太子文帝也"，等等。钱杭：《宗族的世系学研究》，复旦大学出版社，2011年，第83页。

全，伪者必害！盟神探汤……或泥纳釜煮沸，攮手探汤泥；或烧斧
火色，置于掌。"

　　于是诸人各着木棉手襁而赴釜探汤。则得实者自全，不得实者皆
伤。是以故诈者愕然之。予退无进。自是以后，氏姓自定，更无诈人。

　　也就是说，天皇下诏称，贵族们都说他们的祖先，或者是与天皇一脉，
或者是天降的各路神仙。但是自创世以来，已经过去一万多年，地上家族众
多，难以知道大家说的是真是假。这样，我们烧一锅开水，大家把手伸进
去，如果谁烫伤了，就说明他在撒谎。如果安然无事，那就是神灵的后代。

　　据说这个大会很有效，辨别出很多假冒伪劣的神灵后代，剩下的都是真
正的神仙后裔，神的家族得到了一次大规模的清理整顿。贵族们从此分成了
三大类，一大类叫"皇别"，皇室后代。一大类叫"神别"，各种神灵后
代。"神别"里还分成"天神""天孙""地祇"三个小类。还有一大类叫
"诸蕃"，就是从中国或者朝鲜来的移民，自称是秦始皇或者汉高祖的后代
的"归化人"。[1]

　　此后，天皇授意臣下"将主要氏族的神话整合在一起，成为综合的全国
性的神话"[2]。整合的过程中，当然要降低其他神灵的地位，突出天照大神
的独一无二，让她成为全日本的主神。大化改新之后，文人们遵循天皇的旨
意，把这些历来口耳相传的神话定型，写入《古事记》和《日本书纪》两本
书。写这两本书的主要目的，就是树立天皇家族的权威。[3]这反向说明了在
写这两本书之前，天皇家族的地位即使在神话当中也并不是绝对的中心。

[1][日]冈田英弘：《日本史的诞生》，王岚、郭颖译，海南出版社，2018年，第207－208页。
[2][美]阿尔伯特·克雷格：《哈佛日本文明简史》，李虎、林娟译，世界图书出版公司北京公
司，2013年，第13页。
[3][美]詹姆斯·L.麦克莱恩：《日本史》，王翔译，海南出版社，2009年，第12页。

五

这种政治结构显然很不稳定，容易出现内乱。那些实力与天皇不相上下的大贵族并不完全受天皇控制，"各个氏实际上是一支支独立倾向很强的政治势力"[1]，他们"各置己民，恣情驱使"，甚至拥有各自的武装，"割国县山海林野池田，以为己财，争战不已"。天皇家族或者说"大王"家族的地位表面上一直受到尊重，但是实权则经常受到挑战甚至被架空。

"架空天皇"是日本政治的传统。这个传统其实并不是起自"幕府时期"，也不是起自"摄关时期"，而是更为久远：事实上在大化改新之前，天皇就已经长期失去了权力。

苏我氏是大和国的最有渊源也最有势力的贵族家族之一，他们的始祖武内宿祢据说曾历仕五位传说时代的天皇，活了二百八十岁，被称为日本的"大臣之祖"。这个传说当然太夸张了，但也从一个侧面说明这一家族历史之悠久。587年起，拥有大量领地和部民的苏我氏在高层斗争中击败其他贵族，开始独揽朝政。

苏我氏专权的关键是通过婚姻，成功地控制了天皇。

在前面我们提到了天皇家族的内婚制。这种内婚制除了保持神的血统纯正之外，还有一个好处，就是可以避免外戚掌权。朝鲜高丽王朝时期也一度实行内婚，目的很明确，就是为了防范外戚作乱，保持政治稳定。原来高丽王国创建之初，各地豪族在政治上影响很大。王建本身是以豪族起家，他的后妃合计有二十九人，绝大部分是出于政治需要迎聘的异姓豪族之女。王建死后短短六年里，外戚豪族势力开始兴风作浪，接连换了三个国君。因此从第四任国君光宗王昭开始，高丽王室开始采取内婚制度。这种婚姻方式虽然不符合中国伦常，但是在短期内杜绝了异姓豪族干政，保证了高丽王权的稳

---

[1]李卓：《略论日本古代的氏族政治及其历史影响》，载南开大学日本研究中心编《日本研究论集1》，南开大学出版社，1996年，第246页。

固。一直到了高丽文宗王徽时期，才立法限制内婚，但是外戚专权不久就死灰复燃，导致高丽政治出现重大动乱。[1]

但是内婚制度也有漏洞。我们知道，天皇传统上要娶皇族之女为皇后，但可以娶其他家族的女子为妃。苏我稻目把自己的女儿以妃子的身份嫁入宫中。一般来讲，只有皇族之女生下来的皇子才能继位，但是由于苏我家势力太大，在苏我氏派系的强力扶持下，苏我氏妃子所生的皇子成为天皇。从此之后，拥有苏我氏血统的皇子成为天皇就成了一个传统，苏我氏一族因此就以外戚的身份任意操控天皇，他们的势力甚至发展到看哪个天皇不顺眼就可以换掉的程度。

《日本书纪》记载，崇峻天皇在位的时候，有一次，有人给他献了一头山猪。深受舅舅苏我马子控制丝毫不得自由的他，不小心说了一句不应该说的话。

> 五年冬十月癸酉朔丙子，有献山猪。天皇指猪诏曰："何时如断此猪之颈，断朕所嫌之人！"……苏我马子宿祢[2]闻天皇所诏，恐嫌于己，招聚党者，谋弑天皇。……乃使东汉直驹，杀于天皇。

崇峻天皇不懂得"戒急用忍"，试图挑战苏我马子的权力，而且言语不慎，流露了自己的意图，遂被苏我氏指使亲信东汉直驹刺杀于殿前。崇峻天皇死后，苏我马子干脆安排自己的外甥女继位，是为推古女王。[3]

---

[1]秋原：《高丽"称帝"幻梦》，载张立宪主编《读库1802》，新星出版社，2018年，第174—178页。

[2]宿祢，是当时日本社会对贵人的敬称。

[3]翟新：《日本天皇》，复旦大学出版社，1992年，第11—12页。

六

推古女王时代，中国终于结束漫长的三国两晋南北朝分裂时期，进入了大一统的隋朝。推古女王的侄子，在当时执掌朝政的圣德太子热爱中国文化。他痛心于苏我氏专权，羡慕大一统的中国皇帝的权势，试图向中国学习，提高天皇的地位。

圣德太子将"大王"的名号改成了"天皇"。如前所述，日本的"天皇"此前一直叫"治天下大王"。在607年建造的法隆寺金堂药师像上所刻的铭文中第一次出现"治天下天皇"的称呼。[1]同年，推古女王和圣德太子派出使节前往隋朝通好，国书中也开始自称"天皇"。这一做法当然是为了提高大王的权势，突出大王在贵族中的独一无二的地位。

圣德太子还制定了《宪法十七条》，试图对贵族们的行为进行约束。当然，这个"宪法"并不是真正的"法"，只是一个行为规范，中心内容是提倡儒家的"三纲""五常"，强调臣民对皇权的绝对服从，提出"君则天之，臣则地之"；"国靡二君，民无两主；率土兆民，以王为主"。

当然，这两招都是"虚"的。具体如何把中国的制度移植到日本来，把天皇从虚君变成实君，他也弄不清楚。于是他派出了日本历史上第一批留学生，随遣隋使团抵达中国，进入中国的太学学习，深入研究中国的政治运作。隋朝被推翻后，日本又紧接着向唐朝派出遣唐使，继续向中国取经。"大唐国者，法式备定，珍国也，常须达。"这就为后来的大化改新埋下了伏笔。[2]

---

[1]翟新：《日本天皇》，复旦大学出版社，1992年，第13页。

[2]日本历史上第一次尝试改变部民制统治方式的，是一个叫胆津的大陆移民（或大陆移民的后裔）。公元555年，天皇朝廷在吉备设立由"田部民"耕种的屯仓，但部民大多逃亡。569年，胆津奉命整顿屯仓，他移植大陆模式，废除了原来的部民制，建立户籍，征收租赋。日本的一些史学家认为，这是"律令土地制度的先驱形态"。武安隆：《浅论大化改新》，载《历史教学》1983年第10期，第29页。

第四章

大化改新的真实过程

一

从公元632年起，日本赴中国的留学生陆续开始回国。他们在中国留学二三十年，自认为已经全面"文明化"，回到"落后"的日本，看哪里都不顺眼。特别是苏我氏的骄横跋扈登峰造极，"君不君""臣不臣"的状况已经发展到了令人无法容忍的程度。苏我氏以只有国君才有资格用的"八佾之舞"庆祝自己祖庙的落成，这正是孔子痛骂过的"是可忍孰不可忍"的行径。苏我入鹿还称苏我氏邸宅为"宫门"，以举国之力仿照国君的规格为自己营造巨大陵墓，就差直接推翻天皇家族取而代之。一场巨大的政治动荡随时都可能到来，政治高层人心惶惶。

因此，皇族中的中坚人物中大兄皇子，和贵族的"激进派"中臣镰足联起手来，成为反苏我氏的政治集团中的核心。他们以回国留学生为智囊团，制订了一个周密的政变计划。

645年6月12日，皇宫当中正在举行天皇接见来自朝鲜半岛的使节的仪式，这样重大的外交场合，当时的执政大臣苏我入鹿自然要参加。就在仪式进行到关键时刻，也就是使臣宣读表文之时，中大兄皇子率领一批武士持剑冲入大殿，毫无防备的苏我入鹿被乱剑刺死。[1]接着，政变集团又杀向苏我家，苏我入鹿的父亲苏我虾夷也死于非命。

新的天皇被拥立，新的统治集团建立起来，他们模仿中国建立年号制度，定下的第一个年号为"大化"。大化的意思，就是推动日本全面中国化，或者说，文明化。

大化改新开始了，改新的核心目标当然是提高天皇的权势。新的统治集团发誓要捍卫天皇独一无二的地位。他们发表文告说：

> 天覆地载，帝道唯一，而末代浇薄，君臣失序，皇天假手于我，诛殄暴逆，今共沥心血，而自今以后，君无二政，臣无贰朝，若贰此盟，天灾地妖，鬼殊人伐，皎如日月也。

意思很简单，以前君臣之道不明，天皇失去了权力。如今我们成功诛灭了逆贼，从今以后，天皇就是唯一的权威，绝不允许苏我氏这样的权臣再次出现。

二

如果您仅读过历史科教书，或者一些基本的历史读物，那么我相信您头脑中的大化改新图景应该是这样的：

大化二年（646年）正月初一，孝德天皇颁布了关于改革的顶层设计书《改新之诏》，日本按照这道诏书的规划，正式开始了全面改革。

在政治上，废除了传统的世袭氏姓贵族制度，建立中央集权官僚制度。

---

[1]翟新：《日本天皇》，复旦大学出版社，1992年，第16页。

仿效唐朝的三省六部制，设立八省百官制[1]。八省中有五个省对应的是中国的六部，官员都由天皇任命。

在地方上，效仿中国的州县制，把全国划分为六十六"国"，每一"国"由中央委派一名"国司"进行管理，即把主要官吏的任免权收归中央。国下面再设郡和里，形成国、郡、里三级行政区划。

在经济上，日本原来的土地，都是归贵族所有的，老百姓也分别是被天皇和贵族们占有的"部民"。朝廷宣布，学习唐朝的均田制，一夜之间，将土地全部收归国有，变"私田"为"公田"。百姓也归国有，由归贵族所有的"部民"，变成"公民"。土地向全国的农民平均分配，人人有份。[2]然后通过复杂的税收体制租庸调制，把分散在原来各贵族家族的财富，集中到天皇一家，"使天照系成为强有力的君主，拥有对日本列岛人民和资源的无上且直接的控制权"。[3]

这道诏书被从上而下全面落实，日本很快实现了大变全变，焕然一新，从一个封建贵族国家一下子变成了中央集权国家，从"商周"一下子跃进到

---

[1]"在这个新管理体系顶端的是太政官。在太政大臣领导下，太政官要监管委派到8个省（中务省、民部省、式部省、治部省、兵部省、刑部省、大藏省、宫内省）的7 000多名官吏的活动。"中务省主要工作是侍奉天皇，代天皇拟稿写材料加发布命令等宫中一切政务，相当于秘书处。式部省相当于吏部，主要掌管人事任免和官员的绩效考核。民部省相当于户部加工部，管理地方户籍、收税、交通、建设等工作。治部省相当于礼部，处理外交事务、管理高级官员的户籍、监督宗教界人士的礼仪，也裁判一般老百姓的婚姻诉讼。兵部省是管理日本武装力量的部门。刑部省，看名字就知道其职能范围，管理诉讼的审理、判决、刑罚执行。大藏省有点复杂，大体相当于财政部，管理各政府机构收支、地方特产税（租庸调制中的调）、货币、金银、物价的部门。宫内省相当于内务府，主要工作是管理皇室的私房钱以及地方敬献的各种贡品，另外皇宫内的门卫、厨房、保洁等工作也由宫内省管。此外还有主管纪检监察事务的弹正台，相当于中国的御史台。

[2]班田制实行班田收授，首先须编定全国的户籍。班田的具体做法是：凡六岁以上公民，由政府班给口分田，男子二段，女子为男子的三分之二。官户奴婢与公民相同，家人、私奴婢则给公民的三分之一。官员有位、有职、有功者，按位的高低、功的大小，班给相应的位田、职分田、功田等。除口分田之外，还相应给以若干宅地和园田，为世业田，若绝户还公。班田每六年一次。所受之田不准买卖，若受田者死亡，由国家收回。

[3][美]詹姆斯·L.麦克莱恩：《日本史》，王翔译，海南出版社，2009年，第12页。

"隋唐"，"全盘中化"，进入"律令制时代"，实现了"跨越式发展"。

但真实的历史不可能这样小葱拌豆腐似的一清二白。事实上，大化改新是一个相当漫长的过程，而且取得的成果也并不如大家想象中那么全面彻底。

三

首先，日本历史上有没有过这样一道完整清晰的"改新之诏"，是有争议的。虽然《日本书纪》第二十五卷花了很大的篇幅，记载了这道长篇诏书。但是细考其文字，有些内容是不可能在646年出现的，比如大化年间还没有"郡"和"郡司"，只有与之相当的"评"和"评造"。甚至虽然《日本书纪》明确记载新政权创立了"大化"年号，但是考古发现的大宝元年（701年）以前的木简，其所记的纪年都为干支记法，并没有出现过"大化"二字。[1]

因此，学者一般认为，现存的所谓"改新之诏"应该是8世纪才最终由史学家润色形成的，是对大化元年以来几十年内的改革措施的一个系统总结。在大化改新之初，孝德天皇虽然应该发布过动员改革的诏书，但内容不可能对未来做出如此清晰完整的规划。在一个传统与中国完全不同的国家，要设计并转运一套全新而庞大的系统，其困难可想而知。考虑到日本原来的社会文化背景和社会承受能力，大化改新是在几十年间一步步逐渐走向目标才更符合历史的真实。

比如改革中最关键的部分，废止部民制，就并非通过天皇一道诏书完成的。《日本书纪》记载的细节是，646年三月，孝德大王曾咨问中大兄：群臣所有的部民是否应该依旧设置？中大兄以奏请文的形式回答："天无双

---

[1]王海燕：《日本古代史》，昆仑出版社，2012年，第124页。

日，国无二王"，只有大王才能"兼并天下，可使万民"。因此除了按照规定的可以拥有的部分人口外，他把自己的部民524口以及屯仓181处献给朝廷。中大兄以自己的实际行动树立了榜样，其他贵族也有人陆续跟进。同年八月，孝德朝廷再一次发布诏令：废止所有隶属王族、有力豪族的部，其部民归为"国家民"。[1]有意思的是，一千多年后的明治维新，各个大名"奉还版籍"的过程，也与大化改新如出一辙："萨、长、土、肥"四个藩率先"奉还"，做出表率，然后全国跟进表态，进而形成政策。

大化改新中的绝大多数改革，都不是始自646年，而是以后数年甚至数十年陆续出台的。比如八省百官制的设立，就并非在大化二年，而是到了大化五年即649年才出现雏形。[2]

比官制改革更为复杂的户口和财政体制改革推行得更晚。日本全面建立户籍制度，是在所谓大化改新后的44年，即690年才完成的。而班田制度的真正实行，是大化改新之后的46年，即692年才开始的。虽然日本人早就认识到"籍帐之设，国家之大信"，知道把老百姓编户造籍是建立中央集权的基础，但是大化改新一开始，朝廷实在没有能力来做这件大事。人口普查，建立户籍，需要强大的国家动员能力和成熟的官僚系统。经过漫长的准备，到了690年，持统女帝才第一次真正开始在全国建立户籍，即"庚寅年籍"。

只有建立了户籍系统，才有可能进行班田。因此日本的班田制是从建立户籍后两年即692年开始的。这一年，持统女帝设立了"班田大夫"一职，并首先在大和、河内、摄津、山背"四畿内"实施班田。[3]

---

[1]王海燕：《日本古代史》，昆仑出版社，2012年，第126页。

[2][日]井上亘：《日本古代官僚制的本质（下）》，载南开大学日本研究院编《日本研究论集2017》，第247页。

[3]李卓：《古代中华制度文明在日本的结局——中国文化对日本影响的再认识》，《东北亚学刊》2012年第1期。

四

大化改新过程中，日本对中国的学习确实是竭尽全力的。

从表面上看，大化改新很多方面是全面照搬中国，比如法律。日本人模仿中国唐朝的《贞观令》《永徽令》等，把大化改新以来发布的诏书编纂整理成法典，称之为《近江令》[1]。这是日本历史上第一部成文法典。文武天皇时期，又模仿唐律，编纂《大宝律令》。[2]赖肖尔说，中国的法典几乎一字不改地被照搬过去。

日本还模仿唐朝的首都长安，营造了新的首都平城京。平城京完全按照长安的规划而建，甚至街道的名字都照抄不误，比如南北大街都叫朱雀大街。和长安一样，城内分为各坊，皇宫设在都城北部。和长安的区别，只在于规模要小得多。唐朝的长安是当时世界上最大的一座城市，面积约84平方千米，平城京面积约20平方千米，只是唐长安城的四分之一。不过这已经是日本努力能达到的极限了。

说实话，日本人学习中国的时机不是特别恰当，因为当时中国的土地制度和税收体系处于历史上最复杂的时期，学起来很不容易。所谓租庸调制，光弄明白它的名目，就够人费脑筋的。所谓"租"，比较好理解，就是地租，田租，国家给了你地，你一年要给国家交两石粮食。"庸"则要复杂一些。庸这个字，其实就是雇佣的佣，《尔雅》说"庸，劳也"，就是劳动的意思。因此庸是指劳役，每个农民每年要替政府免费干二十天活。"调"则是"调和"的意思，就是从各处拿来不同的东西，调和在一起。具体地说，

---

[1]因为当时建都近江。

[2]当然，在此我们要补充一下，日本向中国学习，并不是大化改新这次毕其功于一役，前后其实经历了很长很复杂的过程，特别是其后的大海人皇子（672年—686年在位）为加强皇室的权力，进行土地调查和人口统计，从而增加税收。他以唐朝法制为典范颁布新的律令，大大增强了统治者的权力。[美]阿尔伯特·克雷格：《哈佛日本文明简史》，李虎、林娟译，世界图书出版公司北京公司，2013年，第14—15页。

就是各地的农民除了粮食之外，还要提供当地的农副特产，供给国家使用，比如绢或者布。[1]日本人努力学习的就是这一制度，规定每一段土地（当时的一段约为一千一百九十平方米）征收二束二把粮食（后减为一束五把，相当于收获量的百分之三十左右）。成年男人每年服劳役十天，每家每年交布二丈六尺，如果不产布，可以交米、盐、棉等。

为了"弯道超车"，获得"后发优势"，日本还试图对中国制度进行改进，弄得比中国还要复杂。比如唐代的均田制只规定农民死后，要把土地交还国家，但是日本的班田法规定每隔六年就要重新给公民分田（班田），以求更公平。这意味着每隔六年就要重新进行一次人口和土地调查。为了做到这一点，日本政府付出了极大的努力。

> 为了确保赋税征收，政府务必弄清楚人口及其地域分布，因此有必要进行详细的人口和土地登记。令人惊叹的是，均田制在制度完备的中国失败了，却在日本得到了推行。从古代土地登记簿册和现代航拍的照片上，我们可以看到，至少是在一段时期内，这项制度的确在京都附近地区得到了执行。这显示出早期日本人民迅速吸收中国管理技术的巨大热情和创新能力。[2]

全面照抄也好，试图超越也好，大化改新的核心目的一直非常明确，那就是全面强化天皇的权力，抬高天皇的权威。因此日本在大化改新中，另一个超越中国的地方是把天皇的地位抬到比中国皇帝还要高的程度。大化改新之后，天皇们在诏书中公开称自己为"明神御宇""明神御"。所谓"明神"，其意就是"现世神"。"明神御宇"就是"现世神治国"的意思。

---

[1]一般是每家要交纳绢二丈、绵三两或布二丈五尺、麻三斤。

[2][美]阿尔伯特·克雷格：《哈佛日本文明简史》，李虎、林娟译，世界图书出版公司北京公司，2013年，第20页。

《大宝律令》《养老律令》中，对"天皇是神"做了法律上的明确规定[1]，这些做法确实超越了中国。

虽然改革过程要比我们想象中艰难缓慢，但是日本的中央集权，终于建立起来了。通过改革，日本进入了"律令时代"。从字面上来说，就是有了法律和政令的时代。用另一种说法，就是大一统集权时代。一个崭新的日本出现在列岛之上。

律令时代的日本社会看起来井井有条：天皇的权力确实更大了，获得了比以前多得多的人口，可以从社会中汲取更多的资源。政治稳定下来，贵族受到约束，不再像以前那样胡作非为。日本原来没有国家军队，现在，通过集中财政资源，可以供养起一支国家军队，因此得以征服了本州岛东北的虾夷和南九州的隼人，真正完成日本的统一。经济开始发展，人口也迅速增长，文化也不断繁荣。改革后的日本，"京城里耸立着华丽的宫殿，天皇和贵族居住其中，他们都是高高在上的神的子孙。他们品酌美酒，锦衣华服，吟诗作曲，享用着唐代舶来的艺术作品、香料和陶器。佛教寺院簇拥在都城周围，数量比在奈良还多，屋顶高耸着宝塔，铺就着瓦片"。[2]

圣武天皇得意地说，"有天下之富者朕也，有天下之势者朕也"，反映了律令时代天皇对自己权威的自得。

---

[1]浙江工商大学中日文化比较研究所、天津社会科学院日本研究所编《日本历史与文化论集：王金林学术论文选编》，天津社会科学院出版社，2014年，第336页。

[2][美]阿尔伯特·克雷格：《哈佛日本文明简史》，李虎、林娟译，世界图书出版公司北京公司，2013年，第16页。

第五章

大化改新为什么失败

一

虽然效果显著，成就辉煌，但大化改新的成功并没有持续太久。真正的大一统郡县时代在日本历史上不过存在了百余年。在那之后，就崩溃了。

大化改新失败的最主要标志，是班田制的失败。我们上一章讲过，日本的班田制度是从692年才真正开始的。班田制在实施之初还算顺利，在班田制实施的最初50年里，基本上是按照六年班田一次的规律正常进行的。但是，从奈良时代后期起，班田制的施行就遇到了越来越多的困难，据史料记载，桓武天皇延历十九年（800年）实施了最后一次全国规模的班田，此后班田事务改由各国国司负责。从此，班田制的实施便流于形式，有形无实。[1]

班田制失效，土地又回到了官员和贵族手里，他们占有了大量土地，建立起一座又一座庄园，并且世代传承。日本进入到庄园林立的封建时代。经济基础决定上层建筑。经济权力被贵族们占有了，天皇也再一次被架空，858年开始，日本进入"摄关政治"时代，也就是说，所有权力被"摄政"

[1]李卓：《古代中华制度文明在日本的结局——中国文化对日本影响的再认识》，《东北亚学刊》2012年第1期。

大臣和"关白"大臣拿去。

因此，大化改新引进的外来体制在日本成功运行了不过百余年就崩溃了，经过剧烈的"全盘中化"之后，日本慢慢滑回到原有的旧轨道："公田"再次变回"私田"。老百姓由"公民"再次变回为"私民"。皇权再度只剩下一个空架子。日本社会的固有特点——架空皇权、贵族政治，又全面回潮。[1]日本走回到自己的老路，并且没再回头。

因此，从整个日本历史来看，大化改新的全面"中国化"，只是日本漫长历史中一个小小的插曲，是日本历史之旅中的一次短暂脱轨。日本历史轨迹因此显得与汉字文化圈的其他几个国家——中国、朝鲜和越南——非常不同。中国文化对日本的影响，最终主要遗留在了文字、文学、服装、建筑、科技等表层文化、物质文化方面。[2]

二

那么，为什么如此努力而热诚的学习，会是这样一个结果呢？

要解释清楚这个问题，我们先要来复习一下中国历史。因为中国从东汉到魏晋，曾经出现过一次从中央集权制滑向庄园制的过程。这一过程与日本大化改新失败后的历史，从历史现象到背后的动机，几乎一模一样。

虽然早在公元前221年，秦始皇就建立了大一统郡县制度，但这一制度运转到东汉末年，渐渐失效，大量民众从政府的控制下逃离，进入豪强大族的庄园，中国随之进入三国魏晋南北朝的"士族时代"。之所以如此，背后有两个原因。

---

[1]李卓：《古代中华制度文明在日本的结局——中国文化对日本影响的再认识》，《东北亚学刊》2012年第1期。

[2]李卓：《古代中华制度文明在日本的结局——中国文化对日本影响的再认识》，《东北亚学刊》2012年第1期。

第一个原因，是秦汉时代没能解决官员选拔机制问题。

中国的科举制是隋代发明的，在此以前，汉代选拔人才实行的是荐举制。什么叫荐举制呢？就是让地方官把地方上的人才举荐给朝廷。推荐什么样的人才呢？主要是有德行的人，所以叫"举孝廉"，也就是孝顺和不贪财的人。但是"德行"这个标准弹性极大，"说你行你就行，说你不行你就不行"，官员们在"察举"人才时，肯定要举荐自己熟悉的人，只选拔自己小圈子里的人，甚至是互相举荐亲人。这样一来，官位实际上就被社会上层的家庭垄断了，形成了一种变相的世袭。各大家族世代为官，几百年兴旺不衰，势力越来越大。

第二个原因，是中央集权制的王朝无法抑制加税的冲动。

在秦始皇以前，中国处于封建时代，地方贵族和百姓处于一个有机的整体当中，因此贵族对百姓的剥削有一定限制。大一统集权制度之所以创立，初衷就是要提高汲取能力来办大事。因此集权制下的地方官是流官，他们只须对上负责，不必管百姓死活，多重的负担都能向百姓强压下去，什么样的严刑峻法都能执行，国家税收能力由此大大增强。所以汉代人才说，秦朝的税收和劳役压力，是前代的二三十倍。也正是因此，中国历史在秦朝之后就陷入一个无法跳出的怪圈，那就是王朝建立不久之后，就会因为兴建大型工程或者皇室的奢侈享受及官僚体系的膨胀而不断加税，到了王朝中后期，税赋往往会沉重到老百姓放弃土地，开始逃亡的程度。

逃到哪里去呢？逃到有免税免役特权的官员那里去。中国大部分王朝都规定，官员的家庭可以不交税，他的家庭成员甚至他的仆役们也不用去服劳役。因此越来越多的人加入官员的"家庭"。很多人甚至会主动把自己的土地，"投献"给官员们，成为官员的"徒附"。因为交给他们的田租，要少于交给官府的赋役。打个比方，如果你归官府管，你可能要上交你劳动所得的一半。但是你要是投奔官员家族，你也许只交四分之一就行了。

这两个因素一结合，也就是政治权力世袭和土地集中机制结合，政治资源和物质财富都稳定地集中于大家族，世家大族就形成了。[1]老百姓就从中央政府的控制之下，慢慢转到地方大族的控制之下。到了东汉后期，世族的田庄遍布各地，"奴婢千群，徒附万计"。到了三国时代，根据王育民的判断，政府直接控制的编户齐民人口767万，而地方豪强势族（士族）控制的人口多达1 534万，就是说，归豪强控制的人口，比国家控制的多了一倍。[2]

这样一来，大一统皇权失效了，"没有强大的中央集权力量，地主经济就很容易退化到庄园制经济"。各地庄园势力急剧膨胀，甚至发展到"百室合户、千丁共籍"的类似领主的状态。东晋士族庄园遍布江左，他们"势利倾于邦君，储积富乎公室……僮仆成军，闭门为市"。势力大得如同小国君主，财力强过朝廷，仆人可以组成军队，关上寨门就成了集市。中国从郡县制退化到了半封建制。

经过漫长的三国两晋南北朝分裂，中国的集权制度到隋唐再一次重建。第二次建立的集权制度之所以能稳固下来，一个重要的因素就是从隋唐开始，中国实行科举制，初步解决了官员世袭或者变相世袭（比如魏晋门阀制度下的"上品无寒门，下品无士族"就是一种变相世袭）问题。

三

日本也出现了几乎相同的情况。

在向唐朝全方位学习的过程中，日本当然注意到了中国的科举制，也明

---

[1]秦汉之初，全力打散大家族制，而汉代独尊儒术之后，儒家"父子无异财"观念导致上层社会大家族又开始出现。比如东汉桓帝年间，姜肱几兄弟"友爱天至，常共卧起。及各娶妻，兄弟相恋，不能别寝，以系嗣当立，乃递往就室"。穷人为了避免战祸和谋生，也往往凭宗族血缘关系集体投靠豪强大族。

[2]王育民：《中国人口史》第一卷，江苏人民出版社，1995年，第445页。葛剑雄先生认为这个数字对荫户人口的估计太多。但是葛剑雄在其主编的《中国人口史》第一卷中说，因为资料缺乏，他也无法估算这个人数。

白科举制在促进社会流动性方面的重要作用。向中国学习的东亚文化圈其他国家，比如朝鲜和越南，也都仿照中国，成功地建立了自己的科举制。

但日本并没有引进中国的科举制。

大化改新具有多个侧面。"照抄"只是这次著名改革的侧面之一，虽然这个侧面令人印象非常深刻。其实如果仔细观察，我们就会发现，大化改新还有另一个完全不同的侧面，那就是"创造性吸收"。所以他们在"照抄"中国的同时，将中国的"均田"改为"班田"，在地方层级上保留"国"，这都是有意识的取舍。从一开始，他们就没想全盘照搬，而是考虑到了自身特点。

日本的贵族制度源远流长，等级意识深入人心。有史以来，日本的社会一直是分层的，上层和下层之间是不流动的，贵族和平民之间的区隔一直远如天地。要在日本建立一个中国式的"平等"的社会，难度极大。大化改新的核心目标虽然是打击贵族制度，但是改新的过程中实际仍然是由贵族主导，并受到官僚贵族集团严重牵制的，最主要的标志，就是中国式的科举制度被抛弃。

当然，从表面上看，日本人引进了科举制。他们模仿中国，从中央到地方，设立了大学、国学等各级学校。然后，也定期在学校中举行"贡举考试"。[1]考试也分秀才、明经、进士、明法等科，规则、题目、录取的标准，几乎完全抄自唐朝。

然而在相似的表面之下，日本人偷梁换柱，进行了充分的"日本化"改造。首先，进入各级学校学习的人，必须是贵族官僚子弟，平民百姓的孩子没有资格。其次，贡举考试只在学校中举行，这也就意味着对平民百姓的孩子关上了大门。

因此，日本式科举与中国科举完全不同，它变成了贵族小圈子的游戏，

---

[1]当时从国学推荐而来的称"贡人"，从大学推荐而来的称"举人"，听起来与唐朝大同小异。

完全背离了中国科举使"万民平等"的初衷。而且在实行所谓"贡举制"之后，日本的官位选拔仍然主要通过"荫位制"来进行。通过贡举考试入仕的人只能担任级别很低的小官，很难升迁，而高官的子孙可以根据父亲的官阶自动得到相应的官位，根本不必寒窗苦读。所以贵族子弟也没有进入学校学习的积极性。[1]据《类聚符宣抄》记载，从庆云年间（704年—707年）到承平年间（931年—938年）这二百三十多年中，通过贡举考试考取秀才的人仅有六十五人，平均几年才录取一个人，对日本政治几乎没起任何作用。到1177年，一场大火烧毁了大学寮，日本人没有兴趣重建这个纯粹的摆设，"贡举"遂彻底退出日本历史舞台。[2]

四

没有引进科举制，大化改新的结果自然演变成了一批新贵族取代了旧贵族。

大化改新之后，虽然由贵族世袭制改成了中央任命的官僚制，朝廷标榜"唯序当年之劳，不本天降之绩"，只考虑当下的功劳，不管你的祖先是哪路神仙，任命了一大批新的官员，但事实上，绝大部分新官员仍然出自旧贵族家族，646年成立的大化改新政府中的最高级别官员，即左大臣、右大臣、内大臣，全部由皇族、苏我氏、中臣氏家族中的重要人物担任。

大化改新之后，由于没有平民入仕的机制，八省百官制的各个机构中的长官几乎无一例外，都是皇族、苏我氏、中臣氏、纪氏家族的成员。684年，朝廷甚至制定"八色之姓"，规定官吏的选拔首先要看姓氏的尊贵程

---

[1]日本的"荫位制"虽然也是借鉴自唐朝，但是条件比唐朝优厚多了，高官子弟年满二十一岁几乎不需要其他条件就可以入仕。李卓、张暮辉：《科举制度与日本》，《古代文明》2007年第4期。

[2]李卓、张暮辉：《科举制度与日本》，《古代文明》2007年第4期。

度。奈良时代74年间继任和升迁至三位以上位阶的122人全部是皇族和大贵族出身，这种情况显然与唐代不同，而近乎魏晋的九品中正制。[1]

日本的班田制改革，实际上也没有真正动摇贵族对土地的占有。按规定，改革后原来的贵族和官员要交出自己的土地和人口，再按官位的高低，由国家班给土地，同时还赐予一定人口来耕种土地，死后由国家收回。但事实上，仔细分析资料，我们发现，日本的户籍编订工作存在很多漏洞，事实上，"掌诸国户口名籍"的民部省在八省中是专司职员最少的一个，根本无法应付庞大繁杂的户口统计工作，所以日本学习中国的百余年中，居然没有留下一次详细的官方人口统计数字。[2]这也就意味着，贵族和官员不可能交出自己手中的全部人口和土地，仍然有大量的隐匿。

和中国不一样的另一点是，日本官员即使退职，位阶仍然保留，享有的各种待遇和地位也不会改变。在国家对他们班授了新的土地后，因为官僚集团的自我保护本能，"政府对这些人在离职后仍然占有应该交回的土地的情况置若罔闻，使大量土地重新又变成了私田"[3]，官员们还通常利用掌管班田特权，大量侵占公田。这样，新官员实际上又演变成了新贵族。

因此在大化改新后，传统的贵族虽然变成了中央集权机器中的一个官僚，但如果仔细考察，你就很容易发现，日本高级官员的生活方式，和改新之前的贵族，并没有发生太大的变化。

1986年秋，日本考古学家在著名古代政治家长屋王的宅邸遗址中挖掘出土了约3.5万件木简。长屋王是奈良时代的高官，[4]也是2020年流传中国

---

[1]李建钢：《大化改新前后日本社会状况比较研究——兼谈日本大化改新的不成功》，《福建论坛（社科教育版）2011年第10期。

[2]李卓：《古代中华制度文明在日本的结局——中国文化对日本影响的再认识》，《东北亚学刊》2012年第1期。

[3]李建钢：《大化改新前后日本社会状况比较研究——兼谈日本大化改新的不成功》，《福建论坛（社科教育版）2011年第10期。

[4]著名的"长屋王之变"的主角。

的名句"山川异域，风月同天"的作者，约生于684年，卒于729年。也就是说，他是"唐制"运转比较良好的律令时代的官员。从这些木简的文字当中，我们可以看到，这个时期日本高官的生活方式与中国唐朝官员截然不同。

律令时代日本高官的家中仍然保持着贵族时代就有的庞大的家政机关，有数量巨大的属民给他们服务。长屋王家中家政机关的核心部门是"长屋王家令所"，相当于朝廷中的宰相机构，主管长屋王家的家政，在此处工作的"政人""司人"至少一百人。在"家令所"下，设了大量的"司"和"所"，负责各项事务。比如相当于人事部的账内所，主管经济的税司、御田司、御园司，负责佛教事务的书法所、佛造司、斋会司，管理衣食住行的主殿司、岛造所、机立司、大炊司、膳司、菜司、酒司、水取司、冰司、缝殿、染司、绵作司，负责手工业制造的工司、鞍具作司、铸物所、镂盘所、铜造所等。其他还有负责为长屋王家族养宠物的马司、犬司、鹤司。[1]参考其他资料，这些司和所，每处应该都有二三十人工作。也就是说，长屋王家中的这个家政机关的规模是一千人左右。"长屋王家形成了一个自给自足的世界，活脱脱一个小朝廷。"[2]

中国的先秦时期，各个贵族也都拥有自己的家政机关和家臣系统，这在中国史书中记载得很清楚。但是秦始皇建立起皇帝制度之后，这套家臣系统就被取消了。皇帝一个人高高在上，其他所有官员，都沦为"替皇帝打工"，只领薪俸，不再有庞大的属地和属民。因此即使在宰相府中，也不可能拥有这么多的"家臣"。而日本官员在表面上的"全盘唐化"之后却可以继续拥有这样庞大的家政机关，仍然延续着过去的大贵族式生活，由此可见

---

[1][日]井上亘：《日本古代官僚制的本质（上）》，载南开大学日本研究院编《日本研究论集2007》，2007年，第227—228页。

[2][日]吉田孝：《飞鸟·奈良时代》（岩波日本史·第二卷），刘德润译，新星出版社，2020年，154页。

日本律令官制的原始性，也说明了传统力量的强大。

五

不仅大臣们很快恢复了大化改新前的生活方式，甚至经过了大化改新，天皇个人的生活方式也没有发生太大的变化。

我们讲过，大化改新的一个重点，就是模仿中国的三省六部制，建立了八省百官制。但问题是，他们为什么不直接建立三省六部制，而非要改成八省百官呢？这就体现了日本对中国制度的"创造性转化"，以求和自己传统有机融合。之所以要建立"八省"，一方面是因为"八"是日本的圣数，日本传统上一直有"大八州"的说法。另外一个原因，就是日本在中国的六部之外，还需要加入日本本身已经有的几个机构。

我们前面讲过，日本的八省中有五个省即式部省、民部省、治部省、兵部省、刑部省，相当于中国的六部。除了这五个省，日本又多了三个省，即大藏省、宫内省和中务省。

为什么要多设这三个省呢？因为这三个省是从天皇原有的家政机关演变来的。大藏省负责管理政府收支以及天皇日用品的制造。这个省源于日本固有的"藏部"，"藏部"原本就主管皇室物资的出纳及记录。宫内省负责管理皇室的私房钱和地方敬献的各种贡品，以及皇宫内的门卫、厨房、保洁等具体工作，宫内省的几个部门，在大化改新之前就一直存在，改革不过是把它们统合到一起，成立一个省。中务省代天皇拟稿写文告，相当于秘书处。这个省来源于天皇部民中原有的"史部"，这个部原本就是从事文案工作。

因此，在大化改新之前，作为最大贵族的天皇家族，拥有一套比一般贵族规模更大但内容相似的家政机关。在改新之中，这套家政机关改头换面，完整地保留在了新的机构当中。

我们可以大致把这八个省分成内外两个部分。前五个省，即相当于中国六部的部分，是"外部"的，处理宫外的事务。后三个省，则是"内部"的，直接为天皇个人及家族服务。在八省之中，内外并不平衡：前五个省机构很简单，而后三个省规模非常庞大。前五省加起来，才十四个部门。而后三个省一共是三十二个部门。这三十二个部门，和长屋王家的家政机构中的那些部门，从名称到内容都非常相似。据《职员令》，天皇的中务省有左大舍人寮、右大舍人寮，这相当于长屋王家的账内司。天皇有图书寮、内藏寮、缝殿寮、阴阳寮、画工司、内药司、内礼司，相当于长屋王家中的书法所、画师、缝殿、药师处等部门。宫内省管辖的大膳职、木工寮、大炊寮、主殿寮、典药寮、正亲司、内膳司、造酒司、锻冶司、官奴司、园池司、土工司、采女司、主水司、主油司、内扫部司、筥陶司、内染司，也与长屋王家的膳司、机立司、大炊司、主殿司、药师处、酒司、锻冶、奴婢、捣造所、工司、主水司、扫守、辘轳师、染司等几乎一一对应。大藏省管辖的典铸司、扫部司、漆部司、缝部司、织部司这五司，也与长屋王家的铸物所、扫守、缝殿、染司等部门相符。[1]

更能体现"内重外轻"的，是人员分配上，前五个省的人员只占全体官员的四分之一左右，而后三个省却占四分之三。"中央各省的6 000名官员中，有4 000多人直接或间接打理皇宫的事务。例如，宫内省官员1 296人。民部省仅305人，兵部省更少，仅有198人。"[2]这和中国是完全不一样的。在中国，直接为皇帝服务的部门和人员在国家机构中只占一小部分，而日本完全颠倒过来了。

所以八省百官制其实是在天皇旧有的家政机关基础上发展起来的[3]，只不过套上了中国式的外套。大化改新后的天皇的朝廷结构表面上模仿中国的

[1][日]井上亘：《日本古代官僚制的本质（上）》，载《日本研究论集》，天津人民出版社，2007年，第230页。

[2][美]阿尔伯特·克雷格：《哈佛日本文明简史》，李虎、林娟译，世界图书出版公司北京公司，2013年，第17页。

[3][日]井上亘：《虚伪的日本》，社会科学文献出版社，2012年，第103页。

三省六部制，但骨子里其实仍然是过去贵族家中的家政机关。

因此虽然经过多年的竭尽全力的"山寨"工作，日本社会表面上成为唐朝的翻版，但事实上，如果你深入观察日本社会结构的机理，你会发现，日本只变了一半，甚至准确地说，是一小半。

六

我们讲过，日本原来是"以族制立国"。各个家族世袭一种专业，为朝廷服务。大化改新之初，各级官员确实经由中央重新任命，但是在那之后不久，由于官员的官位可以以荫位制的方式变相传承给儿子，因此官僚制度慢慢返回到贵族世袭状态。新贵族继续以"家"为单位被纳入国家的统治机构，世袭地担任一定官职，形成"官职家业化"的局面。比如贵族菅原氏，原来是以学者身份为朝廷服务，这个家族最著名的人物菅原道真，被后世奉为"学问神"，他的子孙也世世代代担任天皇的文学侍从之臣。中原氏则包揽了"大外记"（秘书局）的职务，这个家族的"局务家"一职，从平安时代一直持续到江户时代，也就是说，从8世纪一直干到17世纪。甚至连遣唐使团主要官员的任命也有世袭化的倾向，以至多治比氏被称作"遣唐使世家"，在历次遣唐使团中连续出任要职。

在世袭权力的家族中，最大的一个当然是大化改新中的核心人物、"参谋长"中臣镰足的家族。中臣因为位居改革第一功臣，被赐姓藤原，他的家族由此成为日本第一政治家族，一直参与最高政治，到了平安时代，藤原氏干脆建立起摄关体制，独揽朝政。有人统计过，从10世纪初期到12世纪末，在总计395名公卿中，出自藤原氏家族的有265人，占67%。这和中国魏晋时代的九品中正制下的变相世袭非常相似。

[1]李卓、张暮辉：《科举制度与日本》，《古代文明》2007年第4期。

因此，中国从汉代演变到魏晋的第一个动因——官位被上层社会垄断并变相世袭，日本已经完全具备。

七

中国从郡县制演变成庄园制的第二个动因——中央集权制下的中央政府无法抑制加税冲动，导致赋税不断加重，也同样出现在日本。

大化改新的各种措施，虽然进行得并不彻底，但是班田制的实施，毕竟让天皇掌握了比以前多得多的农民，收入更是与以前完全不可同日而语。因此也集中力量办了很多大事。除了我们前面提到的建立了强大的军队，天皇还建设了好几座首都。除了大兴土木效仿长安兴建了平城京之外，646年，天皇又营造了奈良南部的飞鸟群宫。白江村战役后，日本因为担心唐朝军队攻入日本，又迁都近江。没过几年，又因为迁都后多有灾变，又建新京平安京。不长的一段时间，数座崭新的都城出现在日本列岛。

然而，也正是集中力量办大事的冲动动摇了刚刚建立起来的脆弱的"律令体制"。首都建来建去，"营造未已，黎民或弊"，给民众带来极为沉重的负担。大臣清行进谏说："桓武天皇迁都长冈，制作既毕，更营上都，再造大极殿，新构丰乐院；又其宫殿楼阁，百官曹厅，亲王公主之第宅，后妃嫔御之宫馆，皆究土木之功，尽赋调庸之用。于是天下之费，五分而三。"[1]

也就是说，天皇迁都到长冈，首都还没有完全建好，又开始营建上都，又建造大极殿，修建丰乐院；此外，还要修百官和贵族的宅第。这样不停地大兴土木，消耗了财政收入的五分之三。

为了兴建各种大的项目，养活庞大的宫廷，供应复杂的新式官僚系统，

---

[1][日]德川光圀：《日本史记》第四册，安徽人民出版社，2013年，第1480—1481页。

日本政府只能遵循中国大一统政治的治理逻辑，不断向农民增加税收。农民的负担比封建制时期大大加重。"风化渐薄，法令滋彰，赋敛年增，徭役代倍。"[1]著名歌人山上忆良的《贫穷问答歌》这样描写农民的凄苦处境："灶中冷落无烟火，锅里蜘蛛织网罗。久矣绝粮忘爨炊，老幼嗷嗷如众雀。"然而国家税收不能减免，"村吏执鞭立门前，声色俱厉狂呼喝"。连天皇都不能不承认农民的痛苦。757年（天平宝字元年）孝谦天皇在诏敕中说，各地进奉赋税的农民，"事毕归乡，路远粮绝。又行旅病人，辛苦横毙"。[2]

因此，和中国历代王朝中后期一样，日本的广大农民由于不堪重负纷纷扔下土地当起了盲流，"天下百姓，多背本贯，流宕他乡，规避课役"。逃到哪里呢，逃亡到高官贵族和寺庙当中，因为高官贵族和寺庙都有免税的特权。"拥有耕地的农民的捐税负担增加；于是这些农民……将自己连同土地一起交托给拥有采邑的贵族。这样，他们可以免税，并得到保护，但却因此变成农奴。"[3]"从9世纪起，小规模的土地所有者往往把自己的土地寄附在上述贵族和寺院名下，他们认为在免税的庄园里做一个农奴，要比在贪婪的国司和郡司的剥削下做一个自由民好得多。"[4]这一点和中国魏晋时期庄园的形成机制几乎一模一样。

这样一来，朝廷掌握的户口一天比一天减少，大量土地荒芜。"户口月减，田亩日荒。"[5]717年（养老元年）天皇的诏书说："率土百姓，浮

[1]三善清行"意见十二条"中记述了户口减少情况。[日]德川光圀：《日本史记》第四册，安徽人民出版社，2013年，第1480页。

[2][日]德川光圀：《日本史记》第一册，安徽人民出版社，2013年，第146页。

[3][美]L.S.斯塔夫里阿诺斯：《全球通史——1500年以前的世界》，吴象婴、梁赤民译，上海社会科学院出版社，1988年，448页。

[4][美]阿尔伯特·克雷格：《哈佛日本文明简史》，李虎、林娟译，世界图书出版公司北京公司，2013年，第21页。

[5]三善清行"意见十二条"中记述了户口减少情况。[日]德川光圀：《日本史记》第四册，安徽人民出版社，2013年，第1480页。

浪四方，规避课役。"畿内某些村庄逃亡率达百分之二十。神龟三年（726年），山城国爱宕郡云上里和云下里的计册记载，在四百一十三人中，有六十二人逃亡。

日本大臣三善清行在"意见十二条"中汇报说：

> 臣去宽平五年（893年）任备中介，彼国下道郡有迩磨乡，爰见彼国风土记，皇极（齐明）天皇六年（660年）……天皇下诏，试征此乡军士，即得胜兵二万人。……而天平神护年中（765年—767年），右大臣吉备朝臣，以兼本郡大领，试计此乡户口，才有课丁千九百余人。贞观初，故民部卿藤原保则朝臣为彼国介时……阅其课丁，有七十余人。清行到任，又阅此乡户口，有老丁二人、正丁四人、中男三人。去延喜十一年（911年），彼国介藤原公利任满归都，清行问迩磨乡户口，当今几行（何），公利答曰："无有一人。"……以一乡而推之，天下虚耗，指掌可知。[1]

也就是说，迩磨乡在660年有数万人，765年左右只有1 900多人交纳赋税了。到了911年，一个人也没有了。

八

庄园的崛起意味着皇权的衰落。当然，天皇也不傻，不断地试图派地方官员，比如国司、检田使、征税使进入庄园检查工作，调查各地庄园到底非法收纳了多少人口和土地，庄园主则千方百计不让他们进去。

中国东汉及魏晋南北朝时期已经出现过类似的情况。为了抵抗政府来追

---

[1]三善清行"意见十二条"中记述了户口减少情况。[日]德川光圀：《日本史记》第四册，安徽人民出版社，2013年，第1481页。

查逃亡人口，中国的大田庄往往建立起了自己的武装[1]，东汉墓葬普遍出土的陶制庄宅模型，许多都有碉楼高墙等防卫设施，"警设守备"，成为地方武装集团。东汉末年，有的豪族武装甚至"阻兵守界"，拒绝郡级机关委派的地方官员入境。

　　在日本，同样的过程也出现了，实力越来越强的庄园主越来越不把朝廷放在眼里，一些比较有实力的庄园主甚至组织武装力量，组成庄园治安联防队，以便武装抗税。这些联防队员，后来就变成了武士，他们的组织则被称为武士团。因此，武士制度是在庄园制的副产品，没有庄园制经济，也就不会有日本武士。

　　　　大多数武士来自当地富裕的家庭——郡司、乡司、庄园庄官、地方贵族，以及与他们相联系的武装家族。他们最初的功能是维护当地治安，在必要的时候也协助收税。但是从很早开始，他们也成了动乱的一部分。从9世纪后半期开始，流传着许多郡司、乡司领导当地武装与国司对抗的故事，而这些对抗大多与税收争端有关。[2]

　　日本武士团的作用因为地理条件而发挥了比中国庄园武装更大的作用。如前所述，日本缺乏大的平原，约76%属山地丘陵地带，这自然不利于天皇派兵四处讨伐。有了强大的武装力量为后盾，各地贵族就以种种借口不再交税，庄园主获得了统治庄园的一切权力，变为领主。和中国魏晋南北朝一样，庄园里既生产粮食，又生产农副产物，形成自给自足经济。"到12世纪末，（向朝廷）纳税土地只是整个耕地面积的百分之十，甚至更少，地方权

---

[1]东汉建立者光武帝本人就是一个土豪，他曾经"藏亡匿死，吏不敢到门"。

[2][美]阿尔伯特·克雷格：《哈佛日本文明简史》，李虎、林娟译，世界图书出版公司北京公司，2013年，第21—22页。

力被新的农村贵族所接管。"[1]

因此，简要概括大化改新失败之后的日本历史，那就是日本试图从类似中国商周的时代直接跳到隋唐时代，结果因为距离太大，跨越失败，又从隋唐时代退回到魏晋南北朝时期。

古斯塔夫·勒庞说，一个民族一旦形成了自己的禀性，就拥有了强大的遗传力量。"种族的力量具有这样的特点，没有任何要素在从一个民族传播给另一民族时，不会经历深刻的变化。"因此，所谓"全盘×化"，最终的结果，无一例外都是调和。正如同一个人想要"脱胎换骨、重新做人"，但是无论他多么努力，他很难逃脱基因对他的限制。

任何一项政治制度的建立，都需要有自己的基础。中国唐代的中央集权制度，经历了上千年的发展和调试的过程。它从春秋时代就开始发育，到公元前3世纪由秦始皇确立，又经历了魏晋南北朝贵族制回潮的考验，直到隋唐才真正成熟，并通过宋代的科举制普及彻底稳固下来。而日本试图直接在封建状态下，也就是商周体制下，跨越千年，直接建立专制制度，失败当然是题中应有之义。

---

[1][美]L.S.斯塔夫里阿诺斯：《全球通史——1500年以前的世界》，吴象婴、梁赤民译，上海社会科学院出版社，1988年，448页。

第六章

从摄关制到院厅制：架空与反架空的斗争

一

经济基础决定上层建筑。天皇掌握着天下土地和农民的时候，皇权当然最大。当农民逃入贵族的庄园，天皇手里所剩无几的时候，皇权当然就要被架空了。

日本幕府时代以前的古代政治史，一言以蔽之，就是一部天皇和贵族权臣争夺最高权力的历史。在大化改新之前，是贵族苏我氏掌握着大权。在大化改新失败之后，另一个贵族家族藤原氏从天皇手中拿走了权力，导致著名的"摄关政治"出现。

我们讲过，大化改新后一批新官员演变成新贵族，大化改新的"参谋长"中臣镰足就是其中的典型代表。被天皇赐姓"藤原"后，这个家族不断接受"职分田""位田""职封""位封"等赏赐，因此获得了大量土地和劳力。这是藤原家后来成为权臣的经济基础。

当然，光有经济基础还不够，搞政治必须擅长玩阴谋。而藤原氏在玩弄权术上也有出众的天分。

鉴于苏我氏专权的历史，大化改新之后，日本皇室规定最高权力绝不允许皇室之外的人染指。即使天皇因为种种原因不能工作，权力也必须交给皇室中的其他人物而不是外姓大臣。686年，天武天皇在病榻上曾经下达命令："天下之事，不问大小，悉启于皇后及皇太子。"

藤原氏却成功地突破了皇室的铁律，掌握了权力。其途径与历史上的苏我氏几乎一模一样，即通过与皇室联姻，取得外戚身份。

825年出任位高权重的左大臣一职的藤原冬嗣把自己的女儿顺子嫁给了皇太子正良亲王为妃，并且成功地生出了一个儿子，就是道康亲王。这是藤原家把自己的血统嫁接到天皇家族的第一步。

当然，日本历史上一直是"子以母贵"，皇后所生的皇子在继承皇位时占有绝对优势。因此，顺子虽然生了儿子，当时的太子却是当时的皇后嵯峨天皇的女儿正子内亲王生出来的恒贞亲王。

不过藤原氏有着足够的厚皮黑心和政治手腕。842年，通过著名的"承和之变"，藤原冬嗣的儿子藤原良房诬陷太子谋反，以莫须有的"谋叛罪"迫使天皇废掉了恒贞亲王，将自己的外甥扶上了皇位。这是日本历史上第一个有着藤原血统的天皇。藤原家族因此成为朝中第一家族。藤原良房以天皇舅舅的身份，掌握了最高权力，于866年正式获得"摄政"称号，即以人臣而摄天子之政。整个过程几乎完全复制自历史上的苏我氏。

当然，"摄关政治"的建立不可能一帆风顺。藤原良房死后，他的外孙清和天皇宣布亲政，试图从藤原家族手中拿回权力，结果很快就被藤原良房的儿子藤原基经以军事政变手段逼迫退位，让同样有着藤原血统的九岁的皇太子继位，即阳成天皇，藤原基经继续以舅舅的身份代为执政。结果几年以后，小天皇长大了懂事了，又不听话了，于是又被藤原基经找个理由废掉，选择了虽有藤原血统但年已五十五岁的时康亲王，使他成为光孝天皇。

为什么会找一个年纪如此大的人当天皇呢？因为时康亲王脾气好，老实听话，从来不敢乱说乱动。884年，他上任后，颁布了一道极为有名的诏书，从制度上奠定了长达二百余年的摄关政治的基础：

　　太政大臣（指藤原基经）为朕腹心，统摄内外，以分朕忧，万

政颁行，悉以资之，百官奏事，为先咨禀，如此则朕得以垂拱而

治，其各恪遵。

这道诏书的实际意思就是朝廷的一切权力归于藤原基经。诸位有什么事的话，就都去向太政大臣藤原基经请示，不要再随便来打扰我了。

除了年龄大，光孝天皇还有一个先天的弱点，就是他没有娶藤原家的女儿为妻，因此他的儿子们没有直接的藤原血统。天皇家族本来没有姓氏，因为天皇是神的后代，不是人类，不必有姓。但光孝天皇把自己所有的儿子都赐了姓，意思是不敢让他们成为天皇的继承人，在继承人问题上全凭基经安排，您完全可以不从我的儿子当中选。但基经最终还是慷慨大度地选择了光孝天皇的儿子定省。光孝天皇大喜过望，"召定省，右执其手，左执基经手，泣曰：'大臣勋劳莫大，汝谨勿忘。'"。

定省登基成为宇多天皇后，自然同样很"懂事"，887年即位后也颁布了一道著名的诏书，诏书中说："万事巨细，百官已总，均关白太政大臣（指藤原基经），然后奏上。"意思是大小事务都先报告太政大臣，然后再上报给我。

通过这道诏书，一个大名鼎鼎的官职"关白"诞生了。"关白"一词出自《汉书》，系"禀报"之意，在日本却由此演变成第一权臣的官名。

这两道诏书，为"摄关政治"的建立提供了法律依据，将藤原氏的地位固定了下来。从此之后，天皇必须由拥有藤原氏血统的皇子出任，藤原氏以外戚身份在天皇年幼时做"摄政"，在天皇成年后做"关白"。

如前所述，日本皇族结婚后，妻子仍然生活在娘家，丈夫晚来早走，生育的子女由外祖父家的人照顾。[1]小天皇是在外公家长大的，由舅舅和外公带大，和他们有很深的感情纽带。他们替外甥执政，看起来倒也"合乎情理"。由此藤原家的家政机关"政所"成了实际的朝廷中心，天皇的宫殿只

---

[1]王新生：《日本史随笔》，江苏人民出版社，2011年，第26页。

剩下一些典礼功能。四个女儿都被立为皇后或者皇妃的藤原道长曾经写过一首和歌，表达自己的满意心情：

> 斯世我所有，一如我所思；
> 皎皎十五夜，满圆无缺时。

通过政治权力支撑，藤原家族的经济实力也不断扩张。到11世纪中叶，藤原氏的庄园占据了全国土地的十几分之一。右大臣藤原实资在他的日记中写道："天下之地，悉成一家（藤原道长）之领，公领已无立锥之地矣。"[1]

二

摄关政治起自858年，即清和天皇即位，一直持续到1068年，相当于中国的唐后期到北宋中期，一共210年。

为什么结束于1068年呢？因为这一年，一个没有藤原血统的天皇登上了皇位。

一百多年来，藤原家源源不断地把女儿们送进宫，让她们源源不断地生出新天皇。可是，到了藤原赖通一代，不知道为什么，一直生不出女儿。藤原家只好送了几位养女入宫，但居然也都没能生出皇子。

因此，1068年，没有藤原家血统的后三条天皇登上了皇位。他的父亲是后朱雀天皇，母亲是三条天皇之女祯子内亲王。这是宇多天皇以来，170余年里，第一个与藤原氏没有直接血缘关系的天皇。

没有了亲情纽带，天皇和藤原家的关系马上出现了转折。因为没有藤原血统，所以后三条天皇在成长过程中备受藤原氏的冷落。后来虽然被勉强立

---

[1]《小右记》，万寿二年七月十一日，转引自王金林《日本天皇制及其精神结构》，天津人民出版社，2001年，第73页。

为太子，也不受藤原家的尊重。按照传统，皇子立为太子后，会得到一把传世剑"壶切"，作为东宫的象征，但当时的关白藤原赖通说什么也不肯将宝剑奉上，甚至还公然说："纵虽正统，自非藤氏出，则不可得。"[1]

后三条天皇即位时已经三十五岁，他智力出众，很有雄心，决心改变天皇被架空的局面，夺回属于自己的权力。"上性刚而仁，聪敏雄断。自在诸王时，每叹臣强君弱。……好学修德，习国家故事，常切齿丞相，及即位，每事裁抑。"他性格刚强仁义，聪明有决断，还在当亲王时，就叹息权臣跋扈。他喜欢研究历史，痛恨摄关，所以一上台，就要限制权臣的权力。

然而面对藤原氏盘根错节的庞大势力，面对近乎成为定制的摄关制度，从哪里下手呢？后三条天皇脑筋急转弯，想到了一个办法：钻制度的空子，成为上皇。因为摄关制度管的是现任天皇，但是管不了上皇。

古代日本天皇制虽然效仿中国隋唐，但是太上皇制度却和中国不一样。中国的皇帝一旦让位成为太上皇，就失去了权力，甚至被软禁起来。但日本的上皇不然，作为继任天皇的尊长，仍然享有准天皇的待遇，比如呈送上皇和天皇的文书均称"上表"。上皇的"宣"也和天皇的诏敕具有同等的效力。在私人关系上，天皇每逢新年都要对上皇进行正式参拜，即"朝觐之礼"。[2]这显然也是贵族政治时代的集体决策制的遗留，说明日本移植自中国的君主独裁制还不够成熟。[3]

---

[1]姜金言：《日本上皇制度研究——以摄关院政时期（858—1192年）为中心》，硕士学位论文，吉林大学，2015年，第20页。

[2]翟新：《日本天皇》，复旦大学出版社，1992年，第39页。

[3]日本历史上曾经出现过上皇和天皇的权力之争。比如806年，平城天皇即位，但只干了4年，便把皇位传给弟弟贺美能亲王，让他成为嵯峨天皇。自己则跑到平城京，成为平城上皇。他之所以退位，是因为他在平安京的皇宫中总梦见冤鬼索命，得了神经衰弱。离开平安京后，他不再做怪梦了，但是失去了权力，又感觉不爽，他后悔了。于是他忍不住以上皇的名义发布各项政令，日本因此有了两个政府，被称为"二所朝廷"。不久，嵯峨天皇生了重病，平城上皇干脆宣布，改自己居住的平城京为日本首都，相当于废黜了嵯峨天皇。嵯峨天皇当然不干，派兵讨伐，平城上皇大败，只好剃光了自己的头发表示要出家。嵯峨天皇胸怀宽大，没让他出家，只是安排他到伊势去疗养。通过这件事，我们可以看到上皇在日本权力体制中的重要地位。

于是后三条天皇在位四年就让位给儿子白河天皇，自己成为太上天皇。他意图金蝉脱壳，让出皇位却带走实权，绕过摄关体制来发号施令。他的儿子白河天皇后来也效法父亲，让位于年仅八岁的皇子（堀河天皇），自己成为上皇，然后设立了一个机构叫"院厅"，任命了自己的一个小班子来执行自己的决定。这样就形成了"院厅政治"。

当然，院厅政治不是灵机一动就能建起来的。院政之所以能行得通，关键在于天皇掌握了新的刀把子。

三

日本是岛国，没有防范外敌的持续需要，因此并没有建立常备军。直到大化改新后，才效仿中国，一度拥有了一支国家武装。然而班田制瓦解后，由于无力供养，国家军队也消亡了。

于是，武士团就成了各地唯一的武装力量。我们讲过，庄园制产生后，武力成为解决土地纷争的撒手锏，各个庄园都养起了武士。随着时间的推移，武士越来越专业化，因为"成为一个武士，费用不菲。马、盔甲和武器都很昂贵，并且需要长期的训练才能熟练使用。最基本的武器是弓和箭，要骑在马上使用"。要成为一个出色的武士，必须放弃其他职业，专心训练。因此，武士开始成为一种终身职业，甚至是一个家族的世袭职业。一般情况下，武士是以家族为单位，一家之长就是首领，父亲死了，长子继任。[1]

正如同春秋战国时代侠客们可以随时更换门庭一样，在庄园时代，武士团也是流动的。哪个领主给的待遇好，地位高，就为哪个领主服务。与此同

---

[1]娄贵书：《日本武士兴亡史》，中国社会科学出版社，2013年，第66页。长子继任者，称为本家。其他儿子称为分家。分家当中，也是以家长为首领。当然，如果嫡子不能打，就选次子，次子也不行，就采取养子制，把有能力的人选为养子继承。因此，后来日本家族很重视养子继承。

时，哪个领主拥有最多、最有战斗力的武士，也就意味着他在地方上最有势力。

在后三条天皇时代和白河天皇时代，天底下拥有武士最多的两个家族，一个是平氏，一个是源氏。

平氏和源氏原来都是皇族。原来，和中国历史上一些王朝一样，日本也经常遇到皇族繁衍人数过多，财政供养困难的情况。因此天皇有时会把一些子孙"赐姓"，"降为臣籍"，从天神家族降成臣民，不再由国家财政供养。从825年起，数代天皇将一些皇子赐以"平氏""源氏"之姓，分赐到各地居住，大名鼎鼎的平氏和源氏家族就此诞生了。

虽然降为臣籍，但是身为天皇的后代，当然是有一些特殊待遇的。他们被赐予大量土地，并且通常被委任为地方官职，这样就成为各地最有势力的家族。他们以优厚的条件吸引武士为自己服务。地方上的武士也慕皇室之名，纷纷投奔，平氏和源氏因此成了地方上著名的武士领袖。

"到了11世纪，'武士团'已经演变为大规模长期性的武装组织，分别在源氏和平氏家族的羽翼下结成同盟。……到了12世纪，源氏（有时也被称为清河源氏）已经在日本东部关东地区建立了根据地，而平氏（或称平家）则沿着京都以西的内陆海扎下了根。"[1]

这样，平氏和源氏武士团就成了日本最重要的武装力量，以至地方上有动荡和叛乱，天皇也要请求武士团出手，加以平定。

四

平氏和源氏手下虽然拥有大量骁勇善战的武士，但是在摄关时代并不受重视，因为他们只是地方势力，与"高处不胜寒"的中央政治无缘，"在京

---

[1][美]詹姆斯·L.麦克莱恩：《日本史》，王翔译，海南出版社，2009年，第14页。

都的皇室和贵族们的眼中，即便是拥有强大武装力量的武士首领，也不外乎是区区'乡下野蛮人'而已"。[1]

直到"院厅政治"的出现，他们才在政治上实现了崛起。

白河天皇成为上皇后，为了寻找权力基础，把眼光投向了地方上的武装势力，将势力强大的平氏武士团招入京城，以资保卫，称为"北面武士"。这样，各地的平氏武装都开始效忠上皇。不久之后，源氏家族也应召进入中央。对没有常备军的日本来说，太上皇掌握了全国最强大的武力，这个震慑作用是相当强大的。

"院厅政治"由此形成，接下来几代天皇登基后不久，都如法炮制，选择退位，成为太上皇，建立自己的"院厅"。上皇旨意称为"院宣"，权威高于天皇的诏令，"摄政""关白"的名号虽然继续存在，但已经被架空，有名无实。白河上皇（1087年—1128年院政）、鸟羽上皇（1129年—1156年院政）、后白河上皇（1158年—1192年院政）以上皇身份共执政105年，这一百多年遂成为日本历史上的"院政时期"。

---

[1]翟新：《日本天皇》，复旦大学出版社，1992年，第45页。

第七章

幕府时代的到来

一

任何事情都是有得必有失，太上皇依靠武士集团的支持获得权力，最终也付出了巨大的政治代价。

随着时间的推移，平氏和源氏在中央扎下根来，在政治中发挥的作用越来越重要。特别是地方上发生保元、平治两次重大叛乱，都是由平清盛率部平定。他战功赫赫，平步青云，位于人臣之首。他发现，有了刀把子的他要想获得更大的权力也很轻松。于是，他也效法历史先例，开始觊觎最高权力。

> 平清盛来到京都原本是要拥护天皇，但当他发现自己大权在握时，就开始操纵朝政，这在日本历史上是一个很常见的现象。……平清盛将他的女儿嫁给新的天皇，等他的儿子出生后，就逼迫天皇退位，然后自己以幼天皇的外祖父的身份进行统治。[1]

苏我氏和藤原氏的历史再次重演，平清盛与皇室联姻，将女儿德子嫁给

---

[1][美]阿尔伯特·克雷格：《哈佛日本文明简史》，李虎、林娟译，世界图书出版公司北京公司，2013年，第37—38页。

高仓天皇，1178年，外孙出生，第二年，平清盛就将不听自己命令的上皇后白河法皇幽禁于鸟羽殿，责令其"自今以后，不过问万机"。又过一年，平清盛就毫不客气地胁迫高仓天皇让位给刚满三岁的外孙，由自己来实际执掌政权。于是，平氏家族正式取代了藤原家族。因为平氏居住地是京都的六波罗蜜寺一带，[1]人们将平氏政权称为"六波罗政权"。[2]

不过六波罗政权没能持续几年。平氏的迅速崛起，引起另一大武士家族源氏的嫉妒。平清盛病故后，后白河法皇任命源氏首领源赖朝出兵消灭平氏，1185年，源平两军在下关海峡决战，平氏大败，全军覆没，平氏一族葬身海底。

前门驱虎，后门进狼。扫灭平氏之后的源赖朝，又成为天下最有实力的人。源赖朝篡权比平氏还彻底。1192年，他从天皇那里得到"征夷大将军"的封号，遂以老家镰仓为大本营，建立起将军幕府，史称"镰仓幕府"。[3]日本幕府时代由此开始了。

幕府政治与以前的摄关政治、院厅政治的相同点都是架空天皇，但是也有很大区别。摄关政治、院厅政治一直是首都内部的政治斗争，权臣依附于朝廷而存在，生活在首都。而幕府则干脆把皇权晾在一边，在远离京都将近一千里的镰仓另立机构。

日本的幕府时代，从1192年持续到1867年，一共675年。不过这600多年中，并不是只有一个幕府，而是前后经历了镰仓幕府（1192年—1333年）、室町幕府（1338年—1573年）、江户幕府（1603年—1867年）三个时期。

---

[1]波罗蜜为梵语音译，意为渡彼岸。六波罗蜜，菩萨欲成佛道应当修行的六种行持。分别为布施波罗蜜、持戒波罗蜜、忍辱波罗蜜、精进波罗蜜、禅定波罗蜜、般若波罗蜜。
[2]翟新：《日本天皇》，复旦大学出版社，1992年，第47页。
[3]翟新：《日本天皇》，复旦大学出版社，1992年，第48页。

二

镰仓幕府建立之初，主要统治地域在日本"东国"，即以镰仓为中心的日本东部一带。而天皇的朝廷所在的京都一带，称为"西国"。当时朝廷还掌握着西国的行政、司法大权。"承久之乱"以后，幕府才在全国建立起统治地位。出身武士的幕府将军源赖朝成为天下的掌控者，他的直接领地包括9国和散在全国各地的500多个庄园。他把他信任的武士家臣（叫"御家人"），派往全日本其他庄园充当"地头"，进行管理。庄园收入的一部分，归这些武士所有，"剩余的收入作为税收或是收益缴纳给贵族庄园主"。[1]

因此，在镰仓幕府时代，日本还不是典型意义上的欧洲的封建结构，因为家臣对庄园只有管理权，而不是所有权。但是，将军与其家臣的主从关系，从镰仓幕府时代就已经牢牢建立起来了。将军要给他的家臣提供丰厚的收入来源，对于将军的这种"御恩"，御家人必须以"奉公"的方式回报，即平时要负责值守保卫京都和镰仓，战时要率自己的全族舍身疆场。

镰仓幕府的建立，标志着钩心斗角、争夺权力的平安旧贵族时代的结束。原本地位很低的武士阶层终于登上了历史舞台的中心。武士们中大多数原本是中小领主，具有管理生产的经验，质朴刚毅，积极进取，崇尚以"忠君、节义、廉耻、勇武、坚忍"为核心的武士道哲学。因此，镰仓幕府建立之后，一扫旧时代高高在上的萎靡腐朽的作风，日本的政治经济出现了欣欣向荣的势头。

但这种势头刚刚冒头，就被忽必烈的侵日战争打断了。

---

[1][美]阿尔伯特·克雷格：《哈佛日本文明简史》，李虎、林娟译，世界图书出版公司北京公司，2013年，第38—39页。

三

1274年和1281年，忽必烈两次发动侵日战争。众所周知，元军最终是被所谓的"神风"（台风）打败的，但是这并不意味着日本人没有为这场战争付出代价。除了"神风"的帮助，各地武士也花了巨大的经费，付出了很多努力。为了抵抗元军，日本九州九国的御家人聚集到九州北部海岸，"甚至神社佛寺人员都争先恐后急驰而来"，组成为数万人的御家人军队，与在博多湾登陆的元军交锋。元军第一次失败后，幕府担心其卷土重来，下令在全日本征发六十五岁以下的成年男子充当预备役人员，举国上下整军备战，各地努力修建工事，在海边筑起坚固石垒，加强防御。七年之后，蒙古人再次杀来，不料就在全面进攻的前夜，船队再次被台风吹翻。

因此，元日战争导致日本各地武士领主付出了巨大的经济代价和人力代价，很多人濒临破产。

武士的忠诚和经济利益是直接挂钩的，武士道同样是建立在经济基础之上。《日本武士道》一书中说，虽然家臣对主人的效忠要先于主人对家臣的恩惠。但是，"武士在战场上勇敢作战，必然会要求对其战功行赏，否则会发生背叛。也就是说，武士道并不是无条件的奉献"。[1]

是的，武士们虽然夸耀自己的忠诚，但是事实上他们甚至不关心幕府当中的将军到底是谁。在镰仓幕府首任将军源赖朝去世后，他的妻子北条政子就掌握了实权，并且将权力移交给了北条家族。也就是说，镰仓幕府建立不久，外戚就对幕府将军的权力实现了再架空。镰仓幕府虽然是由源氏创立，实际世代享受权力的却是北条氏。但只要自己的经济利益能够得到保障，武士们对这些并不在意。

武士跟随幕府作战的规矩，是前期经费自己垫付，战后要能够获得巨额

---

[1]张万新：《日本武士道》，南方出版社，1998年，第6页。

奖赏，这是他们勇猛冲杀的动力。但是抗元战争本身没有任何收益，几年来的整军备战，又使得幕府的金库空空如也，北条氏家族根本无力赏赐御家人，只能眼看着一些御家人因为战争负债陷入经济困境。这就破坏了由"奉公"取得"恩赏"的幕府同御家人关系的经济基础。"参与战斗的人并没有获得胜利的奖赏，不满渐渐积聚，甚至寺院和神社也要求赏赐，宣称正是他们的祈祷引来了神风。"[1]

"大多数旁系御家人则在为幕府征战和承担各种义务的过程中，因不堪经济上重负，出现了贫困化的趋势，他们对幕府无力实现对自己的保护的诺言十分不满，这样，昔日幕府的权威和号召力也就在心目中荡然无存，在一部分御家人中还迅速滋长起离心倾向。御家人制度出现瓦解的迹象，意味着镰仓幕府统治的阶级基础已开始动摇。"[2]

对镰仓幕府的不满越积累越多，各地武士纷纷兴起改变现状的要求，只需要一根导火索。就在这样的背景下，试图有所作为的后醍醐天皇即位了。

四

后醍醐天皇是在1318年登基继位的。他是日本历史上另一个雄心勃勃的天皇，立志重振皇威，积极密谋倒幕活动。

1332年，朝廷联合各地方武士起兵倒幕。各地的御家人早就已经与幕府离心离德，很多人参加到倒幕军中。在御家人中，源氏家族的后代足利高氏也竖起反旗，1333年帮助朝廷攻陷幕府大本营镰仓，执权北条高时及其家族280余人均切腹自杀，历时一个半世纪的镰仓幕府统治就此告终，天皇一时夺回了大权。

---

[1][美]阿尔伯特·克雷格：《哈佛日本文明简史》，李虎、林娟译，世界图书出版公司北京公司，2013年，第43页。

[2]翟新：《日本天皇》，复旦大学出版社，1992年，第53页。

按理说，后醍醐天皇是依靠各地武士获得成功的，自然应该论功行赏，给武士们慷慨回报。然而他一心恢复旧有的天皇体制，重新重用皇室和贵族，史称"建武中兴"。地方武士们被冷落到一边。包括在倒幕活动中厥功至伟的足利高氏，虽然表面上得到后醍醐天皇的特殊尊重，以至天皇甚至特意将自己名字"尊治"中的"尊"字赐给他，令他改名足利尊氏[1]，但天皇实际上对他并不信任，而是处处防范。

武士们对天皇的不满自然一触即发。足利尊氏也认为他的机会来了，遂于1335年（建武二年）宣布起事，率领天下武士们攻入京都，把后醍醐天皇软禁起来，另立光明天皇。足利尊氏获得"征夷大将军"称号，在京都的室町建立幕府，史称"室町幕府"。

不久之后，被幽禁的后醍醐天皇携带"三神器"逃到奈良附近的吉野，重建小朝廷，自称正统，这个朝廷被称为"南朝"。足利所立的朝廷被称为北朝，于是日本国土上出现了两个朝廷，这就是日本史上的"南北朝"（1336年—1392年）时代。

不过，日本的南北朝持续时间很短，由于此时室町幕府已经建立，无论北朝还是南朝，都不再是真正的权力中心。[2]第三代将军足利义满消灭了南朝，实现了全国的统一。因此，日本的南北朝只是日本历史当中的一个小插曲，和中国的南北朝意义完全不同。

---

[1]翟新：《日本天皇》，复旦大学出版社，1992年，第55页。
[2]翟新：《日本天皇》，复旦大学出版社，1992年，第56页。

第八章

日本战国和中国战国如出一辙

一

在三大幕府时代当中，室町幕府的权威性不如之前的镰仓幕府和之后的江户幕府。这是因为足利尊氏得天下过于容易，缺乏根深蒂固的权力基础。"尽管足利家族出身名门又得到皇室认可，但他们一直未能积累起足够的财富和声望吸引其他主要的武士家族追随其后。"[1]推倒天皇的事业是他联合各地大名共同完成的，他自身的兵力在联盟中并不占什么优势。尤其重要的是，反朝廷联盟成功过快，导致他没有机会进行"权力深耕"，即对各地大名进行强有力的削平，让他们发自内心地畏惧并臣服于自己。

万事有因必有果，短平快地获得的最高权力，基础并不牢固。因此，"足利尊氏获得'征夷大将军'的称号，但他们的权力始终只限于京都及其近郊。在日本其他地区，地方封建主为控制尽可能多的土地而你争我夺"。[2]

这种情况就导致成功之后，他必须尊重各地大名们的权力，与他们分享胜利果实，否则他们随时可能背叛。足利尊氏不得不任命战争中立下战功的领主充任各国的"守护"，也就是一"国"之主，授予他们税收权、司法权

---

[1][美]詹姆斯·L.麦克莱恩：《日本史》，王翔译，海南出版社，2009年，第17页。
[2][美]L.S.斯塔夫里阿诺斯：《全球通史——1500年以前的世界》，吴象婴、梁赤民译，上海社会科学院出版社，1988年，449页。

和行政权，更为重要的是，允许他们拥有各自的军队。因此，室町时期的大名们享有比镰仓时代更大的自治权。[1] "足利政权在建立之初就给予麾下大名极大的发挥空间，其治下的绝大部分地区处于大名的控制之下，幕府直辖的'奉公众'只是管理很小的一部分，大部分军队也由大名指挥，具有高度的自主性。将军与大名之间实质上更像一种蕴含平等性的联盟，而非名义上的上下级关系。"[2]

这种权力结构导致室町幕府的权威没能持续太久。一开始，将军凭借战争中结下的"战斗友谊"还能控制各地的领主，但是"数代之后，地区领主对将军本人的忠诚变弱，而上述权力使得他们独立起来"。[3] "地方守护们开始拥有越来越多的土地所有权，他们自行其是，服从还是不理会京都的指令，全凭自己的兴致。"

在室町幕府建立后的一百三十年里，各地大名至少表面上还尊重幕府脆弱的权威。日本人爱面子，不会公然反对将军的命令。直接导致幕府权威崩溃的，是日本历史上著名的"应仁之乱"。

应仁之乱是由于幕府将军的继承权问题引发的。室町幕府第八代将军足利义政很像中国的宋徽宗，从小对政治毫无兴趣，全力营造银阁寺，究心于茶道、作庭、书画，享受"佛系"的散淡生活。

这样一来，幕政自然一片混乱。特别是后来幕中因为将军的继承人问题，分裂成了两派。原来义政一直到二十九岁还没生出儿子，遂立了自己的弟弟当继承人。不料几年之后，又意外中年得子。他的妻子当然要立自己的儿子，弟弟当然反对，义政无力调和，大规模的分裂战争遂起。

应仁之乱是日本历史上最具破坏性的大规模战争，从1467年持续到

[1][美]阿尔伯特·克雷格：《哈佛日本文明简史》，李虎、林娟译，世界图书出版公司北京公司，2013年，第45页。

[2]盛昊宇：《织田信长对主从秩序的重建》，硕士学位论文，东北师范大学，2013年。

[3][美]阿尔伯特·克雷格：《哈佛日本文明简史》，李虎、林娟译，世界图书出版公司北京公司，2013年，第45页。

1477年，时间长达10年之久。京都被战火烧成了灰烬。皇室和幕府在应仁之乱中虽然幸存下来，但只剩下一个徒有其名的空壳。[1]自此天下无主，各地武士争着称霸称王，"天地杀气满，山河战场多"。整个日本陷入长达一个多世纪的混乱，这就是日本史上的"战国时代"（1467年—1573年）。

二

日本战国时代的命名，完全抄袭了中国的战国时代。这并非只是文字上的巧合。这两个战国虽然隔了一千八九百年，却有很多相似之处。

首先，形成两个战国局面的原因大致类似。

中国之所以出现战国时代，是因为周王室对各地诸侯失去了有效控制。周代的分封制是建立在血缘关系上的，随着时间的推移，天子与各地诸侯的血缘联系越来越弱化，导致周天子对地方的控制力越来越弱，最后中央权威崩溃，在经历了诸侯争霸的春秋时代后，进入大国直接兼并的战国时代。

日本战国时代的出现原因也大同小异，如前所述，因为室町幕府的权威先天不足，对各地控制不力。数代之后，各地守护即尾大不掉，地方秩序逐渐瓦解。

其次，这两个战国时代都是一个权力重新洗牌的时代。

在中国的春秋战国时代，在上面，周天子控制不了诸侯，在各国，诸侯也控制不了自己的家臣。很多诸侯被自己的家臣推翻，所谓"弑君三十六，亡国五十二，诸侯奔走不得保其社稷者不可胜数"。春秋末期，姜太公的后代被齐国权臣田氏家族架空。公元前391年，田氏干脆把齐康公放逐到一个海岛上，"食一城，以奉其祀"。齐国遂由姜齐变为田齐。接下来，公元前376年，晋国的三个卿大夫干脆合伙把这个老牌诸侯国瓜分成了韩、赵、魏

---

[1][美]詹姆斯·L.麦克莱恩：《日本史》，王翔译，海南出版社，2009年，第17—18页。

三国。这就是中国由春秋进入战国时代的标志性事件——三家分晋。

日本的战国时期也出现了类似的历史进程。从室町幕府后期开始，日本各地纷纷出现"下克上"事件，即诸侯的权力纷纷被家臣夺取。1507年，越后的家臣长尾为县杀掉了当地诸侯即守护上杉房能。1515年，安艺的豪族毛利元就杀掉守护代武田元繁。1549年，细川氏家族的实权被家臣三好长庆夺走，失去权力的细川晴元剃发隐居，郁郁而终。在"下克上"的过程中，一些出身社会底层的人成为大名。比如斋藤道三原本是一个卖油郎，后来成为武士。1542年他发动兵变，驱逐了家主，自领美浓国战国大名。

经历了频繁的"下克上"，日本各地诸侯大名进行了一次"大换血"，"到了16世纪末期，足利时代的所有大名几乎都被推翻，除了九州岛南部是个例外"。[1]

这样一来，各地的诸侯从"守护大名"变成了"战国大名"，也就是说，从幕府将军那里受封得来的权力，变成了靠自己的实力夺取的权力。

事实上，战国时代频繁的"下克上"，有些可以称为"地方自治"或者说"民主政治因素"的产物，因为有些大名是家臣选择的。"即便是有着数代传承的旧武家，一旦对家臣统治失策，也很快就会被臣下中的有力之士夺去权势。然而，正如君主可以选择臣下一样，臣下也有权选择君主，并将自己的生命和财产托付与之。"[2]

著名战国大名，甲斐国的武田信玄就是这样登上君主之位的。他的前任武田信虎武功赫赫，完成了甲斐国的统一，但是"恶逆无道，使得国中人民，甚至牛马牲畜皆愁苦不堪"，因此遭到家臣的流放，继而拥立信玄为武田家督。[3]

---

[1][美]阿尔伯特·克雷格：《哈佛日本文明简史》，李虎、林娟译，世界图书出版公司北京公司，2013年，第48页。

[2][日]宫崎市定：《亚洲史概说》，谢辰译，民主与建设出版社，2017年，第310页。

[3]盛昊宇：《织田信长对主从秩序的重建》，硕士学位论文，东北师范大学，2013年。

三

两个战国时代的第三个相似之处，是它们都是一个改革的时代。

一部中国战国史就是一部变法史。李悝在魏国兴起改革大潮，吴起在楚国的变法轰轰烈烈，当然最成功的是秦国的商鞅变法。每一次变法，都会催生一个强国，每一次变法，都会引起周围国家的连锁反应。

日本的战国时代也是这样。大名们在激烈征战的同时，也在国内纷纷进行改革。因为战国时代的战争不是单纯的军事较量，更是综合国力的对抗。只有通过强有力的改革提高综合国力的大名才能生存下来，那些因循守旧的大名注定被吞并。一大批日本的"商鞅""吴起"因此而起。

中国战国改革的第一个重点是实行郡县制，以取代世袭制。日本战国改革虽然没有做到这一点，但是各大名也全力进行集权，通过与家臣签订誓文、制定家法的方式，强化了对家臣的控制，并逐渐发展成江户时代的种种集权手段。这一点我们在论及江户时代时还要详细叙述。

日本战国各国改革的第二个重点是普遍进行土地调查（"检地"），以强化财政收入。和中国春秋战国时期的"初税亩"和土地国有化相似，各地大名们纷纷没收领地内的庄园，将它们收归己有。[1]为了查出隐瞒的田地，掌握人口资源，战国大名普遍实行"检地"，然后确定每个村庄的赋税定额。

改革的第三个重点是推行重农政策，大兴水利。战争需要消耗大量资源，为了给战争提供物资保障，战国大名纷纷推行重农政策，大力兴修水利。据统计，1467年—1596年间，日本全国共完成大规模水利工程16项。保存至今的"信玄堤"是大名武田信玄的杰作。在这些水利工程的促进下，1450年—1600年，日本水田面积由93.94万公顷骤然增至162.36万公顷，提

---

[1]吴廷璆主编《日本史》，南开大学出版社，1994年，190页。

高了72.8%。[1]

战国大名改革的第四个重点是致力于发展商业。大名们从繁荣的商业中可以获得大量税收，同时还可以满足自己的奢侈品的需求。因此，战国大名几乎无不积极改善运输条件，保护客商安全，以发展商业。[2]比如天文十八年（1549年），近江国的六角氏宣布"乐市令"，免除市场税，允许自由贸易。山城国宇治乡甚至在《市场课役案》中明文规定，盗卖之人也可以公然在市场上交易："于盗卖辈者，押置商卖物，可令注进。"盗卖者只要交纳入市费（"市场课役"），每人十钱，就可以堂而皇之地入市。[3]

四

普通读者阅读中国春秋战国史时可能没有注意到一个事实，这个时代虽然战乱不断，但是经济却不断发展，商业活跃，城市繁荣，人口也一直在缓慢增长。日本的战国时代也是这样。

在战国以前，日本各地庄园遍布，庄民被限制在土地上。农民们一开始虽然是为了逃避赋役，投奔贵族的庄园，但是在庄园制稳定之后，领主们对农民的剥削也越来越重，农民们处于大小领主的直接管理之下，不得迁徙，要承受各级领主压下来的重重负担，稍有积余就被拿去，处于类似农奴的状态。[4]

战国时代当中，武士们纷纷离开了农村去参战，天高皇帝远，对农民的

[1]王钺：《日本战国时期经济迅速发展探源》，《兰州大学学报》（社会科学版）1992年第1期，第76页。

[2]王钺：《日本战国时期经济迅速发展探源》，《兰州大学学报》（社会科学版）1992年第1期，第77页。

[3]浙江工商大学中日文化比较研究所、天津社会科学院日本研究所编《日本历史与文化论集：王金林学术论文选编》，天津社会科学院出版社，2014年，第145页。

[4]王钺：《日本战国时期经济迅速发展探源》，《兰州大学学报》1992年第1期，第74页。

剥削不再那么纤屑无遗。特别是战国实行检地之后，农民们的赋税固定下来，剩余完全归己，这就刺激了农民的劳动欲望。他们拼命劳作，四处开垦荒地，因为这些荒地的收入是完全归于自己的。有些地区甚至出现了三熟制。应永二十七年（1420年），出使日本的朝鲜使臣宋希璟在《老松堂日本行录》里记载，日本尼崎"农家秋耕田地，播大、小麦。翌夏刈之，旋即插秧，秋初刈之，复种杂谷，冬初刈之……一年三熟"。[1]

农业出现繁荣，商业也是这样。

一方面如前所述，诸侯们努力发展商业，另一方面，没有大一统政权控制的社会，存在着很多权力根须扎不到的地方，也有利于商品经济的自发性增长。《日本经济史》中说，在集权型社会，经济和政治是捆在一起的，只有依靠权力才能发财，因此财富集中在社会上层，扩大了贫富差距，使社会整体的经济发展受到损害。"与此相反，权力分散的社会，特别是在政治与经济明显分离的社会，经济活动就是经济活动，不受政治的支配。财富不完全集中于社会的一个阶层，已成为更大的需要乃至经济发展的动力。……就日本来看，中世末期，以畿内为中心，商品交换和货币流通有一定的发展，市场在形成之中，商人活跃在各个市场周围，进行着富有生气的活动。"[2]

《全球通史》中也说：

> （战国）大名控制时期，经济迅速发展，对日本社会产生了重要影响。除手工业之外，农业也取得了重大的技术进步，国家某些地区的亩产量明显地增加了一倍，甚至两倍。生产率的提高使贸易更加繁荣，使物物交换转变成货币经济。15、16世纪，在各战略要道、沿海港口或主要寺庙所在地，城镇逐渐形成。

---

[1]王钺：《日本战国时期经济迅速发展探源》，《兰州大学学报》1992年第1期，第76页。

[2][日]速水融、[日]宫本又郎编《日本经济史1：经济社会的成立17—18世纪》，历以平、连湘译，生活·读书·新知三联书店，1997年，第17页。

因此，在日本战国时代，一方面战乱不断，另一方面，经济出现了局部繁荣，出现了很多专卖市场，比如米市、鱼市，商品的流通迅速而繁忙。在大名相互攻伐的同时，日本的人口却仍然在增长。日本人口学家速水融推测，庆长到享保年间（1596年—1736年），日本人口增长率大致保持在9.6‰—13.4‰之间。[1]

---

[1]王钺：《日本战国时期经济迅速发展探源》，《兰州大学学报》1992年第1期，第78页。

第九章

日本的自治社会：民众学会了自我管理

第一节　战国时代的自治大潮

一

中日两个战国时代虽然在很多方面高度相似，但也有很大的不同。

最大的不同，是日本战国时代出现了社会自治大潮。大多数乡村和一部分城市都实现了自治，民众学会了自我管理。这种现象，在中国中原王朝的历史上从来没有出现过。

如前所述，战国时代以前，日本的农村是由各级领主，或者说，是由武士阶层管理的，他们对农民的管理原本具体而细密。从南北朝到战国时代，天下大乱，普通武士离开农村参战，大名们也专心于战事，没心思管理地方。因此，他们对农民的唯一要求是按时把税赋交上来，别的都无所谓。

农民们没人管了，生活比以前自由多了，但是遇到事情，比如打架斗殴、财产纠纷，也没人出面处理了。有的时候，村子还会受到散兵游勇的骚扰。这就要求农民们必须自我组织起来，学会自我管理。

日本农村有一个长久的传统，就是在遇到大事的时候，大家来到村里的神社前面碰头商量（日语叫"寄合"）。在战国时代，因为自我管理的需要，这种碰头会越来越频繁，慢慢地演变成了一种叫"惣"[1]的组织。这个"惣"字，其实就是汉字"总"字的异体字，意思是大家会集到一起。有"惣"的村子叫"惣村"，有"惣"的乡叫"惣乡"，这就是日本战国时代的自治乡村。

用今天的说法，"惣"实际上就是农村的"自治委员会"。"惣村"的最高权力机构是村民大会，日常执行机关就是自治委员会，由村民们选出来的代表组成。在选举的时候，人们既要看他们的年龄、财富、才干，也要尽量从不同的村子或者村子的不同地点选出，以便能普遍地代表全村和各村的利益。[2]

这个委员会的第一项职能，就是代表大家和领主协商全村一年交多少税赋。大家拟定一个方案，在神社面前集体签名，然后派人交给领主进行协商，这叫"百姓请"。

"百姓请"的内容通常包括要求"不入权"。就是以后我们会主动按照定额交税，因此，村子里的具体事务，您也就不用管了，不用再进入我们的村子。获得"不入权"以后，领主和武士就不能随便进村，当然也就不能随便增加赋税。

委员会的第二项职能，是内部税赋协商。领主同意赋税定额之后，大家再来到神社开会，商量具体谁家承担多少赋税。这是关乎每家每户利益的大事，通常要花很多时间公开讨论，有一家不同意也不能通过，一定得做到公平合理。

委员会的第三项职能是管理山林、水源等公共资源。为了避免纠纷，同

---

[1]姚凯：《日本封建社会自治城市研究》，成都科技大学出版社，1993年，第78页。
[2]委员会的权力来源是村民大会赋予的。"惣村"的最高决策机关是全体成员参加的集会。出席这种会议是成员的重要权利和义务。在近江今堀村的条例上，规定对两次接到通知而不出席的人处以罚款。

一条河边或者一个盆地的几个"惣村"通常会联合起来，成为"惣乡"。[1]
各村协商怎么维修水利设施，如何分配灌溉用水。哪个村到哪片山林打柴，
野生的木材和竹子怎么分配。

第四项职能是司法。以前村子里发生了盗窃斗殴等事，都得由领主来处
理。"惣村"成立之后，农民们获得"检断权"，自己来处理这些普通司法
案件。[2]

有了司法权之后，有些"惣村"甚至还拥有了"立法权"，它们制定了
自己的"惣定"，也就是各村的"法律"，以便让村民们"有法可依"。
"这种规制惣村生活的成文法1448年首先出现在近江浦生郡今堀乡。惣定由
村落全体成员会议制定，前述管浦庄惣定由20名上层村民签名，规定审判要
举行村落全体成员会议。"惣定一开始通常不过是关于村子如何开会等具体
事项的"村规民约"，后来在一些地方演变成了"基本法典"。"最终发展
到拥有行政、司法条文的包含检断权的惣定，带有作为惣村经营基础的基本
法典的性质。"[3]

---

[1]"山科七乡是分成7个组16个村的'惣乡'，伏见庄是由6个村组成的'惣乡'组
织。""摄津国榎坂乡，樱井乡村落共同体的形成都与水利的开发、管理密切相关，京都西南
部的西冈11乡则是著名的围绕着11乡用水问题而形成的惣乡。"姚凯：《日本封建社会自治城
市研究》，成都科技大学出版社，1993年，第79—81页。

[2]也就是说，他们把司法权掌握在了自己手里，"逐渐掌握了村落检断权。近江管浦庄就依靠
诉讼成功地挤走了与之相对立的幕府执法官吏，并通过购买下级庄官的权限而逐渐确立了独立
的检断权。1418年，播磨鹘庄百姓集会制定决议，要求独立的检断权，并以不同意就放弃耕地
逃散的威胁，向领主施加压力，1432年，在伊势国高向乡则出现了上层居民联合购买领主检断
权的情况"。之所以要花钱购买检断权，就是为了防止领主找借口对村子里的日常事务进行干
预。姚凯：《日本封建社会自治城市研究》，成都科技大学出版社，1993年，第82页。

[3]姚凯：《日本封建社会自治城市研究》，成都科技大学出版社，1993年，第83页。

二

自治通常都发生在国家权力薄弱或者缺失的地方。日本"惣村"在中国没有出现过，但是类似的农村公社在西欧中世纪却普遍存在。这是因为战国时代的日本和中世纪的西欧有很多共同之处：它们都处于封建制度下，都缺乏成熟的官僚系统，因此农民们必须要自我管理。

日本的"惣村"和欧洲的农村公社有很多相似之处，它们都以村民大会为最高权力机关，通常都自己处理内部纠纷和普通案件。[1]两种自治体的一个重要功能都是管理山林土地资源。"（日本自治村庄管理山林等资源）与西欧马尔克公社监督和调整耕地和草地的利用，使全体成员共同遵守在休耕敞田制下实行的强制轮作和强制放牧方式十分相似，共同体是作为承担经济职能的公共管理机构而发挥作用。"[2]

日本和欧洲历史发展的这种相似性，背后反映的是人类社会组织方式的共同规律。"在社会缺乏基本的协调、联系的情况下，必然会要求形成某种组织形式来承担这种职能。"

不过日本的"惣村"和西欧的马尔克公社也有不同。欧洲的马尔克公社的内部关系更为平等。中世纪的庄园法庭继承了马尔克公社的传统，遇到纠纷时，领主和农奴都作为平等的成员出席法庭，"在这种法庭里，领主也仅仅是个提问题的人，判决者则是臣仆自己"[3]。这是基于欧洲从原始公社时代遗留下来的平等习惯。

而日本社会等级制一直根深蒂固，因此，在日本的战国时代，庄园领

---

[1]和日本类似，乡村自治组织向领主承包庄园赋役的情况在西欧也普遍存在。比如1280年，英国亨廷顿郡的赫明福特庄园的村民以每年40镑向拉姆塞修道院长承包了该庄园全部的地租和劳役，13世纪德国卢卑克主教以每年20马克的租金将汉斯菲尔德村庄出租给村民。

[2]姚凯：《日本封建社会自治城市研究》，成都科技大学出版社，1993年，第82页。

[3][德]恩格斯：《马尔克》，载《马克思恩格斯全集》第19卷，人民出版社，1979年，第360页。

主、地头都不参加村民大会，村落共同体的司法权也仅局限于处理村民之间和村落内部的事务。惣村共同体成员内部也存在着明显的等级区分，这显示出日本惣村组织所具有的亚细亚特征，[1]也典型地说明了"日本介于中西之间"这一历史特点。

三

和欧洲历史相似的另一点是，在自治乡村的基础上，日本也出现了自治城市。这在东亚更是独一无二的。

战国时代，日本很多工商业城市成功地争取到了自治权，比如堺、平野、博多、桑名，以及京都的部分地区。争取的途径也和欧洲类似，即向领主上交金钱，购买到自治权。"自治城市在当时都是经济上较为富裕的工商业城市，统治者为了获取更多的收入而只好给予城市一些特权，允许其拥有更大的发展自由。堺就是以高额的贡纳换取的自治权利。"[2]

日本的自治城市组织几乎毫无例外地都带有"惣"字，例如大山崎的自治组织被称为"惣中""惣庄"，京都的自治组织被称为"惣"，石清水八幡称"惣町"。这说明日本自治城市的发展是建立在自治乡村的传统上的。和欧洲一样，自治城市的市长通常轮流担任，"大山崎的上下两宿老首领就是每年轮换，依次由紧随其后的宿老接替，然后从门阀町民中新吸收两人加入宿老"[3]。城市管理委员会通常以集体合议的方式处理市政。和欧洲巧合的是，日本很多城市管理委员会的成员都是36个，和欧洲一样，都是六的

[1]姚凯：《日本封建社会自治城市研究》，成都科技大学出版社，1993年，第86页。

[2]姚凯：《日本封建社会自治城市研究》，成都科技大学出版社，1993年，第120页。"战国的武将之所以同意将堺置于战火之外，得到堺的大名之所以禁止军队在城市驻留，其目的也是在于利用堺的巨大财富，获得更多的军费。"

[3]姚凯：《日本封建社会自治城市研究》，成都科技大学出版社，1993年，第145页。

倍数。[1]

和自治村庄一样，给领主交了钱，自治城市就获得了"不入权"，成为"守护不入之地"。也就是说，领主不能随便进入这个城市。[2]自治城市由此拥有了自己的司法权，对案件根据本城市的习惯和法令进行审判，只有与外界的纠纷才由幕府裁决。[3]许多城市甚至还拥有自己的武装力量，比如京都就雇佣没落武士组成自己的军队。

在日本的自治城市中，自治程度最高的是堺市[4]。堺市以其雄厚的财力组了一支强大的雇佣军，并挖掘了护城河来保护自己。"通过对外贸易积累了大量财富的堺港，在其周围掘凿堑壕，雇用浪人，以防外敌。"[5]堺市甚至拥有货币的铸造发行权，并拥有专门维持治安的警察，因此成为战国时代日本最安全的地方。[6]这时期来到堺市的一位欧洲天主教传教士向本国政府报告说，堺市富庶而和平，像意大利自由城市威尼斯那样实行自治。

有了自己的军队，自治城市就有资本反对大名们对自己的勒索。1568年，一代雄主织田信长命令堺市交纳"矢钱"（军费）3万贯，堺市公然拒绝。当信长企图动武时，堺市议会致书另一个享有自治权的城市平野，呼吁平野与自己组成联盟，以武力抵御信长。正如羽仁五郎所说，这一举动说明

---

[1]不过形成原因可能与欧洲不同。比如"堺掌握市政的会合众……形成36人的制度，这种编制大概与每月3人负责町政，全年12个月共需36人有关"。姚凯：《日本封建社会自治城市研究》，成都科技大学出版社，1993年，第143页。

[2]姚凯：《日本封建社会自治城市研究》，成都科技大学出版社，1993年，第114页。

[3]藩主们的法令在自治城市通常不发挥作用，比如有的藩主在农民抗争压力下不得不发布法令，免除所有欠高利贷者的债务，但自治城市为保证正常的交易和金融秩序，公然拒绝接受这些法令。姚凯：《日本封建社会自治城市研究》，成都科技大学出版社，1993年，第145页。

[4]原本是京都寺院的一个庄园，其自治可溯源于15世纪初村民集体负责向庄园领主交纳年贡（"百姓请"）；随着应仁之乱后细川氏将此处作为勘合贸易的基地，于是骤然繁荣，成为商业城市，一跃成为最大的港湾城市。15世纪末产生了由门阀商人组成的议会，出现城市自治。

[5][日]宫崎市定：《亚洲史概说》，谢辰译，民主与建设出版社，2017年，第312页。

[6]姚凯：《日本封建社会自治城市研究》，成都科技大学出版社，1993年，第146页。

战国时代的日本"甚至还有过近代自由城市共和制联盟的萌芽"。[1]

不过和欧洲比起来，日本自治城市的权力是不完整的，而且自治城市在日本战国时代二百多个工商业城市中占比很小，远不及中世纪的欧洲。"日本自由城市的数量有限，而且城市的自由权利不够充分，……堺等城市居民不具有法律意义的人身自由权。"[2]这些都体现出日本式自治城市的局限性。

第二节　日本的"一揆"和中国的起义

一

中国历史和日本历史的另一个重大不同，是日本历史上从来没有出现过中国式的农民起义。日本百姓远远没有中国农民那样的雄心壮志，他们不但没有推翻过任何一个天皇，也没有推翻过任何一届幕府。日本高层政治始终是贵族和武士阶级的游戏，普通民众从来没有参与其中。

当然，这并不是说日本民众没有发动过抗争。日本历史上出现过多如牛毛的"一揆"，这就是日本底层民众的抗争运动。

日本的很多汉字词语，用法与中国大相径庭，比如这个"一揆"。这是日本史书中常见的词语。"一揆"语出《孟子》："先圣后圣，其揆一也。"就是说不论先圣还是后圣，衡量标准是一致的。到了日本，这个词却演变成了"一致行动"的意思，指的是日本历史上的民众暴力运动。

中国史学界以前一般都将"一揆"解释成日本的"农民起义"。但事实

---

[1]吴廷璆主编《日本史》，南开大学出版社，1994年，第193页。
[2]朱寰主编《亚欧封建经济形态比较研究》，东北师范大学出版社，1996年，第309页。

上，稍微深入观察一下，你就会发现绝大多数日本"一揆"和中国式的农民起义很不一样。中国的农民起义通常是以推翻政权为目标，要"杀到东京，夺了鸟位"，与当权者你死我活。但日本的"一揆"从来没有改朝换代的要求，它总是"很没出息"地为了一些具体的"小目标"进行抗争，强迫领主做出经济上的或者其他方面的让步。

中国的农民起义通常是走投无路的农民突然爆发，日本的"一揆"却往往遵循一定程序与规则。农民们遇到欺压时，往往聚集到神社，像"惣村"平时开会一样，商议提什么要求，怎么反抗。商量定了之后，撰写"起请文"，写明此次行动的宗旨，以及行动纪律，所有参与者签名后，将"起请文"焚化，把纸灰撒在神社前供奉的水碗之中，大家一起喝下去，这就是所谓"一味神水"仪式。然后，大家齐心协力，拿起武器，进行反抗。如果经过抗争，诉求得到满足，"一揆"便自行解散。

由此可见，"一揆"是一种有着明确目标的集体抗争，和中国式的暴动或起义很不一样。中国的农民起义通常是一种壮烈的赌博，成功者成为开国皇帝，王侯将相。但是绝大多数农民的起义都失败了，结果是被凌迟、被斩首，失去一切。但在日本历史上，"一揆"因为目标有限，手段也不太激烈，很多都取得了胜利，或者至少取得了部分成果。

日本历史上的"一揆"大致分两类。第一类是要求减免赋税的，通常称为"土一揆"。比如1461年，备中国新见庄的领主安富氏在灾年仍然横征暴敛，忍无可忍的农民聚集到神社，举行"一味神水"仪式，然后拿起武器，把安富氏驱逐出境。[1]

另一种是反对高利贷剥削的，叫"德政一揆"。由于农民普遍贫困，很多人都借了高利贷，高利贷主的利息之高，让人无法承受。1428年，京都醍醐寺的农民不堪忍受高利贷压迫，揭竿而起，各地农民群起呼应。统治者

---

[1]王金林：《简明日本古代史》，天津人民出版社，1984年，第268页。

不得不发布"德政令"，宣布不但归还农民三分之二的典当物品，五年以前所有借据还一律作废，起义队伍这才纷纷解散。大和神户乡的农民为了纪念这次胜利，在一块巨大的花岗岩石雕佛像上刻下了这样的铭文："正长元年（1428年）以后，神户四乡无任何债务关系。"这座带着铭文的佛像至今仍然保存在奈良市区的柳生町。[1]

因此，日本的"一揆"和中国的起义明显不同，却更像欧洲中世纪的农民起义。我们知道，欧洲的农民起义也经常利用原有的公社传统召集农民。和日本的"一揆"一样，欧洲的农民起义并不谋求推翻政权，而更像是一种社会运动，通常都有明确的有限的要求。1024年的法国布列塔尼起义，以恢复古老的村社制度为目标。1525年爆发的德国农民战争，主要目的是宗教诉求，为了增进"上帝的荣耀"，实现"基督教兄弟之爱"。远在997年，诺曼底农民举行过一次大起义。一位编年史家记载说，这次起义的原因是农民要"按自己的法规使用森林附属地和水源"。

日本的"一揆"和中国的农民起义之所以有如此区别，有两个原因。第一个原因是日本的政治结构是封建制的，各"国"或者"藩"处于半独立状态，互不统属，一地的抗争，很难蔓延到另一地，不便展开大规模的席卷全国的农民起义。黄仁宇说，虽然压迫严重，但"日本之地形、封建体制，以及乡士作主之地方组织，均使农民暴动无法像在中国那般高度展开。1637年岛原之乱，参加者无法取得流动性，致全部歼灭，即是一个显明例证"。[2]

第二个原因是日本统治阶级对民众的压迫有一定限度，很少会完全把民众逼到墙角。从表面上看，日本的农民负担要远比中国沉重。中国历史上那些"行仁政"的时期，动不动就标榜十五税一、三十税一，也就是税率最低只有3%。而日本农民的负担如果仅从字面上看，则高得吓人，有"四公六

---

[1]吴廷璆主编《日本史》，南开大学出版社，1994年，第175页。
[2][美]约翰·惠特尼·霍尔：《日本：从史前到现代》，转引自[美]黄仁宇《资本主义与二十一世纪》，九州出版社，2007年，第220页。

民"或"五公五民"的说法：

> 日本土地税额之高，为历史家经常提及。正规之土地税（"年
> 贡"）通常为收成之40％至50％（"四公六民"或"五公五
> 民"），又有其他附加及杂税（"口米""欠米""小物成""助
> 乡役"）。

　　武士阶层对农民的压榨一直是很重的，[1]因此日本农民的负担确实高于中国很多王朝的初期，但通常低于中国大部分传统王朝的中后期。在中国历史上，一个王朝的中后期，因为政治腐败，不断征收各种附加税，实际税率通常会达到名义税率的数十倍。而日本农民的实际税率却通常低于名义税率。因为名义税率的基数是大米产量，而大米收获后土地上再种杂粮，并不征税。同时，两次检地相隔时间通常很长，这中间开垦的荒地是不用交税的。另外，中国的税赋征收，是政府直接对散沙化的个体民众，可以随便加征各种附加税费。而日本历史上大部分时期，是村庄整体交税，也就是说，农民是以集体对抗权力，赋税不能像中国这样随便加征。因此，学者们一般估计，日本农民们的实际负担低于三分之一，[2]虽然这个负担并不轻，但仍然不及中国很多王朝后期的农民。换句话说，中国农民的负担通常在王朝的早中晚期呈现越来越重的趋势，而日本的农民负担虽然沉重，但比较稳定，而这一点也和欧洲中世纪类似。欧洲中世纪的地租也非常稳定，英国一个庄园的地租可以长达两百多年不变。

---

[1]根据德川家康的谋臣本多正信的话："收农民的贡赋，要不使他们死，也不使他们活。"

[2]"至少在幕末时期，年贡负担率相对于农民的全部所得已不到三分之一了。"甚至"实际年贡负担率可能更低"。[日]西川俊作：《江户时代的政治经济学》，转引自[日]速水融、[日]宫本又郎编《日本经济史1：经济社会的成立17—18世纪》，历以平、连湘译，生活·读书·新知三联书店，1997年，第41页。

日本农业劳动生产率较中国高，这使日本小农更有可能积蓄起一定数量的剩余劳动。据美国西里尔·E.布莱克等人统计，德川幕府时期日本许多藩生产的粮食，"一般比它们的农村人口消耗的粮食至少多出百分之二十或百分之三十"。中国农业劳动生产率较低，这就使中国小农可能积蓄的剩余劳动量远不如日本。即使在农产量较高的江南地区，小农仅靠农业收入维持生活的，"十室之中，无二三焉"。北方则"收获除先完官外，大率不足糊口"。[1]

王家骅说，日本和欧洲一样，通过低烈度的抗争让社会保持大体稳定。"历史上但凡小共同体发达的社会，共同体内部矛盾极少能扩展成社会爆炸"。[2]而中国的体制，是让问题发展到极致才能解决，社会动荡次数少，但是烈度巨大：

> 日本幕藩领主榨取、剥削日本小农的恣意性，却稍逊中国的封建地主及其专制国家。……中国……地主阶级及其国家的残酷剥削，常常越过剩余劳动的界限，而侵入农民的必要劳动部分，以致破坏农民的简单再生产，甚至使其无以为生。日本则稍有不同，尽管史书上也有不少年贡增征、胥吏豪夺的记载，但幕藩领主的剥削显然存在一定的限度。……"逃散""越诉""强诉"和全藩大起义等形式的农民斗争，其基本要求都是减征年贡。对领地有限，没有中国那样强大的中央集权权力的各藩来说，每一次农民斗争都会引起强烈震荡。因而他们被迫经常对剥削率做自我调节，其调节幅度小而频率高。中国却不然，它可以凭借强大的军队与官僚机器镇

---

[1]王少普：《封建时代中日小农经济的比较研究》，载《从亚太看世界》，上海社会科学院出版社，2008年，第146页。

[2]秦晖：《传统十论》，东方出版社，2014年，第61页。

压农民斗争，完全无视农民要求。非待大规模农民战争沉重打击或推翻封建王朝后，封建统治者才会调节剥削率，重建封建经济，因而调节幅度大，频率却低。但长期"杀鸡取卵"式的剥削和周期性的巨大社会动荡，却会造成惨重破坏，从而延缓了社会经济的正常发展。[1]

二

日本的底层抗争运动"一揆"和自治组织"惣"在历史上还曾经结合起来，创造了一个"惣国"，即自治藩国，成为日本历史上一道独特的风景。

1485年，山城国藩主畠山家族内部发生内战，两派势均力敌，打起了持久战。他们各在控制区内设关征税，频频向农民强征粮草。这样一来苦了老百姓。民众日夜被骚扰，民不聊生。

山城国的民众结成了"一揆"，召开大会，"做出决议，要求（畠山两军）撤退"。谁要是还敢继续留在山城国，"一揆"民众将发起武装攻击。在强大的"一揆"势力威胁下，双方军队不得不撤退，1486年，"一揆"组织召开会议，制定了《国中掟法》，对南山城一带进行自治，自治区的最高机关则被称为"惣国"。由36名代表组成的自治机构为最高决策机关，代表们按月轮流处理政务（"惣国月行事"）。

"惣国"的出现，被认为是日本战国时代的一例特殊的"下克上"事件，直到八年后，幕府才击败山城"惣国"，结束了自治政府的运转。

战国时代的另一个近乎"自治"的藩国是加贺国。推翻加贺国传统统治的是"一向一揆"。所谓"一向一揆"，就是以一向宗的寺院为中心组织起来的民众反抗运动。1488年，加贺的一向宗教友以十几万兵力包围了加

---

[1]王家骅：《试论近代中国和日本走上不同道路的内历史原因》，载中国日本史学会编《日本史论文集》，辽宁人民出版社，1985年，第85—87页。

贺守护富樫政亲所在的高尾城，富樫政亲在破城后自尽。[1]加贺国从此成为"无主之国"，此后90多年间由一向宗信徒执政，使加贺国成了"百姓所有之国"，[2]农民的年贡负担比以前减轻。《总见记》中描述农民的喜悦心情说："武家作地头事情难办，一向住持当领主可随心所欲度日。"

　　那么，日本的战国自治局面是怎么结束的呢？是由两个战国霸主终结的。

---

[1]国史大辞典编集委员会编集《国史大辞典》（第10卷），吉川弘文馆，1989年，第258页。
[2]吴廷璆主编《日本史》，南开大学出版社，1994年，第185页。

第十章

织丰时代：两个个性十足的军事霸主

一

在日本战国史上，有一个从字面上看起来有点奇怪的时代，叫"安土桃山时代"，或者叫"织丰时代"。

其实这个名字稍加解释，您就明白了。

所谓"安土"，是指织田信长所筑的安土城，"桃山"则是指丰臣秀吉所筑的桃山城（又称"伏见城"）。因此，安土桃山时代和织丰时代都是一个意思，是指织田信长与丰臣秀吉这两个人统治的时代。织丰时代是战国末期的一个时代，或者说是日本从战国到江户时期之间的过渡时代，时间是1573年（也有人认为是1568年）至1603年之间。

天下大势，合久必分，分久必合。在中国，战国时代后期，出现了统一天下的秦始皇。在日本，漫长的战国时代后期，也出现了统一天下的雄主。只不过日本的秦始皇这个角色是由织田信长、丰臣秀吉两个人分任的。他们对日本史影响深远，同时也是中国读者最熟悉的两位日本历史名人，因此我们不妨多花些笔墨细讲一下。

二

织田信长与丰臣秀吉都是军事霸主，他们的出现，有一个重要背景，那就是日本战国时代的军事变革。

我们前面讲过，中日两个战国时代有很多相似之处。除了我们已经讲过的那几点之外，还有一点也很重要：两国都在这个时代出现了重要的军事变革，即步兵革命。

中国从春秋到战国，在军事上由传统的车战转向以步兵为主的兵团作战。而日本在战国时代也由古老的"一骑打"转向步兵兵团作战。

截止到春秋前期，中国在军事上长期采用古典的车战方式。只有贵族才能登上战车作战，平民最多只能协助提供后勤。车战必须选择好一处平坦开阔的地点，双方约好时间，大致同时抵达，等列好队伍之后，鸣起战鼓，驱车冲向对方，不能采用突然袭击等欺诈手段。这就是所谓的"结日定地，各居一面，鸣鼓而战，不相诈"。各国兵车数量有限，每次战争一般不超过一天。因此，这种战争，更像体育比赛，或者说大规模的绅士间的决斗，要遵守一定的次序，和后世"兵以诈立"的战争方式完全不同。

日本在战国时代以前的战争方式也有类似之处，战争是武士阶层的事，和平民没什么关系。平安时代武士作战也特别讲究程序和荣誉，方式是一对一的"合战"，也叫"一骑打"。也就是作战双方各派出一员大将，一对一打斗，来决定胜负。

与中国春秋时代的战争相似，这种合战必须遵守明确的战争规则。"一是选定合战日期和场所，二是保障军使性命，三是战斗参加者的姓名，四是一骑单打的原则，五是不杀降者和非战斗员。"[1]

首先双方要派使者交流，决定开战的日子和地点。到达作战地点后，双

---

[1] 娄贵书：《日本武士兴亡史》，中国社会科学出版社，2013年，第74页。

方各自立起木盾摆好阵势，准备好后再派使者到对方阵营通知开战。具体的作战场面，则与《三国演义》中的描述颇为相似。合战的第一个程序是"语言战"，双方相互叫骂，告诉对方自己是哪里人氏，先祖以来的系谱和功勋，"从追溯先祖的功勋，到宣扬今日合战的正义性和敌方的不义，压倒敌方的士气"。[1]比如"保元之乱"之时，武将大庭景能和景亲在阵前描述自己的家世说：先祖镰仓权五郎景正，后三年之役时，年仅16岁，在战斗中被敌矢射中右眼，依然坚持到射杀敌骑后才返回己方阵地，由同伴取出眼中弓矢。[2]

　　一番语言战之后，双方才正式动手。"先是双方派出的战将进行骑在马上的弓矢战，矢射完后又拿大刀交战，若是还不能定胜负，便在马揪打，最后是跌落在地上揪打。"

　　"一对一的打斗是当时战争的规则和武门名誉的行为。"一旦一方代表被杀或者被俘，这一方也就不战自溃。这种作战方式今天看起来非常小儿科，但在当时却是不可动摇的固定模式。

三

　　中国从春秋后期开始，车兵逐步被历史淘汰，步兵以其兵源来自平民、能组成更大规模、能适应更复杂地形的优势，成为主要兵种。战国时代军队规模因此迅速扩大。战国时代，赵国一国精锐步兵已可达到"带甲数十万"之多。在事关赵国生死存亡的长平之战中，所有部队都是步兵。战争也因此摆脱贵族习气，不再重视荣誉，而只在乎胜负，不择手段成了战争的主要手段。"争地以战，杀人盈野，争城以战，杀人盈城"（《孟子·离娄上》）。

---

[1]娄贵书：《日本武士兴亡史》，中国社会科学出版社，2013年，第74页。
[2]娄贵书：《日本武士兴亡史》，中国社会科学出版社，2013年，第74页。

日本从平安时代末期起，也出现了类似的过程，即由个人作战转向集团作战，奇袭战取代了光明正大的"一骑打"。

1180年至1185年的源平合战，标志着战争规则的转变。"由于军事天才源义经不宣而战的奇袭战法，……合战规则也逐渐发生变化。'源平大战时代，是从古典的个人骑马战向集团战转化的过渡时期。''活跃于12世纪源平合战中的源义经的战法，完全无视以前的传统习惯。源氏方面军在合战中出现的'争头阵''争功名'等，说明'兵之道'发生了变化。'"[1]

到了战国时代，战争越来越集团化、规模化，导致日本"步兵革命"的出现，"有了更多的收入，战国大名们组建了更大规模的军队。他们从农民中招募士兵"。[2]由平民组成的步兵，即"足轻"，取代原来的传统武士，成为日本军队的主体。"战国时期，步兵取代骑兵成为日本军事力量的骨干。"[3]战争规模因此迅速扩大，"12世纪的战争记录谈及数十或数百个武士参加的战斗。……到了14世纪，一次战斗往往有上千或上万军队卷入。到了16世纪晚期，一场大的战役要调动几十万军队。"[4]

和中国一样，日本战国时代的战争越来越残酷，越来越不择手段，在很多贵族和武士看来，这都是"礼崩乐坏"的结果，但是历史的车轮无法倒转。正如战国时一位将军所说，这是一个"用强权说话"的时代。另一人这样说道："武士们不在意被称作狗或野兽，胜利才是最重要的。"[5]

正是在这样的背景下，织田信长与丰臣秀吉登上了历史舞台。

---

[1]娄贵书：《日本武士兴亡史》，中国社会科学出版社，2013年，第74页。

[2][美]阿尔伯特·克雷格：《哈佛日本文明简史》，李虎、林娟译，世界图书出版公司北京公司，2013年，第50页。

[3][美]阿尔伯特·克雷格：《哈佛日本文明简史》，李虎、林娟译，世界图书出版公司北京公司，2013年，第49页。

[4][美]阿尔伯特·克雷格：《哈佛日本文明简史》，李虎、林娟译，世界图书出版公司北京公司，2013年，第50页。

[5][美]阿尔伯特·克雷格：《哈佛日本文明简史》，李虎、林娟译，世界图书出版公司北京公司，2013年，第49页。

四

织田信长本是尾张国的一个小小的大名。尾张国本来势力弱小，没有人在意。更何况他还有一个外号，叫"尾张的傻瓜"，因为他从小就行为乖张，离经叛道。

《信长公记》说："（信长）经常恶作剧，平日走过大街，毫不在意众人的注目"，他走在街上，总要和随从勾肩搭背，"总是把一边的袖子拉下来（上身半裸），只穿短裤"，完全没有一个贵族子弟的样子。

没有任何人想到，他未来会成为天下霸主。

事实上，"尾张的傻瓜"这个绰号正暗示了他崛起的秘密：他身上有着保守的日本社会非常罕见的创造性。他性格叛逆，不屈从传统权威，同时又对外部世界充满好奇。他是日本历史上唯一使用过黑人作为自己侍卫的统治者。1581年，一位西方传教士将一名黑人奴隶送给他当礼物。他对这名壮硕黑人大感惊异，让他脱了衣服，用水大力擦洗，之后才相信他的肤色是天生的。出于好玩，他把这个黑人留在身边，赐名弥助，相处日久，愈加信任，遂赐予他武士的身份。[1]

正是因为有这样强烈的好奇心和不拘一格的行事风格，他才能成为日本军事史上著名的改革家。

15世纪初期，欧洲人发明了火绳枪。这种枪械之所以得名，是因为它的点火装置是一根用硝酸钾浸泡过的能缓慢燃烧的火绳，点燃火药后，将弹丸从枪管里射出。

火绳枪发明近一百年之后，一批葡萄牙人在离开中国的航程中被风吹到

---

[1]根据《日本教会史》记载，弥助出生在莫桑比克岛。

日本的种子岛，火绳枪也因此传到日本。[1]当时混战中的大名对新式武器非常关注，火绳枪技术迅速在日本各地扩散开来。

最早把火绳枪应用到实战的是战国晚期最能战的大名，有着"甲斐之虎"之称的武田信玄。信玄的骑兵本是天下第一，他还想用火绳枪为自己这只老虎添上翅膀。不过由于当时的火绳枪技术发展还不够充分，填弹时间长，两枪之间的间隔至少20秒，这20秒已经足够让敌人的战马在有效射程内跑上一个来回，因此威力不大，很快被信玄弃用了。他继续专心打造自己那支天下无敌的骑兵，用传统武器来征战天下。

不过，织田信长却预见到火绳枪会成为未来战场上最重要的武器，因此全心投入，认真研究，反复试验，最终发明了当时世界上最先进的战法"三段击"，即将火绳枪部队分为三个部分，一队填药，一队瞄准，一队发射，这样一来，发射间隔缩短为8秒，火绳枪威力大增。"步枪的这种用法是战争史上应大书特书的事件，因为连欧洲人也还没有开创。"[2]

天正三年，1575年6月28日，织田信长与武田信玄之子武田胜赖激战于长筱。战斗开始后，武田骑兵惊讶地发现，信长的火绳枪手似乎没有装弹的间歇，不停地倾泻火力，昔日凶悍异常的武田骑士根本冲不到信长部队近前就不断坠马，最终几乎全军覆没。长筱之战因此成为火绳枪面对旧式骑兵的第一次重大胜利。"武田氏之所以会在长筱之战中大败以致失去立足之地，就是由于其已不再适应时代，特别是受到敌人火器威力的压制之故。面对织田氏所率领的装备火器的新编足轻军，群雄的旧军不得不悲惨地败退。"[3]

---

[1]鹿儿岛的僧人南浦文之写的《铁炮记》记载："手携一物，长二三尺，其为体也，中通外直，……其旁有一穴，通火之路也。……眇其目，而自其一穴放火，则莫不立中。其发也，如掣雷之光，其鸣也，如惊雷之轰，闻者莫不掩其耳。"[日]文之玄昌：《代种子岛岛主久时书〈铁炮记〉》，转引自潘吉星《中国火药史》下册，上海远东出版社，2016年，第785页。

[2][日]速水融、[日]宫本又郎编《日本经济史1：经济社会的成立17—18世纪》，历以平、连湘译，生活·读书·新知三联书店，1997年，第7页。

[3][日]宫崎市定：《亚洲史概说》，谢辰译，民主与建设出版社，2017年，第311页。

这场战争宣告了日本热兵器时代来临，也宣告了织田信长"天下布武"之路
已经无人可以阻挡。

五

织田信长性格霸道、行事风格果断。从父亲手中接过权力那一刻起，他
就表现出高效凌厉的行事风格。他先是击败了图谋不轨的兄弟，接着踏出尾
张，奇袭桶狭间，以两千人马击败今川义元二万五千大军，名声大振，奠定
称霸的基础。在战国乱局中他善于动脑，远交近攻、各个击破，不断成长，
最后1573年攻入京都，流放了足利义昭，正式结束了日本长达两百三十多年
的室町幕府的统治，掌握了中央政权。

作为日本历史上的"秦始皇"，信长有着中国秦始皇一样的残忍。他试
图对自己占领的土地进行完全彻底的控制，因此，战国时代广大的自治乡村
和众多自治城市都成了他的敌人。

一向宗信徒组织的"一向一揆"势力掌握了广大村庄，是妨碍他直接统
治的最大力量。因此，织田在消灭各地的"一向一揆"时毫不手软。1571
年，织田信长毫不犹豫地烧毁了延历寺，杀光寺中男女老幼近万人，并把
附近站在延历寺一边的町镇全部烧光，一举摧毁了"一向一揆"势力最大的
据点。

1574年，织田信长在击败伊势长岛的"一向一揆"势力后，将数万信徒
不问男女老幼，一律"斩首""杀光""烧死"。他屠杀大鸟居等三城男女
两万余人，"尸臭散于数里之外"。在镇压"农民持国"的越前一揆时，他
杀害的农民多达三四万。[1]经过如此残酷的镇压，广大自治农村被摧毁，农
村的司法权重新回到织田所委派的大名的手中。

---

[1][日]冈本良次：《织田信长》，转引自童云扬《十五十六世纪日本社会经济史论》，武汉大
学出版社，2012年，第69页。

日本历史上一度欣欣向荣的城市自治局面，也主要是在织田手中被摧毁的。他征服了一个又一个自治城市，其中也包括堺市。我们前面提到，他曾经要求堺市交纳三万贯以资助军费，堺市公开拒绝，并联合平野市共同进行军事抵抗。第二年即1569年，织田在击败了平野市之后大兵压境，以烧毁整个堺市为威胁，强迫堺市投降，然后课以前所未有的重税。到了丰臣秀吉时期，堺市的护城河又被填平，这个自治城市从此在日本历史上彻底消失了。

像堺市这样曾经试图凭借武力维护自治但最终失败的城市不在少数。比如1570年坚田町曾以町人牺牲上千的代价，消灭了织田信长的五百名士兵。但第二年织田信长再次发兵，血洗了坚田。天正元年（1573年），织田信长将支持将军足利义昭的京都上京地区的六千余户商户全部焚毁，下京也因此完全屈服，京都的自治成为历史。[1]

就这样，日本各地的自治城市的权力，随着统一战争的进行，陆续被取消了。在亚洲历史上的唯一一次自治社会的萌芽被织田信长和后来的丰臣秀吉扼杀，在日本战国历史后期集权与自治这两个倾向的斗争中，集权毫无意外地取得了胜利。斯塔夫里阿诺斯在《全球通史》中说：

> 如早些时候在西方类似的环境中所发生的情况一样，日本社会经济的发展开始削弱日本的封建制度。如果这一趋向无间断地继续发展下去，日本很可能步西欧之后尘，发展成为近代拥有海外帝国的、统一的民族国。但是，日本未能如此，而是撤回到与外界隔离的境地之中。

---

[1]姚凯：《日本封建社会自治城市研究》，成都科技大学出版社，1993年，第168页。

六

成于奇崛，也毁于奇崛。1582年，就在全国统一已指日可待，织田信长要成为新的幕府将军的前夕，意外地在京都本能寺被部下袭击身亡。[1]这就是日本历史上著名的"本能寺之变"。

1582年6月20日，信长入住本能寺，准备来日出征不服的大名。他没有想到，他最信任的先锋官会在当天晚上叛变。

"本能寺之变"的直接原因，是他帐下大将明智光秀的野心。说起织田手下晋升最快的将军，人们总会想起丰臣秀吉。但实际上，明智光秀比秀吉晋升得还要迅速。出身于普通武士的他投入信长麾下十余年后，已经成为织田手下第一员大将。然而越接近权力中心，他的野心就越炽热。就在这次出兵前夕，他发现一个千载难逢的机会摆在了自己面前：此时信长与儿子同时住在京都，而其他部下都远离京都。如果此时杀掉信长，他就可以取而代之，通过又一次"下克上"成为日本最高统治者。

因此，入夜之后，明智光秀对部下发布命令说，"敌人就在本能寺！"[2]，率兵向本能寺进发。

6月21日凌晨，沉睡中的本能寺周围突然响起火绳枪的轰鸣声。惊醒后的信长亲自上阵抵抗。《信长公记》说："信长公取弓放箭，仅仅放了两三发之后，弓弦崩断；再以长枪应战，结果肘部为敌长枪所伤。"[3]信长退回寺中，不久，本能寺突然浓烟滚滚，陷入火海。织田信长在吩咐手下侍女们尽力逃生后，切腹自尽，终年49岁。

本能寺之变看起来是一次由部下野心引发的偶然事件，但从更大的历史

---

[1]直到今天，"敌人就在本能寺"变成了俗语，用来警告敌人已近在咫尺。

[2]绝大部分将士并不知道他们袭击的对象居然是织田信长。《耶稣会日本年报》中说："……命令把火绳都点了火，铳都上了扳机，长枪也整备好。部下疑惑这是打算做什么，有人认为明智受信长的命令，去杀信长的义弟三河之王（指家康）。"

[3]转引自矢作川《幕府大将军》，山西人民出版社，2011年，第124页。

尺度来看，织田信长残忍的性格和过于离经叛道的做法，已经在统治阶级内部为自己积累了巨大的反弹力量。他迷信暴力，相信暴力可以解决一切，不光对一向宗的民众残忍，对贵族们也同样残酷。他在攻打叛变者荒木村重的过程中，为了刺激城内的村重，对村重的妻子儿女仆从实行集体屠杀，手段令人发指。弗洛伊斯的《日本史》记载："他首先将一百二十名地位较高的女人绑在十字柱上刺死，第二次的处刑是对完全无罪的人处以残酷的屠杀，其残暴前所未闻。第三次处刑更加恐怖，毫无人道：他将五百一十四名民众分别关在四间平房，其中有一百八十人是妇女；他收集大量的木材，放火将他们活活烧死。那些男女发出悲惨恐惧的喊叫声。"[1]因为过于嗜杀，他被称为"第六天魔王"。

同时，作为日本政界的"北野武"，信长的许多做法都过于脱离日本传统。比如为了打击佛教，他居然支持天主教，进而又宣称自己是唯一的神。"声称世上别无神明，也无造物主，自己是地上唯一值得崇拜之物，要求家臣只能崇拜信长，不得崇拜其他偶像。"这些做法虽然无人敢于公开反对，却早已经在统治阶级内部形成了一条条深刻的裂痕。物极必反，在击败一个又一个强敌后，他死在了自己部下手里。

七

信长死后，日本的统一大业为部将丰臣秀吉（1536年—1598年）所继承。他率军迅速镇压了反叛的光秀，继续领导信长的集团，"丰臣秀吉立即为他的主人的死报了仇，然后开始痛击残余大名，直到他们归顺"。

因为万历朝鲜之役，丰臣秀吉在中国的知名度比信长还大。和信长一样，他也是一个充满个性的传奇人物。

---

[1]转引自赤军《天下布武——织田信长》，华文出版社，2009年，第224页。

如果没有天下大乱的背景，丰臣秀吉不可能脱颖而出。他是日本历史上出身最低贱的统治者，出生在社会最底层的一个农民家庭，"极贫贱"。因为家庭贫困，自幼营养不良，瘦小枯干，被人称为"猴子""秃鼠"。葡萄牙传教士弗洛伊斯记载，这个人"身材矮小，容貌丑陋，右手有六只手指"。[1]

父亲早死，母亲改嫁，继父性情粗暴，动不动对他拳脚相加，因此，秀吉少年时期即离家出走，在尾张等地给人当仆人。如果是在以前，像秀吉这样出身的人是不可能爬上高位的，但是动荡的时代给了他机会。在战国时代的步兵革命中，大量农民得以加入军队，获得低级武士身份，秀吉也因此才得以改变命运。他以"足轻"的身份成了织田信长家打杂的仆役，在战场上负责给织田提武器，居然受到织田信长的赏识，地位不断提升，直至成为大名。

他的性格和织田有很多相似之处：强悍、精明、自负、张扬。

1590年，朝鲜派遣使臣前往日本祝贺丰臣秀吉统一日本，申炅在《再造藩邦志》中这样记载朝鲜使臣对他的第一印象：

> 秀吉容貌矮陋，而色黧黑，无异表，但觉目光闪闪射人。[2]

又矮又丑，皮肤黝黑，表示他曾经长期在风吹日晒下为生计而奔波。唯一像英雄人物的，是他的眼睛，目光如电，闪闪射人。

这位从最底层奋斗出来的日本的新统治者不喜欢搞形式主义，朝鲜使臣记载他的欢迎仪式说：

---

[1]王静主编《日本文化》，中国传媒大学出版社，2015年，第188页。
[2]刁书仁：《壬辰战争中日本"假道入明"与朝鲜的应对》，载《外国问题研究》2017年第4期，第6—7页。

南向地坐，设三重席。……不设宴，且前置一桌子，中有熟饼
一器，以瓦瓯行酒，酒亦浊，其礼极简，亦数巡而罢，无拜揖酬酢
之节矣。

接待使者礼仪简略，一盘熟饼，瓦杯浊酒。日本社会本来是以礼仪繁复
著称，到了秀吉这儿一概省去。这还不是令朝鲜人最意外的。更为惊人的情
节接下来才出现：

有顷，秀吉忽入内，在席者皆不动，俄而有人，便服抱小儿从
内出，徘徊堂中，视之乃秀吉也，坐中俯伏而已。已而出临楹外，
招我国乐工，盛奏众乐而听之。小儿遗溺衣上，秀吉笑呼侍者，一
女倭应声走出授其儿。秀吉于坐中更衣，傍若无人，肆意自恣。

数巡之后，穿着官服的秀吉突然离席，走入内室。过一会，有一个人穿
着便服，抱着一个婴儿从里面走出来，一边哄着孩子，一边在席上走来走
去。使者仔细一看，居然是丰臣秀吉。

接着，丰臣打开门，招呼朝鲜使臣带来的乐队，让他们奏乐，给这个婴
儿听，希望博小儿一笑。可惜小孩不懂欣赏音乐，一边听一边在秀吉的衣服
上尿了一大泡。秀吉大笑，叫侍女出来接过孩子，拿来干净衣服，就当着大
家面更换，旁若无人。这种脱略作风和放恣态度，叫朝鲜使臣一时不知应该
做何反应。

就是这样一个不在乎任何传统的人，继承了信长的霸气，继续大刀阔斧
地对日本社会进行改造。

丰臣秀吉在军事上的重大变革是全面推行"兵农分离"制度。

步兵革命之后，大量农民加入军队。但是战国前期大名们的军队专业化
很差，动员能力很低。因为当时农民和士兵的身份是混合在一起的，一有战

事，农民拿起刀枪入伍成为士兵，没有战事，"足轻"就回到家里继续拿起锄头当农民。这是战国时代战争只能选择在农闲时进行的主要原因。然而，火绳枪的普及对军人的素质提出了更高的要求，半农半兵导致士兵不能专心训练，以致宇喜多能家竟能用七十骑突破几千农兵。再加上当时交通条件不行，战事如果突然来临，很难一下子动员起大量的军队。

因此，织田信长曾试图切断士兵跟土地的联系。织田信长让一部分成为武士的农民迁到自己城堡边上（城下町）生活，不必再回乡从事农业，自己给他们提供俸禄。丰臣秀吉则把这一做法扩大化，变成"兵农分离"制度，让"足轻"彻底脱离农业生产，成为专业的军人，由此拥有了一支更稳定、更专业化的军事力量，最终雄霸天下。

1590年，秀吉完成了全国的统一，甚至后来北海道南部地区也头一次正式划归日本版图。

在最终实现统一这个意义上，丰臣秀吉比信长更可以称得上日本的"秦始皇"，为了加强中央集权，强悍而自负的丰臣秀吉也采取了很多与秦始皇非常相似的举措。

从1583年起，秀吉兴建大阪城，让那些不可靠的大名和家人移居大阪，以便控制。这一做法和秦始皇迁六国贵族后代于咸阳类似。

和秦始皇收天下武器铸金人十二类似，1588年，丰臣秀吉借口铸造大佛需用钉锯，发出《刀狩令》，没收民间所有的"长刀、腰刀、弓箭、长枪、步枪及其他武器"[1]，以杜绝各地发生武装抗争，并且强化"兵农分离"制度。

和秦始皇一样，丰臣统一了度量衡制。他废除了全国的关卡，整顿交通，修补道路，架设桥梁，这与秦始皇修驰道的目的相似。

可与秦始皇焚书坑儒相比的则是丰臣的天主教政策。1549年，西班牙的

---

[1]搜集的武器记录显示，加贺国（在日本海领域）一个3 400户的郡里，搜出了1 073把长刀、1 540把短刀、700把匕首、160根长矛、500套盔甲，以及其他各种各样的武器。

耶稣会士方济各·沙勿略来到日本，标志着天主教在日本传播的开始。传教士们的工作一开始卓有成效，天主教"上帝面前人人平等"的说教，受到社会最底层的农民的广泛欢迎，有些大名甚至也接受了洗礼。但是丰臣认为这个宗教动摇了日本的传统秩序，威胁他的集权努力，因此宣布禁止天主教在日本传播。1596年，一艘西班牙船只漂流到日本海岸，秀吉把传教士和日本信徒26人在长崎处死，这一事件成为日本镇压天主教的开端。

　　在丰臣秀吉的政治遗产中，影响最深的是"太阁检地"。

　　如前所述，在战国改革中，诸侯纷纷清查土地，清理复杂的土地关系。[1]但是各地检地的标准不一，深入程度也不同。在统一全国后，丰臣在全国统一开展"太阁检地"。丰臣秀吉的手段非常强硬，他明确指示："不管是城主、土豪还是百姓，凡敢反抗检地者，全部杀掉，即使整个一乡或两乡也当如此。"通过检地，他掌握了全国的土地情况，将日本全部土地分成上、中、下和下下四个等级，按不同等级收取不同石数的"年贡"也就是赋税。[2]这样，日本耕地的统计标准不再是面积，而变成了"石"。他自己留下200万石作为直辖地，其他分给天下大名。

　　秦代为了让民众原子化，强迫老百姓分家，规定"不得族居"，"民有二男不分异者倍其赋"，"父子兄弟同室共息者为禁"，就是说姓一个姓的不能住在一个地方，家里有两个成年男人就必须分成两家，父子或者兄弟俩不能住在同一个房间。丰臣秀吉也规定"农民父子和亲属，每户不得居住两个家族，应分别立户"，目的同样是把大家族分成独立小农户。

　　唯一和秦始皇不一样的，是丰臣秀吉没有建立大一统郡县制度。这是日本传统的军事和政治结构决定的：统一天下的军队并不全是丰臣自己所有，

---

[1]浙江工商大学中日文化比较研究所、天津社会科学院日本研究所编《日本历史与文化论集：王金林学术论文选编》，天津社会科学院出版社，2014年，第136页。

[2]上田每年的收获标准为1.5石，中田为1.3石，下田为1.1石。以标准产量的石数的三分之二收取年贡。

而是各地势力联合的结果。

> 历史学家提出了疑问：为什么秀吉不延长他的统一行动以消灭大名而使自己成为一个名实相副的君主呢？这问题的答案必须从统一的过程说起。从一开始，争夺日本霸权的力量就是大名组成的、封建的松散联盟。每一次这种联合的扩张之后，都是把得到的地盘分给首领和他封赏的臣下。……信长、秀吉和以后的德川，都是一步步地登上霸主宝座的——从小大名到大大名，再从大大名升为大名集团的首领。即使秀吉在他权势最盛时，也不可能不动用一些他联盟以外的力量去消灭敌对的大名。他和他的继承人都没有足够的力量。[1]

除了大化改新和明治维新这两次改革输入外来体制之外，日本政治的传统一直是霸主领导下的贵族"联盟制"，这一深厚的历史传统，即使雄强如织田信长和丰臣秀吉也无法突破。

在丰臣秀吉一生中，与中国有关的事主要有两件。第一件是他终结了"倭寇"（发布海盗禁止令），第二件是发动了壬辰朝鲜战争。为了叙述方便，我将在下一编当中讲述这些内容，这一编接下来继续讲述丰臣秀吉之后的江户时代。

---

[1][美]约翰·惠特尼·霍尔：《日本——从史前到现代》，邓懿、周一良译，商务印书馆，1997年，第113—114页。

第十一章

固化的江户时代

第一节　江户时代的一道道绳索

一

中国的秦朝只存在了十五年。秦始皇死后三年秦朝就被推翻了，子孙尽被屠灭。和秦始皇一样，丰臣家族的统治也没有持续多久：丰臣秀吉去世后不过五年，日本的最高统治者就宣布易主。从统一之日算起，丰臣家族的统治不过十四年，丰臣秀吉的子孙后来也是被斩杀净尽。

丰臣秀吉子嗣艰难。正室一直没有生育，虽然娶了很多侧室，但直到五十二岁才生下儿子鹤松。丰臣秀吉欣喜若狂，如上一章所述，视如珍宝，宠溺异常。不料1591年，三岁的爱子突然夭折。

此事对丰臣打击极大，他对生育后代彻底绝望。他孤注一掷，出兵朝鲜，据分析也与这种绝望的心情有关。万般无奈之下，他选定了自己的外甥丰臣秀次作为养子和继承人。秀次是秀吉姐姐的儿子，才华出众。秀吉甚至将"关白"之位让于秀次，自己就任"太阁"（退隐的关白称太阁）。

不料两年之后，秀吉又意外老年得子，生出了丰臣秀赖。秀次马上失宠，被令切腹自杀。秀吉还诛杀了秀次一家，以保证秀赖顺利接班。

1598年，秀吉在侵朝失败的打击下去世，终年六十三岁，幼子秀赖年仅六岁，当然无法理政。丰臣秀吉遂将秀赖托付给"五大老"，即五位最有实力的大名。不得不说，如果秀吉多读读中国史书，就不会犯这样严重的错误了。

二

五大老的首席，是德川家康，他本姓松平氏，叫松平元康。作为三河国大名的儿子，他年仅八岁就被送到别的大名处当人质，在枯寂的寺院中度过了童年和少年，经历了漫长的提心吊胆，因此培养起超人的耐性。

有人编了一个小故事，来比较三位统治者性格之不同。

> 有人问："杜鹃不啼，如之奈何？"织田信长的回答是："杜鹃不啼，则杀之！"丰臣秀吉说："杜鹃不啼，则逗之啼。"德川家康却说："杜鹃不啼，则待之啼。"

这个故事传神地表现了德川家康隐忍克制的性格。后来他时常教导家臣们，做事要忍耐，忍耐，再忍耐。关于他的另一个传说是，与武田信玄的三方原合战中，德川家康因准备不足吓得大便失禁，慌忙逃回了浜松城。战后德川家康下令画师绘了一幅愁眉苦脸的画像，称为"颦像"，提醒自己以后要更加小心谨慎。

德川家康画像

1562年，成为家督的他与织田信长结盟，渐受重用，并参与了著名的长筱之战。在战国乱局中他不图一时之快，而是步步为营，积少成多，稳健发展，在丰臣秀吉时代，他已经拥有250万石领地，这个数量甚至超过了秀吉本人，这成了他后来能取代秀吉的经济基础。

成为五大老首席后，精于权术的他很快掌握了最高权力。接下来的情节就顺理成章了：1600年，德川家康通过"关原合战"消灭了敌对诸侯，1603年，他被朝廷任命为征夷大将军。接下来他迫使秀赖母子自杀，消灭了丰臣氏一族。战国三杰中性格最谨慎的他笑到了最后，开创了江户时代。

三

人类历史的发展，往往富于戏剧性。在经历了"上下颠倒"、剧烈动荡的战国时代后，日本突然进入了"井井有条""规规矩矩"的江户时代。江户时代最大的特点是稳定。长达265年的和平，是日本历史上从来没有过的。这个时代的一切似乎都是固定的：每个人生下来就属于固定的阶级，每个阶级的生活模式是固定的。甚至连人口也是固定的：江户时代当中有一个长达一百多年的时段，日本的人口数字居然几乎没有变化。

在两极之间来回波动，其实也是人类历史的一个规律。

从动荡到突然静止，表面上看，似乎与德川家康的个性有关。

如果我们把丰臣秀吉比作日本的"秦始皇"，那么德川家康可以称作日本的"朱元璋"。翻翻明史，我们就很容易发现，德川家康的性格与大明帝国的开创者朱元璋极为相似：刚强而自制，谨慎而节俭。[1]他们有一个共同点，那就是试图排除一切可能危及家族统治的风险，实现天下的永远稳定。因此，德川幕府的统治方略，与朱元璋的政治蓝图有很多相似之处。

朱元璋在位期间，曾经发布了一系列固化社会的诏令。他制定了严格的职业世袭制，军人的后代永远是军人，工匠的后代永远是工匠。他强化传统的户口制度和里甲制度，规定百姓不能改行，不得迁居。他制定了《皇明祖训》，详细规定了从皇帝到亲王的行为准则，从"如何行政"到"皇帝出行带哪些生活用品"，巨细靡遗。他为百官撰写了《授职到任须知》和《六部职掌》，把每个职务的岗位职责制定得明明白白。他制定了《洪武礼制》

---

[1]德川家康的处世哲学是质素俭约，"时时知足"。外出狩猎只带一小撮饭团和梅干，吃不完还要带回去。有一次他看到一个年轻家臣梳着流行发型，便将他叫到身边责备道："混账小子，尔祖父身居要职，心存武道四方奔走，也不似你这般结发招摇。"类似的故事曾发生在朱元璋时代。有一次朱元璋见到一个散骑舍人穿一身值五百贯的华丽衣裳，遂教训他说："今汝席父兄之荫，生长膏粱纨绮之下，农桑勤苦，邈无闻知，一衣制及五百贯；此农夫数口之家一岁之资也，而尔费之于一衣。骄奢若此，岂不暴殄？自今切宜戒之。"

《礼仪定式》，规定了全国百姓如何穿衣戴帽，以及不同级别臣民的住房面积。他为大明王朝所构思的这张蓝图的宗旨，就是把社会各阶级的生活方式固定化，以图江山万代不易。

而江户时代的社会管理思路，和大明王朝初期非常相似。德川家康及其子孙，用一道道绳索，将社会各个阶层的人的手脚都捆扎起来，让他们不能"乱说乱动"，目标同样是实现社会固化。

其中第一道绳索，自然是用来捆束天下大名的。

江户幕府分封了270个大名。把天下土地的四分之一留给将军作为直辖地，其他则分封给各个大名。

这些大名被分为三个层次：第一个层次是将军的亲人，被称为亲藩大名。第二层是关原之战前就成为德川家臣的大名，被称为谱代大名，"谱代"也是个日本自创的汉文词，是"累世、世袭"的意思。亲藩和谱代大名都是最被信任的，大都被安置在江户附近或者其他战略要地。

关原之战后才选择与德川家站在一起的同盟军，或者战败投降的敌人，被称为外样大名。所谓"外样"，本是指屈从于领主的地方豪族。他们通常不被信任，所以其封地通常被移往比较边远的地区，这样即使造反，也要先通过其他大名的领地，才能到达江户。幕府有意识地安排部分谱代大名与外样大名的封地插花交错在一起，以让谱代大名监视外样大名。

为了有效管理大名，幕府制定了《武家诸法度》[1]，规定了大名生活的方方面面。其中既包括对大名如何治藩理政这些大事的要求，也包括如何穿衣，如何坐轿，甚至不可和什么样的人结婚这样具体的生活方面的规定。目的是将大名和武士们紧紧地捆束起来，令他们稍有不谨，就会被绳之以法。

《武家诸法度》是由一系列文件组成，最典型的是1615年（庆长二十年）幕府第二代将军德川秀忠发布的"元和令"：

---

[1]所谓"武家"，也是日本专用政治名词，即幕府治下的众武士们，这是相对"公家"（天皇小朝廷）的词语。

（一）武士们应专心修练文武之道，做到文武兼备。

（二）不可聚饮游侠，不务正业。

（三）各国不可隐藏庇护违法之人。

（四）各国发现叛逆或杀人者，应从速追捕法办。

（五）各国之人不得与他国之人交往。

（六）各国城池，如需修缮，必须呈报，不得建筑新城。

（七）邻国如有生事叛乱结党之人，应该迅速呈报幕府。

（八）大名之间不可擅自缔结婚姻。

（九）大名参觐江户，必须遵守规定。

（十）不同阶层之人，衣裳品级，不可混杂。

（十一）杂役之人不可坐轿。

（十二）各国侍臣，应该力求节俭。

（十三）各国国主，应该选择有才干者担任。

为了控制这些大名，江户幕府还创造了"参觐交代"制度，也就是各地大名每隔一年就要到江户谒见将军。也就是说，他们一年驻守在自己的领地，另一年就要住在江户。至于他们的妻子则要一直留在江户作为人质。"正如凡尔赛宫法王路易十四的政策一样，这一措施将'武士—领主'变成了朝臣"，便于幕府对他们进行控制。

不久之后，幕府发现，这一制度的更大好处在于可以消耗掉各藩的财力，让他们无力造反：大名们在往返路上，以及住在江户期间，为了攀比和排场不得不花掉大量钱财。

大名们的排场之大是惊人的。"加贺大名……在江户参觐时，有八千个武士为他服务。当他回到自己的领地时，四千个武士留在江户为他打理宅邸——包括267英亩（约108公顷）的房屋与花园、营房、学校及仓库。"[1]
因此花掉的钱也是惊人的。"江户时代的参觐交代各大名所耗费的费用占藩
收入的5%到20%，加上抵达江户后，在江户府邸所耗费的费用，可以达到
藩财政收入的50%到70%，而这还不包含藩所要上缴的赋税及给家臣所发的
俸禄。参觐交代制度的目的就是要削弱诸藩的实力，以达到强干弱枝，巩固
幕府统治地位的目的。"[2]除此之外，将军还派出许多密探了解各地大名财
政收支，一旦发现某个大名财力雄厚，将军就会要求他承担重大土木建筑工
程，让他的财政状况降至原来水平。

大阪战役后，幕府制定了"一国一城制"，即一个大名只能保留一座城
堡。战国时代3 000多座城堡被一举拆除，只剩下170座。而且仅有的这一
座城堡也不能随便维修，如想翻新加固必须经过幕府的同意。1618年，由
于遭遇台风，广岛城破损严重，藩主福岛正则在向幕府的执政官员申报后，
未等批准文书到达，便开始修缮工程。后来福岛正则虽然专门赴江户请罪，
并且拆除已经修好的工程，但他的近50万石领地仍然被没收，只剩下4.5
万石。

四

第二道绳索是把天下万民的等级固定化。幕府将社会分成壁垒分明的四
个等级：士、农、工、商。各个等级不仅不能通婚，而且连各自从事的职业
都不能改变。

士就是武士，是统治阶级，而农、工、商是"庶民"，武士与庶民之间
有一条巨大鸿沟，只有武士能担任官职，有佩带刀剑的特权，"平民在途中

---

[1][美]阿尔伯特·克雷格：《哈佛日本文明简史》，李虎、林娟译，世界图书出版公司北京公司，2013年，第77页。

[2]华先发、杨元刚主编《翻译与文化研究.第10辑》，武汉大学出版社，2017年，第455页。

遇到了武士，则应以手挨地行敬礼"。[1]平民如果对他们"无礼"，哪怕仅仅是不给他们行礼，武士就有权直接拔刀将其砍死，这叫"斩舍御免"（相当于格杀勿论）。

但是武士也并不自由。战国时代的武士一般生活在自己的庄园，是或大或小的地头蛇。而江户时代的武士没有一寸土地，他们必须生活在主君所在的城市，只有俸禄收入（这份俸禄通常并不丰厚）。幕府对武士的生活和行为也做了许多规定，比如他的俸禄只能由长子继承，不许分家产。

农民则被束缚在土地上，不能迁徙，不能改变职业，也不能买卖土地，而是世世代代以长子继承的方式耕种同一块土地。他们要承受沉重的实物地租，即"年贡"（通常是大米收获量的50%，即"五公五民"），还要加上各种杂税、劳役。近邻五户要组成"五人组"，负有互相监视的义务，一人有过，全体连坐。[2]因此状态有如农奴。

商人地位最低，列四民之末，也是世袭的，不能改行从事他业，也不能和武士住在同一区域内。

在江户时代，每一家的门口都要张贴有关其阶层和身份的标志。[3]不同的阶层，衣、食、住、行都有明确的标准。比如《享保令》关于穿衣规定说："白绫是给公卿（三位）以上，白小袖是给诸大夫（五位）以上。不可胡乱穿着紫裕、紫里、练、无纹的小袖。禁止家中的下级武士穿着绫罗和有锦的刺绣服饰。"关于出行工具的规定则是："只有德川一门、藩主、城主、所领1万石以上并持有一国的大名的儿子、城主、侍从以上的嫡子、50岁以上的人、医者、阴阳师、病人等人被允许乘轿，其他人不准乘轿。"

[1][日]渡边秀方：《中国国民性论》，高明译，北新书局，1929年，第149页。

[2][日]井上清：《日本历史》上册，天津市历史研究所译，天津人民出版社，1974年，第316页。

[3][美]鲁思·本尼迪克特：《菊与刀》，吕万和、熊达云、王智新译，商务印书馆，2017年，第66页。

《奢侈取缔令》中则规定了商人的穿戴、雨伞样式，以及在婚丧时的费用限额。这些规定甚至细致到"某一等级的农民可以给他的孩子买某种布娃娃，而另一等级的农民则只能买其他种类的布娃娃"。

五

最后一道绳索则是把日本和世界分隔开来。江户幕府一改战国时期积极发展海外贸易的做法，实行锁国政策。从1633年到1639年，幕府先后发布五道锁国令。幕府规定日本人不准出国，否则将被处以死刑。侨居外国的日本人如果回国，不问理由一律处死。[1]

除了锁国令外，江户幕府还严厉禁止天主教的传播。德川家康继承丰臣秀吉的政策，发起了一场肃清外国宗教的运动。庆长十七年（1612年）3月，幕府发出禁教令："日本，神国、佛国也。基督教徒党传邪法，谋政变以夺国，违法令，谤神佛，礼拜罪人（指耶稣），崇信有加，应予严禁。"[2]幕府破坏教堂，逮捕教民。拒绝改宗的，捆缚在草席和蒲包里，露出脑袋游街。妇女被裸体示众，或送往妓院当妓女。从元和五年（1619年）到宽永十二年（1635年），被处刑的日本教徒为数约达28万人，大约3 000人殉教。

不过，必须说明的是，虽然把国家封锁得如同铁桶一般严密，但幕府还是在铁桶上给自己留了一个观察孔，那就是长崎。锁国之后，幕府留下长崎一港进行外贸，准许中国、荷兰船舶通航，一些与西方自然科学有关的荷兰书籍和汉译书籍由此进入日本。日本人很早就注意到了西方医药书籍的人体解剖图非常精密，1774年（安永三年）日本医生杉田玄白翻译了荷兰语西方

---

[1][美]阿尔伯特·克雷格：《哈佛日本文明简史》，李虎、林娟译，世界图书出版公司北京公司，2013年，第74页。

[2]孙秀玲：《一口气读完日本史》，中央编译出版社，2010年，第116页。

医学书籍《解体新书》，"兰学"由此诞生。江户时代一批日本人专注研究荷兰语、西方医学，以及测量术、炮术等技术，为明治维新后西方学术涌入做了铺垫。

第二节　江户其实是一个继承的时代

一

江户时代的种种规定，与朱元璋的治国之策是如此相似，以至于我们不能不联想，德川家康和他的子孙们可能认真研读过《皇明祖训》和《大明会典》。

不过，不论是德川家族的个性，还是朱明统治方略可能的启发，都不是影响日本历史进程的决定性因素。历史大转折背后，通常有着更深刻的原因。中国通过战国改革逐渐探索出了大一统专制集权的发展道路，导致秦朝的统一和大一统郡县制度的确立。而江户时代的集权措施也有着战国时代漫长的铺垫。

我们前面讲到的日本战国改革中，有一点没有展开细讲，那就是集权措施。和中国战国的改革一样，日本战国改革的第一个重点是集权。战国时代漫长的动荡，让日本社会产生了强烈的寻求安定的渴望。特别是频繁的"下克上"，让爬上权力顶峰的大名，开始不约而同地思考如何将权力永远掌握在自己手中。

因此战国大名在自己的权力稳固之后，都致力于强化集权，在自己的藩内建立稳固的统治秩序。他们通过与家臣签订契约（"起请文"）的方式，明确上下级的权利和义务，强化对臣下的约束和管理。比如天文元年（1532

年），毛利元就与他的三十二名家臣签署起请文，明确相互间的权利义务。天文十九年（1550年），毛利元就以不守义务为名，诛杀了三十余名家臣，之后又与二百三十八名家臣签署了起请文，再一次强化纪律。[1]

庆长十六年（1611年），德川家康也曾对西日本大名下发"誓文"，要求各大名集体签名。誓文由三条组成：不得违背幕府发布的各种政令；各藩不得隐匿违背法度与违抗将军命令者；不可包庇家臣中之叛逆者及杀人犯。

战国时代各地大名集权的另一手段是纷纷制定"分国法"或者"家法"，通过严密的法条，对家臣生活的方方面面都做了明确的规定。比如北条早云制定了《壁书二十一条》，毛利元就制定了《毛利元就教诫状》，土佐国山内忠义有《定法度条条》，甲斐国武田氏有《甲州法度之次第》等。各国法条文有详有略，但主要内容不外是对领国内的经济、政治等方面进行明确规定。比如武田信玄的《甲州法度之次第》，对家臣权力，以及年贡、军役等五十多项都进行了详细而明确的规定。[2]

总的来说，大名们通过家法对家臣行动进行各种约束，比如禁止家臣把领地出售或分散继承，强制推行长子继承制。禁止家臣之间私斗，以防内讧；同时也禁止家臣私自结盟。甚至家臣要把女儿嫁给谁，也要得到主君批准，以防家臣把女儿当作结盟的工具。违反这些规定要受到严罚，甚至酷刑加身。[3]

无独有偶，类似的控制家臣的方法在中国春秋战国时代也曾经普遍出

---

[1]浙江工商大学中日文化比较研究所、天津社会科学院日本研究所编《日本历史与文化论集：王金林学术论文选编》，天津社会科学院出版社，2014年，第135页。签了契约后，大名还经常派出密探监视家臣行动，以防他们谋反。

[2]浙江工商大学中日文化比较研究所、天津社会科学院日本研究所编《日本历史与文化论集：王金林学术论文选编》，天津社会科学院出版社，2014年，第138页。

[3]北条早云制定了《壁书二十一条》，更是大至宗教信仰，小至言行细节，无所不包。要求家里人早睡早起，平时用水要节约，洗脸、洗手的水可以洗厕所、马厩和庭院；咳嗽时不要大声，也不好听，应有顾忌，悄声地咳。这些都是"�天踏地的事"（第四条）。王金林：《日本中世史》下册，昆仑出版社，2013年，第643—644页。

现。春秋战国时代，诸侯或卿大夫为了巩固内部团结，经常与家臣举行盟誓。"用血为盟书，书成，乃歃血而读书。"盟书一般一式两份，一份藏于公府，另一份埋入地下，让神明来进行监督，所谓"杀牲歃血，告誓神明，若有背违，欲令神加殃咎"。

《春秋》《左传》中关于盟誓的记载有200多处，山西侯马一次出土盟书5 000余件，可见当时盟誓之频繁。"侯马盟书"的第一类内容是晋国赵氏宗族内部强调"事宗祀"和"守清庙"，要求赵氏家族内部每个人都要诚心效忠盟主，即晋国著名大夫赵简子，听从赵简子的指挥，保卫赵氏宗庙。第二类是同宗之外的人参加盟约的辞文。与盟人表示把自己"质"于主盟人，辞文中都有"自质于君所"，并且断绝与旧主君的关系，把自己的性命和家产都交到赵简子手中。第三类是"纳室类"，内容中禁止"纳室"（"室"是当时的统计单位，代表一定的劳动力和土地），即参加盟誓的人在盟誓后不再扩充人口、土地、财产。如果知道同宗兄弟有人"纳室"的，也要报告主君，否则甘愿接受主君的诛讨。这些内容和日本战国时的起请文和誓文非常相似。

通过这样的方式，很多藩国的内部政治逐渐稳定下来，"下克上"现象渐渐减少。这些"分国法"或者"家法"，在江户时代被总结成《武家诸法度》，构成江户时代的政治纪律基础。因此"元和令"的几乎所有内容，包括第八条禁止大名通婚，都不是德川家的首创，而只是继承。

二

除了《武家诸法度》外，江户幕府的其他统治手段，绝大多数也都有历史延续性。

江户时代锁闭社会等级和身份，不许四民改变职业，这并不是德川家的发明，而是继承自丰臣秀吉。早在天正十九年（1591年）八月，丰臣秀吉就发布了《身份统制令》，禁止农民转变为武士，手工业者和商人也不得变更职业。

江户时代的土地制度，也是直接继承自丰臣秀吉。"太阁检地"的成果被江户时代承认，丰臣秀吉制定的赋税体系和"一地一作人"的原则被完整保留下来，成为江户统治的基础。什么叫"一地一作人"呢？就是一块地，世世代代由一家农民耕作，由长子继承。这块土地上的赋税也直接上交大名，不得经过中间盘剥。农民不许改行，不许离开土地。规定"如有放弃田地或出外经商或靠工钱谋生的人，本人不用说，还应处分其全体村民"。[1]德川氏在这个基础上又发展出连坐制度，让它更为完善。

江户幕府将大名分出亲疏，让他们相互监视，这种安排方式，其实也是从丰臣秀吉时代开始的。丰臣秀吉就把自己一族和近臣安置在重要地区，把那些不可靠的大名调离原来领地，比如原在东海地方拥有巨大势力的德川家康就被调到关东地方。江户时代在各藩藩界设有哨所关卡，查验过往行人，严禁"出女入炮"，即私运妇女出境或偷运武器入境，这些措施同样是从战国后期就开始实行的。

因此，江户时代实际是一个继承的时代，一个集大成的时代。它与朱明的相似，可能更多的是"不谋而合"。

第三节　如愿以偿的固化

经过重重努力，江户时代的日本近乎达到了德川家康设想的理想状态：一切都固定下来，"万世不变"，出现了约260年的安定局面。"权力集中与下放之间的平衡一直持续到德川晚期。没有大名意图推翻幕府的统治，幕

---

[1][日]井上清：《日本历史》上册，天津市历史研究所译，天津人民出版社，1974年，第290—291页。

府也没有试图扩展对藩领的行政控制。"[1]

江户时代的特点是一切都井井有条，固定不变，每个人一生下来就被闭锁在固定的身份等级中，不论能力如何，永远不能越出自己所世袭的阶层。

"幕藩体制是一个依靠世袭制的身份制社会。……幕府的官职大老、老中和若年寄等由谱代大名所独占，根据其门第而加以任命。……相反，如出身于下级武士家庭，就一辈子为下级武士，如出身于农民家庭，就一辈子当农民。"[2]

福泽谕吉说："就好像日本全国几千万人民，被分别关闭在几千万个笼子里，或被几千万道墙壁隔绝开一样，简直是寸步难移。……这种界限，简直像铜墙铁壁，任何力量也无法摧毁。"

这种固化是如此有效，以至于江户时代出现了人类史上从来没有过的奇景：在江户时代的一个时段里，甚至连人口数字都固化了。

江户初期，天下难得太平，农民拼命开垦荒地，因为赋税额度已经固定，新开垦的土地上的收获至少在下次赋税额度调整前的一段时间内是自己的，所以"耕地面积成倍地增加。17世纪初，全国耕地面积大约150万町步，到18世纪初，增加到300万町步"。农业增收，人口自然随之激增，"全国人口也由17世纪初的1 800万人，增加到18世纪初的2 600万人"。[3]

但是等空地都被开发殆尽之后，耕地数量和粮食产量都趋于固定，人口增长也进入停滞状态。

"江户时代的人口在前半期虽增长得相当急速，然而到了后半期便突然呈现出停滞状态。……江户时代（后期）的人口调查从短期看虽有波动，但

---

[1][美]阿尔伯特·克雷格：《哈佛日本文明简史》，李虎、林娟译，世界图书出版公司北京公司，2013年，第83页。

[2][日]依田憙家：《日本的近代化——与中国的比较》，卞立强译，中国国际广播出版社，1991年，第22～23页。

[3]孙义学：《日本江户时代的农民境况》，载南开大学历史系等编《中外封建社会劳动者状况比较研究论文集》，南开大学出版社，1989年，第281页。

从长期看来，则是停滞在2 600万上下。"[1] "18世纪中叶……到19世纪中叶为止的一百多年间，（日本人口）几乎没有什么增加。"[2]而在这期间，中国的人口几乎翻倍。

在一百年间，没有战乱，没有大的灾害，同时又有美洲作物传播到亚洲，日本人口是怎么在这样的有利条件下停止增长的呢？通过残酷的"子间引"。

和中国人认为多生儿子会让家族兴旺相反，日本人认为，多生儿子会让家族毁灭。因为只有长子能继承土地，儿子生多了无法打发。所以日本农村中流行着一种风俗，"子间引"，即只留下长子，最多再留一个次子做"备胎"，其余的孩子就要"间引"掉。据记载，"元禄年间日本农民一夫一妇还生子女五六人甚至七八人以上"，到宝历年间后，"生一二人后，便不再生，余皆间引"。怎么"间引"呢？通过堕胎或者弃婴的方式。"人为的堕胎和弃婴是阻碍人口增长的主要原因。由于生活贫困人为控制人口，虽在江户时代以前就已存在，然而成为一种半公开的行为则是江户中期以后的事。这时就连武士阶级也不得不实行人口控制，而到了江户末期在农民中的日益贫困化则更为严重。"[3]

因此江户时代后期日本出现了人类传统时代历史上从来没有出现过的情况，就是全社会有效地自发控制生育。这和大陆另一端采取晚婚来节制人口的英国异曲同工，都是通过人为的努力跳出了马尔萨斯陷阱。巧合的是，这两个国家都是长子继承制的典型。

---

[1][日]大渊宽、[日]森冈仁：《经济人口学》，张真宁等译，北京经济学院出版社，1989年，第188页。鬼头宏在《日本二千年人口史》里则说，"1720年约为2 600万人，1840年约为3 000万人。1600—1720的120年间，人口增加160%。而1720—1840的120年间，人口仅增加15.4%"。

[2]王少普：《封建时代中日小农经济的比较研究》，载《从亚太看世界》，上海社会科学院出版社，2008年，第140页。

[3][日]大渊宽、[日]森冈仁：《经济人口学》，张真宁等译，北京经济学院出版社，1989年，第189页。

《菊与刀》总结说："像武士一样，农民对家庭规模进行限制。整个德川时代，日本人口总数几乎没有变化。对于一个长期处于和平状态的亚洲国家，这样停滞的人口数字足以说明当时的统治状况。"

第四节　天皇的地位

一

进入幕府时代以后，我们就几乎一直在谈将军和大名，那么天皇呢？他们生活得怎么样？

在幕府时代以前，天皇虽然大部分时期没有实权，但是毕竟处在权力争夺的中心，是一个无法忽视的存在。就好比一顶华丽的帽子，谁都要拿来戴一戴。然而到了幕府时代，他们就被撇在一边，连理都没人理了。

在镰仓幕府前期，皇室本来还有一定的权威和相当数量的领地，但1221年皇室试图夺回权力发动"承久之乱"失败后，幕府没收了3 000余处皇室和贵族的领地，天皇在经济上迅速陷入困境，政治上的权威更完全丧失，不仅朝廷的人事安排要得到幕府的承认，连皇嗣是谁也要取决于幕府。[1]

室町幕府建立后，皇室地位进一步降低。镰仓幕府时期，天皇还拥有一些残余的特权，比如制定年号的权力。但是室町幕府建立后，连发布新年号的权力也被幕府拿走。17世纪的"宽永"年号，由于幕府方面的阻挠，居然为三代天皇所共用而不得更改。[2]在经济上，剩余的皇室领地也大批被大名夺走，为维持皇室和朝廷的开支，天皇不得不依靠出卖荣誉性官职为财源。

[1]翟新：《日本天皇》，复旦大学出版社，1992年，第52—53页。
[2]翟新：《日本天皇》，复旦大学出版社，1992年，第60页。

　　进入战国时期，大名们你杀我夺，皇室更处于无人问津的状态，财政越发困窘。1500年，37岁的后柏原天皇登基，因为没钱，举行不了即位大典。皇室只好向大名们求助，却屡遭大名的白眼。一直到1521年，已经58岁须发斑白的天皇才依靠本愿寺的进献，勉强举行了即位典礼。[1]这一时期，不少天皇为了赚点润笔，还为大名和寺院抄写佛教经文。[2]

　　到了江户幕府时代，一切稳定下来，皇室的生活终于也有了保障。幕府给皇室提供了固定的收入来源，虽然皇室岁入仅3万石，[3]不及一个普通大名，但毕竟不愁吃喝了。既然靠幕府供养，皇室只能事事听命于幕府，讨好将军，正如《本朝通鉴》所说："朝廷赖武家而愈尊，武家仰朝廷而愈隆。"

　　德川家族为德川家康修建了壮丽的日光东照宫，尊德川家康为"东照大权现"。天皇每年也必须派人去祭拜家康的神位。相反，德川家族却并不派人去供奉天照大神的伊势神宫参拜。显然，虽然日本天皇与将军的关系类似罗马教皇与欧洲各国国王的关系，但天皇的权威明显更弱。[4]当时京都流传着一首讽刺诗说："凤凰生末世，落魄亦堪悲。"

　　强调制定规范把一切死角都管起来的幕府当然没忘了天皇和他的小朝廷。1615年幕府颁布了《禁中并公家诸法度》，对天皇的生活进行了很多具体的规定。《法度》规定，天皇主要的任务就是读书，不必关心其他："天子御艺能之事，第一御学问也。"当然，书也不能随便读。一是"诵习《群书治要》"；二是研习和歌，因为和歌是"我（日本）国习俗也，不可弃置"。

　　后来，将军德川家继又制定了《禁里御所条目》，除了学习之外，对天

[1]王金林：《日本天皇制及其精神结构》，天津人民出版社，2001年，第97页。
[2]翟新：《日本天皇》，复旦大学出版社，1992年，第61页。
[3]实际相当于米8 000石，银302贯多，全部公卿贵族的收入总共不到15万石，整个朝廷连同其他收入仅40万至50万石。
[4][日]井上清：《天皇制》，辽宁大学哲学研究所译，商务印书馆，1975年，第17页。

皇的其他行动也提出了要求，不能闲谈，不能饲养宠物，不能踢球，看戏也
要有节制：

> 天皇之举止是守古风，避现代之风；保持敬神、仁恕之心情；
> 不急躁，倾心学问；不闲谈，不饲鸟兽，不踢球。看木偶戏和狂言
> 等也要适可而止。[1]

小朝廷中的公卿贵族也被严厉地管束起来，各个贵族家庭的地位高低和
座次排列都有明确规定，甚至还有"无论白昼和黑夜，不得无事在市街小路
徘徊"等苛细的要求。

这样一来，天皇和小朝廷就完全变成幕府的食客了。从1603年江户幕府
建立至1846年的240多年间，共经历了14代天皇。他们无不小心谨慎、战战
兢兢地度日。

> 即使他们讨厌高高在上的幕府，怀念遥远的过去（那时的天皇
> 是最高统治者），但是大多数天皇和贵族对各种严苛规定都不敢表
> 示不满。他们生活在一个狭小的世界里，并似乎浑然不觉，一些无
> 关紧要的事情也能使他们念叨上几十年。即使他们讨厌幕府干涉自
> 己的生活，讨厌江户派驻京都的官员监视自己的一举一动，但是他
> 们心里很清楚，没有幕府给的薪俸他们就活不下去。[2]

唐纳德·基恩说："德川时代的天皇生活肯定非常无聊。除了夜里寻欢
作乐得到的安慰之外（后水尾天皇有三十七个孩子，后西天皇则有二十七

---

[1]转引自王金林《日本天皇制及其精神结构》，天津人民出版社，2001年，第102页。
[2][美]唐纳德·基恩：《明治天皇：1852—1912》，曾小楚、伍秋玉译，上海三联书店，
2018年，第11页。

个），每天的工作似乎都是主持各种仪式，这些仪式年复一年地进行，不曾有半点变化。此外，我们也可以认为除个别例外，天皇生活的最压抑之处在于他的活动范围非常小。……从1632年到1863年孝明参拜贺茂神社和石清水八幡宫为止，历代天皇极少离开御所，少有的几次也是因为发生了什么灾难。他们没有人见过大海或富士山，也没见过幕府统治下的江户城。"[1]

[1][美]唐纳德·基恩：《明治天皇：1852—1912》，曾小楚、伍秋玉译，上海三联书店，2018年，第11—12页。

第十二章

不打不相识：黑船来航与明治维新

第一节　明治维新并非一帆风顺

一

京都御所（也就是天皇居所）边上的一座贵族宅邸里，有一栋很简陋的小屋，只有两个小房间，没有任何装饰。这就是著名的明治天皇的出生地。

这所房屋以它的简陋直观地呈现了当时天皇小朝廷的窘境。按照日本的传统，妃子必须回到自己娘家分娩。因此明治天皇的外祖父需要盖一座迎接皇子降生的房屋。"他一开始想使用邻居的空地，不过，尽管这个尚未出生的孩子极有可能成为天皇，他们还是拒绝了他。最后，他只好把小屋建在自己已经很拥挤的宅邸里。跟当时的许多贵族一样，中山忠能穷得盖不起这样一所小房子。"[1]

谁也没有想到，就在这个小皇子出生的第二年，一次偶然的历史事件，彻底改变了天皇家族的地位。

---

[1][美]唐纳德·基恩：《明治天皇：1852—1912》，曾小楚、伍秋玉译，上海三联书店，2018年，第2页。

二

1853年7月8日下午5点，四艘巨大的黑色铁甲舰，其中两艘冒着黑烟，驶入了日本的江户湾，其独特的外形和体量让日本人惊惶不已。当时日本人见过的最大的船只不过是100多吨的运输船，而这四艘军舰中最小的都上千吨，其中"萨斯奎那"号是2 450吨，在众多日本渔船中鹤立鸡群。[1]

战舰甲板上所有杂物都已经被清除干净，炮口对准了岸上，显然已经做好了一切战斗准备。严阵以待的日本官员们神经高度紧张，大气都不敢出。

但是出人意料的是，上岸的美国军官面带着微笑。他们向惊惶的日本人宣布，美国海军的这次访问是和平而友好的。美国海军准将佩里此行携带了总统写给天皇的措辞非常礼貌的信件和很多新奇的礼物，包括新式望远镜、照相机和半自动步枪，此外还有一套莫尔斯码电报机，和一套带有100米长的钢轨的蒸汽机车模型。

把这些东西送到岸上之后，佩里就率领舰队离开了。不过他在离开前留下话，说他明年春季再来，听取日本方面对总统信件的答复。假如在那个时候总统的信件还未送给天皇并且得到适当的回答的话，他"将不对发生的结果负责"。[2]

这就是美国人的做事方式："手拿大棒，面带微笑。"在信件当中，美国人提出了三项要求：第一，要签署一个关于救助在海上遇难船员的协定。因为在北太平洋捕鲸的美国船只经常遇难，希望能获得日本的救助。第二，希望日本给美国的远洋船提供一个补给煤炭、水和粮食的港口。第三，日本要开放至少一个港口用于与美国通商。

如果是在以前，幕府将军对"夷人"的这些要求肯定会不屑一顾。如前所述，幕府曾经五度颁发"锁国令"，除了政府指定的个别渠道外，禁止日

---

[1]吕理州：《明治维新》，海南出版社，2007年，第5—6页。

[2][美]S.F.比米斯，《美国外交史》第二分册，叶笃义译，商务印书馆，1987年，第155页。

本船只进行海外贸易。当时的日本政府当然更谈不到现代人道主义观念，对于因为海难漂流到日本海岸的外国船只拒不提供救助。他们的常规处理手段是没收船只和货物，把船员关进大牢。而对于带有武装的外国船只，早在1825年，幕府就下达过"外国船只击退令"，只要靠近，就会开炮。1837年，就曾经有一艘名为"莫里逊"号的美国船只贸然闯入日本港口，在受到日本人毫不犹豫的炮击后灰溜溜地逃走了。

但是这一次，幕府却不敢再轻举妄动。因为他们知道十几年前发生在中国海岸的鸦片战争，从这场战争中他们知道了与西方国家开战的后果。虽然闭关锁国，但是日本人一直密切注意着外部世界的风吹草动，通过与荷兰贸易这个渠道小心翼翼地观察着世界。

走投无路，手足无措，幕府只好打破二百多年来垄断大权的传统，向天皇以及各地大名通报元军入侵五百多年后的另一起强大外敌来临事件，广泛听取各方意见。

美国国书的译本被送到天皇御所，令天皇非常意外。几百年间，天皇小朝廷一直像个小媳妇一般，战战兢兢地活着，哪想到有一天，居然可以重新与闻天下大政？幕府的权威在黑船来航事件中受到重大打击，在外来侵略压力下日本需要寻找另一个能够团结大家的中心，天皇的地位因此突然上升，各藩中有人开始喊出"尊王"的口号。小朝廷东山再起，看起来颇为可能。[1]

三

然而，明治天皇的父亲，当时在位的孝明天皇的第一反应不是欣喜，而是愤怒。他愤怒于美国军舰的来临，侵犯了日本国家的尊严，打破了日本的

---

[1]吕理州：《明治维新》，海南出版社，2007年，第90页。

秩序。从来没过问过国政的孝明天皇是坚定的爱国主义者和民族主义者，他的第一反应是"必须不惜一切代价将外国人赶出去。让他们出现在日本就是对神灵和自己祖先的不敬"。他希望幕府立刻拒绝美国的要求。

　　然而幕府却很犹豫。如果连庞大的中国都无法抵御这些"夷狄"，日本显然更无法拒敌于国门之外。和美国开战的结果，必然是日本失败，而日本失败的结果，必然是幕府倒台。既然打不过美国，因此如同一加一得二那么简单，必须向美国人让步。幕府向天皇解释说，与美国通商，至少有一条好处，就是可以带来更多的收入。

　　但是不处于外交第一线的人很难有这样现实的思维。幕府关于通商可以带来经济利益的说法令天皇非常气愤："黄白，岂足动朕之志哉？朕治世之中，若成许与外夷通商之俑，则失信于国民，遗耻于后世，此身何以见神宫及列圣？卿等亦详察斯意，必不为金钱所惑。"[1]

　　就是说，金钱岂能打动我？如果在我的任内，你们开了与外夷通商的先例，那么既失信于国民，又会在历史上留下骂名，我怎么面对祖先的神灵？

　　不过天皇的激烈反对没有扭转局势。幕府征求天皇的意见，并不是说肯定要按天皇的指示办。经过多方权衡和磋商，也包括听取各地大名的意见，第二年幕府屈服于美国武力，签订了《日美亲善条约》，被动地打开了国门。

　　听到这一结果，孝明天皇出离愤怒了。"7月31日，幕府向宫廷汇报了日美条约签订的结果，……孝明非常愤怒，……宣布自己将退位。"[2]他致信给幕府："敦促幕府制定一份攘夷的具体计划，并立刻将计划转给各藩藩主。经过众议后确定良策，从而完全扫除这些丑恶的外国人。"[3]他还请求神灵惩罚那些忘记国恩的"不忠之辈"——那些同意开国的人。[4]

---

[1][美]唐纳德·基恩，《明治天皇》，上海三联书店，2018年，第50页。
[2][美]唐纳德·基恩，《明治天皇》，上海三联书店，2018年，第53页。
[3][美]唐纳德·基恩，《明治天皇》，上海三联书店，2018年，第82页。
[4][美]唐纳德·基恩，《明治天皇》，上海三联书店，2018年，第52页。

显然，孝明并不渴望拿回权力，他只想安静地回到过去的状态：自己和整个日本都是这样。

四

因此，日本的开国与维新，并不是如同很多普通读者头脑中的印象那样，一帆风顺，一转身即告完成。日本的转型过程，虽然远比世界上绝大多数国家顺利，但是具体过程也颇经波折。在开国之初，日本国内出现过许多与中国极为类似的本能反应，因为开国的经济冲击而生活急剧贫困化的底层民众发起过多次"反帝爱国运动"，满怀爱国激情的下层武士也多次袭击西方外交官和公使馆。其逻辑和中国的义和团群众一样：全世界独一无二的神国，怎么能受"夷狄"的欺凌？

吉田松阴（1830年—1859年）批判幕府的"卖国投降主义"说：

> 美夷之谋，必为神州（指日本）之患。美使之辞，定为之辱。以此震怒天子，下敕绝美使。是幕府宜缩蹙，无暇尊奉之。今则不然，傲然自得，以谄事美夷为天下至计。不思国患，不顾国辱，而不奉天敕。是征夷之罪，天地不容，神人皆愤。准此于大义，讨灭诛戮，然后可也。不可稍宥之。[1]

也就是说，美国侵略者图谋我国，天子震怒，下诏不与美国交往。但幕府却谄媚美国，因此天地不容，神人皆愤。

佐贺藩主说："幕府之职，世号征夷大将军。此征夷二字，实为万世不易的眼目。当今太平日久，士气偷惰，正宜乘时奋发，耀威国外，乃足以

---

[1][日]吉田松阴：《议大义》，转引自陈国灿、于逢春主编《环东海文明互动与东亚区域格局研究》，中国商务出版社，2018年，第237页。

挽回末运，奠定国基。"[1]幕府将军的封号是"征夷大将军"，怎么能忘记本分？

幕府因为"投降卖国"行径而权威迅速降低，各藩的武士大都成为"攘夷派"，他们纷纷拍案而起，为了驱逐外夷，不惜抛头颅，洒热血。这其中就包括日本后来的著名政治家、长州藩的藩士伊藤博文。伊藤博文在青年时代，不光参与暗杀过主张开国的开明派人士，[2]还参加过十几名"攘夷派"的热血青年火烧英国公使馆的"爱国行动"。[3]

当然，伊藤等下层武士的这些举动和日本历史上那些著名的排外事件，比如生麦事件比起来，就算小打小闹了。

1862年9月14日，完成江户朝觐的萨摩藩藩主岛津久光率领着400名藩兵组成的仪仗队前往京都，走到神奈川附近的生麦村，遇到了4名骑马的英国人。

萨摩藩在日本四岛的最西边，二百多年前的关原之战中，萨摩藩藩主岛津家是德川家康最强大的对手之一，因为这一"世仇"，岛津氏对幕府一直心存芥蒂，对幕府的对外妥协尤其"怒其不争"，对开国之后进入日本的外国人毫无好感。

英国人显然不太清楚日本的国情。一般的日本民众如果在路上看到数百名列队的武士，不是立即回避，就是赶紧跪在路旁，一动不敢动。因为如前所述，日本的法律规定，平民若对武士有什么不恭敬的行为，武士可当场

[1]戴季陶：《日本论》，光明日报出版社，2011年，第42页。
[2]他们的主要目标是长井雅乐，不过没有成功。"博文等……写好了遗书，然后去搜索长井的踪迹。可是这次暗杀也未成功，因为久坂等人的计划被林主税知道，暗中通告长井，让他从西江州改道山城去了。"[日]久米正雄：《伊藤博文传》，团结出版社，2003年，第46页。
[3]"品川御殿山上这时正在建筑外国公使馆，……文久二年十二月十二日……12个人……这夜1点他们直奔御殿山。当时英国公使馆基本落成，法兰西公使馆还在动工，但是房屋周围都挖成壕沟，壕沟里岸有坚实的栅栏。博文便担任锯断栅栏的任务，以开辟通路。……3人装好烧弹放起火来……这夜他们一面看着山上火光冲天，一面举杯畅饮通宵欢舞。"[日]久米正雄：《伊藤博文传》，团结出版社，2003年，第49页。

"斩舍御免"。

但是英国人拒不让路。或者他们认为自己是外国人，不必遵守日本的规矩。就在双方人马交错的刹那，武士队伍中的一员终于忍不住了，他怒喝着"无礼的东西"，挥刀砍向一名英国人。这名英国人从马上摔了下来，被另一名武士当场砍死。剩下的3名英国人中，有2名身受重伤。这就是著名的生麦事件。[1]

比生麦事件更严重的冲突，是在长州藩爆发的下关炮击事件。长州藩位于日本本州岛最西端，同样属于外样大名，藩主毛利氏在关原之战后被德川减封，同样是幕府的死对头。他更瞧不起幕府对"外夷"的卑躬屈膝，决心挺身而出，捍卫日本的尊严。1863年7月8日，一艘法国军舰在下关海峡航行时，遭到长州炮台的炮击，仓皇逃离。3天后的7月11日，一艘荷兰军舰同样在下关海峡遭到炮击，死亡4人，重伤5人。

五

所以日本的爱国志士们也曾经"无知者无畏"，演出过一出出威武雄壮的拿鸡蛋碰石头的爱国活剧。

不过，日本人国民性中最大的优点，是"拎得清"。如果他们通过交手发现对方确实远强于自己，马上就心悦诚服，转过头来死心塌地地向对方学习。

生麦事件发生后，1863年8月，7艘英国军舰抵达鹿儿岛，与萨摩藩展开了炮战。萨摩藩"兰学"发达，军备武力雄冠各藩，因此开战前萨摩藩武士原本是非常自负的。他们认为，击退来犯之敌不是难事。但是英国大炮一响，萨摩武士们的头脑一下子清醒了：对方的大炮射程为4千米，自己的

---

[1]吕理州：《明治维新》，海南出版社，2007年，第100—101页。

大炮射程却只有1千米。[1]他们只花了一分钟就看清楚了：“攘夷”是不可能的。

武士们的思维方式是简单质朴的，“攘夷”不行，那么就“师夷”；“锁国”不行，出路自然是“开国”。[2]萨摩藩和洋人不打不相识，一打就服，转弯很快，转过脸来就成了洋人的好学生，开始积极与英国谈判，痛快地答应赔偿英方25 000英镑，并处罚生麦事件的犯人。[3]英国人经过这次谈判，也发现萨摩藩是个可以沟通的对象，遂决定转而帮助萨摩藩进行近代化转型。

萨摩藩由此开始大量购买外国机械、武器，选派留学生到英国学习先进技术。《菊与刀》说：“这次炮击却带来了意外惊人的后果，萨摩藩并没有要誓死报复，反而向英国寻求友谊。他们亲眼看到敌人的强大，就要求向敌人请教。他们与英国建立了通商关系，并于次年在萨摩建立了学校（指开成所）。据当时一位日本人描述，这所学校‘教授西方的学术奥义，……因生麦事件而产生的友好关系日益发展’。”

六

长州藩的反应异曲同工。

痛击外国军舰后，长州藩扬眉吐气，感觉终于一洗佩里舰队来航以来日本所受的屈辱。

---

[1]吕理州：《明治维新》，海南出版社，2007年，第114页。

[2]出身于萨摩藩的五代友厚曾对这一思想转化过程做过描述，他说：“此次于海面上被迫与英国进行炮战，虽损失甚大，但对启迪三州士民之蒙昧，实天赐千金难买之良机，……应当理解，今后天下之一般形势，已非复攘夷，对其已难加拒绝。天下形势趋向于开国之时期业已临近，因而诸侯竞相钻研富国之方法，如不采取措施，则难睹国家充实富强之成绩。”[日]见信夫清三郎：《日本政治史》第二卷，转引自南开大学日本研究院编《吴廷璆先生百年诞辰纪念文集》，南开大学出版社，2010年，第136页。

[3]吕理州：《明治维新》，海南出版社，2007年，第115页。

1864年9月，英、美、法、荷结成军事同盟，联合攻打长州藩。结果不出意料，长州藩沿岸的炮台几乎全毁。长州藩的反应和萨摩一样，迅速与四国讲和，解散旧式军队，编成近代步炮兵，引进西方技术，建设近代企业。

《菊与刀》说："为了惩罚长州藩，西欧各国联合舰队迅速击毁了长州藩要塞，并索取三百万美元的赔偿，然而这次炮击却带来了与萨摩藩同样奇妙的后果。诺曼论述萨摩事件和长州事件时写道：'这些曾经是攘夷急先锋的藩发生了豹变，不管其背后的动机多么复杂，这种行动却证明了他们的现实主义和冷静态度，人们对此只能表示敬意。'"

七

虽然由原来大义凛然地"攘夷"，转变为比幕府还彻底的"崇洋媚外"，但是萨摩藩与长州藩这两个"外样"雄藩仍然坚定地反对幕府，只不过理由变了：原来它们反对的是幕府开国，现在反对的是幕府开国开得不够。它们说，幕府的被动开国，是推一推动一动，解决不了日本面临的危机。在全球大变局之下，只有踢开老朽的幕府，另建政府，彻底开国，主动向西方学习，才能让日本摆脱困境，变成亚洲强国。

因此萨摩与长州二藩从"攘夷"的领头人一下子变成了"开国"的领头人。它们主张"天下列藩统一意志，发起国政大改革"，共同举兵反幕。1867年11月底，倒幕大军集结，在京都南郊的鸟羽、伏见和幕府决战。

幕府军队大部分是旧装备，长州藩军受"西洋阵法"训练，战斗力更强。1868年，幕府战败投降。

恰在此前一年，保守的孝明天皇去世，16岁的睦仁继位。"天皇去世，德川幕府倒台，为所谓的'明治维新'扫清了道路。"[1]1868年，江户改称东京，日本改元明治。新天皇公布了《五条誓文》，宣布进行维新。但事实上，明治新政府的核心自然不是年仅17岁的天皇，而是萨摩和长州等藩的一批改革派武士，比如长州藩的木户孝允，萨摩藩的大久保利通和西乡隆盛，以及佐贺藩的大隈重信。这些三四十岁的年轻领袖出身中下级武士，与旧制度没什么瓜葛，他们明晰时事，控制了年仅十几岁的天皇。[2]在他们的主导下，如同一千多年前的大化改新一样，日本以异常快的速度，全面引进了西方制度。

第二节　明治维新的主要内容

一

在政治上，和一千多年前的大化改新一样，明治维新的核心，是把"私地"变成"公地"，"私民"变成"公民"。换句话说，从封建制度，变成大一统集权制度。

为了统一国家，维新集团走出的第一步是"版籍奉还"。"版"指土地，"籍"指户籍（人口），版籍奉还就是各地诸侯大名把自己掌握的土地和人民还给国家。和大化改新时的过程相似，萨摩、长州、土佐、肥前四个藩主在1869年1月联名上表朝廷，请求奉还版籍，为天下做出榜样，其余

[1][美]L.S.斯塔夫里阿诺斯：《全球通史——1500年以后的世界》，吴象婴、梁赤民译，上海社会科学院出版社，1999年，第484页。

[2][美]阿尔伯特·克雷格：《哈佛日本文明简史》，李虎、林娟译，世界图书出版公司北京公司，2013年，第113页。

二百余藩随后陆续跟进。1869年6月，明治天皇"批准"收回各藩的版籍。全国土地变成公有。

第二步是天皇宣布废除各藩，用"县"取而代之，即"废藩置县"。各地不再由大名统治，而是由中央任命的"流官"，也就是县知事管理。各地的财政收入也由此直接到达中央。[1]

第三步是废除传统的等级身份制度，实行"四民平等"。平民终于可以骑马了，可以给自己起个姓氏，有了选择职业和迁徙的自由。武士则不必再佩带刀剑，见了平民也没有了"格杀勿论"的特权。[2]

二

在经济上，日本政府的行动分为几步。

第一步是以国家力量铺设电报线路，兴修铁路，开发煤矿和铜矿，到19世纪80年代，日本政府建立了一大批以军事工业为主的国有企业，为日后以轻工业为主的产业革命奠定了基础。

第二步是国企民营化。国企虽然建立迅速，但是效益大多不佳。于是1880年起，明治政府改变思路，直接扶植私人资本主义，将大部分国有企业"处理"给资本家，价格极为低廉，差不多等同于白送。投资62万日元的长崎造船所，只以9.1万日元一次付清转让给三菱；投资59万日元的兵库造船局，只以5.9万日元一次付清转让给川崎。此外还大力投放贷款给民间企业和个人。

---

[1][美]阿尔伯特·克雷格：《哈佛日本文明简史》，李虎、林娟译，世界图书出版公司北京公司，2013年，第114页。

[2]不过武士阶层的特权并没有一下子完全废除，一开始国家仍然给他们发放俸禄，后来才通过鼓励武士就业、发行俸禄公债等方式，逐步取消了俸禄。贵族武士通常把高额公债转化为资本，变身为资本家。普通武士们则改行当了官吏、教职员、军人、警察。也有很多成了普通劳动者，有人甚至成为佃户和人力车夫。

这样一来，一大批比国企竞争力更强的民营企业迅速崛起。比如政府把30多艘轮船无偿交给三菱后，还以贷款等方式大力扶植，三菱轮船公司很快先后挫败了美国的太平洋邮政轮船公司和英国的半岛与东方航海公司，成为世界航运业中名列前茅的重要力量。

由于政策对头，日本工业发展的速度惊人。1866年—1873年日本工业生产年平均增长速度为32.2%，而英国（1851年—1873年）是3.3%，美国（1861年—1873年）是5%。1874年—1890年日本年平均增长速度为12.1%，而英国则为1.7%，美国为5.2%。日本在短短15年（1870年—1885年）内，就在封建的农业国基础上初步实现了工业化。[1]

农业的发展也很快。在工业化的带动下，农民们购买化肥和农业设备投入生产。大米的生产从1880年—1884年的每年1.49亿蒲式耳[2]，增长到1935年—1937年的每年3.16亿蒲式耳。粮食的增产和死亡率的降低（卫生条件改善的结果）带来了人口的增长。人口从1868年的3 000万人，增长到了1900年的4 500万人，到了1940年，人口增长到了7 300万人。[3]

日本由此顺利地走上近代化之路。

---

[1]王述祖：《经济全球化与文化全球化——历史的思考与求证》，中国财政经济出版社，2006年，第78页。

[2]1英蒲式耳≈36.37升；1美蒲式耳≈35.24升。——编者注

[3][美]阿尔伯特·克雷格：《哈佛日本文明简史》，李虎、林娟译，世界图书出版公司北京公司，2013年，第120页。

第十三章

日本为什么能这么快转身

第一节 日本和中国的不同

一

日本人的近代化之路，在人类历史上是独一无二的。简单叙述改革内容，并不足以说明明治维新的特殊之处。

明治维新的特殊之处，在于其推进之顺利，落实之彻底。短短一二十年之间，日本就从类似于中国先秦的封建制度跨越两千年一下子跳到了19世纪的近代集权体制，而且没有遇到太大阻力。

中国人都熟悉的一个说法，即改革通常是极为艰难的，因为会触及众多既得利益者，而"触及利益比触及灵魂还难"。中国历史上的王安石变法悲壮地失败了，张居正变法人亡政息。商鞅变法虽然成功，商鞅本人却被车裂。

明治维新触及的既得利益者太多了。各藩藩主以及庞大的武士阶层，利益都严重受损。藩主们失去了所有政治权力，住房只剩一所，经济上也只剩下本藩原收入十分之一的俸禄，后来俸禄变为公债，收入更是大幅减少。[1]
普通武士更是从上层直坠地下。1872年的统计数字是，武士阶层合计194万
人。日本政府虽然一开始仍然发给他们俸禄，但仅及原来收入的三分之一。
而且后来又开始逐步削减俸禄，不久就完全取消俸禄。大部分武士不得不自
谋生路，成为包括人力车夫在内的普通劳动者，有的人的妻子甚至沦为艺
伎。在这种情况下，虽然出现了西乡隆盛叛乱等局部阻力，但总体上，日本
人非常迅速地完成了历史转折。

　　在明治维新前，大部分日本民众甚至贵族，对西方列强抱有敌视心理，
但是明治维新开始之后不久，大多数日本人就意识到开国的好处。西风劲吹
之下，日本社会面貌日新月异，从服饰到饮食，一切都向西方看齐。以前从
来不吃牛肉的日本人跑到饭店里大吃牛肉，说洋人就是因为吃这个东西才长
得那样高大。洋服成了时髦，人人以有一套西装为荣。[2]

　　邻国中国和朝鲜对明治维新的反应，都是"友邦惊诧"，冷嘲热讽。
江苏按察使应宝时得知日本人效法西方后痛心不已，认为日本政府"昏不
悟"，神志已经昏乱，将陷民众于水火之中，主张兴兵讨伐，对走上错路的
日本人进行解救。

　　1881年，朝鲜国王选派64名官员组成"朝士视察团"，赴日对明治维
新进行全面考察，很多考察团成员对日本改革表示疑虑和反对。比如李宪永
认为，日本"忘我之古，取人之短，宇内万国宁有是理乎？"[3]丢掉自己古
来的传统，学习他人的短处，日本人岂不糊涂？赵准永对日本人仿照西方改

[1]周启乾：《日本近现代经济简史》，昆仑出版社，2006年，第65页。

[2]牛伟宏：《世界近现代史专题研究》，中共中央党校出版社，2000年，第160页。当然，
传统也不是一下子能切断的，特别是在农村地区。戴季陶在《日本论》中说，他在清末日本留
学之时，还能看到"老一辈的人，听见藩主的名，还是崇敬得和鬼神一样。前几年间，旧藩主
从东京回到他以前所统治的地方去，那些老百姓们，依旧是'伏道郊迎'。旧治下的武士们依
旧执臣僚权节。……可见'因袭'是颇不容易除去的"。

[3][韩]李宪永：《闻见事件》，转引自张礼恒《朝鲜人眼中的日本明治维新——以1881年"朝
士视察团"鱼允中的记录为中心》，载《东岳论丛》2014年第11期。

革风俗表示不解："如官职、宫室、饮食、衣服之事，既无益于国，又不便于民，何用强之？"[1]

中国驻日副使张斯桂也作诗讽刺日本明治维新后开始穿西式服装：

椎髻千年本色饶，沐猴底事诧今朝。

改装笑拟皮蒙马，易服羞同尾续貂。

优孟衣冠添话柄，匡庐面目断根苗。

看他摘帽忙行礼，何似从前惯折腰。

嘲笑日本人"沐猴而冠"，"狗尾续貂"，荒唐可笑。

1875年，中国最开明的政治家李鸿章接见日本外交官森有礼时，也对日本改变旧有服装，模仿欧风一事感到不解，直率地问森有礼："阁下对贵国舍旧服仿欧俗，抛弃独立精神而受欧洲支配，难道一点不感到羞耻吗？"[2]

但是日本人并不感到羞耻。他们认为，要改造日本人和日本文化，必须进行"文明开化"，脱亚入欧。面对李鸿章的问题，森有礼回答道："毫无可耻之处，我们还以这些变革感到骄傲。这些变革决不是受外力强迫的，完全是我国自己决定的。我国自古以来，对亚洲、美国和其他任何国家，只要发现其长处，就要取之用于我国。"[3]

近代史上，还没有其他任何国家能像日本人那样迅速和成功地在西方的威胁面前做出机敏的反应。通过专心致志地学习西方，短短四十多年，它从一个蕞尔小国变为世界大国。

因此后来的日本人对"黑船来航"一事，普遍抱有感激而不是仇视的心

[1][韩]赵准永：《闻见事件》，转引自张礼恒《朝鲜人眼中的日本明治维新——以1881年"朝士视察团"鱼允中的记录为中心》，载《东岳论丛》2014年第11期。
[2]田川：《晚清外交四十年：内外交困的李鸿章》，译林出版社，2014年，第111页。
[3]田川：《晚清外交四十年：内外交困的李鸿章》，译林出版社，2014年，第111页。

理，他们感谢佩里打开日本国门，让日本人见识到外部的新世界。时至今日，日本每年都要举行一个特殊的纪念活动，叫"黑船祭"，来纪念"被美国侵略"这件事，在表演活动中，当年的"入侵者"是以英雄的姿态出现，而当年的日本人则被处理成滑稽可笑、惊慌失措的形象。"黑船祭"实际上成了日本庆祝开国的"嘉年华"。

在当年美国人的登岸地点，日本人更是建起了一座佩里公园，竖立了一座"佩里登陆纪念碑"。上面的碑文出自伊藤博文之手。

二

为什么日本和中国在面对西方文化入侵时，表现出如此截然不同的反应呢？

如前面我们多次提到的那样，在很多人的头脑中，中国和日本是两个非常相似的国家。一提起日本，我们嘴里马上蹦出来的词是"同文同种""一衣带水"。

一百年来，中国人形成了一种错觉，以为中日两国国情相同，日本经验自然最容易学习掌握。1898年，康有为就对光绪皇帝说，日本与中国同文同种，国情相近，日本人能做到的，中国人当然也能做到。"故更新之法，不能舍日本而有异道……我朝变法，但采鉴于日本，一切已足。"[1]

1906年，出使日本的大臣对光绪的敌人慈禧也说了类似的话："中国今日，欲加改革，其情势与日本当日正复相似。故于各国得一借镜之资，实不啻于日本得一前车之鉴，事半功倍，效验昭然。"[2]也就是说，中国今天的局势，和日本明治维新前正好很相似，所以学习哪个国家，也不如学习日

---

[1]时培磊：《明清日本研究史籍探研》，天津古籍出版社，2016年，第234—235页。

[2]中国史学会主编《中国近代史资料丛刊：辛亥革命（四）》，上海人民出版社，1957年，第34页。

本来得快，效果好。蒋介石和孙中山也都曾经留学或居留日本，大力号召中国人学习日本。及至中国再度打开国门的20世纪80年代，介绍日本经济建设经验，号召中国人向日本学习的书籍更是汗牛充栋，日本再度成为中国改革的头号老师。

然而，长达百余年的学习，效果却不尽如人意。康有为的变法迅速失败，除了帮助光绪皇帝发布上百道空疏无用的诏书，对中国社会并无真正改变。慈禧皇太后学习日本的宪政，亦步亦趋，"期与日本比隆"，结果画虎不成反类犬，立宪运动虎头蛇尾。孙中山和蒋介石两代人的努力，也并没有使中国真正统一和强大起来，反而在1945年以后，让中国再次陷入腐败和混乱。改革开放以来，中国再度向国际标准靠拢，所走的路线却与日本大相径庭，而是更接近美国。

一系列的愿望与结果擦肩而过，说明把日本经验嫁接移植到中国，远不像想象中的那样容易甚至是可能。

如我们一再说的那样，在中国和日本的表面相似下面，是巨大的不同。

首先是政治权力结构不同。开国前日本的政治结构与中国差别很大。

传统中国实行的大一统的集权统治，处在严密有序的官僚体系的控制之下，"全国一盘棋"，如臂使指。而日本虽然极力试图集权，但基本结构仍然是封建的，全国分为二百多个藩国，各藩处于半独立状态。各藩虽然要遵守幕府制定的诸法度，但藩主在自己的领地上拥有行政、司法、军事和税收等权力，在自己的领地中是绝对的主宰，他们虽然要向幕府效忠，但幕府并不干涉各藩内政。因此这种结构实际上类似于西欧的庄园领主制。

中国最高权力历来一元，皇帝视天下为自己一人的私产，实行一言堂。而日本最高权力长期二元，天皇和幕府并存。日本的天皇虽然实际生活状态很可怜，但毕竟他仍是国家元首，这一点幕府从来没有试图动摇。至于幕府之中，虽称是幕府将军专政，但实际上是由幕府高官们进行权力共享和集体决策，将军所起的作用远没有我们想象的那么大。

两国的社会结构也完全不同。中国从秦始皇之后就消灭了贵族阶层，取消了世袭制，变成了皇帝专制下的"万民平等"，社会流动性强，所谓"朝为田舍郎，暮登天子堂"，农民的儿子通过科举可以做到丞相的高位。中国还有一种特殊的社会流动方式，那就是通过造反当皇帝当将相，"皇帝轮流做，明年到我家"，"泥腿子"造反成功，就成为开国太祖、开国元勋。因此中国"富不过三代"，社会财富和地位总在不停地流动之中。

日本却一直实行世袭等级制，社会分为壁垒森严的几个阶层，基本不能相互流动。不光是天皇万世一系，从来没有易过姓，其他社会阶层也经常是延续几百年纹丝不动。今天中国人经常惊讶于日本的一些老店动辄经营几百年甚至上千年，其实这正是日本传统社会固化的一种表现。

中国实行诸子均分制，父亲死了，家产儿子平分，而日本实行长子继承制。中国以文人治国，日本却实行武士制度。中国历代贪污腐败之风盛行，而日本统治阶层历来十分清廉，"似乎不懂什么叫贪污"。

因此，日本在亚洲实际上是一个非常特殊的国家，整个国家的运转结构与一衣带水的中国迥然不同，却与遥远的欧亚大陆另一端的欧洲非常相似。日本的庄园领主制、长子继承制、社会阶层世袭制、权力多元、武士制度，在中世纪西欧几乎全部具备。

三

曾经有一些西方学者认为，在西方的挑战面前，中国能做出比日本更有力的反应。因为鸦片战争前的中国，政治上比日本更有序，经济上也比日本更繁荣。赖肖尔说：

> 在十九世纪前半期的西方人看来，恐怕大多认为中国的政治、
> 社会结构表面上更接近于近代西方……中国是世界上最大的国家，

长时期实行高度的中央集权制。不仅如此，中国数千年来还处于官僚制度的统治之下。

日本存在着非常严密的闭锁的封建主义时期，因此从社会上看，它也被认为是两国中更落后的国家。

十九世纪初期的欧洲人假如对中日两国中哪一方可能实现近代化进行预测的话，一定会认为，中国只要重新调整一部分政策，改革一部分组织机构，就能实现近代化。

反之，认为日本在可能进行近代化会不可缺少的国家建设之前，必须首先进行彻底的政治革命与社会革命。

康有为也是这样认为。在他看来，中国要现代化转型，肯定比日本要快得多，因为中国是专制体制，"君权素重"，官僚制度完备，不像日本那样，上有天皇和幕府的二元结构，下有各藩并不统一的纷争。"皇上乾纲独揽，既无日本将军柄政之患，臣民指臂一体，又无日本去封建藩士之难。……一举而规模成，数年而治功著，其治效之速，非徒远过日本，真有令人不可测度者。"

但事实恰恰与此相反，中国故步自封，日本迅速转身。这是为什么呢？

赖肖尔的解释是，中国的大一统恰恰是改革最大的阻力："中国国土虽然辽阔，但中央政权有力量粉碎一切所谓非法的地方反应。在中国只能有两种可能性：要么是北京中央政府的反应，要么是颠覆政府的民众运动。"而日本由于权力分散，在外界挑战面前，不同的藩可能做出不同的反应，因此做出正确应对的概率要远大于中国："日本由于在封建制度下被分割为许多藩，对于西方学问与力量的态度比中国单一的中央集权制度更富于变化，能够做出内容丰富的反应。"

确实，日本能够迅速走上西化道路，与它和西欧的这种结构相似性直接相关。大名们各自保持割据状态，在幕府处心积虑的控制下，仍然拥有一定资源与幕府抗衡。[1]在开国之际，日本诸藩中的大部分藩主，也是昏庸保守、不思进取之人。然而，毕竟有少数藩，特别是那几个原来与德川家争夺天下失败而臣服的地处边远的"外样大名"，一直希望有掀翻幕府统治的机会，因此他们的敏感性更强，在挨打之后采取了正确的应对措施："在各藩内部也有一些敏感性强的人，出现令人惊异的各种反应。幕府自身也有反应的能力，实际上也做出了反应。强大的德川领地之一的水户藩和接近幕府的越前松平藩也是如此；士佐的山内藩、长州的毛利藩、萨摩的岛津藩等外藩中也都有一些反应。这种种反应说明，日本比一元化的帝政中国有更多的获得建设性反应的机会。"[2]

日本启蒙思想家福泽谕吉则从另一个稍有不同的角度来解释中日反应的不同。他认为，中国独尊儒术，实行思想专制，儒家思想成为控制每个社会成员的僵化教条。而日本却有天皇和幕府两个权力中心，统治阶层是世袭的武士，他们多是读书不多的理性主义者，所以整个社会更为注重实际，对现实问题更容易做出合理的反应。

他说："（中国皇帝以）至尊的地位和最高的权力合而为一，以统治人民，并且深入人心，左右着人心的方向。所以，在这种政治统治下的人民的思想趋向必然偏执，胸怀狭窄，头脑单纯。……（日本幕府和天皇分立，则）形成了至尊未必至强，至强未必至尊的情况，……恰如胸中容纳两种东西而任其自由活动一般。……任何一种思想都不能垄断，既然不能垄断，这时自然要产生一种自由的风气。……在这一点上，中国人的思想是贫困的，日本人的思想是丰富的，中国人是单纯的，日本人是复杂的。思想复杂丰富的人，迷信就会消除。"[3]

---

[1]杨绍先等：《亚太五国传统·改革与现代化研究》，贵州教育出版社，1998年，第27页。

[2][美]赖肖尔：《近代日本新观》，卞崇道译，生活·读书·新知三联书店，1992年，第36页。

[3][日]福泽谕吉：《文明论概略》，北京编译社译，商务印书馆，2017年，第16—18页。

"中国是一个把专制神权政府传之于万世的国家，日本则是在神权政府的基础上配合以武力的国家。中国是一个因素，日本则包括两个因素。如果从这个问题来讨论文明的先后，那么，中国如果不经过一番变革就不可能达到日本这样的程度。在汲取西洋文明方面，可以说，日本是比中国容易的。"[1]

确实，日本没有科举，精英们的头脑没有格式化，这一点很重要。中国的科举制导致社会精英价值观的高度统一板结，牢不可破。而日本武士阶层头脑中没有那么多教条。武士阶层当然也读书，但是更多是从实用出发，14世纪中期成书的《庭训往来》最初是武家子弟使用的启蒙教科书，在所收录的963个词语中，绝大多数是涉及衣食住行、职业、佛教信仰、武器、养生等方面的内容，而贵族教养、文学方面的内容只有61个。到江户时代，平民教育中也完全贯穿了实用原则。农家子弟只学与农业相关的知识，商人子弟只需要能读、能写、能打算盘。

因为这种教育上的实用主义精神，所以日本人保持了头脑的清醒。以荷兰语与荷兰医学为中心的西方文化传入日本不久，就吸引了日本武士阶层当中很多人的注意，发展成一种独立的学问体系——兰学。因此当时日本知识阶层对西方文明的认识水平远远高于同时代仍然沉溺于科举的中国人。正是因为有这样的基础，黑船来航后，他们能将兰学迅速扩展为洋学。[2]

所以日本统治阶层远比中国的官僚阶层更为现实。鸦片战争后，魏源写了《海国图志》，介绍外国形势。中国知识分子和官僚对此书不加理睬，不久此书就在中国绝版，而日本人则视如珍宝，不断翻印。因此鸦片战争没有打醒中国，而比中国小得多的冲突却很快让日本武士头脑一百八十度大转弯。

---

[1]张允起编《日本明治前期法政史料选编》，张允起等译，清华大学出版社，2016年，第131页。
[2]李卓、张暮辉：《科举制度与日本》，《古代文明》2007年第4期。

第二节　江户时代的经济遗产

一

除了政治结构之外，日本的经济基础也与中国不同。江户时代的经济发展，为明治维新奠定了一个良好的基础。

从经济上看，江户时代本是一个离奇可笑的时代。可笑之处有二：第一，全日本的农民背负着"五公五民"的沉重负担，累死累活，把大量所得交给藩主。而藩主却把这当中的大部分，用于似乎毫无用处的参觐交代的排场和仪式。也就是说，二百多年间，日本社会相当一部分财富就这样被白白浪费了。

第二，江户时代实行实物税，贵族和武士的全部收入都是来自农民交纳的大米，要把大米换成其他的东西，必须借助商人阶层，其中存在巨大的操作空间，大量的社会财富又从武士阶层转移到了商人阶层，导致武士贫困化而商人力量崛起，为资本主义在日本扎根做好了铺垫。

列宁说："历史喜欢作弄人，喜欢同人们开玩笑。本来要到这个房间，结果却走进了另一个房间。"江户时代就是这样。这个时代的设计者本来想使一切都平衡下来，但是却亲手种下了打破这个平衡的种子。

二

大名和武士们必须将大米卖掉，才能购买华丽的衣服、精美的刀剑和贵重的奢侈品。[1]但是，限于高贵的身份，他们当然不能从事低贱的买卖。这

---

[1]王明珠：《江户时代年贡米的商品化及其后果》，硕士学位论文，东北师范大学，2005年。

些事，只能交给"四民"当中最低等级的商人去办。

受中国文化的影响，日本的统治阶层也是"贱商"的，"商人见了武士，无论什么事，都是绝对不能够辩论是非曲直"。[1]因此"町人根性"（商人根性）在日语中成了一句骂人的话。

但是在日本身份限制禁令下，统治阶层只专注政治利益，商业空间全部由商人垄断。大名和武士们必须通过商人之手将大量的大米卖掉，又只能通过商人购买所需的一切。这样一来，商人就获得了巨大的利润空间。一些大商人在大米市场相通声气，左右价格，很轻松地就获得了高额的利润。[2]由此我们就很容易理解为什么在江户时代商人阶层能迅速暴发。本多利明说，宽政年间（18世纪90年代），"日本国富的十六分之十五被商人所收，十六分之一被武家所收"。[3]加尔别林认为，19世纪30年代，日本全国财富的八分之七集中在富商手中。[4]

因此，江户时代是日本历史上从来没有出现过的社会财富大转手的时代，贵族和武士们只剩下至高无上的社会地位，他们的经济命脉却被商人牢牢掌握了。到了江户后期，越来越多的大名陷入财政困境。加贺藩原来是个富藩，因为参觐交代等巨大支出，在1682年一年就亏缺7 000贯银。水富藩自1701年起每年财政收入不足35万石，甚至连武士的俸禄都难以发放。[5]

藩主没钱，武士们自然就更穷了。经济困难之时，大名首先想到的只能是扣发武士的俸禄。"近来诸侯无论大小，均感国用不足，贫困已极。借用

[1]戴季陶：《日本论》，光明日报出版社，2011年，第36页。

[2]王明珠：《江户时代年贡米的商品化及其后果》，硕士学位论文，东北师范大学，2005年。

[3][日]野吕荣太郎：《日本资本主义发展史》，转引自李文《武士阶级与日本的近代化》，河北人民出版社，2003年，第73页。

[4][苏]加尔别林主编《日本近代史纲》，转引自李文《武士阶级与日本的近代化》，河北人民出版社，2003年，第73页。

[5]杨绍先等：《亚太五国传统·改革与现代化研究》，贵州教育出版社，1998年，第29页。

家臣俸禄之事，少则十分之一，多则十分之五六。"[1] "大小诸侯，因穷人增多，以至难以维持政务，特别是对于陪臣，须裁减三成或半数，甚至其他人也遭到减薪，真是可怜。"[2]有些下级武士贫困到"冬穿单衣夏穿棉，无处安身，借居陋室，比下贱者犹不如"。

三

这在中国是不可想象的。中国统治者不可能听任商人阶层如此富有而自己如此贫穷。日本的官商关系小葱拌豆腐——一清二白，中国的却不这样单纯。

中国社会不像日本这样分工明确，秦以后的中国历史一直是政治可以任意侵入一切社会空间，政治大于经济，即所谓"超经济强制"。因此商人必须依靠政治，官商结合，才能发财。事实上，从春秋至清代大商人毫无例外都是与政治有密切联系的寻租成功者。权力所有者当然要在商人的利润中分一杯羹。还有些朝代比如明代，官员和贵族直接经商成风。王毓铨研究明代私营工商业的发展史说，明代那些能赚大钱的大商人"不是一般的大商人，因为他们的商业活动不同于一般的商业经营。他们所凭借的主要不是资本而是封建特权和职权，他们所进行的完全不是公平交易而是用强豪夺，他们所获得的基本上不是商业利润而是豪夺的财富。只有他们，如皇亲寿宁侯张鹤龄，才能'横行江河，张打黄旗，势如翼虎'。只有他们，如勋臣翊国公郭勋，才能'水陆舟车皆悬翊国公金字牌，骚扰关津，侵渔民利'"。[3]相比之下，日本统治阶层"头脑简单"，不懂得安排商人当自己的白手套，通过

[1][日]服部之总：《明治维新讲话》中译本，转引自杨绍先等《亚太五国传统·改革与现代化研究》，贵州教育出版社，1998年，第29页。
[2][日]本庄荣治郎：《日本社会经济史》，转引自杨绍先等《亚太五国传统·改革与现代化研究》，贵州教育出版社，1998年，第29—30页。
[3]王毓铨：《莱芜集》，中华书局，1983年，第305页。

各种或明或暗的手段从这些环节中分一杯羹。

在中国，一遇特殊的财政困难，国家可以公开掠夺商人财产。比如《旧唐书·卢杞传》记载：

> 河北、河南连兵不息，……赵赞……以为泉货所聚，在于富商，钱出万贯者，留万贯为业，有余，官借以给军，冀得五百万贯。上许之，约以罢兵后以公钱还。……长安尉薛萃荷校乘车，搜人财货。意其不实，即行搒棰，人不胜冤痛，或有自缢而死者，京师嚣然如被贼盗。[1]

因为战争频繁，财政紧张，所以有人请皇帝下令，天下富商，每个人最多只能留一万贯，多出来的，都要"借"给军队。皇帝同意之后，军队就开始公开搜捕商人，如果不交钱，就酷刑折磨，有人因此上吊自杀，整个京城如同被暴乱的军队抢劫了一样。

这是特殊时期。在承平时代，遇到财政困难，政府强迫富商捐款更是中国经常上演的情节。

四

但是日本传统社会对商人的利益保护要比中国好得多。传统日本因为集权不够，分权制下无法形成对社会的"超经济强制"。统治者即使有心，通常也无力控制大商人。所以不得不老老实实地向社会上唯一有钱的商人阶层借贷。比如加贺藩为了缓解财政困难，就不得不向京都、大阪富商借贷。据史料记载，仅大阪商人借给诸侯的白银就达6 000万两，年利息折合为300

---

[1]《旧唐书》卷135《卢杞传》，中华书局，1975年，第3715页。

万石。[1]"现今之诸侯，不论大小，无不倾心垂首于町人，依赖江户、京都和大阪等地的富商，以求续计渡世。"

这样就形成了恶性循环。通过放高利贷，商人变得更富有了，而大名和武士们的穷困化更加速了。

因此，高高在上的大名不得不向商人阶层俯首。"虽然武士阶级对于唯利是图的商人阶级具有先天的轻视心，可是商人的经济力量却挫折了这种轻视心的锋芒，并且使得破产的大名的嘲笑声响得异常地空虚无力，甚至于使他们的敬畏之心不禁油然而生。"[2]以至出现"大阪商人一怒，天下大名为之震恐"的局面。[2]商人因此在许多藩的藩政里占据了重要的位置，控制了财政大权，影响诸侯的政治决策，商人的地位也因此提高。

中下级武士中有人甚至出卖武士称号给商人，把自己的儿子送给商人当养子，与商人联姻，来分一杯羹。[3]"商人家族通过通婚或继嗣等手段获得了贵族头衔。"1710年颁布的《武家诸法度》里痛心疾首地说"近世风俗，关于继嗣一事，甚至不论血统关系，而惟论财货多寡"。

这些情景在中国是绝对不会出现的，我在《简读中国史》中做了比较详细的论述。但是在欧洲近代史上却出现了：贵族的经济命脉被商人控制，和商人联姻，贵族获得财富而商人获得地位。这一切正如本尼迪克特所讲，"商人阶级总是封建制度的破坏者，商人一旦受到尊敬而繁荣，封建制度就会衰亡"。[4]

因此，撬动僵化的江户体制的力量，在江户体制内部不期然地出现了。"德川幕府领导人的目的是要使日本与世隔绝、一成不变，以便使他们的统

---

[1]李文：《武士阶级与日本的近代化》，河北人民出版社，2003年，第73页。

[2]杨绍先等：《亚太五国传统·改革与现代化研究》，贵州教育出版社，1998年，第29页。

[3]王明珠：《江户时代年贡米的商品化及其后果》，硕士学位论文，东北师范大学，2005年。

[4][美]鲁思·本尼迪克特：《菊与刀》，吕万和、熊达云、王智新译，商务印书馆，2017年，第67页。

治永存。但是，尽管他们做出种种努力，还是有了某些发展；这些发展渐渐改变了这个国家的力量对比，打破了现状。"[1]

五

商人阶层的崛起，对明治维新进行了两个方向上的铺垫。

第一个是为明治维新后的企业家阶层进行了准备。

传统中国社会政治统领一切，"利出一孔"，一切利益都来自权力。因此中国社会存在严重的"官本位"。所有的男人，都以当官为最高的人生志向。"政治领导地位向所有阶级开放，存在着唯一的价值观，人人都为学问所吸引，以追求政府的高位为理想。"[2]其他任何职业，包括诗人、医生、科学家，都是不为社会所尊重和重视的。杜甫千载以来一直被称为"杜工部"，就是因为他做过"工部左拾遗"这样一个不值一提的小官。今天的历史教科书上称张衡为天文学家，但在传统时代，张衡是以官员身份被载入历史的。即使是商人，赚到了足够多的钱之后，也要马上去捐一个官，获得一个头衔，才感觉光宗耀祖，心安理得。

日本实行封建制度，社会分层，士农工商的界限不能突破，如同一个个格子把人的一生隔断起来，压抑了很多人的才干。但与此同时，这一制度也有一个意外的好处，那就是武士以外的阶层断绝了政治野心，"顺天知命"，静下心来，专心致力于在政治领域之外的其他渠道发展，由此形成了日本社会的多元思维方式和多元追求。"即便不能加入政府，也能在各自有限的活动领域中做出应有的社会贡献。这种认识至少在非武士阶级中间存

---

[1][美]L.S.斯塔夫里阿诺斯：《全球通史——1500年以后的世界》，吴象婴、梁赤民译，上海社会科学院出版社，1999年，第481页。

[2][美]赖肖尔：《近代日本新观》，卞崇道译，生活·读书·新知三联书店，1992年，第37页。

在着。”[1]

中国的权力所有者一直提防大商人大实业家经济力量过大，对政府权力构成挑战，所以从春秋战国时代开始，中国的统治者就非常注意防范商人，打压商人阶层，动不动就抄商人的家。朱元璋时代一个有名的传说是，江南首富沈万三为了讨好朱元璋，出巨资助建了南京城墙的三分之一，孰料朱元璋见沈万三如此富有，深恐其"富可敌国"，欲杀之，经马皇后劝谏，才找了个借口流放云南。沈万三客死云南，财产都被朱元璋收归国有。这个传说虽然被历史学家证明为杜撰，却十分传神地表现了朱元璋时代富人财富的朝不保夕。

因此中国商人历来没有安全感，无法培养起企业家精神，有了钱就赶紧买地捐官。赖肖尔说："从财源上看，中国本来有希望出现新的事业，但是力量强大的中央集权政府课税过重，吞噬民营事业以为国家垄断的例子在历史上屡见不鲜。这样一来，个人和集团的自发热情完全被政府熄灭，阻止和妨碍了创建高效率的强大企业。"[2]

和中国比起来，江户时代的日本商人更有安全感，更愿意扩大投资。和日本的匠人精神类似，日本的商人也追求极致。他们能垄断日本社会大部分财富，不仅仅是因为体制赋予的特权。江户时代已经出现了一些很大的工商业企业，这些企业代代传承，精心研究商业规律，初步培养起了企业家精神。"把日本的商人，特别是富裕农民与中国比较时，他们比由政府征收企业和课以重税的中国商人、农民具有更大的安定感，其结果培植了日本商人和富裕农民今天所谓的企业精神。他们肯于为产业和商业进行长期投资，反之中国商人和农民则醉心于通过高利贷和单纯的商业交易，取得短期的利润，同时大

---

[1][美]赖肖尔：《近代日本新观》，卞崇道译，生活·读书·新知三联书店，1992年，第37页。

[2][美]赖肖尔：《近代日本新观》，卞崇道译，生活·读书·新知三联书店，1992年，第41页。

多把剩余利润用来购买土地，认为这才是唯一安全的长期投资方法。"[1]

在日本近代化过程中，很多日本人都在政府之外对推动日本社会转型起了关键性的作用。赖肖尔举出几个例子，第一个是岩崎弥太郎。岩崎出生于武士家庭，本来有资格从政，他却立志从商，后来成为有名的"海运王"，创立"三菱集团"，为日本近代运输业转型做出了巨大贡献。

另一个例子是涩泽荣一，他本来已经进入政府，做到主管国家预算的大藏少辅，有机会成为一个前程无量的政治家。但他在迅速变化的时代氛围中认识到作为一个实业家能做出更多的事情，因此在33岁那年弃官从商，创办了日本第一家股份制银行，一生创办了500多家企业，被称为日本近代的"实业之父"，为日本近代化做出很大的贡献。

这样的角色在近代中国却几乎一个也没有。在中国的洋务运动中，几乎所有企业都是由官僚而不是企业家控制，他们经营企业，遵循的是官场的游戏规则而不是商业规律。赖肖尔说："与此相比，在中国帝国后期，努力开发产业的盛宣怀等人执着于官吏地位，并且利用自己的企业去追求其政治野心，从而招致对中国近代化没有做出多大贡献的结果。""回避跻身官僚所得到的权力，采取其他形式贡献自己的力量，这样的人物在十九世纪中国史上可以说是极为罕见的。"[2]

世界上商品经济不发达的大部分国家都有一个共同的特点，那就是国家权力过大，与民争利，导致民营企业家没有安全感："若观今日之世界，我们看到仍然存在着落后国家。在那里，由于政府的介入，扼杀了企业精神，窒碍了有效率的各种经济制度的发展。"[3]

---

[1][美]赖肖尔：《近代日本新观》，卞崇道译，生活·读书·新知三联书店，1992年，第41页。

[2][美]赖肖尔：《近代日本新观》，卞崇道译，生活·读书·新知三联书店，1992年，第39—40页。

[3][美]赖肖尔：《近代日本新观》，卞崇道译，生活·读书·新知三联书店，1992年，第42页。

因此日本和欧洲很像，政府权力没有集中统一，是商业精神生长的前提条件之一。"欧洲的中央集权政府比较软弱，处于不能依凭征用企业和课以重税来吞噬有前途的私营企业的状态。因此，同日本一样，它在欧洲也培植了高度的企业精神，促使人们进行长期的资本投资。"[1]所以赖肖尔说："在促进日本迅速近代化的诸因素中，有许多因素恐怕也是欧洲近代化的重要因素。"[2]"欧洲和日本一样，是从多样性的封建体制和充分发展的社会结构的母胎中诞生的。"

六

商人阶层的崛起对日本的另一个影响，是促进了日本商品经济的发展。首先是让城市生活变得更丰富多彩。江户时代，城市日益繁荣，除了商人之外，"城市里还有仆人、厨师、信差、饭店老板、僧侣、医生、教师、磨刀匠、租书人、武师、歌伎、妓女、澡堂工。在通俗艺术领域，有木刻版画艺术家和雕刻家、出版商、木偶操作师、杂技团演员、说书人和歌舞伎演员等。商人家庭为江户时期的小说角色提供了素材：守财奴商人锱铢必较，浪荡子继承遗产必定挥霍至破产，总是犯错的妻子，或者是恋上妓女但结果无望的小职员"。[3]

商人阶级的崛起也促进了农村经济的发展，"人口的剧增增加了商品的需求量，鼓励商人和富农将剩余资本投于新的生产方式——包括家庭包工制

[1][美]赖肖尔：《近代日本新观》，卞崇道译，生活·读书·新知三联书店，1992年，第43页。

[2][美]赖肖尔：《近代日本新观》，卞崇道译，生活·读书·新知三联书店，1992年，第43页。

[3][美]阿尔伯特·克雷格：《哈佛日本文明简史》，李虎、林娟译，世界图书出版公司北京公司，2013年，第79页。

即分散在家庭加工的制度"。[1]

商人们向农民提供原材料,让他们在自己家里加工,然后包收产品,支付给他们工资。这种方式被称为"问屋制家内工业"。幕府曾对全国110个村进行调查,到19世纪初,20%—25%的农民家庭都兼营工商业。[2]

"他们向农民和工匠提供原料和设备,而将制成品拿到市场上出售。到德川幕府统治末期,似乎某些地区的这一工业发展已达到了创办工厂的水平。以可利用的原料和地方技术为基础的地区专业化开始普遍起来,因此,某些地区以其漆器、陶器、纺织品或米酒而闻名。"[3]

这样一来,有一些农村地区变富裕了,这为后来明治维新日本农村社会改革打下了基础。因此,"19世纪中叶以前的日本农民与同时期的中国农民相比,有两个重要特点:第一,日本农民基本上完成了由自给自足的自然经济到小商品经济的转化;第二,由此产生了新的思想和新的价值观念。当时中国农民大多还没有完成这种转化……正是这些特点,决定了后来中日两国农民的不同命运"。[4]

在经济发展的带动下,日本的教育普及度上升,到18世纪末,每个藩领都为其家臣建立了学校。到了德川晚期,可能高达40%—50%的男性和15%—20%的女性能读书识字,这一识字率高于世界大部分地区,与欧洲发展较晚的某些国家齐平。[5]

---

[1][美]L.S.斯塔夫里阿诺斯:《全球通史——1500年以后的世界》,吴象婴、梁赤民译,上海社会科学院出版社,1999年,第481页。

[2]孙义学:《日本江户时代的农民境况》,载南开大学历史系等编《中外封建社会劳动者状况比较研究论文集》,南开大学出版社,1989年,第283页。

[3][美]L.S.斯塔夫里阿诺斯:《全球通史——1500年以后的世界》,吴象婴、梁赤民译,上海社会科学院出版社,1999年,第481—482页。

[4]孙义学:《日本江户时代的农民境况》,载南开大学历史系等编《中外封建社会劳动者状况比较研究论文集》,南开大学出版社,1989年,第285页。

[5][美]阿尔伯特·克雷格:《哈佛日本文明简史》,李虎、林娟译,世界图书出版公司北京公司,2013年,第95页。

傅高义在《中国和日本》中说：

> 与清朝相比，德川日本的体制更鼓励地方经济和教育的发展。尽管个别中国人在文化、科技上有出色的成就，在19世纪中后期，当中日两国开始向西方开放时，平均来说，日本各地的教育和经济基础都要比中国好。
>
> 至19世纪末，日本男性人口的识字率估计已达到五成，高于中国的水平。那些曾在首都待过一段时间的各地青年，将来若是成为其所在地区的领导者，则会拥有共同的语言和文化，发展出跨越领地的友谊。而中国的年轻人只有在北京准备科举考试时得以见面交流，其共有文化基础更加薄弱。

这些都为明治维新进行了铺垫，蓄积了冲破江户时代重重藩篱的强大力量。"日本社会正处于转变之中。它正经历着深刻的经济变化和社会变化，而这又酿成了政治上的紧张局势；这种紧张局势在海军准将佩里迫使日本打开贸易大门时达到极限。日本人之所以很乐于在西方的影响下改造他们的社会，原因之一就在于他们中的许多人已充分认识到这个社会需要改造。"[1]

资本主义在欧洲的发展，是人类历史的一个特殊现象，这一特殊现象的产生依赖于欧洲小国林立、权力多元和社会分工的特殊条件。无独有偶的是，在欧亚大陆另一端的日本，虽然和欧洲几乎没有什么交流，但两者之间的社会结构却呈现出惊人的相似性。正是这种相似性，决定了日本在进行现代化转型的时候，遇到的阻力远比中国要小。

《全球通史》评价明治维新：

---

[1][美]L.S.斯塔夫里阿诺斯：《全球通史——1500年以后的世界》，吴象婴、梁赤民译，上海社会科学院出版社，1999年，第482页。

同中华帝国的铁板一块的特点相比，日本的政体和社会结构具有多元化的特点。地理上的分隔，即起伏不平的山区地形加强了日本的氏族传统和地区独立主义。日本的商人阶级拥有更大的自治权和更强的经济实力，而且如我们将要看到的那样，在西方入侵的紧要关头迅速扩大了它的势力。日本军人在社会的最高层，而不像中国军人那样在社会的最底层。这意味着日本拥有一个比中国的文人阶层更易受西方军事技术的影响，并对此反应更迅速的统治阶层。总之，地理环境、文化传统和多元化的体制诸因素，都使日本比中国更易遭受西方的入侵，且能更快地对这一入侵做出反应。[1]

至于明治维新过程中反映出的日本人国民性方面的一些特点，我们将在"日本人的国民性"一编当中加以讨论。

---

[1][美]L.S.斯塔夫里阿诺斯：《全球通史——1500年以后的世界》，吴象婴、梁赤民译，上海社会科学院出版社，1999年，第481页。

第十四章

中日不同：外国人的观察和日本知识分子的认识

一

通过前两编的叙述，我们可以看到中日两国文化传统和历史轨迹的不同。这种不同也塑造了中日两国截然有别的社会面貌。

1858年，有一个西方人同时到过中国和日本，在日记中记下了对两个国家的不同观感。他的身份有些特殊：他是第二次鸦片战争的指挥者之一，火烧圆明园命令的下达者，英国人额尔金。

这一年，日本离明治维新还有十年，仍处于传统时代。中国虽然已经经历过鸦片战争，但还没有开始洋务运动，整个社会仍然沉睡未醒。两国都长期闭关锁国，日本甚至锁得比中国还严密，但是在额尔金的笔下，这两个东亚传统国家给他的印象却非常不同。

他对中国的印象远谈不上良好。他说："广州算是最无趣味的城市了——低矮的楼房、狭窄的街道，还有那些供着丑陋不堪佛像的寺庙。"[1]他认为中国无论是僧人还是信众的信仰都谈不上虔诚。"他们的脸上见不到一丝虔诚信宗教的迹象，但很奇怪的是，中国人花在建庙上的钱不可

---

[1][英]额尔金、[英]沃尔龙德：《额尔金书信和日记选》，汪洪章、陈以侃译，中西书局，2011年，第61页。

计数。"[1]

他对中国人的国民性评价非常负面，说中国人"胆怯、懦弱而不知反抗，愚昧、无知而不抱怨"。[2]他和中国外交官打交道时感觉非常困难，"要对付的这帮人，你跟他讲理一点没用，加以恫吓，马上又服服帖帖，同时，他们对所议问题及自己的真正利益一窍不通"。[3]

在第二次鸦片战争的过程当中，额尔金曾见缝插针，抽时间到日本去修订《英日友好条约》，以获得"美国近来在日本已取得新的利益"。他对日本的印象，与中国完全不同。

他认为日本的城市很整洁。"不像在中国所见那破破烂烂的样子，这里见到的一切真的让人感到非常惬意。"[4]"与中国的城市相比，这里清洁多了，见不到一个乞丐。这里的人也都干净整洁。"不过令他惊讶的是"这里人家的房屋当街而建，从街上走过，能看见屋子前或起居室里有女人坐在木桶里洗澡"。他不禁疑问："女人爱干净当然没错，但干嘛（吗）非要以这种方式，将自己爱干净证明给别人那双天真无邪的眼睛看呢？"[5]

日本的寺院比中国的寺院让他更感觉舒服。"我今晨到那寺院里去……此地的僧人不像中国的那样一脸苦相，寺院里的状况也要好得多。"[6]

他认为日本人很友好，"见到外国人，都亲切地提供各种帮助，拒不收

[1][英]额尔金、[英]沃尔龙德：《额尔金书信和日记选》，汪洪章、陈以侃译，中西书局，2011年，第70页。

[2][英]额尔金、[英]沃尔龙德：《额尔金书信和日记选》，汪洪章、陈以侃译，中西书局，2011年，第95页。

[3][英]额尔金、[英]沃尔龙德：《额尔金书信和日记选》，汪洪章、陈以侃译，中西书局，2011年，第97页。

[4][英]额尔金、[英]沃尔龙德：《额尔金书信和日记选》，汪洪章、陈以侃译，中西书局，2011年，第111页。

[5][英]额尔金、[英]沃尔龙德：《额尔金书信和日记选》，汪洪章、陈以侃译，中西书局，2011年，第103—104页。

[6][英]额尔金、[英]沃尔龙德：《额尔金书信和日记选》，汪洪章、陈以侃译，中西书局，2011年，第114页。

任何回报”。

在他眼中，日本的外交官“都很友善，不像中国人，傲慢而偏执”。“他们那副公事公办的样子给我印象很深，说话很机灵，问的问题也很到位，绝不糊弄人也不吹毛求疵。……整体看，我得说，与我打交道的人似乎是我所见过的最讲理的人。”[1]

最后他总结日本之行说：“整体说来，我认为这是我出行中最有趣的一次。人民富庶，完全没有贫穷迹象；他们的脸上是十分快乐的样子，为人有礼貌，知道尊敬人，我们英国花大笔钱才达到的整洁、完美的生活，这里的人没花多少钱也达到了。此外，此地气候温和，物产丰饶，所有这些都远远超出我之前的预料。我还不得不说的是，日本人的社会道德状况和其山川一样的美，这也是我始料不及的。每个人，从天皇（从不离开皇宫一步）到最卑微的小民，都遵守法律和习俗，过着谨严有序的生活。”[2]“日本从外人角度看上去的无与伦比的美及其与众不同的道德、社会景观，给我以极好的印象。”[3]以至于他离开日本，心里真有种依依惜别之情，“一想到要回到中国去，心里就有点儿恐惧的感觉”。[4]

我们当然不能说额尔金对中国和日本的对比是客观准确的。当时的中国和英国处于战争当中，为了让自己的侵略行为合理化，他下意识当中会夸大中国的落后和缺点。作为一个为英国攫取利益的外交官，他的事业在中国开展得也显然没有在日本顺利，这肯定也会影响他的主观感受。不过如果因此认为他的日记毫无价值，或者说他在日记中刻意扭曲他的感受来丑化中国，

[1][英]额尔金、[英]沃尔龙德：《额尔金书信和日记选》，汪洪章、陈以侃译，中西书局，2011年，第111页。
[2][英]额尔金、[英]沃尔龙德：《额尔金书信和日记选》，汪洪章、陈以侃译，中西书局，2011年，第113页。
[3][英]额尔金、[英]沃尔龙德：《额尔金书信和日记选》，汪洪章、陈以侃译，中西书局，2011年，第118页。
[4][英]额尔金、[英]沃尔龙德：《额尔金书信和日记选》，汪洪章、陈以侃译，中西书局，2011年，第115页。

也有失公允。

近代早期同时到达过中日两国的西方人不止额尔金一人。比较有名的还有一个人——俄国作家冈察洛夫（1812年—1891年）。他在1853年搭乘"巴达拉"号军舰到过中国和日本，也进行过中日对比，结论是日本人没有"使人变成愚笨的那种沉闷的和陈旧的无用的学问"，求知欲很强，而中国的学者们，"甚至不能用生动的日常用语，来表达自己的思想，那是不许可的，学者只能照书上所写的来表达"。[1]英国人密杰（1833年—1902年）在他的《一个英国人在中国》一书中也说，他看到的中国人都"思考模糊，行动迟缓"，对外国文化"漠不关心和感觉迟钝，并因自尊心而养成轻蔑心理"。而日本人则"敏锐，有聪明的求知欲"。[2]

在黑船来航之后的第二年，1854年，佩里舰队重访日本，美国人队伍中有一个雇自香港的中国翻译罗森，他留下一部《访日日记》。罗森是广东人，可能在香港经商。除了关注到日本"男不羞见下体，女看淫画为平常……男女同浴于一室之中，而不嫌避者"这类独特的性风俗外，他对日本最深的印象是近乎夜不闭户的良好治安："虽国小于中华，然而抢掠暴劫之风，亦未尝见。破其屋，门虽以纸糊，亦无有鼠窃狗偷之弊。"[3]

二

近代以前，几乎没有中国知识分子对中日历史和文化的不同进行过深入讨论，因为中国人对外部世界素来不那么关注。不过江户时代的日本知识分子，却对中日之不同进行过一番相当热闹的总结和分析。

---

[1][俄]冈察洛夫：《日本渡航记》，转引自[日]井上清《日本现代史》（第一卷　明治维新），吕明译，生活·读书·新知三联书店，1956年，第217页。
[2]余凤高：《鲁迅杂文中的医学文化》，漓江出版社，2014年，第38页。
[3]陶德民编《卫三畏在东亚：美日所藏资料选编》，大象出版社，2016年，第38页。

江户时代是日本的文化自觉时代，吸收中国文化一千年后，日本人完成了对中国文化的消化和反刍，重新发现了"日本"。一些日本知识分子开始对比中国和日本，试图摆脱对中国文化的崇拜，摆脱日本的"蛮夷"身份，转而塑造"日本优越论"。

"外朝（即中国）不如本朝"说的开创者山鹿素行（1622年—1685年）在《中朝事实》中首先对比了中国和日本地理环境的不同，认为日本在这点上远比中国优越。他说，中国"封疆太广，连续四夷，无封域之要，故藩屏屯戍甚多。……近迫四夷，故长城要塞之固，世世劳人民"。也就是说，中国面积很大，陆上四周与多个民族相接，不得不在国防上投入巨大资源，比如修筑长城。而日本就没有这个负担。

也正是因此，就造成了第二点不同，即中国多次被少数民族入侵并统治，"匈奴契丹北虏易窥其衅，数以劫夺，……终削其国，易其姓，而天下左衽"。[1]而日本由于有大海的保护，万世一系，天皇家族未被更替过。

这一点自山鹿素行提出之后，成为江户时代日本学者的"共识"。竹尾正胤更系统地表述说：

> 汉土王统，自古未定。此为尧舜汤武受禅放阀，万世乱逆之根源，弑夺世世不绝。且唐尧以来迄至现今满清，王统变化二十五次。至今日清主，酋长世数二百四十四代。……此中因讨伐、弑杀而未得全终者七十有余。此为西方闻所未闻，堪称冠履颠倒之国。……有智略奸勇者，每及王政衰弱或暴政，则伺机兴兵，夺取王位。昨日尚为贱民，今朝则僭称天子、皇帝。此等国风，不值尊奉。[2]

---

[1][日]山鹿素行：《山鹿素行全集：思想篇》第13卷，转引自刘岳兵《近代以来日本的中国观·第3卷（1840—1895）》，江苏人民出版社，2012年，第13页。
[2][日]芳贺登、松本三之介校注：《日本思想大系51》，转引自李永晶《分身：新日本论》，北京联合出版公司，2020年，第97—98页。

也就是说，中国的帝位，自古以来就变动不定。尧舜禹时代就不断禅让，奠定了万世篡位弑夺的传统，所以从古到今，中国的王朝换了二十五次。到今天在位的清朝皇帝，中国前后换了二百四十四个皇帝，其中被杀掉的就有七十多个。这个在全世界都是闻所未闻的。所以在中国，只要你有才智、有野心、有机会，就有可能当上皇帝。昨天还是一介贫民，今天就已经开国登基了，这样的国风，不值得尊敬。

这种说法当然有很大漏洞：日本天皇虽然没有被推翻，但是长期被架空。日本的最高权力长期在摄关或将军之间被夺来夺去。不同的只是日本没有中国秦以后周期性的全国性动荡和频繁的改朝换代。

日本没有外敌入侵，山鹿素行认为主要原因是地理环境优越，而江户后期的中村元恒则认为是因为日本人尚武。"何以然乎，唯武之治耳。"

中村元恒对比日本和中国，认为两国最大的不同在于一个尚武，一个崇文。"我邦乃武国，西土乃文国。文国尚文，武国尚武。"[1]

这一点当然不是中村首先发现的，海保青陵（1755年—1817年）也说过，"因日本乃武国，故人之勇悍远非中国可比，实则畏乎"。[2]

对于这个区别，日本人的评论各有不同。有的人说，这是日本的优越之处。"日本自古被誉为尊武之国，乃胜万国也。"[3]也有人认为，武勇之风盛行正说明日本的"夷狄"本性。堀景山（1688年—1757年）在《不尽言》中提道："日本比起中华乃小国，因故人之气度狭隘，武勇之风实因气度狭隘而起。"

中村元恒的评价相对比较客观，他说，两国"相距几百里，其风绝异，

[1][日]中村元恒：《尚武论》，转引自刘晓芳主编《日本教育与日本学研究——大学日语教育研究国际研讨会文集（2013）》，华东理工大学出版社，2014年，第273页。

[2][日]海保青陵：《稽古谈》，转引自刘晓芳主编《日本教育与日本学研究——大学日语教育研究国际研讨会文集（2013）》，华东理工大学出版社，2014年，第273页。

[3][日]桑原武夫编《新井白石》，转引自刘晓芳主编《日本教育与日本学研究——大学日语教育研究国际研讨会文集（2013）》，华东理工大学出版社，2014年，第273页。

人情不同，恶同获其道耶！君子修其教，不易其俗；齐其政，不易其宜，故我邦之武不可废弃也"。日本尚武是日本的自然环境和人文环境所决定的，中国的圣人孔子到了日本也一定会尚武。"若孔子乘桴浮于海，既在我方，则必以武为尚，未必以文为尚也。"所以学习"圣人之道"，不可拘泥于教条，而应"循国土之道"。[1]

三

　　江户时代"日本优越论"的兴起，一个背景是江户幕府大力引入儒学，来维护统治秩序。幕府建立之初，就聘请林罗山等儒士"起朝仪，定律令"，并将朱子学定为官方意识形态。这一做法引起了日本文化人强力反对。一批知识分子致力在"寻找日本的优越点"的思路下展开中日对比，以证明儒学特别是朱子学的错漏。因此江户时代是日本传统时代当中吸收儒学最深入的时代，也是对儒学批判最激烈的时代。

　　一派学者的观点是，中国文化确实优秀，但那只是三代（夏、商、周）时的中国。秦朝以后的中国，也就是从封建制变成大一统郡县制度后的中国，已经丧失了三代时期的优秀品质。荻生徂徕（1666年—1728年）说："三代而后，虽中华亦戎狄猾之，非古中华也。故徒慕中华之名者，亦非也。"[2]三代以后的中华已经或多或少地蛮夷化了，不再是古中华。吉川幸次郎后来在《作为民族主义者的徂徕》一文中总分析说，这种说法意味着"中国的优越，是在古代的'先王之道'的时代。但是秦始皇以后的中国，因为失去了'先王之道'，也就丧失了其优越"。[3]而日本一直保持着中国

[1][日]中村元恒：《尚武论》，转引自南开大学日本研究院编《日本研究论集》，天津人民出版社，2008年，第380页。

[2]《荻生徂徕》，转引自刘岳兵《近代以来日本的中国观·第3卷（1840—1895）》，江苏人民出版社，2012年，第22页。

[3][日]吉川幸次郎：《仁斋·徂徕·宣长》，转引自刘岳兵《近代以来日本的中国观·第3卷（1840—1895）》，江苏人民出版社，2012年，第22页。

三代时期的政体，也就是封建制，因此日本比中国优越。

江户时代一些知识分子认为，秦代以后的中国，因为本国内部的政治斗争或者农民起义，以及外族的入侵，不断地更换统治家族，所以上下相互防范，人心险恶狡诈，难以治理。本居宣长（1730年—1801年）在《直毗灵》（1771年）中轻蔑地说：

> 外国（指中国）因为不是天照大神之国，没有固定的主子，像夏天的苍蝇那样成群骚然的神得意洋洋（扬扬），举止粗暴，因此人心险恶，风气杂乱，因为一旦夺取国家，身份低的臣下也可以直接成为主君，地位高的人防止地位低的人夺位，地位低的人则想乘机而动，互为仇敌，所以自古以来国家难以治理。[1]

江户中期的汤浅常山也认为，日本虽然比中国"不学无术"，但也比中国质朴：

> 日本不学无术之人甚多，却无似王荆公以学术误国之人，又无明末东林党议之弊。直言死谏者虽少，却无奸雄如王莽之流。……无以符命祥瑞媚人君之弊。虽不乏跋扈之将相，但自古以来更无阉党乱政之弊。虽送葬之礼过简，棺椁之制薄于墨子之法，却无惑于风水之说将父母之尸停而不葬之恶习。虽不乏掠卖人口之事，却未闻如《辍耕录》所载王万里之流所为之事。是以日本人优于万国。读小说可见人情世态之细微，然日本人料所不及奸恶不仁之事甚多。[2]

---

[1][日]鹫尾顺敬编《日本思想斗争史料》第7卷，转引自刘岳兵《近代以来日本的中国观·第3卷（1840—1895）》，江苏人民出版社，2012年，第24—25页。

[2][日]汤浅元祯（汤浅常山）：《常山楼笔余》第3卷，转引自[日]家永三郎《外来文化摄取史论》，靳丛林、陈泓、张福贵等译，大象出版社，2017年，第35页。

意思是说，日本虽然不学无术的人很多，却没有中国王安石那样以学术误国的人，也没有明末东林党那样恶劣的党争。日本历史上直言死谏的人虽没有中国多，却也没有王莽那样的奸雄，没有人用符命祥瑞等低级手段来欺骗君主。虽然也不乏跋扈之权臣，但是没有中国阉党乱政之弊。日本历来实行薄葬，礼仪上没有中国那样复杂，却也没有中国那样因为讲风水而把父母尸体停在那里不葬的恶习。日本虽然也有掠卖人口之事，却没有《辍耕录》中记载的王万里活割被拐卖者的鼻子口唇舌尖耳朵眼睛做药的残忍之事。所以我们日本的文化优于各国。读中国的小说可以见到中国作家描写人情世态之细微，但是日本人想象不到的奸恶不仁之事也非常多。

确实，江户时代日本知识分子读中国历史，最常发生的感叹是中国历史充满了血污。贝原益轩（1630年—1714年）说：

> 中华之俗比之我邦不仁，何以言之？盖彼土之人乏荤食，则往往杀人啖之矣。如隋朱粲教士卒以杀妇人婴儿啖之，曰："肉之美者莫过于人。"唐昭宗在凤翔，朱全忠围之。城中食尽，冻死者不可胜计。或卧未死，肉既为人所剐。市人卖人肉，斤值百钱。本邦之人虽勇悍逾人者，何尝至于不仁如此乎。[1]

意思是说，中国人比日本人残忍，为什么这么说呢？因为中国历史经常记载吃人的事。比如隋朝的朱粲让部下杀妇人婴儿吃，还说，最好吃的肉莫过于人肉。唐昭宗在凤翔被朱全忠包围，城中没有粮食，只好吃人肉。有的人还没死，肉就被人割下来吃了。市场上公开卖人肉，一斤值百钱。日本即使最勇悍的人，也不至于如此残忍。

---

[1][日]贝原益轩：《慎思录》第5卷，转引自[日]家永三郎《外来文化摄取史论》，大象出版社，靳丛林、陈泓、张福贵等译，2017年，第35页。

汤浅常山也说：

> 读明律，知大日本风俗异于中华，明律所载之罪，日本人不曾
> 有犯者。是以中华之人逊于日本，令人心生厌倦。[1]

意思是说，读《大明律》，才知道我日本的风俗和中国很不一样。《大明律》所载的罪行法条，有很多是日本人从来不曾犯的。所以中国人不如日本人，读了令人心生厌倦。

三浦梅园（1723年—1789年）的观点相似，他写道：

> 汉人以中华自夸，睥睨四国，曰：夷狄焉。牛羊豚犬自畜自
> 啖，何忍之甚矣。……饥则人啖人。其为君者会良之罪辜，汤镬
> 刀锯，搜其阴器断之。秽德亦甚。……逞其暴则醢其肉夷其族。
> 逞其威则并数千万抗之。……殆明杀方孝孺，焚其先人之墓，至九
> 族八百四十七人之外，另有门生复死者数百人，而极天地古今之
> 惨。……杀戮之惨相继于史，如草菅人命。每读令人悚然。……皇
> 朝自古至今，不见族醢鼎镬之惨。[2]

意思是说，汉人总说自己是中华，周边国家都是夷狄。但是总吃自己畜养的牛羊猪狗之肉，已经很残忍了（日本历史上畜牧业不发达，很长一段时间是不吃家畜肉的），更残忍的是大饥之时还人吃人。读中国历史，那些君主惩罚有罪之人，汤镬刀锯乃至阉割，无不有之，甚至把敌人做成肉酱，杀

---

[1][日]汤浅元祯（汤浅常山）：《文会杂记》，转引自[日]家永三郎《外来文化摄取史论》，靳丛林、陈泓、张福贵等译，大象出版社，2017年，第35页。

[2][日]三浦梅园：《赘语》之生死训保生第六，转引自[日]家永三郎《外来文化摄取史论》，靳丛林、陈泓、张福贵等译，大象出版社，2017年，第35—36页。

光一族之人。特别是明代杀方孝孺，焚掉他的祖坟，在九族八百四十七人之外，又杀了门生数百人，实在是人类史上最惨的事。中国历史上杀戮之惨，草菅人命，读了每每令人毛骨悚然。我们日本史上自古至今，不见这些惨痛的事。

　　淫汉典之士以土地之大人物之秀而夸焉。……贤才之众虽可羡，奸凶之寡亦足以自慰焉。汉俗之美于我晋绅常言，我俗之美于彼晋绅不考。……在彼可厌者，人人可为天子，刑之惨律之烦，此事之最大者也。宋人问我风俗于藤木吉，吉曰："春风二三月，和气桃李春。"此语实不欺彼。[1]

意思是说，那些浸淫中国经典的人经常夸赞中国面积之大人才之众。中国人才之众即使可以羡慕，我们日本历史上奸恶凶暴之人少，也是足以自慰的。中国风俗之美，日本士人常说；日本风俗之美，日本士人反不够了解。中国风俗最令人厌者，一个是人人都可能做皇帝，另一个是严刑峻法之严密残酷。宋代中国人曾经向藤木吉问我国风俗，藤木吉说，日本社会"春风二三月，和气桃李春"。这话是实话，并不是欺骗中国人。

　　其设情也险。昨与之高牙大家，今则加之桎梏。读历朝之史，虽名臣大家，一旦触刘草菅，于是烹之醢之族之，相继于史者如鱼鳞。[2]

---

[1][日]三浦梅园：《赘语》之善恶训下立准第九，转引自[日]家永三郎《外来文化摄取史论》，靳丛林、陈泓、张福贵等译，大象出版社，2017年，第36页。
[2][日]三浦梅园：《赘语》之天地上皇和第二，转引自[日]家永三郎《外来文化摄取史论》，靳丛林、陈泓、张福贵等译，大象出版社，2017年，第36页。

意思是说，中国的人情很险恶，昨天还是高官大族，今天就披了枷锁。读中国历史，不论你曾经地位多高，一旦触犯刑法，皇帝把你烹了、醢了、族诛，这类记载到处都是，出现频率太高了。言外之意是日本贵族地位更为安稳，通常不会遇到这样的惨祸。

僧人葛城慈云也说：

> 予观中国之历史，得知世多污吏而少循吏。[1]

意思是说，我读中国历史，知道中国贪官多，清官少。意思同样是说日本政治没有中国那样贪腐。

有些日本学者甚至认为，秦代以后的中国已经无异于戎狄，甚至不如戎狄。古贺侗庵（1788年—1847年）在1813年写了一本《殷鉴论》，专门批评中国"政化民风"的短处，对"唐人之失"进行"裂眦骂詈"。他说，为什么中国最终为满族所统治呢？这是因为中国汉人的风俗，不如满族：

> 齐州（指中国）习俗浇漓，有言无行，将士疏隔而情不通，约束细苛而不合于要，加之生平沦陷于财利酒色之间，勇灭智竭，远不及戎狄悍鸷之俗、易简之法。以是敌彼，其不能抗也则宜。惟清有天下百六十载于兹，虽多酷虐之政，国势盛强，封域廓大，大胜于汉唐。盖出于戎狄固能然，宜非唐人之所及也。唐人之贱戎狄，至明尤甚，若不齿为人者。今清自满洲入代明，举齐州之地莫不辫发而左衽，乃唐人求媚，动称以为五帝三王所不及。虽出于畏死而

---

[1][日]葛城慈云：《神儒偶谈》，转引自[日]家永三郎《外来文化摄取史论》，靳丛林、陈泓、张福贵等译，大象出版社，2017年，第36页。

不得已，其无特操甚矣。[1]

意思是说，中原人风气败坏，能言不能行，将军和士兵上下之情不通，上级对下级的约束苛刻细密却管不到点子上。统治阶层沦陷于酒色财气之间，丧失了勇气，消磨了智慧，远不及满族人的风气悍鸷，法律易简。所以明朝打不过满族也是自然之事。清代虽然有许多酷虐之政，但是国势强盛，疆域之大过于汉唐。这是满族人的本事，不是汉人所能及。汉人看不起夷狄，到明朝发展到极端，不把别的民族看成人，结果满洲入关，不但举国辫发易服，而且还谄媚满族统治者，动不动就称他们是三皇五帝所不及。虽然出于怕死才这样做，但也太没有节操了吧。

四

中国的统治之所以出现这些问题，在一些日本学者看来，都是儒学惹的祸。本居宣长批评中国历史上的那些圣贤，说这些圣贤考虑的不过是如何夺取他人的国家，以及保住自己的权力不被别人夺去而已：

> 其中有威力而深谋远虑、使人驯服、夺取他人之国，或者只是专注于不被他人夺取，在短时间内很好地统治国家，而可为后世之法者，在唐土称为圣人。[2]

因此，在他看来，中国的圣人并不具有什么神奇的德威，只不过是善于

---

[1][日]古贺侗庵：《天香楼丛书四·殷鉴论》，转引自刘岳兵《近代以来日本的中国观·第3卷（1840—1895）》，江苏人民出版社，2012年，第20页。

[2][日]鹫尾顺敬编《日本思想斗争史料》第7卷，转引自刘岳兵《近代以来日本的中国观·第3卷（1840—1895）》，江苏人民出版社，2012年，第25页。

玩弄各种权术手段而已。圣人为夺取他人之国而绞尽脑汁、心力交瘁，宣传与人尽善也是为了驯服、统治他人。"无论如何，由于自己先违背了此道，以消灭主君夺取国家为目的，因此所有的都是谎言，圣人不是善人，而是非常残酷的恶人。本来因为是以丑恶的心所做成的欺人之道，后世之人也只是在表面上遵从，而实际上没有一个人去努力遵守。"[1]

本居宣长对比日本的神道教和中国的儒教认为，日本的神道教包容善恶，更有广度，而中国的儒学将善恶截然相对，因此狭隘。"所谓天地之理本来皆为神之所为，是全然奇妙、神秘而不可思议，不能用人的有限的智慧来推测，不可能尽其极而知之。因此，无论如何都将圣人之言视为理之至极而加以尊信，这是非常愚蠢的。……中国因为对所有的事情过于细心，进行各种议论来加以决定，总体上看上去像是贤明，实际反而使事情扭曲、恶化，结果使得国家更加难以治理。圣人之道是为了力图统一国家而做成的，反而成为导致国家混乱的原因。"[2]

本居宣长由此解释"日本小说与中国小说不同"，"中国人的书，是一味危言庄论人的善恶是非，剖析事理，张皇幽眇，人人争谓自己贤明；而日本故事小说的写法，则是将人情世故原样写出，因而大体上事件是无常的、杂乱的，而不是雄健、严整、庄重的。"[3]

本居宣长因此说，儒家文化是刻板的、虚伪的，而日本人则保有"真心"：

> 我该恨的时候恨，该悲伤的事情我依然悲伤。这是因为我有真性情。如果是中国人的话，虽然内心非常痛恨和悲伤，也会将其掩

---

[1][日]鹫尾顺敬编《日本思想斗争史料》第7卷，转引自刘岳兵《近代以来日本的中国观·第3卷（1840—1895）》，江苏人民出版社，2012年，第25页。

[2][日]鹫尾顺敬编《日本思想斗争史料》第7卷，转引自刘岳兵《近代以来日本的中国观·第3卷（1840—1895）》，江苏人民出版社，2012年，第25—26页。

[3]王晓平：《中外文学交流史·中国—日本卷》，山东教育出版社，2015年，第333页。

饰起来，嘴上说一些很有勇气的话语。我想这就是日本古人的真心、真性情吧。[1]

贺茂真渊（1697年—1769年）也持类似的观点。他认为，中国的儒学、"汉意"，看上去整饬端方，四角俱全，井井有条，实际上并不合于实际。他说："唐国之学始于人心，所做成者，棱角分明，容易理解。我皇国之古道，完全平和，听凭天地，人心之言难以言尽，后人难以理解。"[2]并且主张"唐国因为是心地丑恶的国家，即便深入教化，也只是表面上好看，终究是大大的坏事，使得社会秩序混乱。我国本来是很单纯的国家，即便只有很少的教化，都能够很好地遵守。而且因为是随天地而行，不行教化也可以。"[3]

江户时代，还有一个女性作家只野真葛（1763年—1825年），写了一篇很有意思的《独考》，从女性角度来评价儒学。她从男女交欢之事出发，认为在男女交欢之时，放纵自己真心本意的女性往往获胜，而头脑中都是"义理"的男性则往往落败。所以她说："此天地之间，存有某种如脉搏跳动之节拍。这是与佛教和儒教等道德规范无关而运行的天地自然之法则与节奏，如同时代之空气普遍存在。人在世间的成功与失败，与是否合于此'天地之节拍'密切相关。正确信守圣人之教者之所以脱离'天地之节拍'，是因为圣人之教的实质是一种'人心有规制则易于控制，故要首先束缚人心'的教导方式。因此，受缚于圣人之教之人，在于不屑圣人之教且恣意妄为之

---

[1][日]本居宣长：《古事记传》第23卷，转引自[日]家永三郎《外来文化摄取史论》，靳丛林、陈泓、张福贵等译，大象出版社，2017年，第45页。

[2][日]贺茂真渊：《国意考》，转引自刘岳兵《近代以来日本的中国观.第3卷，1840—1895》，江苏人民出版社，2012年，第24页。

[3][日]平重道、阿部秋生校注：《近世神道论·前期国学》，转引自刘岳兵《近代以来日本的中国观·第3卷（1840—1895）》，江苏人民出版社，2012年，第24页。

不道德者相争中常常败北。"[1]她强烈反对儒教"男尊女卑"之说,认为女性正因为"无学",头脑不受束缚,所以很多方面强于头脑僵化的男子。所以她强调女性进行独立思考的必要性,即"故虽身为女子,岂可不随心而动"。[2]

以上这些对中国历史和中国文化的批判,大多数当然是相当偏颇的,因为这些批判大多主题先行,是为了告别"日本蛮夷论",建立"日本优越论"。为了达到这个目标,江户时代的日本学者对中日文化的对比可谓相当用功,无微不至。正因为如此用力周到,我们也很难说这些结论全都是毫无价值的"谬论",有一些见解确实揭示了中日之间的本质不同。

除此之外,还有思考脱离了"日本优越论"的目标,因此更为客观准确。比如只野真葛在批评儒学的同时,也指出了日本人性格的一些缺点,比如"我国逊色于他国之处是:心急气短、无法深刻思索、格物致志"。胜部青鱼(1712年—1788年)在《剪灯随笔》中说,日本人的特点是原创能力不行,但模仿能力超强:"日本人灵巧。虽不会发明,但从中华学习到一般事物,却能使之较先更为出色。可说是学得快。犹如大国有首创之力,各小国有效仿之能。"[3]

无论如何,这些探讨说明江户时代日本知识分子对中日历史文化之不同已经有了非常明确的认识。

因此我们有必要重新引用一下第一编提到的津田左右吉的说法,即"虽然日本过去的知识人的知识,很大部分来源于中国,但是却与普通日本人的实际生活相距甚远"。

---

[1][日]只野真葛:《只野真葛集》,转引自中国实学研究会、韩国实学学会、日本东亚实学研究会编著《影响东亚的99位实学思想家》,中国财富出版社,2015年,第239—240页。
[2][日]只野真葛:《只野真葛集》,转引自中国实学研究会、韩国实学学会、日本东亚实学研究会编著《影响东亚的99位实学思想家》,中国财富出版社,2015年,第240页。
[3][日]渡边浩:《中国与日本人的"日本"观》,载《日本学刊》2002年第11期。

第十五章

福泽谕吉为什么告别儒学

一

看到一万日元（日本纸币最大面额）上那个日本人的头像，中国人的第一反应可能以为此人是哪位天皇。其实他不但不是天皇，甚至连官也没当过，只是一个没有任何"级别"的学者而已。

能够登上这样大面额的纸币，足以证明他的重要性。确实，他是近代日本最著名的思想家福泽谕吉。很多读者应该都听说过这个名字，不过可能很多人不知道，他的名字和中国有关。

福泽谕吉的父亲福泽百助是一位忠实的儒学信徒。江户时代，是中国儒学在日本影响最大的时代。儒学的君君臣臣父父子子原则，很符合江户时代封建体制的需要，因此进入江户时代，日本儒学进入全盛期。福泽谕吉说："父亲遗留的手书，便足以证明他是个彻底的汉儒。"[1]他崇拜中国文化，最喜欢收藏中国的古书，谕吉诞生那一天，他恰好得偿夙愿，购得了一套中国清王朝的《上谕条例》，于是给新生儿取名"谕吉"。

福泽百助坚定地信仰儒学，一举一动都谨遵圣贤的教导，"即使在别人看不到的地方也绝不做亏心事"，因此自然以儒家之道来治家。福泽谕

---

[1][日]福泽谕吉：《改造日本的启蒙大师：福泽谕吉自传》，杨永良译，文汇出版社，2012年，第3页。

吉说："他在教育孩子上完全依照儒家传统。"[1]因此，"家兄……与纯粹的汉学者一样注重孝悌忠信"。[2]有一次兄弟两个人谈起人生理想，他哥哥说，他一生的目标就是按孔孟的教导活着，"至死为止都是孝悌忠信"。

虽然父亲在谕吉幼年的时候就去世了，但是他确立的儒者家风却长久地影响着这一家人："我们的家风极为规矩。并非有严格的父亲在监督我们，可是我们母子和睦相处，兄弟姊妹从不吵架。不只如此，无论如何绝不做下流之事。没有人教导我们，母亲也绝不是唠叨的人，我们自然而然如此，这大概是父亲的遗风以及母亲感化的力量吧！"[3]

福泽谕吉开蒙读书之时，日本还处于传统时代，因此他很自然地跟随老师系统学习了从《孟子》《论语》到《诗经》《书经》《左传》《战国策》《老子》《庄子》等中国经典，自己还阅读了《史记》《前汉书》《后汉书》《晋书》《五代史》《元明史略》等大量史书。福泽谕吉说自己最拿手的是《左传》，"一般书生只读《左传》十五卷中的三四卷，而我全部读完，前后大约读了十一次，比较有趣的地方就背诵下来"。他"因此基本上就成了一个小小的汉学家"，能写一手不错的书法，也能作像样的汉诗，从哪个方面看，都早早成了一个儒学学者。

然而，就是这样一个从中国文明中吸取了大量养分的人，后来却坚决地告别汉学，转而激烈批判"咒骂"儒家。他大声宣称，日本要迈向文明，就不能再做"汉儒"的"精神奴隶"：

"儒教在后世愈传愈坏，逐渐降低了人的智德，恶人和愚者越来越多，一代又一代地相传到末世的今天，这样发展下去简直就要变成了禽兽世

[1][日]福泽谕吉：《改造日本的启蒙大师：福泽谕吉自传》，杨永良译，文汇出版社，2012年，第2页。
[2][日]福泽谕吉：《改造日本的启蒙大师：福泽谕吉自传》，杨永良译，文汇出版社，2012年，第11页。
[3][日]福泽谕吉：《改造日本的启蒙大师：福泽谕吉自传》，杨永良译，文汇出版社，2012年，第4页。

界……幸而人类智慧进步的规律，是一种客观的存在，决不像儒者所想象的那样，不断涌现胜于古人的人物，促进了文明的进步，推翻了儒者的设想。这是我们人民的大幸。"

"儒教……腐败之流毒以至于危害国家则绝不可饶恕。我辈所以极力排斥而毫不借贷也。"[1]

这种行为当然是"恩将仇报"，福泽谕吉也毫不讳言这一点。他在《福泽谕吉自传》中称自己是一个读过大量汉文书的人，"却屡次抓住汉学的要害，不管在讲话或写作上都毫不留情地予以攻击，这就是所谓的'恩将仇报'。对汉学来说，我确实是一个极恶的邪道"。

那么，是什么让他成了一个"恩将仇报"的人呢？

二

谕吉对儒学的"仇恨"，首先根植于他的家世和早年经历当中。

福泽百助的出身和儒家圣人孔子相似，也是一个低级士族。孔子当初给贵族家当过会计，他也在大阪中津藩担任会计的工作，薪俸微薄，地位低下。

谕吉说，他的父亲虽然博览群书，很有才华，但限于等级世袭制度，满腹经纶无法施展，一直郁郁寡欢地做着他根本不喜欢的会计工作，才到中年就饮恨于九泉之下。因此谕吉说，"门阀制度是父亲的仇敌"。

江户时代社会各阶层之间的界限森严不可侵犯，等级意识无所不在。福泽谕吉后来在《劝学篇》中说，在日本幕府时代，且不说人与人之间的不平等，"将军饲养的鹰比人还要尊贵，在路上碰到'御用'的马就要让开，总之只要加上'御用'两个字，就是砖石瓦片也看成非常可贵的东西"。

---

[1]《福泽谕吉全集》第7卷，转引自王岳川主编《后东方主义与中国文化复兴——全球经济危机下中国文化发展与战略研究》，黑龙江人民出版社，2009年，第241—242页。

谕吉十二三岁的时候，有一天走进屋里，无意中踩到了他的大哥平铺在室内的一张废纸。结果大哥勃然大怒，给了他一顿狠狠的教训，原来废纸上写有藩主"奥平大膳大夫"的名字：践踏主君的名字，有悖家臣之道。谕吉为了息事宁人，只好向哥哥谢罪，心里却愤愤不平。

出生在这样的家庭，谕吉从小不断感受到的，是高门第者对自己的歧视。他后来回忆说："武士阶级的门阀制度非常严谨，一成不变，不仅公事上如此，个人的交往上，甚至小孩的交往，都严守着身份贵贱的等级；上级武士的子弟对我们下级武士的子弟使用不同的语言，连小孩子的游戏都扯上门阀制度，难怪我会满腹牢骚。可是，我和上级武士的子弟到了学校，在读书讨论会上，每次都是我成绩较好。不仅学问如此，在体力方面我也不输他们。尽管如此，在朋友交往或小孩的游戏中都摆脱不了门阀制度，真是霸道。虽然我尚年幼，但仍感到忿忿（愤愤）不平。"[1]

这种出身和经历，塑造了他的叛逆气质，导致他对"君君臣臣"的等级秩序的终生反感。成年之后，他意识到诞生于中国封建时代（秦代以前的中国是真正的"封建"时代，也即"封土建国时代"）的儒家学说正是等级制度最有力的维护者和辩护士，因此不免回过头对儒家学说的名分思想大加抨击：

"数千百年的古代以来，中日两国的学者们，都极力提倡上下贵贱名分之说，归根到底，无非是想把别人的灵魂移入我的身上。"

三

虽然对基于儒家学说的等级制度充满反感，但是福泽谕吉早年并无法在学理上反驳它，因为在传统东亚社会，儒学几乎是天地间唯一的真理。有能

---

[1][日]福泽谕吉：《改造日本的启蒙大师：福泽谕吉自传》，杨永良译，文汇出版社，2012年，第15页。

力告别儒学，是在他接受西学之后。

福泽谕吉十几岁的时候，日本历史上发生了一个重大事件，也就是黑船来航，日本开国。这一事件深刻地影响了所有日本人的命运。

黑船来航使日本全力加强国防，研究炮术成为一时风气。在开国之前，日本已经存在悠久的兰学传统，时人认为要学习炮术就必须先掌握荷兰文，于是福泽离开故乡，到长崎学习兰学。

福泽在长崎攻研荷兰语原著，学习了生理学、物理学、化学等西方近代的自然科学知识。他天生有一种"为学习而学习"的强烈的好奇心和探索欲，学习非常刻苦，因此这段学习为他奠定了良好的科学知识基础。

在西方文化的传播过程中，自然科学通常能够发挥巨大的作用，因为它逻辑严密，体系完整，立竿见影，为西方文化构建了一种整体可信的面貌。在学习了西方近代的医学和生理学知识后，福泽就开始对中医持否定态度，认为中医所学不过是些"空虚、抽象、莫名其妙的课程"，同时也开始对儒学产生了初步的反感，感觉儒学不是实学，空疏无用。他后来说："所谓学问，并不限于能识难字，能读难懂的古文，能咏和歌和做（作）诗等不切人世实际的学问。这类学问虽然也能给人们以精神安慰，并且也有些益处，但是并不像古来世上儒学家和日本国学家们所说的那样可贵。自古以来，很少汉学家善理家产；善咏和歌，而又精于买卖的商人也不多。"[1]

四

学习兰学让福泽意识到西方学术的巨大价值。而后数次出访欧美，更让他对西方世界的了解更为直观和深入。

安政六年（1859年）冬，福泽获得一个机会，作为随员随日本使节团到

---

[1][日]福泽谕吉：《劝学篇》，群力译，商务印书馆，1984年，第3页。

美国交换商约。这是福泽平生第一次出国，不过因为职务繁忙，也因为语言障碍还没有突破，在对美国物质发达的外表感到惊讶的同时，他对西方的伦理价值感觉很不理解。福泽记载的一件小事，可以显示此时的他对西方社会和文明的隔膜：

> 当时我忽然想起一件事来，遂向别人打听了一下。不是别的，我问的是华盛顿的后代子孙情况如何。那人回答说："华盛顿的后代当中有个女人尚在，目前情况怎样虽不清楚，但想必已经嫁给什么人了。"回答的语调显得非常冷淡，实在叫人想象不到，真够怪的。美利坚是个共和国，她的总统是四年改选一次，这一点当然我很清楚。可是我认为华盛顿的后代子孙必然都是一些了不起的人物，因为我的头脑里存在着对源赖朝和德川家康的传统看法，从这点推想我才提出这个问题来。但对上面那种回答，我却非常惊讶，当时觉得很奇怪，直到今天，我还记得很清楚。这个问题在道理上讲，本来一点也不值得惊奇。可是另一方面，作为社会上的事情来说，我就有些莫名其妙了。

儒家文化强调慎终追远，且不说孔子的后代历代封爵，受人崇拜，连明朝皇室的后代，到清代也能封为延恩侯。因此西方人这种对开国领袖后人的冷落在福泽看来是不可想象的，让他感觉"莫名其妙"。

从美国回来之后第二年，幕府决定派遣使节到欧洲。福泽被任为译员，又得到了一次游欧的机会。

这一次旅欧，对福泽的思想具有重大的意义。因为他英语进步很快，此时语言障碍已经破除，他对欧洲社会进行了广泛的考察，对他感兴趣的许多问题，比如医院的经营、银行的业务、邮政、征兵法规、政党、舆论和选举，都做了比较深入的了解。回国之后，他撰写了《西洋事情初编》。这部书发行部数有二十五万之多，影响了维新政府的政策。

1876年，福泽随从幕府的军舰采购委员，获得机会再度赴美。使团参观了美国国务院，见到了《独立宣言》的草稿。福泽自己还参观了哥伦比亚大学。

与西方文明的多次直接接触，使他对中国文化和西洋文化进行了深入的对比，思想观念发生了深度转变。天生叛逆的他迅速接受了西方人的天赋人权、人人生而平等的思想。他后来在名著《劝学篇》开头，将《独立宣言》中的"all men are created equal"翻译成"天不生人上之人，也不生人下之人"，宣布与儒家的等级尊卑观念决裂。

福泽彻底接受了"西方中心观"，认为西方文化是当时最先进的文化，而儒学只是一种"半开化"的文化。原本在他看来非常高明的儒家思想，与西方文化比起来，竟然一下子变成了"糠麸"。

他在《文明论概略》中这样说："在西洋所谓Refinement，即陶冶人心，使之进于文雅这一方面，儒学的功德的确不小。不过，它只是在古时有贡献，时至今日已经不起作用了。当物资缺乏时，破席也可以做被褥，糠麸也可以抵食粮，更何况儒学呢？"

也就是说，古代日本在文化荒芜的时候，移植中国文化当然是当时唯一正确的选择，就比如当一个人快要饿死时，即便是糠麸也肯定要拿来充饥。然而，当他能够吃到美食的时候，就应马上倒掉手中的糠麸。

他与儒学分道扬镳，在思想上"脱亚入欧"，从此花费巨大精力，向日本人介绍和宣传西方文化，对普通民众进行启蒙。

五

福泽谕吉认为，学习西方，重要的是学精神，而不是学皮毛。衣、食、住、行等方面模仿西洋的样式，只是学习西方的皮毛。

什么是西方文化的真精神呢？他说："一国的文明程度不能从外表来衡量，所谓学校、工业、陆海军等，都只是文明的外表，达到这种文明的外表，并非难事，只要用钱就可以买到。可是在这里还有一种无形的东西，眼睛看不到，耳朵听不到，既不能买卖，又不能借贷；它普遍存在于全国人民之中，作用很强。要是没有这种东西，国家的学校、工业、海陆军等等也就失去效用，真可以称之为'文明的精神'，它是一种极其伟大而又重要的东西。这究竟是什么呢？就是人民的独立精神。"[1]

福泽认为，西方社会与传统东方社会最大的区别，是他们是以个人优先的社会。个体概念蕴含着现代社会的大部分秘密，个人的平等、自由、独立，是西方现代文明的核心价值。而传统儒家思想与封建制度塑造下的人民没有独立品格、缺乏平等意识、丧失自由精神，是日本最迫切需要解决的问题。[2]

福泽批评日本人没有公民精神："日本只有政府，没有国民，我国人民是把自己的全部精力为古代的道理服务的精神奴隶。"而这些"古代的道理"，显然主要指儒家思想。他写下《劝学篇》等作品，目的就在于让人明白独立、平等、自由的可贵，让人知道争取独立、平等、自由的途径。

福泽批评孔子"民可使由之，不可使知之"的愚民思想："如果人人没有独立之心，专想依赖他人，那么全国就都是些依赖他人的人，没有人来负责，这就好比盲人行列里没有带路的人，是要不得的。有人说'民可使由之，不可使知之'，假定社会上有一千个瞎子和一千个明眼人，认为只要由智者在上统治人民，人民服从上面的意志就行。这种议论虽然出自孔子，其实是大谬不然的。"

福泽批判儒家思想中包含的专制因素："政府的专制是怎样来的呢？即

[1][日]福泽谕吉：《劝学篇》，群力译，商务印书馆，1984年，第27—28页。
[2]戴建业：《文化认同与文化转型——张之洞与福泽谕吉〈劝学篇〉的比较分析》，载《文献考辨与文学阐释——戴建业自选集》，华中师范大学出版社，2012年，第272页。

使政府在本质里本来就存在着专制的因素，但促进这个因素的发展，并加以粉饰的，难道不是儒者的学术吗？自古以来，日本的儒者中，最有才智和最能干的人物，就是最巧于玩弄权柄和最为政府所重用的人。在这一点上，可以说汉儒是老师。"

只有国民精神的近代化，让每个日本人从古代人变成近代人，才能完成日本真正的近代化。福泽在《劝学篇》中从三个方面阐述这一观点："第一，没有独立精神的人，就不会深切地关怀国事"，"第二，在国内得不到独立地位的人，也不能在接触外人时保持独立的权利"，"第三，没有独立精神的人会仗势做坏事"。独立的精神就是"没有依赖他人的心理，能够自己支配自己"。[1]

福泽谕吉提醒世人，如果人民在国内没有独立的精神，国家在世界就没有独立的可能，当士农工商等各行各业的人都独立起来了的时候，就用不着担心国家不能独立于世界民族之林。福泽的结论是："政府与其束缚人民而独自操心国事，实不如解放人民而与人民同甘共苦。"

福泽的启蒙宣传收效甚大。"天不生人上之人，也不生人下之人"这句话在封建等级制度桎梏下的日本人听起来实在是振聋发聩，如同神启。《劝学篇》这部书前后印行三百四十万册，是当时日本发行量最大的一本书，对日本人的精神现代化起了巨大的作用。

六

正是基于这种思路，福泽激烈批评中国当时的"自强运动"，因为这一运动只学习西方文化外表，却摒弃了真精神："中国也骤然要改革兵制，效法西洋建造巨舰，购买大炮，这些不顾国内情况而滥用财力的做法，是我一

---

[1][日]福泽谕吉：《劝学篇》，群力译，商务印书馆，1984年，第14—18页。

向反对的。这些东西用人力可以制造，用金钱可以购买，是有形事物中的最显著者，也是容易中的最容易者，汲取这种文明，怎么可以不考虑其先后缓急呢？"[1]

因为中国人的这种学习方式，福泽判定中国人的西方化是不可能完成的任务。他在1884年说：

> 支那人和日本同属东洋国家，但其心情风俗不同，这是世界上众所周知的事实。要说最显著的不同，就是支那开国已经百余年，日本开国只有三十年，尽管有前后七十年的差别，但由于支那的迟钝，对文明为何物一无所知。据说近年来采纳了西洋的一些东西，但却止于器的层面，没有人关心文明的主义如何。不究其主义而单采用其器，认识只限于表面，就没有进步的希望。而我日本人一旦开国，人心为之一新，脱掉数百年的旧套，而追求新文明。从无形之心，采有形之事物，三十年虽日月尚浅，倘若日此进步下去，（与支那相比）可以说定形成冰炭之差。日支两国之所以呈现这样显著的差异，有立国根源的不同、数千百年的教育的不同等，原因不一而足。但从学习西洋文明一个从内心革新变化，一个止于外形，以我鄙见，可以说原因在于进入两个国家时的途径不同。有什么不同呢？在日本，文明由国民的上层进入；在支那，文明由国民的下层进入。支那国民与西洋人接触已有百年，其交接的方式只有商业贸易，外来者为利而来，内应者为利而应。交往的动机，除了利以外一无所有。……在支那群民中，虽然也有通晓外语的人，但只限于日常生活用语，而不能成为知识传达的媒介，其证据就是百年来能说洋话的人不少，但在进口品中，西洋书籍却很少，特别是

---

[1][日]福泽谕吉：《文明论概略》，北京编译社译，商务印书馆，2017年，第12—13页。

有关事物的真理原则的科学书籍几乎没有。因为从事商业贸易的支
那人不读这类的书。[1]

中日两国之所以有如此区别，就是因为中国迷恋已经过时的儒家思想和
古风旧习。1885年，福泽发表《脱亚论》一文，福泽写道：

日支韩三国相对而言，支韩更为相似，此两国的共同之处就是
不知国家改进之道，在交通便利的现世中对文明事物也并非没有见
闻，但却视而不见，不为心动，恋恋于古风旧习，与千百年前的古
代无异。

他在《支那人民的前途甚多事》（1883年）一文中把中国社会比作"一
潭死水"，"没有新水注入，也没有水流出，有风吹来的时候，整个的池水
被吹得浑浊，风止的时候池水又复归平静"。他断定中国人不能接受西洋的
新文明，因为"支那人民怯懦卑屈实在是无有其类"。

七

虽然后半生激烈反对儒学，但福泽谕吉毕竟出身儒学世家，对儒学并非
毫无感情。

他承认儒学对日本的功效：

东西洋在学术风尚上也有所不同，西洋各国以实验为主，而我
们日本则向来崇拜孔孟的理论。虚实的差别，固然不可同日而语，

---

[1]《福泽谕吉全集》第10卷，第49—50页，转引自王向远《日本对中国的文化侵略：学者文
化人的侵华战争》，昆仑出版社，2015年，第44—45页。

但也不能一律加以否定。总之，把我国人民从野蛮世界中拯救出来，而引导到今天这样的文明境界，这不能不归功于佛教和儒学。尤其是近世以来儒学逐渐昌盛，排除了世俗神佛的荒谬之说，扫除了人们的迷信，其功绩的确很大。从这方面来说，儒学也是相当有力的。[1]

谕吉对儒学的泛道德主义（或称伦理本位主义）展开过激烈的批判，不过他始终承认儒学在"私德"方面的有效性。父亲和兄长在儒家思想的熏陶下形成的道德节操是他永远钦敬的。他认为儒学的"五伦"道德是"永不移易"，适用于一切社会的人际关系。他说儒学者们的错误只在于"过分强调私德的作用"，欲"以私德支配社会上的一切事物"。

他认为，儒家学说在诞生之时是先进的，有生命力的，直到近世，"忠孝仁义"四字仍然没有一点可以非难的地方。他在《儒教主义之害在于其腐败》一文中说："说来我辈只管要排斥儒教的理由，决非因为认为其主义有害。周公孔子之教，是提倡忠孝仁义之道者而无一点可以非难之处。不仅如此，作为社会人道之标准，毋宁说自然应当敬重！从这一点看，不单是儒教，神道也好，佛教也好，至于提倡道德之教这一面全都同样……"

但问题是，儒教在后世已经变质，甚至已经腐败：

"儒教主义作为周公孔子的教导虽说本来纯洁无垢，但如今已经腐败了。不，其腐败已是几百年前之事，本来之真全不可见。总之，虽然流毒甚深而其毒非主义之罪，只可认为是腐败之结果……虽说不见儒教本来之主义纯粹无垢毫无可以非难之点，但其腐败之流毒以至于危害国家则决不可饶恕。我辈所以极力排斥而毫不借贷也。"[2]

---

[1][日]福泽谕吉：《文明论概略》，北京编译社译，商务印书馆，2017年，第153页。

[2]《福泽谕吉全集》第7卷，转引自王岳川主编《后东方主义与中国文化复兴——全球经济危机下中国文化发展与战略研究》，黑龙江人民出版社，2009年，第241—242页。

在《世界国尽》中他又一次说，中国的黄金时代在很久以前，现在文明已经腐败，不可依恃：

> 说起来"支那"的故事，自往古陶虞的时代已经四千年，听说其国重视仁义五常，人情醇厚非常有名。然而这种文明开化退去后，风俗渐次衰弱，不讲道德，也不砥砺知识。认为唯我独尊而不去了解世界，自认为高枕无忧，任由暴君污吏随意压制百姓。如此恶政终于没逃过天谴，天保十二年（1841年）与英吉利国产生不和，只一战（指第一次鸦片战争）之下迅即溃败……即使如此，那些不长记性的无智之民，再次无理取闹，妄开兵端（指第二次鸦片战争），由于军队孱弱屡战屡败，终成今日的局面，实在可怜。

所以，福泽对儒学道德思想的批判，并不是对它全盘否定。他批判儒学，只是因为它把道德与政治混合在一起，无法分开。"假使现在还想以内在的无形道德，施于外在有形的政治，想用古老的方法处理现代的事务，想用感情来统御人民，这未免太糊涂了。"[1]他猛烈攻击这种令他父亲痴迷一生的学问，是为了给日本近代化开路，让日本避免中韩两国的命运。他自揭心路说："我与汉学为敌到如此地步，乃是因为我深信陈腐的汉学如果盘踞在晚辈少年的头脑里，那么西洋文明就很难传入我国。"[2]

---

[1][日]福泽谕吉：《文明论概略》，北京编译社译，商务印书馆，2017年，第56页。
[2][日]福泽谕吉：《福泽谕吉自传》，马斌译，商务印书馆，2016年，第170页。

附

日本天皇的称号是怎么来的

对中国人来说，有些日本天皇的称号有点奇怪。

有些天皇的名号听起来像地名，比如平城天皇、白河天皇、一条天皇、三条天皇。还有一些天皇在历史上不称天皇，而是叫各种院，比如冷泉院、圆融院、花园院。还有一些天皇名号中有一个"后"字，比如后醍醐天皇。这是怎么回事呢？

众所周知，日本天皇制度模仿自中国皇帝制度。"天皇"二字中，"皇"当然是承袭自中国，"天"字则是日本的独创，用来凸显天皇家族的神圣性，以表示比中国皇帝还等而上之。

因此，日本对天皇的称呼一开始也是模仿中国，使用谥号。

所谓谥号，即皇帝死后，后世君臣根据他的生平功业，选择一两个字对他进行评价。如汉武帝、晋怀帝、隋炀帝这三个谥号，"武"是上谥，表彰武帝的武功；"怀"为平谥，不褒不贬，仅寓哀悼追怀之意；"炀"则是恶谥，"好内远礼曰炀，去礼远众曰炀，逆天虐民曰炀，好内怠政曰炀，薄情寡义曰炀，离德荒国曰炀"。

我们读到的很多日本天皇的名号都是谥号，比如"孝明天皇"。不过日本的谥号分为两类。一类为"汉风谥号"，即中国式谥号。一类为"和风谥号"，即日本式谥号。一开始，在圣德太子创立天皇名号之前的所有原来的"大王"，并没有汉风谥号。所以《日本书纪》里的天皇称号一开始都是"和风"的，比如懿德天皇的和风谥号是"大日本彦耜友天皇"，天武天皇是"天渟中原瀛真人天皇"，神武天皇是"神倭伊波礼毗古命"。"在和风谥号当中，保存了很多对与天皇相关的历史事件、个人功绩甚至体貌特征的描写。"[1]清宁天皇的和风谥号是"白发大倭根子命"。"倭根子"，是"扎根于日本"的意思，而白发是据说他一生下来头上就有白发。

到了757年，孝谦上皇命人给历代天皇统一起了"汉风谥号"，于是从第一代神武天皇到四十四代元明天皇开始有了整齐划一的好听的汉风谥号。比如神武天皇、绥靖天皇、安宁天皇、懿德天皇、孝昭天皇、孝安天皇、孝灵天皇、孝元天皇、开化天皇、崇神天皇、垂仁天皇、景行天皇、成务天皇、仲哀天皇、应神天皇、仁德天皇、履中天皇、反正天皇、允恭天皇、安康天皇、雄略天皇、清宁天皇、显宗天皇、仁贤天皇、武烈天皇、继体天皇、安闲天皇、宣化天皇、钦明天皇、敏达天皇、用明天皇、崇峻天皇……从以上天皇的谥号来看，日本谥号显然不存在评价功能，只剩溢美了。

谥号制度实行不久后，日本朝廷又自创了一种新形式——追号。它同样不表示评价，仅为区别不同的天皇。追号中又分为两类，第一类是院号。一般以天皇的都城名、宫殿名，退位后居住地或者出家寺庙的庵号来命名。比如"平城天皇"是以平城京命名，"宇多天皇"是以天皇退位后的居所命名，"白河天皇"以他所建寺庙及居所命名。第二类是陵号，即以天皇陵墓的名字命名，比如"嵯峨天皇"葬在嵯峨山，"醍醐天皇"葬在醍醐寺附近。

追号的出现，一个原因是上皇数量激增。律令制下的天皇多数是中年即位，而摄关院政时代却出现了大量幼年天皇。藤原家族为了控制权力，待天

---

[1]张浩：《绝对敬语研究》，南开大学出版社，2018年，第74页。

皇年纪稍长即让他们行让位事，受上皇号。

活着的上皇当然不能用谥号称呼，因此人们开始用退位天皇的居住地来区别和称呼他们。在他们死后，权臣懒得给他们起谥号，生前的居住地顺理成章地也就成了他们的追号。[1]而且直接只称某某院，连"天皇"二字都不许用。比如冷泉院、圆融院、花园院、一条院、三条院、后一条院、后朱雀院、后冷泉院、后三条院、白河院、堀河院、鸟羽院、崇德院、后白河院、二条院、六条院、高仓院……

日本天皇名号中有的还有一个"后"字，看起来有点奇怪，这往往是为了表示对前代天皇的追慕。比如南北朝时期的后醍醐天皇死后，北朝朝廷给他上的追号本来是"元德院"，但后醍醐天皇生前早就给自己定好了追号"后醍醐天皇"，因为他追慕被称为"圣代"的延喜天历之治的开创者醍醐天皇。南北朝统一后，北朝朝廷传承天皇家世，虽然尊重后醍醐天皇本人的遗愿，追号不用"元德院"，但也没用"后醍醐天皇"，而是用"后醍醐院"。

日本天皇称号中，还有一个是"法皇"。这是用来指退位后出家的天皇。

直到几百年后的江户末期，幕府权力渐渐衰退，"天皇"这一称呼才代替了"院"，再次被人们使用，汉风谥号也再次复活，光格天皇、仁孝天皇、孝明天皇均是汉风谥号。

明治维新以后，对天皇的称号进行了规范，规定"一世一元"，即天皇驾崩以后，就以年号作为"追号"。而对活着的天皇，唯一正式的称呼是"今上天皇"。

---

[1]当然，也有的追号是天皇活着的时候自己定的，如《大日本史·白河天皇本纪》："临崩遗诏曰白河院。"

遣唐使的死亡率

一

在信息交流受到极大限制的古代，日本能够进行大化改新，一个关键因素就是遣唐使的存在。在学习中国的过程中，遣唐使发挥了重要作用。因为遣唐使的持续派遣，日本才可能把中国文化有计划地分块切割，一船船运回日本进行组装。也正是因为遣唐使的存在，日本对唐朝的学习能够及时而准确。在日本学习唐朝的高峰时段，唐朝这边发布了什么新律令，有什么新举措，日本通常也会很快做出反应。比如713年，唐朝把中书省改为"紫微省"，日本几年后也设置了"紫微中台"。744年，唐朝把原来纪年的"年"改成"载"，日本也在11年之后，即755年，将"年"改为"岁"。唐玄宗敕令唐朝每户必须持有一本《孝经》，日本也迅速如法炮制。反应如此迅速，遣唐使功不可没。所以我们花点笔墨，谈谈遣唐使。

从舒明天皇时代到宇多天皇时代，日本在二百六十四年间任命了十九次遣唐使。除去未及成行的三次之外，真正意义上派出遣唐使十六次。

从遣唐使这一历史事件，我们可以看到日本人身上的很多特点。

第一个特点是强者崇拜。

日本第一次派遣遣唐使，是在唐太宗时期。中国贞观四年，630年，当时的权臣苏我氏派出了第一批遣唐使，不过规模不大，只有一条船。大化改新之后，为了全面深入学习中国，日本又派出了两次遣唐使，规模同样不大，多则两条船，少则一条船，人数介乎一二百人之间。

日本遣唐使规模的扩大，发生在白江村之战之后。

如前所述，日本早期与朝鲜联系非常紧密。早在4世纪中叶，也就是中国东晋年间，大和国就已经在朝鲜南部建立了自己的影响力。因此日本前来中国朝贡过程中，倭王多次自称"都督倭、百济、新罗、任那、秦韩、慕韩六国诸军事"，这"六国"中除了倭国即日本自身之外，其余都是朝鲜半岛南部的地名。[1]

但是到了唐朝，朝鲜半岛出现了另一个影响巨大的力量，那就是隋唐帝国。655年（高宗永徽六年），新罗与唐朝结盟，对抗高句丽、百济。唐朝于660年（显庆五年）派将军苏定方出兵朝鲜，攻灭百济。在日本生活多年的百济王子扶余丰向日本乞求援兵。日本对隋唐势力大举进入朝鲜半岛早就非常忧虑，决定抓住这个机会，将中国势力彻底驱逐出半岛，恢复自己的"势力范围"。663年，日本派出5万大军来到朝鲜半岛，决心与唐朝决一死战。[2]双方在白江口相遇，展开了一场水陆大战。

当时日军拥有兵船约400艘，唐朝只有约100艘战舰，百济与日本的联合军军力估计有将近10万，而唐朝和新罗联军则在4万左右。日本水军自忖有"地利"之便，一开始没有把唐军放在眼里，依仗数量优势，逆流而上，首先发起了进攻。但是唐船体量大，技术先进，经验丰富，先形成半月阵形，放日军战船冲入阵内，然而左右合围，将日军团团包围。日军400多艘木船拥挤成一团，被唐军连发火箭，顺风投火，一时间"烟焰涨天，海水皆赤"。绝大部分战船被焚毁，日军有生力量基本被歼灭。

所谓不打不相识。日本这才发现，唐朝的军事技术以及背后显示出来的国力，高日本何止数等。这一战决定了当时东亚地区的政治格局，确立了唐朝在东北亚地区的中心地位。日本势力彻底告别朝鲜半岛，退守本土900余年。

日本人的特点是尊重强者，转弯转得彻底。如果你彻底打败了它，它就会死心塌地向你学习。从此之后，日本开始更积极地向唐帝国全面靠拢，不断派出遣唐使学习。此后派出的遣唐使，规模明显扩大，每次都是四条船，

[1]姚大中：《姚著中国史.3　南方的奋起》，华夏出版社，2017年，第370页。
[2]宋毅：《祖先的铁拳：历代御外战争史》，华中科技大学出版社，2013年，第241页。

成员在200—600人之间。

二

第二个特点是忠于王命，不畏死亡。

最能说明日本学习中国的努力程度的，是遣唐使的死亡率。

在人类历史上，各文明之间的交流，往往伴随着很高的死亡率。无论是丝绸之路上的商人、到印度求法的和尚，还是奔赴美洲的殖民者，都冒着巨大的风险，付出了无数生命的代价。

遣唐使也是这样。读者大多会注意到遣唐使的丰功伟绩，但是很少有人注意到遣唐使的死亡率。十六次派出的遣唐使大多波折重重，有学者估算，遣唐使的死亡率接近50%。[1]

死亡率如此高，第一个原因是因为当时的海上航行，缺乏足够的新鲜食物，生活条件非常恶劣。到达中国后，由于两地的病菌种类不同，更容易出现水土不服，因病死亡经常发生。738年的遣唐使团抵达扬州，一下船"人人患病"。第四船"船中人五人身肿死"。第二年准备从扬州回国时，第一船"水手射手六十余人，皆并卧病辛苦"。回国途中，一名水手病重，因为怕他传染，人还没死，人们就把他用小艇送到岸上，遗弃在海边。负责送他的人回船说："病人未死，乞饭水。语云：'我病若愈，寻村里去。'"舶上之人，莫不惆怅。[2]

但是和风涛之险比起来，生病只是小事。日本学者估计，历史上派出的遣唐使船只约四十八艘，沉入海底者十二艘以上，即至少有四分之一

---

[1]王勇：《日本文化》，高等教育出版社，2001年，第198页。

[2]《入唐求法巡礼行记》，开成四年五月一日条，转引自[日]木宫泰彦《日中文化交流史》，胡锡年译，商务印书馆，1980年，第88页。

遇难。[1]

653年，日本第二次派出遣唐使。为求万全，他们同时派出了两组人马。[2]第一组人马成功完成了任务，而第二组人马出航不久，就在萨摩国的竹岛附近遇难了，全船覆没，仅有五人抱着木板漂流到竹岛，后来得以生还。

778年那次更为惊险。这一年九月，遣唐使的第一条船从长江口出发返回日本，突遇狂风巨浪，大浪把船上的三十八名日本人和包括唐朝使节赵宝英在内的二十五名中国人卷走，葬身大海。几天后，在海上颠簸数日的大船桅樯支撑不住，轰然倒下，将大船劈为两段，船上人也被分成两部分，四十一人留在船尾，另五十六人留在船头。幸运的是，船头船尾在海上漂流两天后，居然分别漂回日本西仲岛。

《续日本纪》中记载了船上判官的一份报告，从中我们可以感受到当时的惊险情状：

> 十一月五日，得信风，第一、二船同发入海。比及海中，八日初更（下午八至九时），风急波高，打破左右棚根，潮水满船，盖板举流，人物随漂，无遗勺撮米水。副使小野朝臣石根等卅八人、唐使赵宝英等廿五人，同时没入，不得相救。但臣一人潜行，着舳槛角。顾盼前后，生理绝路。十一日五更（上午四至五时），帆樯倒于船底，断为两段。舳舻各去，未知所到。四十余人累居方丈之舳，举舳欲没。截缆抛柂（舵），得少浮上，脱却衣裳，裸身悬

---

[1]武安隆：《遣唐使》，黑龙江人民出版社，1985年，第60页。日本遣唐使往返过程中，船只破裂或者遭遇海难的，一共十三次，损失十条船。还有一次因风中止。总计在遣唐路程中遇险出事的次数将近一半。参见池步洲：《日本遣唐使简史》，上海社会科学院出版社，1983年，第47页。
[2]即分别任命了两名大使和两名副使，分乘两条船，走不同的航路，保证至少有一组人马能够到达目的地。

坐。米水不入口，已经六日。以十三日亥时，漂着肥后国天草郡西仲岛。臣之再生，叡（睿）造所救。不任欢幸之至，谨奉表以闻。

803年的遣唐使船在离开日本后不久为风浪所摧，两条船沉没，多人溺死。836年的遣唐使第一次出发时，第三船舵折舷落，海水灌入，溺死很多人。余人便拆船做筏，除少数漂回者，多数人葬身海底。[1]

除了船只沉没和受损，"遭风"也很可怕。所谓"遭风"，就是遭遇大风失去控制，被风吹到其他地方。

659年，遣唐使中的第一条船遭到逆风，漂流到南岛（尔加委岛）。包括大使在内的大部分成员被岛民所杀，只有五个人侥幸逃出。

682年遣唐使第二船回国途中又被吹回中国。第三船则漂至昆仑国（指位于中南半岛东南的岛国，今印尼、马来西亚一带），全船一百五十人，除四人幸免外，有的被杀，有的死于瘴疠。

752年，以藤原清河大使为首的遣唐使到达长安。这一年中文名字为晁衡的日本留学生阿倍仲麻吕在唐朝已经生活了很多年，思乡心切，决定随使团回国。他们辞别长安，从苏州起航回国，结果出海不久遇到风暴，藤原清河大使和阿倍仲麻吕所乘的第一船被风暴吹到越南的骓州海岸。登陆后，全船一百七十余人绝大多数惨遭当地土人杀害，只有阿倍仲麻吕和藤原清河等十四五人幸免，后来辗转返回中国。因当时误传晁衡已溺死，李白才写下这首著名的诗歌来悼念他：

日本晁卿辞帝都，征帆一片绕蓬壶。
明月不归沉碧海，白云愁色满苍梧。

---

[1]武安隆：《遣唐使》，黑龙江人民出版社，1985年，第60页。

天宝十四年（755年），他们历尽艰险，再次入长安。藤原清河选择在唐朝为官，不再归国，778年在中国去世。阿倍仲麻吕则在770年终于长安，时年72岁。

也是在这次出使中，第四船漂流至聃罗国（济州岛）；大部分被岛人扣留，仅四十余人回国。[1]

除了这些海难事故外，即使是那些成功往返的船只，也极少能一帆风顺，大部分都经历了重重波折。如第九批遣唐使的第二船就在归程中又被吹回中国，之后才重新出发，比第一船晚了将近两年才回到日本。再如桓武朝的第十一批遣唐使船，在暴风中颠簸漂流了三十四天，才终于漂抵福州一带。大使藤原葛野麿回忆航程说：

> 贺能（葛野麿）忘身衔命，冒死入海，既辞本涯，比及中途，暴雨穿帆，戕风折柁，高波泷汉，短舟裔裔，……随波升沉，任风南北；……二月有余，水尽人疲，海长陆远……[2]

寥寥数十言，把他们在大海上遭受的苦难描绘得淋漓尽致。

日本遣唐使船上的成员，除了大使、副使、判官、录事等正式外交官员，还有大批航海技术人员，比如知乘船事（船长）、造舶都匠（造船技术负责人）、船师（航海长）、卜部（掌定航行方位、测定风力者）、船匠、舵师、挟抄（桨师）等。此外，为了彰显日本国力，获得唐朝尊重，船上还有大量的其他方面的顶尖人才，比如日本最杰出的围棋高手、琵琶演奏家，以及音声长（乐队负责人）、玉生（玉匠）、锻生、铸生、细工生（手工艺品匠人）、音声生（乐队队员）、译语（翻译）、医师、阴阳师、画师、史

---

[1]武安隆：《遣唐使》，黑龙江人民出版社，1985年，第60页。

[2]池步洲：《日本遣唐使简史》，上海社会科学院出版社，1983年，第56页。

生（文书）等，以满足国际社交的需要。[1]遣唐使团还负责送留学生和留学僧。总之，遣唐使团集中了当时日本外交、学术、科技、工艺、音乐、美术、航海等方面最优秀的人才，以保证最大限度地完成外交使命。在遣唐使往来之路上，献出生命的多达上千人。可见为了向中国学习，日本人付出了多么大的代价，也可以看出日本人对自己的职责是多么尽心尽力。

三

日本白江村海战之败和遣唐使船只屡屡遭难，背后有一个共同的原因，就是日本造船术和航海术的落后。

唐代日本船只的具体建造方法和结构，没有留下详细的资料。不过与倭寇频繁打交道的明代中国人留下了关于明代日本船只的具体描述。明代胡宗宪所编的《筹海图编》对倭船做如下描述：

> 日本造船与中国异。必用大木取方，相思合缝。不使铁钉，惟联铁片。不使麻筋桐油，惟以草塞罅漏而已（名短水草——原注）。费功甚多，费材甚大，非大力量未易造也。……其形卑隘，遇巨舰难于仰攻，苦于犁沉。……其船底平，不能破浪。其布帆悬于桅之正中，不似中国之偏。桅机常活，不似中国之定。惟使顺风，若遇无风、逆风，皆倒桅荡橹，不能转戗（逆风行驶）。故倭船过洋，非月余不可。

也就是说，日本造船，喜欢选用特别大的木料，费工费料不易建造，结构和工艺非常落后。船材铆接不用铁钉而用铁片，接缝不用麻筋桐油而只用

---

[1]韩养民、唐群：《遣唐使在长安》，陕西人民教育出版社，2017年，第96页。

短水草来填塞，整体性不强，易漏、易裂、易断。船底是平的，不利于破浪前进。船帆悬于桅杆正中心处，只适于顺风，若遇逆风，就需要把桅杆放倒，划橹前进。明代的日本船只尚落后如此，唐代可想而知。

纵观白江村之战，唐军之所以能轻松获胜，一个重要原因就是唐朝造船技术先进。唐代已经拥有了分隔水密舱和钉接榫合法技术，大大提高了唐船的抗沉性。[1]唐船高而坚，设计精良，而日本的船只都是小型船只，从结构到工艺都相当落后。唐朝海船上除了常见的武器比如弓、弩、炮车之外，还有专门用于火攻的战具。据《卫公兵法辑本》载，唐初的火攻战具包括火箭、火杏、燕尾炬、游火，种类相当丰富，可以适合不同战况。由此我们就可以理解在唐军包围下的日本船只为什么会出现"焚其舟四百艘，烟焰涨天，海水皆赤，贼众大溃"的场景了。[2]

也正是因为造船工艺的落后，遣唐使船只在狂风恶浪中非常容易破损，动不动就"中断，舳舻各分"，"打破左右棚根"，"舵折棚落"，"船将中绝，迁走舳舻"。[3]

除了造船技术幼稚，日本人当时的航海知识也非常匮乏，他们根本不懂利用季风，更不懂利用海流。当时中国船只前往日本，多在阴历七月，利用西南季风，由日本返航则多在三、四月或八月前后，利用东北季风。故来往中国、日本之间极少出事。而日本遣唐使舶则多在六、七月西南季节风盛吹之时启航，逆风而进，无异于自赴死地。[4]

二百多年间，日本人一直没有弄清季风和海流规律，唯一对抗海难的方式是"迷信"。天皇敕令全国禁止杀生，普遍念诵《海龙王经》，敕令全国十五大寺、五畿七道诸国及大宰府诵读《大般若经》，进行各种佛事以祈

[1]宋毅：《祖先的铁拳：历代御外战争史》，华中科技大学出版社，2013年，第243页。

[2]宋毅：《祖先的铁拳：历代御外战争史》，华中科技大学出版社，2013年，第245页。

[3]武安隆：《遣唐使》，黑龙江人民出版社，1985年，第45页。

[4]池步洲：《日本遣唐使简史》，上海社会科学院出版社，1983年，第50页。

求平安。在海上一遇风浪，船上人员能想到的办法也通常是各种"迷信"手段。天平宝字七年（763年），遣渤海使船回国时遇上大风浪，人们认为风浪不止，是因为船上有"异方妇女"，遂把随船回日的留唐学生高内弓的中国妻子高氏、女儿、乳母扔进海里。同船的一个佛教居士因为吃得少，每餐只吃几个干饭粒，居然也被视为造成灾难的"嫌疑犯"，被扔进海里。[1]

　　一般来讲，日本使臣忠于王命，即使明知生死大险，也直向波涛而行。但也有个别人因为害怕葬身鱼腹，称病不行，比如834年遣唐使的副使小野篁就是这样，最后被罢官，判处流刑，流放于隐岐国。

　　安史之乱后，唐朝国势江河日下，陷入藩镇割据、宦官朋党等政治乱局当中，国际形象大打折扣。而日本已经将成套文物制度搬运回国，需要停下来加以反刍、消化，唐风文化开始向国风文化过渡。再加上遣唐使的高死亡率始终得不到解决，贵族们丧失了出没波涛追求唐文化的热情，越来越望海生畏，终于在894年，菅原道真以"大唐凋敝"的理由奏请停派遣唐使。人类文化交流史上波澜壮阔的一幕终于画上了句号。[2]

---

[1]《续日本纪》，天平宝字七年十月，转引自韩养民、唐群《遣唐使在长安》，陕西人民教育出版社，2017年，第197页。
[2]武安隆：《遣唐使》，黑龙江人民出版社，1985年，第36页。

JAPAN
简读日本史

第三编

日本与世界

第一章

日本一直是中国的属国吗

一

在很多中国人的心目中，日本和朝鲜一样，历史上一直是中国的属国。

应该说，这种认识是不准确的。

在几千年间，日本只有一个时期是真正的朝贡国，那就是中国南北朝中的东晋南朝时期，也就是日本大和国"倭五王"时期。那个时候，日本尚没有正式使用中国文字，甚至还在向中国学习怎么制作衣服，正是"始制文字，乃服衣裳"之际，换句话说，正处于从蒙昧向文明的过渡期。从413年到502年，日本曾先后13次向东晋、宋、梁各朝遣使朝贡。日本使臣频繁前来，每次都携带贡物和表文（即国书），并且请求册封，这些朝贡活动完全符合中国礼仪规定。中国册封日本统治者"安东大将军""倭国王"等头衔，日本的国书也载诸中国史籍，日本属于中国的朝贡国确凿无疑。

另一个时期是"半心半意"的朝贡时期，出现在中国明朝，即日本室町幕府时期。这个时期日本的朝贡完全是为了获取朝贡利益。幕府将军伪造了一个并不存在的"日本国王"头衔，虽然和中国开展朝贡贸易，但是在国内从来没有像朝鲜、越南、琉球那样"奉中国之正朔"，仍然用自己的年号，因此算不上典型的朝贡活动。这个时期持续得也不长，"争贡之役"后就结束了。

除此之外，隋唐、五代、两宋、元朝和清朝，日本都不是中国的朝贡国。在中国清朝时期，日本甚至通过"正德新例"，试图把中国纳入日本的朝贡国系列。因此在中国的朝贡圈中，日本和朝鲜、越南、琉球甚至泰国都不一样，应该算是一个"异类"。

二

看了上一节的叙述，肯定会有人问，在唐朝，日本频频向中国派出遣唐使，难道不是朝贡吗？

还真不是。

日本人积极向中国学习，并不意味着他们就放下了自负。日本人看起来谦恭，似乎对谁都点头哈腰，但事实上，日本人是世界上最矛盾的，在"崇洋媚外"的同时，他们内心中的自尊乃至自负甚至比世界上其他大部分民族的人还更多一些。

虽然在"倭五王"时期，日本认真地对中国朝贡过，但是掌握了汉字之后，日本人所修的日本国史等史书，居然对这些内容统统不予记载。显然，在吸收中国文化达到一定程度后，日本人明白自甘朝贡地位是一种屈辱，因此主动清除了这种历史记忆。[1]

事实上，日本自从文明化之初，即从隋朝开始，就试图与中国分庭抗礼，也就开始了与中国的礼仪冲突。日本统治者在遣隋使携带的国书中称"日出处天子致书日没处天子"。隋炀帝读了很不高兴，说："蛮夷书有无礼者，勿复以闻。"蛮夷国书竟然敢如此无礼，以后不要给我看了。

与此同时，隋朝的国书也令日本统治者大怒。隋朝随后遣使日本所带的

---

[1]甚至《日本书纪》还把三国中吴国的来使记载为"吴国朝贡""吴国遣使贡献"，将吴国移民渡日称为"吴人参渡"，将这一时期的外来移民一律记载为"归化"或"归化人"。参见楼含松、金健人主编《人文东海研究》，浙江大学出版社，2018年，第48页。

国书中说："皇帝问倭皇（王）……远修朝贡，丹款之美，朕有嘉焉。"这本是中国对周边小国国书的正常格式，在中国看来是非常客气而礼貌的。然而摄政的圣德太子看到"倭王"两个字，感觉非常碍眼，拒不赏赐中国使者。[1]

到了唐朝，日本人派出很多批遣唐使。唐朝对日本遣唐使的称呼是"朝贡使"，与别国的使节一视同仁。王维在《送秘书晁监还日本国》诗序中说："恢我王度，谕彼蕃臣。"显然，大唐朝野上下，都将日本视为属国。唐王朝将日本人带来的礼物称为"方物"，因此也给了日本大量的赏赐，我们从日本正仓院现存的宝物，可以略见唐朝出手大方的程度。[2]

但日本人却刻意回避"朝贡"二字。遣唐使访问唐朝，其实与正式的朝贡活动有很大区别。

首先，历届遣唐使从来没有携带国书也就是"表文"。表文是建立朝贡关系的最重要的一个标志。清代黄遵宪对此解读说："新旧《唐书》不载一表，其不愿称臣称藩以小朝廷自处，已可想见。……当时使臣皆不赍表文，盖不臣则我所不受，称臣则彼所不甘。而彼国有所需求，不能停使，故为此权宜之策耳。"也就是说，新旧《唐书》都没记载任何一通日本表文。之所以不带表文，是因为如果称臣，日本人不愿意。如果不称臣，中国人也不接受。所以就采取了这样一个典型的符合日本人"暧昧"性格的做法：一方面，因为有求于中国，所以必须频繁遣使；另一方面，又不想留下任何称臣纳贡的文字记载。所以黄遵宪认为，唐代日本对中国"以小事大则有之，以臣事君则未也"。是小国对待大国的恭谨态度，但并没有像朝贡国那样将中日关系定位为君臣之分。

其次，在隋唐之前，日本遣使来到中国，都要为国王谋求爵位封号，甚

---

[1][日]木宫泰彦：《日中文化交流史》，胡锡年译，商务印书馆，1980年，第55页。

[2]霍丹：《论日本护国精神——以唐宋时期的中日交往为中心》，硕士学位论文，陕西师范大学，2012年，第15页。

至为封号的长短和内容反复争执。但是在唐朝，日本从来没有像其他朝贡国那样，请求中国皇帝的册封。因此唐朝也从来没有对"日本国王"进行过册封。原因非常简单，因为唐朝如果册封，最高也不过是"国王"，而日本统治者已经自称"天皇"。黄遵宪说："（日本）窃号自娱，几几乎有两帝并立之势矣。"也就是说，日本人自建年号，自称天皇，与中国平等自处，是不争的事实。

那么，日本使臣怎么在中国皇帝面前称呼本国统治者呢？"天皇"一词不但僭越了中央帝国"皇帝"的名号，而且比"皇帝"还要高一级，日本人当然不敢提起。但是他们也不愿意将自己的君主叫作国王，那在日本同样是大逆不道的。因此他们再一次采取折中手段，使用"主明乐美御德"这个名称蒙混过关。[1] "主明乐美御德"是什么意思呢？其实就是"天子"二字的日语发音。唐朝人不明所以，还以为是日本国王的名字。所以唐玄宗《敕日本国王书》开头就说，"敕日本国王主明乐美御德"。

唐王朝如同对其他朝贡国一样，对日本使臣赐以官爵。其他国家比如朝鲜诸国、渤海国的使臣，如果被唐朝赐予官职，是极大的荣耀，这些官职回到本国也仍然有效。但日本遣唐使被赐予的唐朝官职在国内则不能通用。[2]

因此虽然一直把日本使者当成朝贡者来对待，但是唐朝人也明显感觉到了日本人和其他朝贡者的不同。他们感觉这些矮小的日本人比其他国家的人更"傲慢"，记载"其人入朝者，多自矜大"。这些入朝的日本人，比别的国家的使臣更为矜持自大。

在外交礼仪方面，日本和唐朝发生过好几次争执。比如贞观五年（631年），第一次遣唐使团返航归国，唐朝派使者高表仁伴送他们，出使日本，结果并不愉快，"表仁无绥远之才，与王子争礼，不宣朝命而还"。

---

[1][日]古濑奈津子：《遣唐使眼里的中国》，武汉大学出版社，2007年，第79页。
[2]霍丹：《论日本护国精神——以唐宋时期的中日交往为中心》，硕士学位论文，陕西师范大学，2012年，第14页。

高表仁作为大唐皇帝的代表，将日本视为臣属国，向日本使臣宣布唐天子的"朝命"，但是日本人不吃这一套，拒绝接受臣属地位，结果他"不宣朝命而还"，没有完成任务就回来了。史书说高表仁"无绥远之才"，实际上应该是他坚持原则，在礼仪问题上拒不让步。

日本史书还记载了一次日本使臣在中国的"争位事件"。《续日本纪》载，中国唐朝天宝十二年（753年）朝贺大典，中国将日本排在西侧第二位，居于吐蕃以下，而以新罗使臣居于东侧第一位。日本使臣非常愤怒，因为他们认为新罗是日本的属国，"自古至今，新罗之朝贡大日本国久矣，而今列东畔上，我反在其下，义不合得"。列于属国之下，实难忍受。因此与中国产生争执，最终列日本于东侧第一位，这才心满意足。不过这次的争位事件在中国和朝鲜半岛的史书中均不见载。[1]

三

唐朝时日本不是中国的属国，那么宋朝时如何呢？

有宋一代，中国和日本只有民间交流而一直没有官方关系。宋神宗想和日本亲近亲近，托日本僧人给日本朝廷带了封书信，因其中写了"回赐"二字，引起天皇不满，未予回复。宋徽宗时代，又一次因为在给日本的牒文中写有"事大之诚"一句，惹恼了日本人，没能够达到建立亲善关系的目的。[2]

元朝建立，忽必烈遣使日本，一开始并没想占有日本国土，只是希望日本能像高丽一样臣服入觐。但幕府当时的执政者北条时宗年轻气盛，斩掉五

---

[1]霍丹：《论日本护国精神——以唐宋时期的中日交往为中心》，硕士学位论文，陕西师范大学，2012年，第18页。

[2][日]西山塞马闲人书：《善邻国宝记》，《续群书类丛》第30辑（上，杂部），转引自郝祥满《奝然与宋初的中日佛法交流》，商务印书馆，2012年，第268页。

名元朝使臣。[1]忽必烈大怒，两度派遣当时世界上最庞大的渡海远征军入侵日本，眼看日本人就要为他们的倨傲而付出沉重代价。然而也许是上天欣赏日本人的勇气，一股突如其来的台风摧毁了忽必烈的十万水师。

明朝初年，日本人仍然桀骜不驯。明太祖的"诏抚"文书送到了日本，日本人不但没有遣使，反而因为朱元璋的诏书语气傲慢，一怒之下，杀掉了七名明朝使臣中的五名。在放回的两名使臣带回的文书中，日本人公然答道：

> 天朝有兴战之策，小邦亦有御敌之图。论文有孔、孟道德之文章，论武有孙、吴韬略之兵法。又闻陛下选股肱之将，起精锐之兵，来侵臣境，水泽之地，山海之洲，自有其备！岂肯跪途而奉之乎？[2]

就是说，你天朝厉害，我日本也不白给。我就是不进贡，你敢兴兵来战吗？你倒是来啊，我们随时欢迎。

朱元璋被这个桀骜不驯的岛国弄得火冒三丈，可是老谋深算的他才不肯为了口舌之争而兴师动众。他清楚地记得忽必烈的惨痛教训。《明史》中说："帝得表愠甚，终鉴蒙古之辙，不加兵也。"他只好以大人不计小人过的样子宣布不与这个小国计较，并从此把日本列为不征之国，告诫子孙后代永远不要征伐日本。

不过，日本人倒也并非一直如此自负，这个国家的国民性格中有非常现实和狡猾的一面。到了建文时期，日本幕府将军足利义满抵御不住巨大现实利益的诱惑，调整了对明方针，加入了向明朝朝贡的行列。不过他在呈送给明朝的表文中隐藏了自己的真实身份，自称"日本国王"。这个称号，幕

---

[1]至元十二年（1275年）二月，"复使礼部侍郎杜世忠、兵部郎中何文著、计议官撒都鲁丁斋玺书通好于日本……九月，北条时宗斩杜世忠、何文著、撒都鲁丁及书状官董畏、高丽人徐赞于龙口，枭其首"。

[2]张廷玉等撰：《明史》卷322《列传》第210《外国·三》，中华书局，1974年，第8343页。

府将军在国内可从来没有使用过。永乐皇帝并不知道日本有"天皇",以为此人就是日本国元首,因此大喜过望:"父皇时期拒不进贡的日本,现在却主动前来致意,可见我的恩德之普远逾父皇。"因此朱棣一次性慷慨地赐予"日本国王"白银千两,铜钱1 500万,另赐"王妃"白银250两,铜钱500万。

由此日本开始了与中国的"勘合制度"。然而日本人在朝贡队伍中态度最为桀骜,也最难于管理。嘉靖二年(1523年)六月,日本两个地方诸侯为了争夺进贡利润,派出了两拨朝贡使团来到中国。他们在宁波发生冲突,不但相互杀戮,还在回国途中沿路大肆烧杀抢掠,史称"争贡之役"。

朝廷终于"震怒",宣布断绝与日本的贸易。日中之间这第二次朝贡关系就这样仓促结束了。

四

清朝不像明朝那样虚荣,也没有像明朝那样在立国之初向周围国家派人招徕进贡。清朝的政策是,明朝的朝贡国,如果缴回明朝颁给的大印和文件,换取清朝的印章,可以继续向中国朝贡。至于没有朝贡关系的国家,清朝并不主动要求它们朝贡。因此清朝和日本一直没有建立正式的官方关系。

不过此时的日本倒是试图把中国以某种方式列为它的朝贡国。1715年,德川幕府颁布了对外贸易的新条规,叫"正德新例",规定中国人要来日本贸易,必须持有日本政府颁发的信牌。信牌上书写有日本的年号,不持信牌,不许驶入日本港口,否则武力伺候,"焚其船,斩其人"。

负责制定这一新规的幕府官员新井白石说,通过这一制度,"我国国威将扬于万里之外,我国财物亦将万世富足也"。[1]既然包含"扬我国威"的

---

[1][日]新井白石:《折焚柴记》,周一良译,北京大学出版社,1998年,第175页。

政治意图，因此"信牌制度"很像中国对日本曾经实行的"勘合制度"，只不过把中日地位颠倒了，把中国摆在了"入贡国"的位置。[1]虽然有些中国地方官认为在这种制度下与日本贸易是"奉外夷为正朔，忤逆朝廷而归顺日本"，但康熙皇帝大度地认为不必为这些小事计较，因此中日之间从此一直以信牌贸易的方式保持着商业往来，直到清朝后期。

因此至少从南北朝之后，日本不应该算是中国的朝贡国。事实上，和中国一样，日本从很早开始就经营着自己的朝贡圈，试图把自己放到世界中心的位置上。

---

[1]王来特：《德川幕府在信牌事件中的反应：正德新例再解读》，《历史研究》2013年第4期，第181页。

第二章

荷兰是怎么成为日本"谱代大名"的：日本的朝贡体系

一

朝鲜和日本的历史很早就纠缠在一起，并且从一开始就"一种事实，各自表述"。正如戴蒙德所说："在公元300年到700年之间，日本和朝鲜存在过人员和物资交流。日本人将这解释为日本征服了朝鲜，并将朝鲜的奴隶和工匠带回日本；而朝鲜则认为是朝鲜征服了日本，并且日本皇室的始祖就是朝鲜人。"

日本人认为，朝鲜半岛诸国很早就被日本征服。我曾在东京杉井区文化馆看过一场"民间文艺汇演"，其中有一个节目是祭神时的舞蹈，讲的是神功皇后（据说170年—269年）征新罗的故事。剧中表现的是怀孕的神功皇后率领大将出征新罗，征战中出现严重的怀孕反应，用一块"镇怀石"压在胸口，终获成功。

13世纪下半叶成书的《八幡宇佐宫御托宣集》和《八幡愚童训》（甲本）中还这样叙述：

> 此时，神功皇后用御弓之弭，将在大岩上写过"新罗国大王者日本国之犬也"字样的枪矛矗立在王宫之前，回朝了。

据说神功皇后"征服"新罗后，连高丽和百济也"主动叩头谢罪"，自称"西藩"，从此"不绝朝贡"。

不管这些传说和记载有多少真实的成分，日本确实是从很早开始便将朝鲜半岛上的三国（高句丽、百济、新罗）视为属国，将它们的遣使行为均视为朝贡。特别是397年，百济因与高句丽作战失败，以太子为人质主动朝贡，要求日本帮助，百济由此正式成了日本的朝贡国。[1]

因此在"倭五王"时代，日本一方面正式向中国朝贡，另一方面也反复向中国强调它对朝鲜半岛的影响力，倭王在表文中多次自称他统领"倭、百济、新罗、任那、秦韩、慕韩六国"，倭王宣称自己统治的这"六国"中除了倭国即日本自身之外，其余都是朝鲜半岛上的国家，秦韩、慕韩也就是三韩中辰韩、马韩。[2]因此438年，倭王珍在遣使朝贡时专门上表，要求中国赐给他的称号应该叫"使持节都督倭、百济、新罗、任那、秦韩、慕韩六国诸军事、安东大将军、倭国王"。但是当时的宋文帝并没有批准，只让他继承了前任日本统治者的称号，即"安东将军、倭国王"。直到451年，珍的儿子倭王济遣使朝贡，宋文帝才把倭王珍要求过的冗长称号赐予他。

王金林认为，大和国时代，日本之所以不断进兵朝鲜，除为了获得铁资源外，还有一个重要原因，就是为了效仿中国的朝贡体系，试图在自己周边建立一个"倭本位"的朝贡圈。[3]

大化改新之后，日本不但引进了中国的政治制度，更全面地引进了中国人的世界观。日本于701年颁布的《大宝律令》中，将世界分为"化内"与

---

[1]据说应神天皇十六年（285年），五经博士王仁从百济到日本，向天皇献上郑玄注的《论语》10部和《千字文》1部，认为这是日本文字文化的开端。然而《千字文》的作者周兴嗣是6世纪的梁朝人。在那之后，还有大批朝鲜籍汉人陆续来到日本，受到重用。无论如何，这种说法说明了百济在中国文化传播进入日本道路上的重要性。

[2]姚大中：《姚著中国史.3 南方的奋起》，华夏出版社，2017年，第370页。

[3]王金林：《走向东亚国际舞台的大和王权》，载王金林、汤重南主编《走向国际化的日本》，天津人民出版社，1995年，第8页。

"化外"两部分。"化内"当然是指日本,而"化外"则分为三等:"邻国""藩国""夷狄"。"邻国"是第一等,专指大唐一国。日本人承认唐朝与自己平等。"藩国"是第二等,指以新罗为首的朝鲜半岛诸国。日本认为它们低自己一等,可称为"藩属"。而位于日本列岛南北端的虾夷、隼人、耽罗、舍卫,以及多褹岛等南岛人等,则是"没开化"的野蛮人,只能被视为不受天皇恩泽感化的"夷狄",位于世界边缘。这个世界图景显然是建立在中国思想基础,即儒家文化的"华夷之辨"之上的。

因此从这个时期开始,日本就开始偶尔自称"中国"和"华"了。奈良时代的藤原广嗣在740年上表圣武天皇:"北狄虾夷,西戎隼(隼人)俗,狼性易乱,野心难驯。往古已来,中国有圣则后服,朝堂有变则先叛。"请注意,这里的"中国",指的是日本中央地区。812年,嵯峨天皇诏书中有"今夷俘等,归化年久,渐染华风"之句。这个"华"也是指日本内地。

从那时候起,日本就以"中华"自居,试图在自己身边建立一个小型的朝贡体系:"在律令国家时代,(日本)模仿中华思想,构想了一个小型版的世界,日本为中心,将新罗、渤海等国视为附属国……认为唐只是日本的一个需要特别对待的邻邦。"[1]

所以日本大化元年(645年)给百济的诏书中,有"始我远皇祖之世,以百济国为内官家"之语。

当时日本写给新罗王和渤海王的国书中,公然称"天皇",称对方为"王"。[2]772年,也就是唐代宗大历七年,日本天皇在给渤海国的国书中说:"昔高丽全盛时,其王高氏,祖宗奕世,介居瀛表,亲如兄弟,义若君臣,帆海梯山,朝贡相继。"[3]称日本与高丽的关系是"君"与"臣"的关

[1][日]古濑奈津子:《遣唐使眼里的中国》,郑威译,武汉大学出版社,2007年,第79页。
[2][日]德川光圀:《日本史记》第六册,安徽人民出版社,2013年,第2353页、2399页。
[3][日]菅野真道等:《续日本纪》,转引自万明《中国融入世界的步履:明与清前期海外政策比较研究》,故宫出版社,2014年,第500页。

系，说高丽曾多次朝贡于日本。9 世纪时日本称朝鲜半岛诸国为"藩""藩国""诸藩""西藩"已经成为惯例。918年，高丽王朝建立，日本仍称高丽王为"藩王"，将高丽看作"遐陬"的边境国家，而自称为"上邦"。[1]

到了平安末期，《今昔物语集》构建了天竺（印度）、震旦（中国）、本朝（日本）的三国佛教史观，认为世界由中国、印度以及日本三个中心国家构成，三国之下各有自己的藩属小国，世界秩序当然由这三国共同建构。

二

日本人构建自己的朝贡体系的最大的一次实践，是丰臣秀吉发动壬辰战争，出兵朝鲜，并试图征服中国、印度和菲律宾，在宁波建都，并将全世界都"沐浴在日本文化的光辉之下"。[2]

这一狂妄的计划以惨败告终，并导致日本受到国际社会的孤立。"1600年，德川家康夺取了权力以后，日本在外交上陷于孤立。丰臣秀吉入侵朝鲜切断了日本与其他国家的外交联系，让日本被国际社会遗弃，被剥离在东亚的外交网络之外。"[3]

但是日本人并没有因此放弃统一世界的梦想。德川家族建立江户幕府后，为了确立自己新政权的合法性，一度开始积极外交。"德川家康为了在其权力范围之内重建日本在外交中的中心地位，采取了积极行动。"

江户幕府首先试图恢复和朝鲜之间的外交关系。为了表示诚意，德川家康释放了五千多名壬辰战争中的朝鲜俘虏。经过双方的中介对马岛主的艰难

---

[1]罗丽馨：《19世纪以前日本人的朝鲜观》，《台大历史学报》2006年总第38期，第174页。

[2]具体过程见后文《丰臣秀吉为什么要征服世界》《明朝为什么能击败丰臣秀吉》两章。

[3][英]亚当·克卢洛：《公司与将军：荷兰人与德川时代日本的相遇》，朱新屋、董丽琼译，中信出版社，2019年，第59页。

努力，日朝两国关系全面恢复到壬辰战争之前的交邻状态。[1]每当幕府有新将军继位时，朝鲜都会派出通信使前往祝贺。"德川幕府欢迎朝鲜使臣偶尔来到江户（实际上是应他们的请求前去的），因为幕府可以告诉民众，他们是来自属国朝鲜的朝贡使，从而彰显将军在海外的权威。"在德川时代，日本国内对朝鲜通信使的到来有一种普遍认识，即将其视为朝鲜国王对德川将军的"御礼"或入贡。

1609年，日本萨摩藩出兵征服琉球，琉球从此成为一个失去了大部分自主权的国家。日本征服琉球，一方面是为了借它的外壳，打着它的旗号向中国朝贡，以获得"争贡之役"后失去的朝贡利益；另一方面，日本以此扩展自己的朝贡体系。因此在向中国称臣的同时，琉球还要经常遣使前往日本谒见幕府将军，此举被称为"上江户"。使臣在谒见将军时，都要行"九拜"大礼。看着琉球使臣在自己面前九次叩头，日本将军终于体验到"天下中心"的虚幻感觉。

江户幕府的外交图谋远不止于此。"1601年至1614年间，幕府官员共向12个不同的国家发出了76封公函，其中有48封直接来自幕府将军。这些国家包括周边的中国和朝鲜，也包括多元化的新外交合作伙伴，比如帕塔尼、交趾支那（Cochinchina）、柬埔寨、占婆、泰国、英国、菲律宾，以及荷兰联合省。"[2]江户幕府试图构建自己的朝贡圈，将它所知道的所有国家甚至荷兰等西洋国家列为自己的藩属。

三

在江户时代日本建立的朝贡体系中，最有意思的成员是荷兰。

[1]李永春：《简论朝鲜通信使》，《当代韩国》2009年第1期，第73页。
[2][英]亚当·克卢洛：《公司与将军：荷兰人与德川时代日本的相遇》，朱新屋、董丽琼译，中信出版社，2019年，第59页。

　　大航海时代来临后，葡萄牙、西班牙、荷兰相继来到亚洲，都试图与日本建立贸易联系。葡萄牙、西班牙和日本的贸易关系没能持续多久，因为这两个国家都是天主教国家，在贸易的同时，还致力于传教，这让力图禁教的日本无法接受。而荷兰是新教国家，不组织传教团进入日本，这一点让江户幕府很放心。[1]

　　因此在锁国之后，日本人在西洋诸国中给予荷兰以特殊待遇，允许其在长崎保留荷兰商馆。不过，这一待遇需要付出代价，那就是荷兰必须成为日本的"海外大名"。在今天留下的日文的文件中，荷兰确实被定位于一个日本的谱代大名。[2]既然成为日本的大名，荷兰人自然每年都要"参觐交代"，即前往江户向幕府将军表达敬意。"江户参府或对幕府将军宫廷的年度访问，将从1634年一直持续到1850年，基本上没有间断。"[3]在参觐的同时，荷兰人还要献上贡品，以表达对将军的臣服。

　　由于被定位为将军座下的一个大名，所以荷兰人在访问江户的过程中受到的待遇与朝鲜使臣和琉球使臣截然不同。如果荷兰被定位为外国藩属，那么到达日本后，前往江户的费用是会由幕府承担的（因为中国也承担朝贡国到达中国后的差旅费用），但是由于荷兰人被当成谱代大名，荷兰商馆馆长在前往日本途中的所有开销均由自己负担。这是一笔沉重的负担。荷兰商馆馆长按"谱代大名"的待遇，必须乘坐八人大轿，轿夫则穿着印有东印度公

[1][日]北岛正元：《江户时代》，米彦军译，新星出版社，2019年，第33页。

[2]松浦隆信改写来自巴达维亚的文件，修改后的信件对荷兰人在日本的地位毫无异议。信中荷兰人请求幕府将军"把荷兰人当作陛下自己的子民（eijgen volck te houden），并安排我们为陛下服务。如果你承认我们是这样的，那么我们将永远感激，因为我们希望为陛下服务至死"。在这两份文件中，谱代作为"下属"关系最常见的名称出现。虽然无法肯定地说，荷兰人长期使用"谱代"这个词是故意的，但是它（与日本制度）如此相配以至于无法立刻被取消。[英]亚当·克卢洛：《公司与将军：荷兰人与德川时代日本的相遇》，朱新屋、董丽琼译，中信出版社，2019年，第114页。

[3][英]亚当·克卢洛：《公司与将军：荷兰人与德川时代日本的相遇》，朱新屋、董丽琼译，中信出版社，2019年，第122页。

司徽章的藏青号衣。此外参勤队伍中还包括1到2名书记和1名馆医，荷兰人定员3到4名，加上参府途中负责监督和护卫工作的警卫和翻译等日本人，一次江户参府达到50至60人的规模。运送贡品则需要85位搬运工人和46匹马，加上住宿（包括在路上和在江户）、食物，以及诸如茶和烟等各种项目的费用。所有花费都包括在内，江户参府费用总额达到了15 893荷兰盾。[1]

　　除了高昂的费用，更为令人难以接受的是屈辱性的仪式。拜谒将军一般在上午，荷兰商馆馆长带领其他商馆员步行前往将军的城堡，进入宽敞的接见大厅，需平伏在所指定的位置，礼物整齐地堆放在两旁。等候良久，将军出现，坐在大厅尽头对面的阴暗处。

　　然后礼仪官员发出号令。一听见"进"的声音，商馆馆长应声"是！是！"，然后向前膝行，直到被高呼一声"荷兰甲比丹"便停止。

　　　　当荷兰商馆馆长出现时，立刻有人很夸张地大声喊道"荷兰甲比丹"，接着他上前去表示敬意。然后他就在进献礼品摆放处和幕府将军高高的座位之间，用手和膝盖匍匐着向前爬，直到他们提醒他。他用膝盖跪拜着，把头贴在地板上，然后像龙虾一样，爬回到原来的位置，其间没有任何交流。这个简短的、悲惨的程序，就是这次著名接见的所有内容。[2]

　　"在经过几个星期的等待后，真正的接见只持续了几秒钟。"由于无法抬起头，荷兰人甚至没能看清楚幕府将军的样子，因此每次都是没来得及瞥

[1][英]亚当·克卢洛：《公司与将军：荷兰人与德川时代日本的相遇》，朱新屋、董丽琼译，中信出版社，2019年，第126页。

[2]Engelbert Kaempfer, *Kaempfer's Japan*（University of Hawaii Press，1999），p 359.

见一下他们的崇拜对象就必须离开。[1]

众所周知，在欧洲强国中，荷兰人的身段是最柔软的。为了继续赚钱，荷兰人欣然接受了这个定位。1642年，荷兰总督在一封写给江户的信中甚至表示：他和他的下属们愿意流尽"他们的最后一滴血，为陛下服务，保护日本王国"。[2]事实上他们也确实帮助日本平定过叛乱。

就这样，日本建立起了北起朝鲜、南到琉球、西及荷兰的外表看起来颇为雄伟的朝贡圈。不过，日本人自认为他们的朝贡圈比这个还大。1610年，幕府将军在致中国福建总督转中国皇帝的信中曾说：日本"教化之所及，朝鲜入贡，琉球称臣，安南、交趾、占城、暹罗、吕宋、西洋、柬埔寨等蛮夷之君长酋帅，各无不上书输贡"。[3]

––––––––––

[1][英]亚当·克卢洛：《公司与将军：荷兰人与德川时代日本的相遇》，朱新屋、董丽琼译，中信出版社，2019年，第128页。

[2]*Dagregisters Japan*，6：204。转引自《公司与将军：荷兰人与德川时代日本的相遇》，[英]亚当·克卢洛著，朱新屋、董丽琼译，中信出版社，2019年，第114页。

[3][日]京都史迹会编：《罗山先生文集》卷一，转引自陈国灿、于逢春主编《环东海文明互动与东亚区域格局研究》，中国商务出版社，2018年，第231页。

第三章

日本人的神国观念

一

日本人自认为日本是世界中心，有一个"理论依据"，那就是日本不是普通国家，而是"神国"。日本古语"加弥那加拉么弥哥拉希罗希眉斯窟尼"的意思就是"唯神之国"。[1]

基于古老的传说，日本人历来认为日本是世界上唯一的"神造国家"，自己是"天孙民族"，比世界上任何国家和民族都高贵和优秀。由于日本地处海中，外敌入侵很难，因此平安朝以后（794年以后），日本人又诞生了一个观念，就是日本是"大神镇护之邦"[2]，不会受外敌侵入。

9世纪，新罗军队侵扰博多，日本人给神社的祈祷文中说：

　　我日本乃所谓神明的国家，倘得神明的护佑，则任何兵寇，均不能侵犯我！伏愿皇太神率领国内诸神，拒阻彼寇于未发动来侵之前。若贼寇来侵之谋已熟，而兵船必来，则乞神通广大，沉

---

[1]姚宝猷：《日本"神国思想"的形成及其影响》，载刘岳兵主编《南开日本研究》，天津人民出版社，2017年，第302页。

[2]46代孝谦天皇（749年—758年）饯别遣唐大使藤原清河的御制歌，原文是汉文，参见[日]木宫泰彦《中日交通史》上卷，第123页。转引自姚宝猷《日本"神国思想"的形成及其影响》，载刘岳兵主编《南开日本研究》，天津人民出版社，2017年，第302页。

其兵船，使不得入寇境内；并使知我国乃神国，有所敬畏而不敢再犯！[1]

元军远征日本的时候，日本答复元朝皇帝的国书中说：

窃我国自天照大神创业垂统，迄于今上，凡圣明之所及，莫不服属。左庙右稷之灵"得一无二之盟"，百王镇护孔昭，四夷修靖不紊，故以皇土永号神国，不可以智取，亦不可以力争！[2]

也就是说，我国皇统起自天照大神，一直有诸神护佑，周围蛮夷无不安伏，所以是不可能被征服的国家。

在抵抗蒙古的战争进行之际，日本正傅寺的僧人向神佛祈祷说：

切冀明神人于贵贱五体之中，增运益势，可令斫伏蒙古怨敌，重乞神道成云成风，成雷成雨，摧破国敌，天下泰平，诸人快乐。[3]

祈祷神明以狂风骤雨雷电摧破强敌。

而在战争当中，神明似乎确实听到了僧人的祈求，突如其来的台风摧毁了忽必烈的十万水师。这一历史事件更加强化了日本人内心的自负，他们认

---

[1]原文见[日]藤原时平编《三代实录》，又[日]竹冈胜也著《尊皇思想之发达》第17页，转引自姚宝猷《日本"神国思想"的形成及其影响》，载刘岳兵主编《南开日本研究》，天津人民出版社，2017年，第303页。

[2][日]平泉澄：《中世时代的国体观念》，转引自姚宝猷《日本"神国思想"的形成及其影响》，载刘岳兵主编《南开日本研究》，天津人民出版社，2017年，第303页。

[3][日]辻善之助：《海外交通史话》，转引自刘岳兵主编《南开日本研究》，天津人民出版社，2017年，第303页。

为这股台风是天降神风，因而进一步确认自己是天下独一无二的"神国"，"日本是神国所以不受诸国之攻，延绵不断"。

二

"神国思想"不但坚定了日本人抵抗外来侵略的决心，也为日本向外侵略提供了思想资源。

如前所述，虽然日本从奈良时代即740年就开始自称"中国""华"，但是这一叫法只是偶一为之，在当时并不普遍。

从隋唐时代开始，日本人有组织有计划地大规模吸收中国文化，出现了一种"崇拜中国"的热潮。很多日本读书人接受儒学之后，也不得不接受"华夷秩序论"，相信自己是天生的夷狄，无法改变，以至于有的日本人"以唐为中国，以吾国为夷狄，更有甚者，以自己生为夷狄而悔恨痛哭"[1]。

但是，到了江户时代，"日本式中华主义"突然崛起。大规模吸收中国文化彻底完成，日本对外来文化进入排斥厌倦期，越来越多的日本学者告别了身为小国和"夷狄"的自卑，转而认为，日本比中国更有理由自称"中华"。

这一思潮的领头人江户早期的学者山鹿素行（1622年—1685年）在《配所残笔》中回顾自己的心路历程说："我等以前喜读异朝（指中国）书籍，日夜不辍……不觉间以异朝诸事为好，本国系小国，以为万事均不及异朝，且圣人亦只能出自异朝。此种情况不仅限于我等，古今之学者亦复如

---

[1][日]松本三之介：《近代日本の中国認識》，转引自施展《枢纽：3000年的中国》，广西师范大学出版社，2018年，第425页。

此，羡慕并学习中国。”[1]

但是明清易代之后，他的思想发生了变化。他发现，日本的地理环境要远好于中国。因为中国四周没有天然屏障，导致戎狄袭扰，不断改朝换代，"外朝易姓，殆三十姓，戎狄入王者数世"。历史上换了三十多个家族统治，"戎狄"入主中原也发生了好几次。

宇宙间唯日本位处"中天之正道，得地之中国，正南面之位，背北阴之险，上西下东，前拥数州，有河海之利；后据绝壁，濒临大洋，每州皆可漕运。故四海之广，犹如一家之约；万国之化育，同天地之正位，竟无长城之劳，无戎狄之膺"。也就是说，日本居于天地之正中，大海环抱，列岛交通便利，又不忧外敌入侵。所以"自人皇迄于今日，经二千三百年，而天神之皇统竟不违"[2]。两千三百年，天皇家族的皇统一直延续。

因此他说，如果以"水土沃"（自然条件优越）与"人物精"（人物杰出）这两个标准判定，天下本有两个国家可以称为"中国"，一个是"本朝"（日本），一个是"外朝"（中国）。他在代表作《中朝事实》中说："夫中国（指日本）之水土，卓尔于万邦，而人物精秀于八纮。故神明之洋洋，圣治之绵延，焕乎文物，赫乎武德，以可比天壤也。"大陆上的那个中国也同样山河秀丽，人物精彩。但如果再加上一条，就是皇位"万世一系"，则大陆上的中国不足以称"中国"，只有日本可称"中国"。他说，中国"自开天辟地以迄大明，天下易姓"；而日本"自人皇之初，神武帝平均天下……执政万万世以来"，至今已两千多年，"其间人皇正统相继，未尝易姓"。

山鹿素行这一想法石破天惊，在日本引起巨大轰动，"从此山鹿素行

[1][日]山鹿素行：《配所残笔》，转引自陈国灿、于逢春主编《环东海文明互动与东亚区域格局研究》，中国商务出版社，2018年，第234页。
[2]转引自陈国灿、于逢春主编《环东海文明互动与东亚区域格局研究》，中国商务出版社，2018年，第234页。

的名字就传播遐迩，尽人皆知了"。[1]他的这一"理论"也被后代的学者一代代重复，发扬光大。比如后期水户学的创始人藤田幽谷（1774年—1826年）曾写了一篇《正名论》，其中说：

> 赫赫日本，自皇祖开辟，父天母地，圣子神孙，世继明德，以照临四海。四海之内，尊之曰天皇。八洲之广，兆民之众，虽有绝伦之力，高世之智，自古至今，未曾一日有庶姓奸天位者也。君臣之名，上下之分，正且严，犹天地之不可易也。是以皇统之悠远，国祚之长久，舟车所至，人力所通，殊庭绝域，未有若我邦也。岂不伟哉！[2]

翻译一下，就是说，我大日本自从开辟以来，一直是由神的子孙统治，不论普通人中什么样的豪杰，也没法以庶民而得天位。所以我日本国的君臣之分，从来没有紊乱过。因此日本天皇继继绳绳，从来没有中断，在大地上，找不到第二例，实在太伟大了。

会泽正志斋（1782年—1863年）则在1825年写了《新论》，意思也大致相同："夫自天地剖判即有人民，而天胤君临四海，一姓历历，未尝有一人敢觊觎天位。以至于今日者，岂其偶然哉？"

除了日本皇位不绝而中国改朝换代外，更主要的是，满族入关标志着中国已经"华夷变态"[3]，"崇祯登天，弘光陷虏，唐、鲁才保南隅。而鞑虏横行中原，是华变于夷之态也"。满族入关对东亚世界的精神冲击甚至超过元朝灭宋，因为他们要求全中国剃发易服。朝鲜人李士甲就说："大抵元氏

---

[1][日]佐藤坚司：《孙子研究在日本》，高殿芳等译，军事科学出版社，1993年，第29页。
[2][日]藤田幽谷：《正名论》，转引自陈秀武《近代日本国家意识的形成》，商务印书馆，2008年，第118页。
[3]日本儒学者林春胜父子所辑的《华夷变态》一书书名就体现了这种观点。

虽入帝中国，天下犹未剃发，今则四海之内，皆是胡服，百年陆沉，中华文物荡然无余，先王法服，今尽为戏子军玩笑之具，随意改易，皇明古制日远而日亡，将不得复见。"[1]

就是说元朝虽然统治中国，但是毕竟没有剃发，没有要求所有人都改成蒙古发型。今天则中华衣冠，全部变成了胡服，只有戏子才能穿过去的服装来供人取笑。

日本学者因此也普遍认为清朝的建立标志着过去的中国已经沦为"夷狄"。南京船"元顺"号遇到海难，清朝人漂流到日本，日本人这样记述：

> 漂人良贱皆髻形，顶上圆，存发少许，辫而结束。……其服窄袖无袂，邪幅为裤，以穿圆领衣，制如本邦袯襫，不设袪，长才至髀，而无裳。……大清太祖皇帝自鞑靼统一华夏，帝中国而制胡服，盖是矣。[2]

既然过去的中华已经不存在了，日本自然就更有资格升格为真正的"中华"。

这一观点是很多日本学者共同的想法。松宫观山说，中国不得称为"中华"，因为中国"国号数变，遂为北狄（满洲）所并，今岂足以称华乎？……皇统传道并得，与天壤无穷，国号不变，宗庙飨之子孙保之者，独我大日本而已"。

因此，江户时代的日本学者经常使用"皇国"一词自称，取代过去经常使用的"本朝""本邦""和国"，对中国的称呼一般是"唐（土）""汉

[1][韩]成均馆大学校大东文化研究所编纂：《燕行纪事》，转引自陈国灿、于逢春主编《环东海文明互动与东亚区域格局研究》，中国商务出版社，2018年，第224页。
[2][日]大庭修编：《安永九年安房千仓漂着南京船元顺号资料》，转引自陈国灿、于逢春主编《环东海文明互动与东亚区域格局研究》，中国商务出版社，2018年，第232页。

（土）""西土"，偶尔甚至出现"西夷"乃至"支那"的叫法。本居宣长（1730年—1801年）在外交史著作《驭戎慨言》中则用"戎国""戎狄""戎狄国"等来称呼中国。[1]他们普遍认为，日本"是万国中的一等国"，"优于夏周之体"，为"中华朝鲜所不及也"。[2]

三

日本是神国，天皇就是神的代表，因此在世界万国之中，只有日本是由"真天子"进行统治的，天皇是"万国总帝"。[3]日本民族由此是神的子孙，是世界上最优秀的民族，而其他国家则"唐国无治世"，是"人品极坏之国"。[4]朝鲜人则是"秽土猪犬"。因此日本神国应该成为万国之本。这一"逻辑"成为日本扩张论的基础。

竹尾正胤1863年在《大帝国论》中说：

> 我大皇国称天皇者，与戎国国长等僭称皇帝不同，实为地球中之总天皇。

山鹿素行认为，日本历来就有征服四周的"伟大传统"：自"外夷投化之始"，"虾夷朝贡不怠，教化大行于东方"；自神功皇后"亲征三韩"后，"三韩面缚而服从，武德炫耀于外"；同时，神功皇后又荡平南方七

---

[1][日]本居宣长：《驭戎慨言》，转引自[日]信夫清三郎《日本政治史》第一卷，上海译文出版社，1982年，第54页。
[2]李永晶：《分身：新日本论》，北京联合出版公司，2020年，第77页。
[3]杨宁一：《了解日本人》，天津人民出版社，2001年，第11页。
[4]李永晶：《分身：新日本论》，北京联合出版公司，2020年，第77页。

国，使得"中国（指日本）之武德至此大盛矣"。[1]

早在明治维新之前，日本就已经在壬辰战争失败后再一次谋划征服中国。1823年，也就是中国道光皇帝即位的第四年，日本的所谓"经世家"佐藤信渊写了一篇文章，叫《宇内混同秘策》。开篇即说，日本是"大地最初生成之国，乃世界万国之本"。他提出了系统地入侵和占领中国的计划，要"席卷支那北方，而以南京为皇居"：

> 当今之世，于万国之中，土地最广大，物产最富饶，兵力最强盛者，莫过于如支那国者。支那虽与皇国密迩邻接，然尽其全国之力经略之，则无可以加害皇国之策。……由皇国征伐支那，如节制得宜，不过五七年间，彼国必土崩瓦解也。……故以皇国开发它国，必先以并吞支那为其肇始也。[2]

这本"秘策"的根本目标，是"宇内混同"：征服中国后，录用中国人中的人才，再图东南亚、印度。最终将世界万国"混同"为日本之一区，"则世界为其郡县，万国之君为其臣仆"。[3]

日本当时不过是一个闭关锁国的东亚弱国，因此这一计划看起来如同梦呓，不过它再一次证明这个小国从来没有放下内心深处征服世界的野心。

在明治维新的过程中，会泽正志斋（1782年—1863年）的《新论》一书曾在一时间被幕末维新志士奉为"圣典"，对幕末思想界产生过巨大的影

[1][日]山鹿素行：《中朝事实》，转引自陈国灿、于逢春主编《环东海文明互动与东亚区域格局研究》，中国商务出版社，2018年，第234—235页。
[2]田毅鹏：《19世纪中叶的中日近代世界秩序体认》，载《日本学论坛》，2005年第1期，第11页。
[3]转引自盛邦和《亚洲认识：中国与日本近现代思想史研究》，上海人民出版社，2019年，第62页。

响。[1]该书开篇便说：

> 神州（日本）者太阳之所出，元气之所始也。天日之嗣，世驭宸极，亘古不易，乃大地之元首，万国之纲纪。诚宜照临宇内，皇化远近。而今西荒蛮夷（西洋各国），以胫足之贱，奔走四海，蹂躏诸国，渺视跛履，敢欲凌驾上国。[2]

我日本是天下之本，要照耀万国。如今西洋蛮夷居然想要凌驾于我大日本之上，岂可忍受。

所以明治维新除发布五条誓文之外，还有同日发布的一条民族主义的内容，不过没有怎么被注意，叫《国威宣扬之宸翰》。"近来宇内大开，各国四方雄飞"，"故朕兹与百官诸侯誓言，继述列祖伟业，不问一身之艰难辛苦，亲自经营四方，安抚汝等亿兆，最终开拓万里波涛，宣布国威于四方，安置天下若富士山之裕如"。[3]

也就是说，我们维新的最终目的，是扬国威于世界，让世界各国都安居在日本秩序之下。

这些都是日本历史上"日本型华夷秩序"思想的延续。这一思想后来又演变成日本"亚洲盟主"论。小寺谦吉在1916年出版的《大亚细亚主义论》一书中说：日本是黄种人中最强的国家，是东亚的砥柱，"于中国问题，为维持东亚平和计，不能不拯之使免白皙人种之厄，则其欲为黄种之盟主

---

[1]于逢春：《明清鼎革以降中日韩三国"华夷观"衍变与"华夷秩序"再构筑》，载陈国灿、于逢春主编《环东海文明互动与东亚区域格局研究》，中国商务出版社，2018年，第236页。
[2][日]会泽正志斋：《新论》，转引自陈国灿、于逢春主编《环东海文明互动与东亚区域格局研究》，中国商务出版社，2018年，第236页。
[3][日]芝原拓自等编：《近代日本思想大系12》，转引自李永晶《分身：新日本论》，北京联合出版公司，2020年，第60页。

势也"。[1]

第二次世界大战前，日本统治世界的野心又演变成了另一个名词，即大家更为熟悉的"东亚共荣圈"论。1938年前后，陆军省的军官们起草了一个"国防国策案"。大致内容是：

> 东亚共荣圈由生存圈、防卫圈、经济圈构成。生存圈指大和民族主体的生存区域，它包括日本本土、满洲国、北支、蒙疆。防卫圈指贝加尔湖以东的西伯利亚、支那本土、缅甸以东的东南亚、爪哇、苏门答腊、东经170度以西的北太平洋海域及其岛屿。经济圈指为维持东亚共荣圈而提供生产资源的区域，即指上述防卫圈及印度、澳大利亚这一范围。[2]

石原莞尔说，日本发动第二次世界大战的目的，是让日本的天皇成为世界的天皇，日本的秩序成为世界的秩序，日本成为人类命运的主宰。日本是东方文明的代表，美国是西方文明的代表，这两个国家所代表的集团"将围绕何者为世界的中心，在不久的将来，挟太平洋进行人类最后的大决战，打一场规模空前的战争"，通过这次战争"决定是日本的天皇成为世界的天皇，还是美国总统统治世界，决定人类最后的命运"。这是决定究竟由东洋王道抑或西洋霸道统治世界的战争。日本要努力争取在战争中取得胜利，这样世界将在日本领导下实现大一统，实现所谓"永久和平"，世界将在天皇的领导下成为王道乐土。这些梦呓并不是凭空发出的，它正是建立在日本是"神国"，天皇是"万国总帝"的思想基础上的。

---

[1][日]小寺谦吉：《大亚细亚主义论》，转引自史桂芳《简论近代日本人中国观的演变及其影响》，载《世界历史研究》，《首都师范大学学报（社会科学版）》，2007年第4期，第117页。

[2]王屏：《近代日本的亚细亚主义》，商务印书馆，2004年，第282—283页。

第四章

"倭寇"是怎么出现的

一

"倭寇"在中国历史上大名鼎鼎。

在普通读者的印象中，"倭寇"两个字是与明朝联系在一起的。确实，唐宋两朝的史书中都没有出现过"倭寇"二字。倭寇似乎是在明初"突然"出现的，到了明末因为戚继光的打击而消失，整个清朝都没有复现。

但事实上，这种历史表述是不准确的。"倭寇"最早出现在元朝，它的彻底消失也不是因为戚继光的打击，而是因为丰臣秀吉的一道命令。说到底，倭寇的出现与消失，都主要是由日本历史机制而不是中国历史规律所决定的，它因日本历史乱局的出现而兴，也因战国的结束而彻底结束。

二

首先我们都很容易理解的是，日本人不管"倭寇"叫"倭寇"，道理不言自明：日本人也知道"倭"字不好听。

那么，日本人管"倭寇"叫什么呢？叫"英雄"或者"好汉"吗？当然也不是。日本史书上管他们叫"海贼"或者"恶党"。所谓"海贼"就是海盗，"恶党"就是凶徒。这说明，在日本人心目中，这些人也不是好人，是体制外的反叛力量。

不过，在日本史中，"海贼"或者"恶党"并不是用来专门指称"倭寇"的。作为海岛国家，海盗在日本当然一直就有。不过大部分时期，他们只在日本沿海打打杀杀。只有在特殊的历史条件下，"海贼"才离开日本沿海，成为"倭寇"。这个历史条件并不是一些历史爱好者所认为的明朝的海禁政策，而是元朝的"蒙古来袭"。

这是怎么回事呢？

如前所述，"蒙古来袭"虽然被天降的"神风"击退，但是对日本经济社会造成了巨大的破坏。受"蒙古来袭"破坏最严重的是日本西南及九州沿海一带，因为这一带是防御蒙古的重点，这里的百姓被大量征发，修建规模巨大的沿海工事，导致战后这些地方经济破产。镰仓幕府又无力补偿这里的武士，导致这些地方陷入全面贫困化，武士破产，百姓流亡。幕府权威因此崩溃，日本先后进入南北朝和战国这两个动荡时期。走投无路的日本人大批下海，成为"海贼"。

这些"海贼"与日本历史上的其他海盗的不同之处，在于他们非常仇恨高丽人，因此头一次把抢劫的范围扩展到海外，远征高丽，大肆劫掠。

为什么仇恨高丽人呢？因为"蒙古来袭"时入侵日本的军队是蒙古与高丽联军，高丽人鞍前马后非常卖命，因此日本人对高丽恨之入骨。"早期倭寇活动的发生多是由于蒙古进攻、灾荒导致极度贫困，以劫掠他国财物、人口以及粮秣为目的，同时也带有遭受蒙古进攻过后的北九州地区住民的鲜明报复性心理。"[1]

> 1323至1422年的百年间寇掠朝鲜382次。据《高丽史》所说，倭寇侵朝鲜，所至"妇女婴孩，屠杀无遗"；"掳我人民，焚荡我

---

[1]刘路：《日本战国时代"海贼"问题初探》，硕士学位论文，东北师范大学，2013年，第9页。

府库，千里萧然"。倭寇不仅蹂躏了半岛南部沿海各地，且深入内地，成为高丽王朝的心腹大患。[1]

所以"倭寇"这个名字，不是中国人发明的，而是由高丽人送给日本"海贼"的，最早出现在《高丽史》1350年的记载当中，这时中国还处于元朝统治时期。[2]

三

"倭寇"入侵元朝本土，比入侵高丽晚一些。史书记载，元朝末年的至正十八年（1358年）"倭人"入侵辽东的金州、复州。至正二十三年（1363年），"倭人寇蓬州"。不过这些入侵规模不大，地域也局限于与高丽相邻的辽东、山东，是倭寇横行朝鲜半岛的"副产品"，没有引起朝野太大的注意。

直到明朝，倭寇才把劫掠的主要方向定位于中国，而且规模迅速扩大。这一变化倒确实与明代的海禁政策有关。

原来蒙古帝国覆灭后，日本"海贼"胆子大了起来。大明王朝刚刚建立的第二年，即1369年，倭寇就再次出兵抢掠山东。

大明王朝的开创者朱元璋非常愤怒，他遣使日本，一方面为了"招谕"日本"进贡"，另一方面，专门提及倭寇问题。他说：

间者山东来奏，倭兵数寇海边，生离人妻子，损伤物命。故修书
特报正统之事，兼谕倭兵越海之由。诏书到日，如臣，则奉表来廷；
不臣，则修兵自固，永安境土，以应天休。如必为寇，朕当命舟师扬

---

[1]吴廷璆主编《日本史》，南开大学出版社，1994年，第165页。
[2]中国史籍中最早出现这个词，比高丽晚了19年，是在1369年的《明太祖实录》中。

帆诸岛，捕绝其徒，直抵其国，缚其王。岂不代天伐不仁者哉！

意思是说，山东地方官汇报倭寇抢掠中国的人口、财物。我告知你们，大明王朝已经建立。接到我这道诏书，请你们好好考虑，如果想称臣就快来，如果你们敢再次纵民为寇，我将派人扬帆进攻日本，彻底剿灭。

朱元璋不了解日本人的性格。招谕诏书咄咄逼人的口气激怒了日本，五名中国使臣被斩杀。朱元璋大惊失色，他没敢如同扬言的那样兴师远征，反而下达海禁令，断绝中外贸易特别是与日本的贸易，希望以此断绝倭寇。

但是朱元璋显然不知道经济规律的力量，他的政策适得其反。海禁不但没能令倭寇消失，反而刺激了他们的发展。因为当时日本经济远远落后于中国，日本很多生活必需品，比如丝绸、布匹、铁锅、钢针及药材等，都依赖中国进口。元代官方虽然与日本交恶，但民间贸易一直持续进行。朱元璋切断了所有贸易渠道，反而让日本社会对中国物资更加渴求，因此也强化了倭寇入侵的动力。因此在朱元璋统治后期，倭寇大批扑向中国，对中国沿海一再侵扰，搞得朱元璋焦头烂额，一筹莫展。

不过到了他的儿子永乐帝上台后，倭寇的侵扰却一时消失了。这不是因为永乐帝征剿有方，而是因为日本的南北朝结束了。1392年，足利义满消灭了南朝，室町幕府统一了日本。足利义满羡慕其他国家从朝贡贸易中获得巨大利益，因此以"日本国王"的名义加入了中华朝贡圈。永乐二年（1404年），中日"朝贡贸易"（也称"勘合贸易"）正式开始。

既然两国建立了正式外交关系，幕府就得解决中国关切，处理倭寇问题。为此日本幕府"下令九州探题取缔倭寇"。沿海大名迅速出兵扫除"海贼"，倭寇遂在中国沿海一时绝迹。为表示诚意，日本还"献所获倭寇尝为边害者"，把一些抓到的倭寇送到中国。永乐皇帝大喜，永乐四年（1406年）专门发诏书表扬日本："海寇出没，劫掠海滨，朕命王除之，即出师歼其党类，破其舟楫，擒其渠魁，悉送京师。王之尊敬朕命，虽身在海外而心实在朝廷，海东之国从古贤达未如王者，朕心喜慰，深用褒嘉。自今海上居民无劫掠之虞者，王之功也。"[1]

也就是说，我让你消灭海寇，你闻命出师，战果辉煌。看来你虽然身在海外，但是心敬朝廷，实在是一个贤王。如今海波平静，都是你的功劳。

四

不过倭寇并没有消失太久，1467年后，室町幕府权威扫地，日本进入战国时代。明朝发给日本朝贡的官方许可凭证，被诸侯们抢来抢去，最终导致"争贡之役"，中日朝贡贸易由此断绝（虽然日本在嘉靖年间曾经再次尝试，但没有成功）。嘉靖皇帝下令再次严厉进行海禁，嘉靖三年（1524年）、四年（1525年）、八年（1529年）、十二年（1533年）多次下达禁令，企图断绝和日本的一切海上联系。

很显然，嘉靖皇帝重复了朱元璋的错误，而且错得比朱元璋还严重。因为当时日本正处于战国后期，各地经济繁荣，对中国商品的需要量大增。明朝人姚士麟说："大抵日本所须，皆产自中国，如室必布席，杭之长安织也。妇女须脂粉，扇、漆诸工须金银箔，悉武林（杭州）造也。他如饶之磁器，湖之丝绵，漳之纱绢，松（江）之棉布，尤为彼国所重。"特别是迅速发展的日本丝织业所需生丝几乎全从中国进口。禁海令一下，中国生丝在日本的价格一下子上涨了近十倍。

战国时代本来就是日本"海贼"的黄金时代，因为不再有统一的政府对他们加以约束，战败的武士又不断加入"海贼"队伍，甚至还有战国大名暗中支持"海贼"。"战国大名也为了吸收海贼宝贵的海上组织力量和军事力

---

[1]陈尚胜：《东亚海域前期倭寇与朝贡体系的防控功能》，载《中国边疆史地研究》，2017年第27卷第1期，第23页。

量，对顺从的海贼采取了宽容和优遇的态度。"[1]更有很多大商人成为"倭寇"背后的推手，比如战国时代最著名的自治城市堺市的商人就纷纷加入海上走私大潮。"毫无疑问，在背后对倭寇加以操纵的有力人士中，肯定有不少堺港的町人。"[2]因此倭寇"在战国动乱中迎来了'黄金世纪'"，有些"海贼"甚至获得"海上大名"的称号。[3]

了解了这些，我们就明白为什么嘉靖后期倭寇对中国沿海的破坏会如此剧烈。[4]永乐以后到嘉靖之前（1425年—1522年）近百年时间，中国沿海倭患很少，有记录者仅17次。但是嘉靖一朝45年里，关于倭患的记录猛增到628次，占明朝倭患次数的80%。

> （倭寇）凶猛地频繁入侵中国，所到之处，烧、杀、淫、掠，残暴至极。受害范围波及山东、江苏、安徽、浙江、福建、广东六省、江、浙、闽三省受害最重。仅在公元1551至1560年的10年间即入侵414次，攻陷县城21个，遭劫村镇不可计数。[5]

倭寇"破浙东杭、嘉、湖、苏、松、常、镇、淮、扬至南通州诸沿江郡县不下数百处，杀伤人民百余万。守土以丧地被逮，总师以失律受诛者无数"。[6]倭寇所过之处，"村市荡为邱墟"，庐室为之一空。

---

[1]刘路：《日本战国时代"海贼"问题初探》，硕士学位论文，东北师范大学，2013年，第18页。

[2][日]宫崎市定：《亚洲史概说》，谢辰译，民主与建设出版社，2017年，第312页。

[3]刘路：《日本战国时代"海贼"问题初探》，硕士学位论文，东北师范大学，2013年。

[4]龚启圣与马驰骋教授在《自给自足与明代海盗的兴衰》一文中通过大数据分析，得出的结论是嘉靖海禁后，倭寇对中国沿海地区的侵袭呈直线上升的趋势。参见James Kai-sing Kung, Chicheng Ma, "Autarky and the Rise and Fall of Piracy in Ming China", *The Journal of Economic History*（June 2014）.

[5]吴廷璆主编《日本史》，南开大学出版社，1994年，第196页。

[6]施联朱编著：《台湾史略》，福建人民出版社，1980年，第133页。

第五章

倭寇里为什么有中国人

一

讲到这儿，我们就可以来探讨一下明代"倭寇"中的中国人问题了。

众所周知的一个事实是，明朝后期的倭寇，实际上是中国海盗、海商与日本"海贼"合流的结果。因为在中日贸易当中，获利的不只是日本人，也有中国人。

在"争贡之役"以前，中国沿海虽然也有走私现象，但是并不严重。嘉靖海禁令一下，走私贸易规模迅速扩大。据万表《玩鹿亭稿》记载，"敝府（指宁波一带）在成化弘治间并无通番者"，到正德末年"始渐有之，然亦只一二人可数"。但到了嘉靖初年，"通番者"已经"不可数计"。来往于浙江附近海域的船队规模庞大，航行于舟山群岛的商船就达"一千二百九十余艘"[1]。福建沿海海外贸易的传统更深，到嘉靖年间，商人纷纷"私造双桅大船，广带违禁军器，收买奇货"远航海外，"与番舶夷商货贩方物"。嘉靖二十六年（1547年）前往日本贸易的福建商人遭遇台风，仅漂流到朝鲜的就多达一千多人。[2]

---

[1]朱纨：《双屿填港工完事疏》，载陈子龙等《明经世文编》卷二〇五，中华书局，1962年，第2165页。

[2]《福建通志》通记九，明二，转引自林仁川《明代私人海上贸易商人与"倭寇"》，《中国史研究》1980年第4期，第100页。

由此就导致新型"倭寇"的出现。在嘉靖之前，大多数中国海上贸易商都是独家经营的小商人，"各船各认所主，承揽货物，装载而还，各自买卖，未尝为群"。嘉靖年间，由于贸易规模扩大，竞争加剧，再加上日本和葡萄牙等海上势力横行，海盗猖獗，"强弱相凌，互相劫夺"，海商们开始抱团，组织武装以自保，"因各结艘，依附一雄强者，以为船头"，开始形成了"或五十只，或一百只，成群分党，分泊各港"的海上贸易集团。这些贸易集团纷纷雇佣强悍的日本武士来保护安全，有的还"纠合富实倭奴，出本附搭买卖"[1]。中国和日本的海上势力由此结合在一起，形成了新的"倭寇"。

二

中日贸易对日本固然重要，其实对明朝也不是坏事。从国家层面来看，中日贸易推动了明代的"白银货币化"过程。我们都知道，推动明代白银货币化的一大动力是美洲白银。事实上，除了美洲白银之外，日本也是一个非常重要的白银来源。1530年以后，日本采用了从朝鲜传来的银矿石精炼法，白银产量激增，巅峰时期白银产量约占世界总产量的三分之一，以至有"银岛"之称。顾炎武说："日本无货，只有金银。"从16世纪中叶至17世纪中叶，日本白银通过贸易大量流入中国，有力地促进了明中晚期的经济繁荣。[2]

规模巨大的走私贸易，更带动了中国沿海部分地区的经济转型。在浙江沿海一带，走私是全社会从上到下广泛参与的事业。出任浙江巡抚的朱纨

---

[1]万表：《玩鹿亭稿》卷五《海寇议》，转引自王建富主编《舟山群岛史话》，浙江古籍出版社，2014年，第127页。

[2]日本学者上木哲夫和广三山村估计，在1560年至大约1600年间，日本每年向中国出口的白银数量平均在33 750千克—48 750千克。转引自黄阿明《明代货币白银化与国家制度变革研究》，广陵书社，2016年，第281页。

发现，"很多富有的家庭和乡绅都私底下与外国人进行贸易，或是以渡船的名义建造大型的商船来与更远的国家进行贸易，如到马六甲和日本"。[1]宁波沿海不论是上层还是下层，富人还是穷人，都被卷入走私贸易大潮当中："有等嗜利无耻之徒交通接济，有力者自出资本，无力者转展称贷；有谋者诓领官银，无谋者质当人口；有势者扬旗出入，无势者投托假借，双樯三樯，连檣往来。愚下之民一叶之艇，送一瓜，运一樽，率得厚利，驯至三尺童子，亦知双屿之为衣食父母。远近同风，不复知华俗之变于夷矣。"

有钱的出资本，没钱的借钱入股，有办法的冒领官银，没办法的出人力。大船大至三樯，即使一叶小船，通过卖一个西瓜，运一樽白酒，也致富了。

福建更是如此。福建九龙江口地区民众以当海盗为荣，"寇回家皆云'做客回'，邻居者皆来相贺"。福建月港上万户民众都以海上走私为业，"僻在海隅，遥通夷岛，生聚蕃盛，万有余家，以下海为生涯，以通番为常事……寖成化外之风"。"其俗强狠而野，故居则尚斗，出则喜劫，如佛郎机、日本诸夷。"福建诏安湾很多民众放弃了传统生活方式，专门从事走私，"男不耕作，而食必粱肉；女不蚕织，而衣皆锦绮，莫非自通番接济为盗行劫中得来。"

很显然，海上贸易已经深入改变了中国一些沿海地区的社会运转方式。如果放任甚至鼓励"其俗强狠而野"的福建人在海上与葡萄牙人和日本"海贼"竞争，中国也许会成为东亚海上一支重要力量。

然而，明朝政府对这种社会变化深恶痛绝。他们把这些违反中国政府禁令、背弃了传统生活方式的人，一概称为"倭寇"。不光参与海上武装走私的中国人被明朝政府当成"倭寇"，甚至葡萄牙人和东南亚人也被当成"倭

---

[1][美]富路特、房兆楹原主编《明代名人传2》，北京时代华文书局，2015年，第508页。

寇"的一种。田中健夫在《倭寇》中说："这个时期的倭寇，日本人参加数量是很少的，大部分是中国的走私贸易者以及追随他们的各色人等。这时在东亚海域初现身姿的葡萄牙人被当作倭寇的同类对待。"除此之外，东南亚的海商、海盗也一概被纳入"倭寇"当中："武装走私与暴力抢劫混为一体，海商和海盗难以区隔；倭寇中有真倭、假倭，假倭中又杂夹着中国、朝鲜、彭亨、暹罗、葡萄牙等国的海商与海盗。"[1]

因此，很多有识之士认为，所谓"倭寇"问题，实际上是贸易问题。万历时期福建长乐人谢杰在《虔台倭纂》中分析说："寇与商同是人，市通则寇转为商，市禁则商转为寇；始之禁禁商，后之禁禁寇。"海盗就是海商，他们能贸易的时候贸易，不能贸易的时候抢劫。因此，海禁越严，倭寇就会越多："禁愈严而寇愈甚，片板不许下海，艨艟巨舰反蔽江而来；寸货不许入番，子女玉帛恒满载而去。"

所以他们主张解除海禁，允许海上自由贸易，"通番除罪，开放互市，化寇为良"，这样倭寇自然就会消失，而且国家还能获得大量税收。比如浙江人王文禄说："若欲海口悉平，必须宪臣奏请沿海凡泊船处多设市舶司，有货税货，无货税船。船出地方，给以票证。人皆好生而嗜利，化寇而为善良，且因以裕国用矣。"[2]

连著名倭寇王直一开始也曾向明朝政府请求开海禁，说这样可以不战而屈人之兵。他说："窃臣直觅利海商，卖货浙福，与人同利，为国捍边，绝无勾引党贼侵扰事情……为皇上仁慈恩宥，赦臣之罪，得效犬马微劳驰驱，浙江定海外长涂等港，仍如广中事例，通关纳税，又使不失贡朝，其主各为禁例，倭奴不得复为跋扈，所谓不战而屈人之兵者也。"[3]

---

[1]杨国桢：《瀛海方程——中国海洋发展理论和历史文化》，海洋出版社，2008年，第150页。

[2]杨国桢：《瀛海方程——中国海洋发展理论和历史文化》，海洋出版社，2008年，第148页。

[3]樊树志：《晚明史：1573—1644 上》，复旦大学出版社，2015年，第39页。

但是嘉靖皇帝向世界展示了什么叫"花岗岩头脑"，他说什么也不开放海禁，他的大臣们也不打折扣地贯彻他的指示。

浙江宁波双屿岛是当时东南亚最大的走私贸易据点之一。1520年，葡萄牙人抵达中国沿海，他们向中国政府要求开展贸易遭到拒绝后，就落脚在此，在短短的不到二十年的时间里，就把双屿岛从一个没有常住居民的荒岛发展成为远东地区首屈一指的贸易大港。超过一千名葡萄牙商人居住于此，中国、非洲、东南亚、欧洲的货物在此交易，每年交易额高达300万葡元，绝大部分用日本银锭支付。[1]

> 双屿一带的许多当地百姓也卷入了这种国际贸易活动，有的为番商充当翻译、向导，有的为之造船、修船，有的竞相贩售酒米、时鲜等食品。福建同安人林希元记述道："（葡萄牙人）与边民交易，其价尤平。其日用饮食之资于吾民者，如米面、猪、鸡之数，其价皆倍于常。故边民乐与为市，未尝侵暴我边疆，杀戮我人民，劫掠我财物。"因为这些百姓"视海贼如衣食父母，视军门如世代仇雠"，所以在官府眼里也是"从番者"或者"倭寇"。由此可见，许多倭寇实际上是一些对国家没有固定归属感的人。[2]

嘉靖二十七年（1548年）四月初七日，巡抚浙江的朱纨命令明军突袭双屿，摧毁了这个海上走私据点，命令填塞港口，使船只不得复入。"被抓的人数有两百零六人，其中有三个头目，十六个白人，四十六个黑人，一百一十二个海盗（李光头也包括在内），二十九个外国女性，另有三十三

---

[1]樊树志：《晚明史1573—1644》上，复旦大学出版社，2015年，第38页。
[2]李伯重：《火枪与账簿：早期经济全球化时代的中国与东亚世界》，生活·读书·新知三联书店，2017年，第85页。

人被斩首。”[1]

这种做法进一步推动了中日海上力量的结合。王直要求自由贸易不成，转而在日本建立根据地，从萨摩出发来抢掠中国："据居萨摩洲之松浦津，僭号曰京，自称徽王，部署官属，咸有名号。控制要害，而三十六岛之夷，皆其指使，时时遣夷汉兵十余万，流劫滨海郡县，延袤数千里，咸遭荼毒。"[2]

在王直的海盗队伍中，既有中国人，也有日本人，《筹海图编》说："（王直）倾赀勾引倭奴，门多郎、次郎、四助、四郎等为之部落。"

中日海上力量结合可以各取所长：中国人以日本武士为先锋，可以让中国官兵丧胆；日本人以中国人为向导，更熟悉中国情况。不过总的来说，在明朝后期，倭寇中日本人即"真倭"的比重下降，而由中国人和朝鲜人构成的"假倭"数量上升，并成为倭寇的主流，16世纪时大规模倭寇活动的领导权更是多由中国海商头目所把持。[3]《嘉靖东南平倭通录》说："盖江南海警，倭居十三，而中国叛逆居十七也。"《吾学编》称："大抵贼中皆华人，倭奴直十之一二。"《筹海图编·经略·叙寇原》载："今之海寇，动计数万，皆托言倭人，而其实出于日本者，不下数千，其余皆中国之赤子无赖者，入而附之耳。大略福之漳郡居其大半，而宁、绍往往亦间有之，夫岂尽为倭也。"

因此有人甚至把嘉靖、隆庆年间的倭寇看成是"国内的人民起义战争"[4]，说他们代表了正义和公平。

这种说法未免有些矫枉过正了。虽然寇可以转化为商，商也可以转化为寇，但是商毕竟是商，寇毕竟是寇。也就是说，商业行为和暴力抢劫不能混

[1][美]富路特、房兆楹原主编《明代名人传2》，北京时代华文书局，2015年，第509页。
[2]樊树志：《晚明史：1573—1644　上》，复旦大学出版社，2015年，第40页。
[3]刘路：《日本战国时代"海贼"问题初探》，硕士学位论文，东北师范大学，2013年，第9页。
[4]张显清：《张显清文集》，上海辞书出版社，2005年，第329页。

为一谈。倭寇虽然是因海禁而兴，但是对中国沿海的暴力破坏不容辩解。因此还是杨国桢先生说得比较客观："我们承认倭患时期并发的'海贼'活动，是厉行海禁政策影响沿海人民生产生活的产物。……至于参加倭寇队伍的假倭，不是追求劫掠财物，为虎作伥，便是被胁入伙，苟且藏身，更没有开放海禁的要求。即使'海贼''假倭'中有些是名副其实的海商，他们除了接济、贩货带有某种商业性质之外，其诱引倭寇攻城略地、入伙杀人越货，则已是超越经济性质的内奸、帮凶行为，也不能简单地称之为中国内部的阶级斗争。"[1]

三

　　嘉靖在海禁问题上拒不退让的结果，是在军事和财政上付出了惨重代价。嘉靖一朝虽然频繁换将，但收效不大，仅参将以下武职战死的就达一百多人，"军民之死，军需之费，不可胜纪"，"天下骚动，东南髓膏竭矣"。

　　这看起来有点让人难以理解。明朝在军事上绝非一无是处，在明朝末年与日本的战争即万历朝鲜之役中，明朝占据上风。明朝与倭寇的战争，并非国家间的对抗，而是一国与海盗的较量。倭寇并非正规武装，他们各自成股，缺乏统一指挥，也没有大规模协调作战，为什么这么难以对付呢？

　　原因有三。

　　第一，倭寇的战法是游击战，以船舶为工具在沿海游动，具有随机性和高度流动性，而明朝官军以卫所为组织，固定于陆上，很难把握其动向。

　　第二，倭寇虽然经常以小团队作战，但是小团队内部组织严密，协调性强。倭寇的基本战术是以三十人以下的小团队进入村落，这些小团队纪律极

<hr>

[1]杨国桢：《瀛海方程：中国海洋发展理论和历史文化》，海洋出版社，2008年，第150页。

为严明，内部又有明确分工，哨探、先锋与后援能有层次地展开兵力，在指挥官的扇子指挥下，团结一心，配合熟练，凸显出日本人国民性当中的服从性与协作性，因此才能不断地以寡敌众，击败数量上占优势的明军。[1]

相比之下，明军的组织协调性很差。明朝的精兵强将集中在北方以防备蒙古，与倭寇作战的南方部队素质低下，作战的时候基本毫无阵形，即使是士气最为高昂的部队，也不过是仅凭血气之勇猛冲敌阵，既无有效的队形组织，又缺乏侧翼和后续部队的接应，因此经常遭到失败。[2]

第三，倭寇的先锋以武士为主。日本武士刀法纯熟，个体战斗力强，"上下四方尽白，不见其人"。[3]以这些人为前锋，明军往往一触即溃。不过这个因素只能列在第三，因为武士的数量毕竟有限。《筹海图编》的作者郑若曾说，倭寇"善运刀者在前冲锋，可畏颇有限也"。

在明代的抗倭将领中，戚继光之所以能够鹤立鸡群，独树一帜，屡建奇功，就是因为他能针对倭寇特点，改进明军的战法和武器装备，总结出一套对付倭寇的有效经验。

戚继光部队的最大特点是强化了组织性和协调性。戚继光发明了鸳鸯阵法，即以十一人为一个小队，小队当中各有分工：最前面的是队长；接下来两个人，一执长牌、一执藤牌，负责掩护后续部队前进；再二人手执狼筅，即三米左右长的毛竹，前端削尖，以刺杀敌人；接着是四名手执长枪的长枪手，左右各二人，以照应前面左右两边的盾牌手和狼筅手；再跟进的是两名手持"镗钯"的士兵，镗钯是一种多刃兵器，既可进攻，又能防御，构成第二线的攻击力量。

这种配置由于左右对称而名为"鸳鸯阵"。右边持方形藤牌的

---

[1]宋毅：《祖先的铁拳：历代御外战争史》，华中科技大学出版社，2013年，第290页。
[2]宋毅：《祖先的铁拳：历代御外战争史》，华中科技大学出版社，2013年，第294页。
[3]武士们能娴熟使用双刀，日本刀需要经过水挫、小割、积重等十步，最后进行火煅工序。

士兵，其主要的任务在于保持既得的位置，稳定本队的阵脚。左边持圆形藤牌的士兵，则要匍匐前进，并在牌后掷出标枪，引诱敌兵离开有利的防御位置。引诱如果成功，后面的两个士兵则以狼筅把敌人扫倒于地，然后让手持长枪的伙伴一跃而上把敌人刺死戳伤。最后两个手持镗钯的士兵则负责保护本队的后方，警戒侧翼，必要时还可以支援前面的伙伴。[1]

"鸳鸯阵"的特点是矛与盾、长与短紧密结合，各种兵器分工明确，形成一个有机的集体。因此戚继光强调，有效杀敌关键在于整体配合，在团队中每个人只要精熟自己的那一种操作，再绝对做到令行禁止，不突出个人。为了做到这一点，戚继光以一体赏罚作为纪律上的保证。在进攻时，如果一个团队中有一人临阵脱逃，则其余人均要被严惩。撤退时，如果团队中还有人陷在敌阵中，则这个人所在的团队必须全部回去救援。戚继光部队的另一个特点是只收朴实的农民而不收市井之人，因为只有质朴可靠的青年农民才能不打折扣地贯彻"鸳鸯阵"的严格战术。

这些显然是借鉴了日本人的经验，"师夷长技以制夷"，因此取得了成效。

四

虽然戚家军武勇强悍，沉重打击了倭寇的气焰，但是并没有能终结倭寇。在嘉靖朝之后的隆庆和万历朝，史书中仍然有很多关于倭寇活动的记载。比如隆庆三年（1569年）倭寇骚扰广东，"总兵郭成等方率兵进剿……擒斩一千三百七十五人，内生擒真倭酋丘吉所一人，从倭一百余人"。隆庆

---

[1]黄仁宇：《万历十五年》，生活·读书·新知三联书店，2019年，第207—208页。

四年（1570年），"倭奴纠寨贼四百余人破广海卫城……地方被贼杀掳者以万计"。隆庆六年（1572年），福建地方官汇报"擒斩倭贼功次"，说"先后凡获贼大小船三只，生擒二十三人，获级十六颗，真倭首十四级"。直到万历十七年（1589年），中国史书中仍然有关于倭寇的记载，这一年浙江地方官汇报"有倭船三突至浙江外洋，官兵亟击之，沉其船，斩首四十八级，生擒者六"。[1]

不过隆庆元年（1567年）之后，中国史书中关于倭寇活动的记载和以前相比，确实明显减少，倭寇对中国沿海的破坏程度也大大降低了。这个变化的主要原因是明朝结束了海禁。隆庆元年，明朝痛定思痛，取消海禁，准许民众航海前往东洋、西洋贸易，推动倭寇兴起的经济力量减弱，倭寇活动随之明显减少。

至于彻底终结倭寇的力量，则来自日本。战国时代结束后，日本恢复了国家秩序，倭寇彻底失去了生存空间。丰臣秀吉在统一的过程中，在通过"太阁检地""兵民分离"等措施强化对内地的控制的同时，也没忘了对"海贼"的控制。1588年，他颁布《海贼停止令》，要求沿海大名要完全杜绝海贼活动，"诸国海上贼船之行径，严令停止"，"但凡乘舟楫者，当速至其所在之地地头代官处订正造册"。[2]

也就是说，丰臣秀吉对所有在海上活动、依海维持生计的人进行调查统计，整编海民户籍，同时《刀狩令》的执行也将"海民"手中的武器悉数收缴。丰臣秀吉的命令强硬而彻底，《海贼停止令》颁布后仅仅数年之间，海贼势力便已消亡殆尽。《海贼停止令》颁布第二年，即万历十七年（1589

---

[1]《明穆宗实录》和《明神宗实录》中所见的相关倭寇记载。转引自李国祥、杨昶主编《明实录类纂·军事史料卷》，武汉出版社，1993年，第364页。

[2]本段系刘路参照早稻田大学图书馆所藏文书翻译。目前同该文书内容相同的《海贼停止令》的抄本，仍可在岛津家文书、大友家文书录、立花文书、加藤清正家藏书、小早川家文书、本法寺文书等古文书集成中发现。转引自刘路《日本战国时代"海贼"问题初探》，硕士学位论文，东北师范大学，2013年，第31页。

年）之后，明代史书中即基本不再出现关于倭寇的记载。1594年，萨摩武士新纳元忠在游历伊予时，泊船于野岛，面对昔日是濑户内海最大海贼势力的野岛城址，不觉感慨道："昔日盗船横行，皆赖殿下（秀吉）之御德，今上下通航之船无不安心。"[1]

接下来，日本又进入集权的江户时代，闭关锁国，对沿海管理极其严格，禁止一切日本人出国。这样一来，倭寇自然就不再存在，整个清朝也就获得了安静。

---

[1]刘路：《日本战国时代"海贼"问题初探》，硕士学位论文，东北师范大学，2013年，第32—33页。

第六章

丰臣秀吉为什么要征服世界

一

壬辰朝鲜战争对整个东亚历史影响巨大。[1]这场战争导致朝鲜国力衰败，上百年不能恢复。日本元气大伤，丰臣秀吉集团垮台，江户幕府放弃扩张方针，转而采取锁国政策。明朝的国力也受到极大损耗，努尔哈赤抓住机会崛起，最终导致明朝灭亡。

这场惊天动地的大规模战争之所以爆发，与丰臣秀吉的个性息息相关。

1590年，朝鲜使臣从日本带回一道国书，其内容令朝鲜君臣大吃一惊：

> 日本国关白秀吉，奉书朝鲜国王阁下：雁书熏读，卷舒再三。抑本朝虽为六十余州，比年诸国分离，乱国纲、废世礼，而不听朝政。故予不胜感激，三四年之间，伐叛臣、讨贼徒，及异域远岛，悉归掌握。窃案事迹，鄙陋小臣也。虽然，予当于托胎之时，慈母梦日轮入怀中。相士曰："日光之所及，无不照临。壮年必八表闻仁风，四海蒙威名者。其何疑乎？"依有此奇异，作敌心者自然摧

---

[1]这场战争在中国通常称为"万历朝鲜之役"，朝鲜称为"壬辰倭乱"，日本则称"文禄、庆长之役"。

灭，战则无不胜，攻则无不取。既天下大治，抚育百姓，怜愍孤独。故民富财足，土贡万倍千古矣。本朝开辟以来，朝廷盛事，洛阳壮观，莫如此日也。夫人生于世也，虽历长生，古来不满百年焉。郁郁久居此乎？不屑国家之隔，山海之远，一超直入大明国，易吾朝风俗于四百余州，施帝都政化于亿万斯年者，在方寸中。贵国先驱而入朝，依有远虑而无近忧者乎！远邦小岛在海中者，后进者不可作许容也。予入大明之日，将士卒临军营，则弥可修邻盟也。予愿无他，只显佳名于三国而已。方物如目录，领纳，珍重保啬。

大致的意思是说：以前，日本陷入分裂状态，各地纲纪一片混乱。我秀吉忧愤不已，因此奋起，三四年内，讨平各地，一统日本。众所周知，我的出身非常鄙陋，不过，我母亲在怀我的时候遇到过异事，梦到一轮太阳滚入她的肚皮。她找人占卜，相士说，太阳代表君临天下，你这个孩子，长大之后，必然四海闻名。正是因为有此奇异征兆，所以我这些年战必胜，攻必取，打遍天下无敌手。如今日本已经天下大治，极盛一时，超越千古了。

不过人生一世，不过百岁，要趁着正在盛年，再做些大事，不能满足于统治日本数岛。因此我不怕山河阻隔，地理遥远，准备进兵大明国，让大明四百余州都沐浴神国日本的光辉，因此，愿意与贵国结盟，完成此项大业。我的愿望无他，只希望能在日本、大明、朝鲜三国的历史上留下伟大的名声而已。

朝鲜君臣看到这道国书，目瞪口呆。

二

如前所述，丰臣秀吉是日本历史上出身最低微的统治者，所以和中国历史上那位出身赤贫的皇帝朱元璋一样，也喜欢通过自我神化的方式为自己寻找合法性依据。

事实上，丰臣秀吉不光是将这道"失心疯"式的国书发给了朝鲜，在给其他地方的国书中，他也反复强调自己出身的不同寻常。比如1591年他给西班牙菲律宾总督的外交文书中称"予也际诞生之时，以有可治天下之奇瑞"。[1]1593年对中国台湾的外交文书中称，"予际欲处慈母胞胎之时，有瑞梦，其夜日光满室，室中如昼，诸人不胜惊惧"。[2]

这种信誓旦旦地不断重复让我相信，秀吉的母亲应该确实做过这样的梦。一方面，如同洪秀全那个升天奇梦一样，这个梦被丰臣秀吉反复用来解释自己本来无法解释的传奇般的成功人生。

另一方面，巨大的成功也给了秀吉超乎寻常的自信。登上权力巅峰后，他参拜镰仓鹤冈八幡宫，面对源赖朝的木像说："说起出身卑微而能取得天下的人，只有我和你两个人。但是，你原是源氏的嫡男，在东国有许多旧部。与你不同，我不过是土民之子。思及此，还是我比你更高明啊。"[3]

他认为自己既然受到上天的特殊庇护，必将成为世界的统治者。他说："今也欲大明，盖非吾所欲，天所授也。"[4]不是我必要统治全天下，这是上天赋予我的任务，我不得不完成。天正十四年（1586年），丰臣秀吉会见传教士科艾里奥等人时曾说："除扬名后世外，即使征服诸国，也不想再增加存贮无数的金银。"[5]

---

[1]刘岳兵主编《南开日本研究》，天津人民出版社，2017年，第323页。

[2]刘岳兵主编《南开日本研究》，天津人民出版社，2017年，第324页。

[3][日]小濑甫庵：《太阁记》（一），转引自李爱华主编《东北亚合作发展研究》，甘肃人民出版社，2012年，第288页。

[4][日]水野明：《日侵略中国思想之检证》，参见戚其章、王如绘主编《甲午战争与近代中国和世界》，人民出版社，1995年，第270页。

[5][日]北岛万次等编：《织丰政权》，转引自李爱华主编《东北亚合作发展研究》，甘肃人民出版社，第288页。

三

因为对太阳转世的迷信，丰臣秀吉征服世界的计划看起来如同梦呓。

在发动侵朝战争之初，丰臣秀吉制定过"七条"约定。其中第七条是："秀吉以鞭影，先取高丽国八道，然后大明国四百余州，然后南蛮、切利支丹国，其外则至于远岛，皆欲奋武运之所极而割取之。"[1]

也就是说，他的目标，第一步是朝鲜，第二步是中国，第三步是东南亚。这是一个粗略的计划。

听到日军已经占领汉城的消息后，丰臣秀吉又发布了更为详细的"明征服二十五条计划"，分配了征服朝鲜和中国之后的统治权。在丰臣秀吉的构想中，战后日本的首都将从京都迁移到北京。空出来的日本四岛，则分封给天皇太子。此外，还要多封几个"关白"分别统治东亚：

第一，后阳成天皇移驻北京，北京周围的十国（这是丰臣秀吉的说法，似应指北京周围的十府），作为皇室领地。

第二，大明国的关白由羽柴秀次（秀吉的养子和外甥）出任，统治北京周围的百国（应指北京周围的百府）。日本的关白由羽柴秀保（秀吉的外甥）或宇喜多秀家（秀吉的女婿）出任。日本的天皇则由后阳成天皇的皇子良仁亲王出任。

第三，朝鲜给予羽柴秀胜（秀吉的外甥）或宇喜多秀家，九州给予羽柴秀俊（曾经做过秀吉的养子）。

那么，丰臣秀吉自己担任什么职务？他宣布，征服明国后，他将移宁波，做"万皇之皇"，把宁波作为控制日本、朝鲜、中国的"大东亚"的中

---

[1] "切利支丹"是"天主教"的日本译名，指菲律宾等当时处于西方天主教国家控制下的东南亚地区。

枢，继续征服南蛮和印度。[1]

你没听错，印度是丰臣征伐的下一步目标。

如前所述，中世时期日本人对世界的认识是，世界上只有"本朝、震旦、天竺"（即日本、中国、印度）三个主要国家。

日本古田良一在《日本通史》中说："天正十八年（1590年）所遣至罗马之使臣归国时，携卧亚印度太守（葡萄牙印度总督）书进谒秀吉，秀吉复太守书中一节云'有伐大明之志，不日泛楼船至中华，便道或可奉访'等语。则又有进窥印度之志矣。"[2]

也就是说，1590年，日本派往罗马的使臣回国时，携带了一封葡萄牙印度卧亚总督的信，秀吉在回信当中表达了进窥印度的意图。

确实，这封复信至今犹存，内容是：

> 天下混一，如安盘石，及异邦退嗽，亦莫来不享，东南西北，唯命之从。当此时，传圣主勅于寰中，振良将威于塞外，四海悉通关梁，讨海陆贼徒，安国家人民，吾邦已晏然。虽然，一有欲治大明国之志，不日泛楼船，到中华者，如指掌矣。以其便路，可赴其地，何作远近异同之隔乎？夫吾国者，神国也。神者心也，森罗万象，不出一心，非神其灵不生，非神其道不成。[3]

大意是说，在我的治下，已经统一了日本，周边各国也来朝贡，无不听

---

[1]1592年，秀吉秘书山中橘内由名护屋军营中致秀吉的"女中"（即女仆，时在大阪）的书中，说及秀吉拟在征服中国之后，构居于宁波府附近，以便总揽东亚各国之政权。参见刘岳兵主编《南开日本研究》，天津人民出版社，2017年，第323页。

[2][日]古田良一：《日本通史》，章钦亮译，国立编译馆，1942年，第194页。从《毛利家文书》和《锅岛家文书》的记录中也可得知，在丰臣秀吉的宏大计划中，除朝鲜、明朝和南蛮等地外，印度也被纳入他的征伐对象中。

[3][日]辻善之助：《海外交通史话》，转引自刘岳兵主编《南开日本研究》，天津人民出版社，2017年，第322页。

我的命令。接下来，我要统治大明国。等征服了中国之后，将顺便访问印度，让印度也归于我这轮太阳的照耀之下。因为日本是神国，天下一切，都要由神来决定。

四

当然，和所有历史大事一样，个人原因不可能是全部因素。秀吉的个性和梦想，只是这次国际战争的导火索之一。推动这场战争的还有其他多重更为深层次的原因。

第一个原因与日本人对世界的认识有关。上文说过，日本人认为世界上只有日本、中国、印度三个大国，而日本是独一无二的"神国"，由日本统一全世界是理所当然的。这在室町时期"三国一"和"三国无双"等流行语里，表现得十分清楚。

第二个原因是大规模统一战争的惯性。世界历史上，连续的战争胜利，总是会刺激着统治者将战争继续下去。秦始皇统一六国后，马不停蹄地出兵南粤。元朝统一中国后，还要跨海远征日本。日本人的好战性格，更导致日本历史有这样一个规律：只要国家初步统一，通常都会立刻发动对外侵略战争。白江口之战、丰臣侵朝和后来的甲午战争，都是这样。

长期的征战和不断的胜利刺激起了秀吉对领土、财富、人口的更大欲望。统一战争完成后，百练精兵无处使用，对秀吉来说也是一个很大的隐患。因为很多武士对土地分封不均不满，希望获取更多的土地。荷兰蒙塔纳斯在《日本志》中说："丰臣秀吉出兵朝鲜的目的……至少是为了使其（封建主和武士）有事可做，不让他们在太阁的领地内捣乱。如果他们胜利了，就把征服的领土分给他们。他自己则将成为本国的绝对统治者。"

第三个原因，也是更深层且更有力的原因，是满足海外贸易需要。

在统一全国的过程中，秀吉得益于商人的资助甚多。《太阁记》中记载，在丰臣秀吉出征九州时，堺市商人津田宗及和博多商人岛非宗室、神屋宗湛等都曾随军行动。长期繁荣的中日官方贸易，给中日两国社会都带来了巨大好处。但是明代后期的禁海令，使中日贸易关系受到巨大冲击。国内统一战争结束以后，"这些豪商巨贾为了获得更多的利润，迫切要求开展海外贸易"[1]。正如日本学者铃木良所说的："在侵略朝鲜的问题上，是那些特权商人急不可待地要求向海外贸易，起了积极的推动作用。"[2]

事实上，在登上权力巅峰之初，丰臣秀吉曾经多次谋求以和平手段返回中国朝贡贸易圈。1586年，丰臣秀吉就曾派遣使臣至明朝要求通商，遭到拒绝。[3]在壬辰朝鲜战争之前，丰臣秀吉又数次遣使朝鲜，试图请朝鲜做说客，游说中国同意恢复朝贡贸易。日本使臣对朝鲜人说，"中朝久绝日本，不通朝贡"，丰臣秀吉深以为耻辱。[4]然而朝鲜以"人臣无外交"为理由，拒绝充当中间人。

在后来的停战谈判过程中，恢复官方贸易也是日本方面最看重的一个条件。日本人一开始就开宗明义，说开战的主要原因是明朝不许日本进贡："日本人曩日多被杀戮于大明南边，大明亦不许进贡，而独于朝鲜许贡，今又来护如此，日本岂得无恨云云。"并且说"大明君许朝贡，则当移去"[5]。

第四个原因是日本人对明朝军力的蔑视。

1592年，秀吉致书关白秀次，说"征服高丽和中国，是全不费工夫的

---

[1]杨昭全：《论明代援朝御倭战争的几个问题》，转引自李爱华主编《东北亚合作发展研究》，甘肃人民出版社，第292页。

[2][日]铃木良一：《丰臣秀吉》，郝迟译，黑龙江人民出版社，1983年，第136页。

[3]李景温：《朝鲜壬辰卫国战争》，商务印书馆，1980年，第3页。

[4]在日本正式出兵朝鲜前，对马岛主平义智还曾经专门到达朝鲜，对朝鲜官员威胁道："日本欲通大明，若朝鲜为之转奏，则岂不幸甚？不然则两国失和，民兵多死。"

[5]《李元翼状启》，转引自郑洁西、陈曙鹏《沈惟敬初入日营交涉事考》，宁波大学学报（人文科学版），2017年第6期，第88页。

事"。[1]为什么会做出这样的判断呢？是基于倭寇的经验。

天正十八年（1590年），丰臣秀吉向倭寇首领汪五峰（即王直，又称汪直，"五峰船主"）的余党询问明朝的实力，这些人汇报说："吾等曾以二百余人，自南京地劫掠横行，下福建过一年，全甲而还。唐畏日本如虎，灭大唐如反掌也。"[2]小小海贼就搞得大明焦头烂额，秀吉由此认为，他手下的武士们肯定所向披靡。因此他派人出使琉球告知进军中国的计划时说，明朝军人不会刀法，日本武士将轻松获胜。"大明人不知刀法，十分二十分取胜。"[3]

天正二十年，即文禄元年（1592年），秀吉发布征讨朝鲜和中国的宣言，说："日本是弓箭坚强之国，而中国则是'长袖国'，其文弱有如处女，故日本之征伐中国，有如大山之压卵。不惟中国而已，彼天竺、南蛮，亦莫不如是！"[4]

最后一重原因，可能是秀吉的丧子之痛。我们从前文所述秀吉接见朝鲜使臣时仍然怀抱幼子这一事实，可以看出中年得子的秀吉对这个孩子是何等喜爱。然而很不幸，这个孩子第二年就夭折了。《加藤清正记》《太阁一记》等日本古籍称，丰臣秀吉兴兵朝鲜，是为了发泄失去三岁爱子的痛苦，"于是始有入朝鲜之志"，"盖自慰也"。当然，即使真的有这个原因，也应该是诸多原因中最不重要的一个。[5]

[1]见前田家文书、太阁秀吉御事书，转引自刘岳兵主编《南开日本研究》，天津人民出版社，2017年，第323页。

[2][日]心采九德：《樱变事略》，转引自李爱华主编《东北亚合作发展研究》，甘肃人民出版社，2012年，第295页。

[3]侯继高：《全浙兵制》卷二附录《近报倭警·具报人陈申为疾报倭人倾国入寇事》，转引自郑洁西《跨境人员、情报网络、封贡危机：万历朝鲜战争与16世纪末的东亚》，上海交通大学出版社，2017年，第86页。

[4]见毛利家文书三之903号及904号，秀吉朱印状，转引自刘岳兵主编《南开日本研究》，天津人民出版社，2017年，第323页。

[5]陈福广：《16世纪末朝鲜战争起因研究》，载李爱华主编《东北亚合作发展研究》，甘肃人民出版社，2012年，第287页。

第七章

明朝为什么能击败丰臣秀吉

一

壬辰朝鲜战争分为四个阶段。

1592年4月，日本十五万大军分乘七百余艘舰船，渡海展开了侵朝战争的第一阶段。

一开始，日军确实所向无敌。他们采取闪电战术，二十天攻破汉城，六十天占领平壤。朝鲜"二陵被烧，三京陷落，五庙被夷，八路被残"，考虑到当时的交通条件，这个速度确实是非常惊人的。朝鲜君臣仓皇奔往义州，向明朝求救。

日本进军之所以如此顺利，第一个原因是经历了"战国时代"锤炼的日本军队确实是一支精锐之师。日军的利器除了传统的武士刀外，更有先进的火绳枪。当时日本主攻部队在很大程度上已经实现火器化[1]，配备了射程在80—100米的火绳枪，并采用了织田信长发明的三排轮射方式，威力巨大。而朝鲜仍然以冷兵器为主，火器只有落后的铳筒，射程近，精准度差。战前日本使臣看到朝鲜军队的装备后，就曾经轻蔑地对朝鲜官员说："汝辈枪杆太短矣。"因此相对朝军，日军的军事技术优势近似隔代。[2]在壬辰战争的

---

[1]程弘宇：《平视日本》，山西经济出版社，2016年，第17页。
[2]程弘宇：《平视日本》，山西经济出版社，2016年，第18页。

战场上，朝鲜人第一次见识到了日本火绳枪的威力。《惩毖录》中曾记载：

> 贼出仓中，谷石列置为城，以避矢石，从其内多发火绳枪，我
> 军栉比而立，重叠如束，中必贯穿，或一丸毙三四人，军遂溃。

也就是说，敌人在坚固的工事内发射火绳枪，我军一个挨一个站在一起，一挨枪弹就被射穿，有时候一个弹丸甚至能杀死三四个人，我军遂溃。

这让朝鲜人大为震惊，事实上，大量的朝鲜士兵不是被打死的，而是被这种前所未见的强大火力吓得仓皇逃窜："我国人骤见而遇之辄死，宁不骇死散。"因此事后朝鲜人总结战争成败时说："贼之长技，惟鸟铳尔。"

第二个原因，是朝鲜已经承平二百年。日本侵朝这一年恰逢李氏朝鲜建国二百周年，二百年来，朝鲜王朝没经历过战事，武备废弛。日军所经之处，都未设防，所以如入无人之境，"沿海郡县城堡，望风崩溃"。因此战争的第一阶段以朝鲜大部分领土陷落为结果。

第二阶段则是明军的反攻。

日军在朝鲜的迅速胜利震动了明朝，朝廷认为"倭寇之图朝鲜，意实在中国，而我兵之救朝鲜实所以保中国"。何况朝鲜在藩属国中历来以恭顺著称，兴亡继绝是宗主国的义务。万历皇帝遂派名将李如松等率四万精兵开入朝鲜。[1]

1593年1月5日，中国军队抵达平壤城下。1月8日晨，壬辰朝鲜战争中最波澜壮阔的平壤之役爆发。明军巨炮齐轰，开始攻城。日军死守城上，以火绳枪向近距离攻城的明军射击，战况非常激烈。最终的结果，是明军的大炮给城上的日军以毁灭性的打击，日军退出平壤城。《日本战史》称，平壤之役使日军减员约九千人。[2]这一战彻底扭转了朝鲜战争的走势，双方进入

---

[1]程弘宇：《平视日本》，山西经济出版社，2016年，第19页。

[2]程弘宇：《平视日本》，山西经济出版社，2016年，第19页。

相持阶段。

为什么明军能迅速攻下平壤城呢？主要是凭借武器优势。

明代火炮技术本来在东亚就遥遥领先。明代晚期又引进葡萄牙人的"佛郎机炮"，仿制成自己的系列炮具。

所谓"佛郎机炮"是一种短管加农炮，装有瞄准器，《明史》记载："（其制）以铜为之，长五六尺……巨腹长颈，腹有修孔。以子铳五枚，贮药置腹中，发及百余丈。"它以火炮口径的尺寸为基数，确定弹重与装药量变化的关系[1]，装填便利，发射速度快，射程远，水平在东亚最高。

万历年间，明朝又通过与来到中国沿海的荷兰人交战，取得荷兰大炮技术，制成威力更大的"红夷大炮"，或者叫"红衣大炮"，射程为三里左右，天启时赐以"大将军"号。[2]

因此终明一代，火器种类之多、数量之大、威力之猛、制造之精巧，都是前所未有的，开创了中国以火器为主的冷热兵器并用的新时代。

负责全军调度后勤的宋应昌在《经略复国要编》里详细记载了明军所携带的武器：

> 大将军八十二位，见留四十位；灭虏炮二百一十门……小信炮
> 一千一百九十六个……虎蹲炮二十位。
> ……一字小炮五百三十二个，小信炮三百三十个，火药
> 三千六百五十六斤，火箭七千二百五十枝……
> 灭虏炮五十八位，虎蹲炮九位，百子铳一百六十八架。

日军中也装备有少量火炮，但是由于日本人只注重发展火绳枪，对火炮不够重视，加上日本冶炼技术特点所限，只擅长打造小型武器，所以日本的

---

[1]卢建一：《闽台海防研究》，方志出版社，2003年，第146页。
[2]卢建一：《闽台海防研究》，方志出版社，2003年，第146页。

火炮体量不大，威力不够。[1]

平壤之役是一场典型的火炮攻坚战。明军的火炮显示了巨大的威力，远距离攻击城楼的大将军炮，中距离轰击城上的佛郎机炮、灭虏炮，近距离遭遇时使用的虎蹲炮等各式大炮相互配合，轰倒日军城上的防卫设施，大量杀伤日军。日军所能依靠的只有火绳枪，"贼伏于陴中，乱用铅丸"，虽然能给近身上城的明军带来不小麻烦，但无法扭转大局。

因此关于这场战役的诸多记载，无不着眼于描写大炮的威力。比如朝鲜《宣祖实录》记载的进攻平壤情形：

> 俄而发大炮一号，各阵继而齐发，响如万雷，山岳震摇，乱放火箭，烟焰弥数十里，咫尺不分，但闻呐喊声，杂于炮响，如万蜂哄闹。少选，西风忽起，卷炮烟直冲城里，火烈风急。
>
> 提督与左协都指挥张世爵等攻七星门。贼据门楼，未易拔。提督命发大炮攻之。炮二枝着门楼撞碎倒地烧尽，提督整军而入。诸军承胜争前，骑步云集，四面矸死，贼势缩进入诸幕，天兵次第烧杀几尽，臭闻十余里。

《惩毖录》则记载："炮声震地数十里，山岳皆动，火箭布空如织，烟气蔽天。"其他记载也无一例外渲染火炮的神威。"在距城五里许，诸炮一时齐发，声如天动，俄而花光烛天"，"倭铳之声虽四面俱发，而声声各闻，天兵之炮如天崩地裂，犯之无不焦烂"。

不过平壤大捷后不久，明军就遭遇了碧蹄馆之败。收复平壤之后，明军向南直迫汉城，作为先头部队的骑兵与日军主力在碧蹄馆发生遭遇战。

明军火炮虽然威力巨大，但体积大，受到运输条件限制移动慢，往往无

---

[1]宋毅：《祖先的铁拳：历代御外战争史》，华中科技大学出版社，2013年，第297页。

法及时参与到遭遇战当中。李如松轻骑急进，在碧蹄馆遇到日本伏兵，在明军大炮没能及时赶到的情况下与日军仓促开战。日军的火绳枪队充分发挥了优势，明军不了解日军的"三排轮射法"，一排枪响过，刚想如以前那样马上出击，没想到第二排子弹又已经横飞过来，结果明军溃败。[1]通过这一战，明军充分认识到日本火绳枪队的威力。兵器专家赵士祯在万历三十一年（1603年）的《恭进合机铳疏》中说，日本在朝鲜战争中与中国能够相持，完全是因为三千名熟练的"飞峦岛鸟铳手"的力量："东援（指万历派兵赴朝）之时，调集人马十有余万，附以朝鲜土著，何止三十余万。倭奴止以飞峦岛（即日本平户）鸟铳手三千凭为前驱，悬军深入，不劳余力，抗我两国。我以两国全力，不能制倭死命。飚驰电击而前，从容振旅而退，不但诸酋尽全首领，至于倭众亦觉无多损失。则鸟铳之种于军用也，亦甚彰彰明著矣。"就是说援朝战争，中国人马十万有余，加上朝鲜兵，不止三十万，但是日本人只凭三千名火绳枪手，就能与我们相抗，打了个平手，可见火绳枪的威力。

碧蹄馆之战后，由于日军在汉城的兵力占优，明军回到开城修整。不打不相识，双方都认识到对方的力量不可小觑，哪一方都无法迅速取胜，因此战争进入了第三阶段：议和。

二

壬辰朝鲜战争虽然历时长达七年之久，但实际的战争状态仅有二年多，更长的是持续四年多的谈判期。

丰臣秀吉毕竟不是疯子，平壤之战的惨败让他认识到征服全天下的野心

---

[1]关于这一战的参加人数，中朝日三国的史料记述差异很大。日方史料大都宣称4万日军包围了2万明军，给予了明军毁灭性的打击。而据朝鲜方面柳成龙《惩毖录》记载，被日军合围的明军是4 000侦察轻骑。参见程弘宇《平视日本》，山西经济出版社，2016年，第20页。

是不可能实现了。战争中朝鲜农田大面积抛荒，日军无法征到粮食，后勤遇到极大困难，丰臣秀吉不得不停战与明朝议和。

不过，出于夸诞奔逸的天性，他开出的议和条件非常高。他亲自起草的《大明日本和平条件》一共有七条：

第一条是迎娶明朝公主，作为日本天皇后妃："和平誓约无相违者，天地从（纵）虽尽，不可有改变也，然则迎大明皇帝之贤女，可备日本之后妃事。"

第二条是恢复朝贡贸易，并且放开民间贸易："两国年来依间隙，勘合近年断绝矣，此时改之，官船、商舶可有往来事。"

第三条是明朝和日本两国官员盟誓，永远和好："大明、日本通好，不可有变更旨，两国朝权之大官，互可题誓词事。"

第四条是将朝鲜一分为二，京城及北方四道归还朝鲜，南方四道割让于日本："对大明割分八道，以四道并国城，可还朝鲜国王。"

第五条是朝鲜要送王子和大臣到日本作为人质："四道者既返投之，然则朝鲜王子并大臣一两员为质，可有渡海事。"

第六条是同意交还俘虏的朝鲜国二王子及其他朝鲜官吏："去年朝鲜王子二人，前驱者生擒之，其人非凡间不混和平，为四人度与沉（沈）游击，可皈旧国事。"

第七条是朝鲜重臣要宣誓永远不背叛日本："朝鲜国王之权臣，累世不可有违却之旨，誓词可书之。"[1]

这七条总结起来，重点是三项：

第一是以迎娶明朝公主的形式，使日本成为明朝的和亲国。这样，日本的国际地位将凌驾于明朝其他藩属国之上。当然，这也变相承认，日本将加入明朝的朝贡国队伍，只不过是以一种比较"有面子"的方式。

---

[1]郑洁西：《跨境人员、情报网络、封贡危机：万历朝鲜战争与16世纪末的东亚》，上海交通大学出版社，2017年，第226—227页。

第二是恢复并扩大中日官方贸易，这是日本始终如一的重要目标。

第三是割占朝鲜四道，命朝鲜王子、大臣入质，要求朝鲜权臣宣誓效顺日本，这就相当于使朝鲜臣服于日本，保全占据朝鲜南部四道的战果。但日本又明确宣布，在谈判中不以朝鲜为对象，"不与他（朝鲜国王）见"。[1]

那么，明朝的谈判条件是什么呢？万历皇帝指示，必须满足以下三条：

一、日本撤军，"尽还朝鲜故土"，返还朝鲜全部领土，一寸也不能少。

二、朝鲜两王子归国。

三、丰臣秀吉向明朝皇帝谢罪认错，"关白上章谢罪"。

如果做到以上几点，大明可封丰臣秀吉为日本国王，并且按永乐时期旧例，允许日本入贡。

很明显，双方的条件鸡同鸭讲，天悬地隔，离得太远了，根本不可能达成协议。

然而，在中日双方两位"外交奇才"的操作下，双方的谈判居然有滋有味地进行了近四年，而且中间还取得过"重大成果"，就是明朝册封丰臣秀吉为国王。这是怎么做到的呢？

关键是这两位谈判代表都是"大忽悠"。

明朝方面的首席代表沈惟敬本是无业游民。他是浙江嘉兴人，流寓北京，遇到了一个卖水汉子，名叫沈嘉旺。此人"幼为倭奴所掠，载还日本，凡十八载，泛海而还"。小时候被掠到日本，待了十八年。沈惟敬"暇则时时从嘉旺谈夷中情俗，虽器什乡语，无不了悉"，掌握了很多关于日本的知识。他是一个妄人，遂四处宣称自己到过日本，还认识很多日本要人。恰好他又结识了当时兵部尚书石星的一个亲戚，由此被推荐给石星。石星"大喜，立题授神机三营游击将军"，让他出任与日本交涉的重要角色。

---

[1]郑洁西：《跨境人员、情报网络、封贡危机：万历朝鲜战争与16世纪末的东亚》，上海交通大学出版社，2017年，第237页。

日本方面的谈判代表是侵朝日军先锋官小西行长。此人是商人出身，因受大名宇喜多直家赏识，被破格提拔为武士。因为是商人出身，所以他头脑灵活，能言善道。

这两个人碰到一起，将本不可能成功的和谈热火朝天地谈下去了。其秘诀当然是东方外交史上惯常的"欺瞒外交"。双方都没有把对方的要求完整真实地汇报上去，经常伪造公文，改头换面，将"他要你磕头"，翻译成"他向你磕头"，让双方统治者都很满意。

谈来谈去，万历二十三年（1595年）正月，双方谈判终于取得"重大阶段性成果"，达成了先封丰臣秀吉为王，其他后续再谈的"一致意见"。

因此这一年明朝遣使来到大阪，正式册封丰臣秀吉为日本国王。诏书内容如下：

> 奉天承运，皇帝制曰：圣仁广运，凡天覆地载，莫不尊亲帝命。溥将暨海隅日出，罔不率俾。昔我皇祖，诞育多方。龟纽龙章，远赐扶桑之域；贞珉大篆，荣施镇国之山。嗣以海波之扬，偶致风占之隔。当兹盛际，咨尔丰臣平秀吉，崛起海邦，知尊中国。西驰一介之使，欣慕来同。北叩万里之关，肯求内附。情既坚于恭顺，恩可靳于柔怀。兹特封尔为日本国王，赐之诰命。于戏龙贲芝函，袭冠裳于海表，风行卉服，固藩卫于天朝，尔其念臣职之当修。恪循要束，感皇恩之已渥。无替款诚，祗服纶言，永尊声教。钦哉！

意思是说，溥天之下，都知道尊崇我天朝上国。你们日本小国，在我皇祖时代也曾受过皇恩，不过后来因为海波阻隔，一度不再来朝。现在你们丰臣平秀吉崛起，知道尊崇中国，专门派人来请求内附成为中国的一部分。既然如此诚恳，我也不好拒绝，因此封你为日本国王，以后好好当天朝的臣子，老老实实，感戴皇恩，听中国的话！

完全是一副中央大国皇帝对蕞尔小邦降恩封赏的口气。

关于册封过程，现在大部分史书都引用日本史料，说举行册封仪式时丰臣秀吉才发现自己只得到一个日本国王的空衔，其他一无所得，遂勃然大怒，撕毁诏书，命令日军再次出兵侵略朝鲜。

这一说法主要来自赖山阳《日本外史》。赖山阳这样绘声绘色地描述丰臣秀吉听罢明廷"敕谕"后的反应："……至'封尔为日本国王'，秀吉色变，立脱冕服抛之地，取册书裂之，骂曰：'吾掌握日本，欲王则王，何待髯虏之封！且吾而为王，若王室何！'即夜命驱明使，并告朝鲜使曰：'若归告而君，我将再遣兵屠而国也！'遂下令西南四道发兵十四万人，以明年二月再会于名古屋。"通过这一情节将丰臣秀吉描绘成一位尊严不可丝毫侵犯的顶天立地的英雄人物。[1]

然而历史事实并非如此。《日本外史》成书于文政十年（1827年），离1595年已经过去232年了。而且大明的这封诏书至今仍然完好地存放于大阪博物馆，并没有任何被撕裂的痕迹。

学者郑洁西对册封秀吉一事进行了勾沉对比，挖掘了中日朝三方关于此事的大量原始资料，还以耶稣会士的详细汇报为证，令人信服地说明，册封仪式在当时顺利举行。弗洛伊斯整理的《1596年12月18日长崎发信，路易斯·弗洛伊斯师之年报补遗》中有"太阁谒见明朝使节一行始终"一节，对当天的册封有非常详细的记载。据他的记载，册封典礼在一间和式房间中举行。册封使节和丰臣秀吉对坐在榻榻米上，丰臣秀吉接受了册书和金印后，举到头顶以表示致谢，然后换上了明朝服饰。

事实是，完成册封之后，双方又进行了半年多的谈判，日方力争的重点，一是尽早重开中日贸易，二是要求朝鲜向日本派遣王子，以确保日本对

---

[1]郑洁西：《跨境人员、情报网络、封贡危机：万历朝鲜战争与16世纪末的东亚》，上海交通大学出版社，2017年，第208页。

朝鲜的特殊优越地位。这两点无论沈惟敬如何巧舌如簧也无法劝万历皇帝答应。丰臣秀吉终于失去耐心，谈判破裂，日本重新出兵。万历皇帝这才发现沈惟敬是个"大忽悠"，将他斩首了事。

三

战争的第四阶段，日军十四万人再次入朝，明朝则派七万大军入朝参战。双方在陆上再次打了个平手，形成相持之势。

但是海上日军却日益不支。朝鲜名将李舜臣以他发明的独具特色的"龟船"，给日军造成重大杀伤。造船术一直是日本的软肋。日本国内大型舰只并不多，战争中征用的大多是矮小的民船。

因此日军海军不但不是明军大船的对手，与朝鲜相比也居于劣势。[1]"龟船"是一种与火器相结合的新式战船，外覆铁甲，火绳枪对它无计可施。李舜臣先后击毁击沉日军舰船三百五十余艘[2]，明朝水师也出动了数百艘战船进入对马海峡。在联军水师的压力下，日军的后勤补给中断，而明军的给养、军火、兵员却源源不断地开到前线，双方实力差距逐渐拉大。

内外交困之下，丰臣秀吉于1598年8月18日郁郁而终，日本不得不全线撤军，又遭到明军乘势追杀，十四万日军只剩六万左右回到日本。[3]

日本人将秀吉野心勃勃的征服亚洲之战总结为"龙头蛇尾之役"，开始时雄图壮志，到头来两手空空。

1599年，明军班师回朝，不爱上朝的万历帝罕见地升座午门，接受凯旋将军所献日本俘虏六十一人，"付所司正法"，砍下来的头颅传送天下，并颁《平倭诏》诏告天下。

---

[1]宋毅：《祖先的铁拳：历代御外战争史》，华中科技大学出版社，2013年，第294页。

[2]程弘宇：《平视日本》，山西经济出版社，2016年，第18页。

[3]程弘宇：《平视日本》，山西经济出版社，2016年，第22页。

> 东夷小丑平秀吉，猥以下隶，敢发难端，窃据畲封，役属诸岛。遂兴荐食之志，窥我内附之邦。……少命偏师，第加薄伐。平壤一战，已褫骄魂，而贼负固多端，阳顺阴逆，求本伺影，故作乞怜。册使未还，凶威复扇。朕洞知狡状，独断于心。……于是同恶就歼，群酋宵遁，舳舻付于烈火，海水沸腾，戈甲积如高山，氛祲净扫，虽百年侨居之寇，举一旦荡涤靡遗。鸿雁来归，箕子之提封如故；熊罴振旅，汉家之威德播闻。

意思是说，日本的小丑平秀吉，出身下贱，窃据高位，遂得意忘形，居然攻打我天朝属国朝鲜。我小小地派出一支偏师，轻轻地打击他一下……于是他就全军覆没了，舰队被烧得非常悲惨，海水都沸腾了。于是箕子所遗的朝鲜安好如故，我们的熊罴之师胜利归来，天朝的威德传播寰宇。

四

读到这儿，很多读者头脑中可能会浮现一个问题：为什么明军在与倭寇的战争中战绩不佳，在与侵朝日军的战争中却能占上风呢？

在前面关于倭寇的章节中我已经部分回答了这个问题。一个原因是，与倭寇作战的多是明朝的南方地方部队，而入朝的是以北方为主的精兵。另一个原因是，倭寇始终以小部队的方式对中国沿海进行滋扰，以偷袭和游击为主，从来没有以大部队的方式与明军正面对抗。而在侵朝战争中，双方进行的是大规模阵地战，在这种情况下明军的火器优势就凸显出来了。与此同时，中国毕竟体量庞大，与朝鲜陆路相连，后勤保障占优，日本当时还缺乏向大陆扩张的深厚战争潜力，通过跨海进行补给存在困难，因此注定在与大陆型国家的长期对抗中很难取胜。[1]

壬辰战争对当时的亚洲局势造成了深远影响。

首先，它给朝鲜带来了巨大破坏。这场战争是朝鲜历史上经历过的最大灾难之一，给朝鲜造成的人口损失可能高达两百万，大约占全国总人口的20%。特别是日本人在第二次入侵时推行的焦土政策，导致朝鲜经济彻底残破，战争结束百年之后，朝鲜的耕地数量仍然没有恢复到战前水平。战争结束两百五十年后，曾经的王宫景福宫仍然是断壁残垣。

战争也加速了明朝的衰落，并为明朝被推翻埋下了伏笔。为了支持战争，明朝共耗费了两千六百万两白银，使国库一贫如洗。正如《明史》所云："朝鲜用兵，百万之积俱空。"特别是作为明军主力之一的辽东军损失很大，直接导致无力压制后金的崛起，努尔哈赤乘机壮大，最终导致明朝灭亡。

德川家康则成了朝鲜战争的唯一受益者。战争结束后，他取代丰臣家成了日本最有权势的大名，并在不久后开创了江户时代。吸取丰臣的沉痛教训，江户时代二百余年闭关锁国，不敢再进行征服世界的尝试了。从东亚史全局来看，万历朝鲜之役的结果是重新平衡了东亚各国政治军事力量，奠定了东亚此后近三百年的和平。

---

[1]程弘宇：《平视日本》，山西经济出版社，2016年，第22页。

简 读 日 本 史

第四编

日本人的国民性

第一章

日本人"集团主义"性格是怎么形成的

一

如果问日本人国民性中最核心的特点是什么，我认为是"集团主义"。

2015年，一个叫汤川遥菜的日本人"勇闯"极端组织"伊斯兰国"，到当地探险，结果被当地武装绑架。极端组织向日本政府索要重金未果，杀害了汤川遥菜。

他的父亲接受采访时的第一反应，不是抱怨政府救援不力，而是向全国人民道歉，说"因为儿子，给政府和相关人士添了麻烦"。

为什么要道歉呢？因为在日本人的逻辑里，汤川遥菜明知"伊斯兰国"占领区非常危险，仍然执意前往，结果连累整个国家为救援他而耗费资源，真是个"给人添麻烦"的家伙。

在日本人的价值观中，"不给别人添麻烦"差不多是最高准则。

同样，"合群"也是日本人生活中的重要信条。

中国人通常都听说过，日本人不但爱加班，加完班还常要和同事们出去喝酒。他们不想早点回家吗？想。但是如果因为自己一个人破坏了大家的兴致，就会被视为"个别分子"，在公司中会被排挤。

日本人害怕和别人不一样，有时甚至会到神经过敏的地步。据说有的家庭主妇会观察邻居丈夫回家时间的早晚。如果老公天天回来得早，妻子就会质疑："难道你在公司就那么不受欢迎吗？"有的主妇甚至会要求丈夫下班后即使没有同事请他喝酒，也要消磨到深夜再回来，以免被邻居发现回家太早而受歧视。[1]

这些都反映出日本人国民性格中的"集团主义"。所谓"集团主义"，就是一个人必须时刻小心翼翼地考虑所处集团的利益，与集团同步。

这听起来和我们中国人熟悉的"集体主义"似乎没什么区别，但实际上相当不同。中国式的"集体主义"指的是一种价值取向（也就是说，很多人在行为上是有"个人主义"倾向的），而在日本，"集团主义"是一种生活方式。"在日本不存在游离于集团之外的人"，日本人自古以来就"抱团式"生活，由此形成了"人必须生活在集团当中，离开集团无法生存"的思维定式和"不给别人添麻烦"的行为本能。如果我这么说您还没有理解"集团主义"与"集体主义"的区别，那么看了下面一段也许就明白了：

> 如果一个日本人被认为是"与众不同"的，那是他最为恐怖和羞耻的事情，日本人最害怕的就是自己与其他人不一样，总是千方百计地证明自己与大家是一样的。……只有将自己全部融化到集团中，他们才能找到自我的位置和价值。日本人具有强烈的对群体对集团的归属感，他们普遍认为集团的意志就是自己的信念，集体的力量是无穷的。人人寻求安全感因而具有归属感，进而发展成对集团的忠诚心和责任感。
>
> 日本人在集团行动中发现自我的意义，不承认主张个人主义的心理要求。对日本人来说，对集团的忠诚是主要的价值观念，通过自动地服从集团的利益而得到特殊的心理上的满足感。[2]

[1]尚会鹏：《日本人的"集团意识"——"日本人意识"漫谈之一》，《当代亚太》1996年第3期，第76页。
[2]李娜：《日本人》，东方出版社，2008年，第51—52页。

中国人从小就受到"集体主义"教育，提倡"集体的利益高于一切"，提倡"大公无私"。我们把热爱集体、关心集体作为评选三好学生或先进工作者的一条标准。[1]但是在实际生活中，"窝里斗"和"内耗"也并不少见，个人单打独斗的英雄主义也一直为中国人所欣赏。

日本人却似乎更发自内心地热爱集体。没有集体，他们似乎就无法生活。他们如同一个又一个小铁屑，随便哪个"集体"，都会如同一块磁铁，把他们吸引到一起：公司、学校、机关，甚至同乡会。他们频繁地参加集体活动，比如新年会、忘年会、文体比赛、郊游。每到活动，他们常常身穿漂亮的服装，胸佩集团的徽章，携带着自己的眷属积极参加，大家熙熙攘攘有说有笑。"日本人有一种近似天生的合群习性。他们活像一群飞雁，总是成群结队进行活动。"[2]你在世界各地的名胜古迹，经常会看到一群群的日本人，戴着同样的帽子，穿着和长相都差不多，手上拿着相机，跟着向导一队队地集体行动。

尚会鹏对日本社会观察的结论是，无论任何时候，一个日本人都需要优先考虑集体利益，个人的得失总是被放在次要位置。所以，日本人不太提倡内部竞争。有一次，他到一个日本人家里做客，主人的孩子刚刚参加完学校的歌咏比赛。他问孩子获得了第几名，结果孩子没有听懂他的问话。主人解释说，在日本学校中，这类比赛从来不记个人名次，只记班级名次。"后来，我参加了一个中学的运动会，才对他们学校里的竞技活动有了具体的认识。那次运动会的项目有赛跑、'骑马打仗'、拔河、'竹取物语'（由许多人握一长竹竿跑）等，均不记个人名次。比赛的项目也多具有强调集

[1]赵淑玲：《日本人的内外意识与集团意识》，《日语学习与研究》2004年第4期，第55页。

[2]李书成：《试论日本人的集团观念和归属意识——日本国民性探索之一》，《日本学研究》1991年12月，第31页。

体协作的性质。……譬如跑步，两组的人同时参加，一帮五六人，共十多帮。……各组有自己的啦啦队在一旁擂鼓助威。……在中国我也参加过中小学的运动会，但像这样的运动会从没见过。"[1]本尼迪克特也注意到了日本小学教育的这一特点："日本小学中竞争机会之少是美国人想象不到的。日本的教师们奉命必须教育每一个儿童提高成绩，不能为学生提供机会使他们和其他孩子去比较。日本小学里没有留级重读一年的制度，同时入学的儿童，一起学习全部课程，一起毕业。小学生成绩表上记载的是操行品质，而不是学业成绩。"[2]

二

日本人的这种重视集团、力求合群的天性是怎么形成的？

最根本的原因是日本特殊的地理环境。

日本的地理环境有四个明显特点。这些特点有些我们在前面已经提到，在这里为了叙述方便，不妨再把它们整合起来讨论一下。

第一，日本地处温带，四周环海，每年降雨可达160英寸（4.06米），"是世界上最湿润的温带国家"。[3]我们到日本旅游，通常都会对日本的青葱翠绿、山川如洗印象深刻。[4]

我们说过，日本原始人发明陶器的时间非常早。欧亚大陆是发明了农业之后一千年才出现陶器的，因为在进入农业社会之前，人类处于游猎采集阶

---

[1]尚会鹏：《日本人的"集团意识"——"日本人意识"漫谈之一》，《当代亚太》1996年第3期，第76页。

[2][美]鲁思·本尼迪克特：《菊与刀》，商务印书馆，2017年，第168页。

[3][美]贾雷德·戴蒙德：《枪炮、病菌与钢铁》（修订版），谢延光译，上海译文出版社，2016年，第461页。

[4]日本是世界上森林覆盖率最高的国家之一，这一方面固然证明了日本人重视环保，同时也说明日本的高降雨量保证了森林可以在采伐后迅速复原。

段，一直在大地上漫游，以野生动植物为食，不会带着一大堆瓶瓶罐罐走。只有进入农业社会也就是定居之后，才广泛使用陶器。而日本原始人却是在出现农业前一万年，应该是在游猎采集阶段，就用上了陶器，开始了定居生活，这在人类历史上是非常罕见的。原因就在于日本的地理环境。

戴蒙德认为，日本所处的温度带和降水率，导致在冰河期刚结束不久，随着"温度、降雨和湿度的增加"，物产变得非常丰富。考古发现，绳纹人的食物结构中有坚果、水果、种子、根茎、鱼类、其他海鲜等。森林、河流和海边丰富的物产，让日本原始人不必为了食物而四处奔波游动，早早开始了定居，进而发明了陶器。"食物的暴增是带来定居生活和陶器激增的原因。"[1]

从考古中发现的陶器来看，日本人确实是世界上最早进入定居社会的人种之一。绳纹陶器中有一些体量很大，很难想象原始人会抬着它们四处漫游。"绳纹人的陶器［包括3英尺（0.91米）高的大家伙］说明这些涉猎采集者的定居特征超过游牧特征。固定居住的证据还包括他们的沉重石器，带着修葺痕迹的半地下大屋遗骸，有着上百处住所的大村寨旧址，以及公墓。所有这些特征都证明绳纹人和现代涉猎采集者拥有不同的生活方式，后者每几周就要更换营地、只修建棚屋、只拥有少数容易携带的器具。这种定居的生活方式之所以成为可能，要归功于绳纹人能在近距离方圆内找到资源丰富又特色各异的栖息地，包括内陆森林、河流、海滨、港湾和深海。"[2]

日本人在采集生活时期就定居下来，世世代代比较稳定地生活在氏族群体当中，这是日本人"集团主义"性格的起源。

日本人的定居方式非常早地形成，也与第二个地理因素有关，那就是我

---

[1][美]贾雷德·戴蒙德：《枪炮、病菌与钢铁》（修订版），谢延光译，上海译文出版社，2016年，467页。

[2][美]贾雷德·戴蒙德：《枪炮、病菌与钢铁》（修订版），谢延光译，上海译文出版社，2016年，469页。

们前面多次提到的，日本国土约76%属山地丘陵地带，小规模的山间盆地及平原散布全国，形成一个个相对独立的地理单元。这种地理结构不利于人群迁徙流动。

第三个地理因素进一步促进了日本人抱团生存，那就是大家熟知的日本灾难频发。正如很多人在论及日本人的国民性时必然提到的那样，日本是个岛国，面积狭窄，地震、海啸、火山、台风等自然灾害多发[1]。在灾害面前，个人是无法生存的，只有依赖集体互助。

因此，日本人的集团主义生活方式和性格特征，可能在原始社会时期就已经形成，构成了所谓"绳魂"的一个重要组成部分。在后来的历史发展中，这种特征也没有受到破坏。

之所以没有受到破坏，是因为日本历史上没有建立起强有力的集权体制。日本地理的第四个特点是没有大的平原。中国有四大平原，东北平原面积三十五万平方千米，华北平原三十万平方千米，长江中下游平原二十万平方千米，关中平原四万平方千米。而日本最大的关东平原，面积不过一万六千平方千米，而著名的近畿平原面积才一千多平方千米。同时日本的河流较短，大部分不能航行。

世界上几乎所有的集权制政权，都是在大的平原或者河谷地带形成的。这样大面积的平原地带很容易建立大规模的统一政权，实行郡县制政体。"日本没有像古代文明发祥地——埃及、美索不达米亚、印度、中国那样的大江大河，治水也不需要有一个专制君主，用强大的强制力以动员大批的人。"[2]

因此在日本的形成过程中，没能形成中国式的郡县制度，各个原始氏族

---

[1]由于日本位于亚欧板块与太平洋板块的交界处，所以多火山地震。据说，世界上每年发生的大小地震中，有约10%都是在日本附近发生的。1996年到2005年期间，世界上发生的里氏6级以上的地震中，有约20%都发生在日本。

[2][日]松尾康二：《日本深层文化与中日文化交流在21世纪的作用》，《日本研究》1998年第2期，第74页。

在被征服后仍然以原来的结构被保留下来，纳入部民制当中。即使是在大化改新后的律令国家时代，如我们前面章节所分析的，日本也没有建立起真正的皇权能"一竿子插到底"的集权官僚式国家。更何况律令制度没能持续太久，日本又恢复到"以族制立国"的部族生活常态。所以日本自古没有形成大一统政权，没有形成长期的"大共同体"，而一直保持在"小共同体"状态。不论是庄园贵族制，还是幕府封建制，日本的基层社会一直是以一个又一个小小的集团状态存在的。

与此同时，日本是一个岛国，没有被外族征服的经历。因此日本人从没有像大陆上的那些民族那样，经历多次迁徙、融合和交流。日本历史上冠以各种"乱"的重大事件，几乎都是因为统治集团内部的矛盾而爆发，卷入其中的主要是社会上层，破坏性相对有限。日本历史上没发生过中国式的席卷全国的改朝换代的农民起义。因此相对大陆社会，日本大多数时间里社会秩序相对稳定，文化传承不曾中断。[1]

所以日本人的集团主义观念贯穿着整个日本历史。正如李卓所说："（日本社会）牢固的氏族观念与氏族组织从未受到过剧烈冲击，得以在较长时间里保持了生命力。……日本人有个喜欢结群的传统习惯，把集团的利益作为处理人与人之间关系的最高准则。……我认为，集团主义乃立足于家族主义，氏姓制度则是它的根源。"[2]

三

需要注意的是，李卓所提到的"氏族观念""家族主义""氏姓制度"，并不是我们所理解的中国式的家族制度。

---

[1]李卓：《日本社会秩序稳定的历史文化因素——兼谈日本的国民性》，《日本学刊》2013年第4期，第108页。
[2]李卓：《氏姓制度与日本社会》，《史学月刊》1985年第5期。

　　日本人在谈到自己所处的集团时，经常会用"家"这个字。但是日本人的"家"和中国人的"家"不同。日本人常以"我家"来称呼自己的工作单位，而将对方的公司称为"你家""府上"。[1]日本人所说的"家"实际上是集体，而不是血缘家族。即使在古代，日本人的"氏族""家族"也不是单纯的血缘群体，而是通常包含大量非血缘关系的人。"参与家务的佣人也能按模拟的血缘关系而成为家族的一员，这一点是日本家族制度的突出特色。"日本人的"家族"更像一个单位，一个企业，只要成员能为共同体尽心尽力，不管有没有血缘关系，在家族中都有其相应的地位。[2]

　　中国人的家族是一个纯粹的血缘集团，以血缘为唯一标准，维护同血缘亲人的利益。而受母系氏族文化的影响，日本社会自古血缘关系就不那么明晰。在传统时代，占人口绝大多数的普通日本人没有姓氏，普通日本人没有强烈的家族观念，不祭祀自己的远祖。中国南方传统村社以家族祠堂为中心，而日本村社以神社为中心，神社中的神灵保佑本村的所有家庭，并不区分血缘。日本式的稻作生产中很多环节经常需要全村集体配合，一般分析者都认为这也是强化日本人合群性格的重要因素。

　　　水稻生产中，插秧和收割的时节是最忙的，这时候，全村人要齐心合力，共同作业，而且要举行全体成员一起吃饭的"仪式"（祭）。这种活动通过克制人与人之间的不平不满，换言之通过妥协来重新巩固团结。这就是日本式政治的原型，"政治"一词训读

[1]文钟莲：《中日言语行为对比研究：冲突与交融》，中国国际广播出版社，2018年，第257页。
[2]戴季陶在对比中国和日本的主仆关系时说："中国的蓄婢制度在日本是没有的，同时中国这一种虐婢的事实在日本更是没有。阶级分限很严格的封建制所产生的日本社会里，主人对于使用的婢仆，绝不像中国都会地方的习惯那样无情冷遇。他们家庭里面的使用人，很像是家庭一部分的组织分子。主人对于使用的人，处处都看得出一种温情。这一种温情不是发生于个人的性格，而个人性格的养成，倒是缘因于制度。"蒋百里、戴季陶：《日本人与日本论》，凤凰出版社，2012年，第190—192页。

为"まつりごと"就是由这儿来的。[1]

村子内部的家庭合起来形成了一个稳固的命运共同体，传统日本农民以村为"家"，日常生活中基本没有公私之分，诸事讲究以和为贵。因此对农民来说，村庄比家族重要。

> "村"会保护个人生活的各个方面这样一种关系。"村"比家族集团优先，这是日本的特征。对于"村"中的家族集团的评价高低，也是看它对"村"有多大贡献，家努力为"村"做贡献，这就叫提高家族名声。[2]

这种对"村"的忠诚精神在现代社会转化为对公司的忠诚精神，这也成为经济发展的原动力。

所以传统日本人对于家庭，往往没有比对更大的集团，比如"村"和"藩"更重视。江户时代到达日本的朝鲜使臣说，日本家庭"不为室家妻子之恋。父子兄弟之间，不甚相爱"[3]。和中国人、朝鲜人相比，日本人的家族和亲戚关系也确实不紧密，堂兄弟、表兄弟之间可能都其少来往。即使亲兄弟，一旦成家另立门户，马上就成了外人，反不如留在家族中的没有血缘关系的人亲密。

一个在日本的中国留学生说，日本社会也有走后门、请托现象。只不过日本人通常不会为自己的亲戚去求人办事，却愿意为"集团"的利益去托人，比如为了学生会要办一个什么活动，可能会去请熟人"通融一下"，帮

---

[1][日]松尾康二：《日本深层文化与中日文化交流在21世纪的作用》，《日本研究》1998年第2期，第74页。

[2]李朝辉：《中日跨文化的话语解读》，知识产权出版社，2008年，第210—211页。

[3]复旦大学文史研究院编《朝鲜通信使文献选编》，复旦大学出版社，2015年，第196页。

忙提供方便。

　　这一点从语言上也能看出来。汉语的亲戚关系非常复杂，日语中的则比较简单。有一位日本朋友说，中国的亲属称谓太多，他们根本弄不清。我问难道你们没有伯伯、叔叔、舅舅、姑父、姨父这些区分吗？她说以上这些关系他们只有一个叫法，即"おじ"。这一点和英语非常类似。当然，由于日本引入了汉字，写成书面语的话，伯伯和比父母年龄大的舅舅、姑父、姨父都写作"伯父"，而叔叔和比父母年龄小的舅舅、姑父、姨父都写作"叔父"。也就是说，日语在称呼亲戚时，不分他是父亲一边的还是母亲一边的。同时，日语里也没有"公公、婆婆"和"岳父、岳母"，以及"小叔子"和"小舅子"等的区别，也就是说，自己这一边的亲戚和配偶那一边的亲戚叫法是一样的。在这点上，维吾尔语也很相似。"维语的亲属称谓也没有父系和母系的区分。父亲和母亲的兄弟姐妹及其配偶使用同一称谓。"[1]

　　用一个词指代那么多亲戚，那么怎么具体区分呢？比如日语当中用"おばさん"指代"姨妈、姑姑、婶婶"，日本人一般会用她们的住址或名字做定语，比如"东京のおばさん""横浜のおばさん""裕子のおばさん"等。

四

　　世世代代集团式的生活方式，导致日本人保留了比较强的自治能力。在前面的章节中我们讲述的战国时代日本的自治体就证明了这一点。

　　战国结束后，虽然自治城市和自治乡村都消失了，但是社会自治的成分在日本基层社会并没有消失。即使是在最集权的江户时代，日本农民也从来没有像中国农民这样，一家一户面对强力国家机构，而保留了自治时代以村

---

[1]古丽妮尔尔·艾海提：《汉、日、维吾尔语亲属称谓的对比》，《吉林省教育学院学报》2015年第6期，第128页。

子为单位一起交纳赋税的传统。既然集体交纳赋税，每一户具体交纳多少，还是需要集体公开讨论。因此江户时代的村庄仍然是拥有一定自治能力的共同体。村庄里的"寄合"也就是村里所有家庭的户主召开的联合会议，最主要的内容之一是商量赋税的分配。"年贡的分割不是根据领主的指示，而是所有百姓集合，基于合议的方式进行的，其公正性在百姓的合议和监督下得到了保证。"[1]村子里的经费支出也同样需要在"寄合"中由村民共同协议，账目要接受村民的监督。

这种基层的财政公开和财政协商，对近代日本地方自治形成的影响很大，它使得普通日本人很容易接受近代公共财政观念，并且能够适当维护自己的权利。山田公平教授在《近代日本的国民国家和地方自治》一书中指出，日本传统基层社会这种公共关系的发达，正是近代地方自治制度得以顺利形成的重要因素。[2]明治维新之后，上层政治发生了重大变化，而传统的村在社会生活中仍然发挥着类似以前的重要作用。村中选举出来的村民代表，是政府权力与农民生活的连接点。

《菊与刀》描述这种情况说：

> 近代日本行政机构正式承认市、町、村的地方行政。由公选的"长者"们推选一位头头，代表本地区与代表国家的中央政府或府县公署交涉办事。在农村，这个头头常常是一位老居民，一位拥有土地的农民家族中的成员。当了村长后，经济上多少要受些损失，却相当有权势。他与长者们共同负责管理村里的财政、公共卫生、学校，特别是财产登记和了解每个人的情况。……在合法的公众舆论领域，即使是为了国民自身的利益，日本政府还是努力恳求人民同意。这样说绝非过分。比如，负责振兴农业的官员在改良旧式农

[1]郭冬梅：《日本近代地方自治制度的形成》，商务印书馆，2008年，第47页。
[2]郭冬梅：《日本近代地方自治制度的形成》，商务印书馆，2008年，第54页。

耕法时，恰如美国爱达荷州的同行们一样，很少使用权力来硬性推广。在鼓励建立由国家担保的农民信用合作社、农民供销合作社时，政府官员总是要和地方名流多次交谈，并听从他们的决定。地方上的事必须由地方解决。日本人的生活方式是，分别分配适当的权力并规定其行使范围。

而相比之下，"中国的农村社会实际上不存在日本近世社会的高度自治"。近代以来，虽然社会精英曾经大力提倡和推动地方自治，但是得不到基层民众和传统力量的支撑。换句话说，中国传统社会没有为近代从西方引进地方自治制度提供制度接口。这不能不说是中国近代地方自治失败的重要原因之一。

五

日本人的"集团主义"，导致日本社会形成了很多与众不同的特点。

第一个是均质主义。

日本人在压抑的集团主义氛围中长大，从小就本能地把自己变得和别人一样，做事要符合社会道德和集团规则，避免特立独行而遭人排斥。

因此在日本最受欢迎的是"饭团志向"。"饭团志向"是日本著名漫画家弘兼宪史制造的一个词，意指日本人的集团主义，就像一个结实的饭团一样，有很强的黏着性。那些散落在饭团之外不懂规矩的米粒们，会被视作读不懂空气的人。[1]今天的日本社会，一句比较厉害的骂人话可能是"KY"，即"不会阅读空气的家伙"，即不注意周边的氛围，打破现场气氛的人。日本人经常使用"B型血"来讽刺"个性强的人"，认为B型血的人喜欢独来

---

[1]熊培云：《西风东土：两个世界的挫折》，新星出版社，2016年，第381—382页。

独往、我行我素、自以为是、不合群。[1]

　　一个总是刻意强调自己不同，做事不遵循常规的人，在美国甚至在中国都会被认为富于个性，比如美国的乔布斯和中国的马云。但是在日本，这类人通常会被认为是"自我中心"的人，很容易遭到冷遇或排斥。日本软银总裁孙正义（韩裔日本人）在中国"众人皆知"，因为独特的投资眼光而很受推崇，但是在日本，他却一直"毁誉参半"。因为孙正义做事特立独行，很多时候不那么守规矩，所以日本人对他的评价通常是"确实很会挣钱，但是和尊敬还是有些不同"。

　　第二个是表达委婉。

　　在西方人看来，中华民族是一个比较委婉的民族，说话比较含蓄。但是和日本人比起来，中国人可就算是相当"直率"了。日本人说话做事的"暧昧"举世闻名，他们在表达负面感觉时，总是倾向于尽量避免直接说出，而是采取尽可能委婉的方式，目的当然是为了维持集团内的和谐。在中国企业工作过的日本人谈到中国人的特点时说，中国人说话比较直接，喜欢的时候直接说喜欢，不喜欢的时候直接说不喜欢，甚至表现出厌恶之感。相比日本人，中国人总是更明确地强调自己的主张。"甚至不顾及对方的立场，强烈要求对方接受自己的观念、想法。"[2]

　　前面我们提到，日语里没有与性有关的脏话。事实上，不光没有与性有关的脏话，日语里脏话数量本来就非常之少。

　　我们知道，汉语里有大量的、花样百出的国骂。这种情况当然在世界上也很普遍，英语里的脏话同样五花八门。

　　但是日语里却几乎没有脏话，唯一的两句脏话听起来弱弱的，如同幼儿

---

[1]施晖、栾竹民在《"性向词汇"的汉日对比研究——以"个性强的人"为中心》一文中，专门比较了中日两国人对"个性强的人"的印象。
[2]林丽华：《集团主义的困惑与解脱——关于日资企业中日跨文化冲突的思考》，《漳州师范学院学报》2013年第3期，第128页。

园小朋友的骂架用语，而且还都来自汉语，因此文绉绉的。第一个是"馬鹿（ばか）"，就是电视里日本兵常说的"八嘎"。"馬鹿（ばか）"来自汉语的"指鹿为马"，说一个人连马和鹿都分不清楚，因此就说这个人是笨蛋、傻瓜，不聪明。这对日本人是很大的侮辱，因为日本人最看重的是尽职尽责做好自己的工作，说一个人不聪明，实际上是说他无能，做不好本职工作。

　　"八嘎"后面有时还要加一个"呀路"，这个"呀路"也来自汉语，即"野郎"，就是"村夫、没教养的人"的意思。[1]其实中国古人的嘴也是很干净的。《三国演义》中，司徒王朗被诸葛亮骂得急火攻心之时，也是用"诸葛村夫"来回敬诸葛亮。这一点当然也不是日本的特例。在另一个和日本一样受母系文化影响很深的人群当中同样存在类似的现象，那就是中国的摩梭人。摩梭詈语"数量小、类型少、程度轻"。"摩梭詈语不仅在数量上没有汉、英詈语那么多，而且摩梭詈语中很少有涉及性器官、性行为和性乱伦等语义内涵的詈语。"

　　摩梭社会和早期日本社会有很多相似之处。摩梭人身处一般由二三十人组成的母系大家族中，强调内部团结，对"家屋和谐"极度在意。因此摩梭文化产生了和日本类似的"耻感文化"特性。摩梭人的日常用语中有两个高频词，分别是"害羞"和"面子"。不遵守规矩，不在意他人感受的以自我为中心的行为，不能维护家屋和谐，不按常理做事，待客不周或者不守承诺等行为，都被摩梭人认为是"害羞"的、有损"面子"的事情。任何人都十分注意他人对自己行为的评价。因此"摩梭詈语用语极度含蓄内敛，较之汉、英詈语，很少有直白露骨、不堪入耳的谩骂话语"。[2]

　　第三个是集体决策。

---

[1][日]铃木贞美：《日本的文化民族主义》，魏大海译，武汉大学出版社，2008年，第61页。
[2]许瑞娟：《摩梭母系文化词群研究》，博士学位论文，云南大学，2013年，第189页。

为了维护内部和谐，日本形成了集体决策的传统。

日本幕府将军虽然架空了天皇，但是幕府内部却通常是集体决策，并非将军专政。镰仓幕府中从北条泰时起，凡大政要事均联合商议决定，称"联署"，日常重要事项则要经过由十一人组成的"评定众"集体讨论通过。[1]德川幕府时代，这种决策权分享的倾向变得更加明显。当时的最高决策机构叫作"若年寄"，重要的问题一律由集体讨论决定。[2]

江户时代，日本农民在"寄合"中讨论问题的时候，不是权威人士说了就算，也不是少数服从多数，而是实行全员同意制度。也就是说，一个举措，必须得到所有成员的同意才能实施，只要有一个人不同意，也决不执行。一次不能达成一致就进行两次、三次、四次协商，直到所有成员都同意。[3]直到今天，日本企业也是这样。中国和欧美企业家强调个人的作用，可以独自决定和处理有关大事，而日本的企业家做决定时，则更多采取领导集团互相商量共同拍板的形式。有的公司甚至解雇一名普通工人也得由集体商量而定。[4]

[1]华夏、赵立新、[日]真田芳宪：《日本的法律继受与法律文化变迁》，中国政法大学出版社，2005年，第51页。

[2]王文元：《樱花与祭——日本经济奇迹之根源》，北京出版社，1993年，第166页。

[3]殷静宜：《日本町村自治制度研究》，硕士学位论文，青岛大学，2014年，第4页。

[4]李书成：《试论日本人的集团观念和归属意识——日本国民性探索之一》，《日本学研究》1991年12月，第32页。

第二章

日本人为什么特别守规矩：
"村八分""等级意识"与规矩意识

一

日本人的规矩意识是出了名的。

在中国机场，你走在那种平铺的电动滚梯，也就是"自动人行道"上，经常走着走着就走不动了，因为前面经常有人三三两两地停在那里，把人行道堵住了，而且这些人完全没有意识到他们妨碍了别人前行。这种情况在日本极少发生，日本人时时刻刻都在想着"不要妨碍别人"，以至成了一种本能。在拥挤的大都市街头你也看不到违反交通规则的情况。在日本的地铁里，经常见到有人把双肩包背在胸前，一开始我认为这是防盗，后来日本朋友对我解释说这是为了不妨碍别人走路，因为背后的双肩包会妨碍他人在拥挤的人群中穿行。

甚至在剧烈地震后，日本人也能有条不紊地开展自救和互救，在这种生死攸关的时刻，也能近乎苛刻地维持着公共秩序。人们从临时避难所撤离后，地上没有一片垃圾；面对紧缺的食品、饮用水，日本人秩序井然地排队等候，没有哄抢，甚至很少有人主动去拿商店免费提供的食品。[1]

---

[1]李卓：《日本社会秩序稳定的历史文化因素——兼谈日本的国民性》，《日本学刊》2013年第4期，第106页。

日本人对不守规矩的人，是非常讨厌的。

有一位叫陈言的中国学者写文章说，她和丈夫到伊豆旅行，把十点的退房时间误记成了十一点。结果十点刚过，清洁工粗暴地敲了敲门，就直接闯了进来，那时她先生还在洗澡。她这才发现是自己把时间记错了，与前台联系。虽然前台勉强答应，但清洁工还是一个劲地往里冲，行为莽撞，一反前几日的礼貌热情。她感慨说："面对规则内外的他者，日本人的表现如此极端和戏剧化，是我至今在感情上难以消化的地方。"

还有一次，她又犯了糊涂，预订了京都鸭川先斗町的纳凉床，误以为是六个人一万日元，结果到了之后发现是每人一万日元。"我于是想取消订单，老板拿出计算器，又打出清单说：如果取消，要付84 300日元；如果按原计划进行，是82 000日元，态度十分冷漠。"她们只好付款消费，结果对方马上恢复了礼貌和热情。她感叹"日本的规则之狠"。日本人都是"两面派"：如果你守规矩，那么他对你恭敬如仪，热情礼貌；如果你破坏了规矩，那么他立刻毫不客气，冷若冰霜。日本人"只要涉及规则、制度，非人情、不通融的特质马上齐刷刷地显露了出来"。

二

日本人为什么这么守规矩呢？

首先是如前所述，集团式的生活方式导致日本人保留了比较强的自治能力。

福山说，对一个社会来讲，"自发社交能力"（spontaneous sociability）是最有价值的社会资本，它是指人们结合成新社团，并在新的框架中合作的能力。"在自发社交能力欠缺的地方，政府常常不得不出面来推动社群事业；然而，政府的干预也带来了明显的风险，因为它要破坏市民社会的那些自发社群，真是太易如反掌了。"

"在家族式社会中，自愿结社的水平往往较低，没有亲缘关系的人们之间缺乏相互信任的基础，中国的台湾、香港以及大陆这些华人社会都是例子，华人信奉的儒家思想的核心就是把家庭纽带提升到其他社会纽带之上。法国及意大利部分地区也属于此类，它们虽然不像中国那样明确提出一种家族思想，但没有亲缘关系的人们之间缺乏信任，自愿结社能力欠缺。"

福山认为，日本和德国都是"普遍信任的社会，它们的自发结社能力因此也更为强大"。美国也是这样。"美国从建国开始，就并非多数美国人所想象的那个个人主义社会；相反，它拥有丰富的自愿社团和社区组织网络，个人的狭隘利益从属于它们。虽然美国人在传统上比日本或德国人更为反对国家集权，但强大的社群并不需要以强大的国家机器为前提。"[1]

福山的观点当然有可商榷之处，但是自治社会确实必须强调规则。所谓自治能力，最重要的就是维护集体利益的本能，信任他人的能力，遵守规矩的习惯。而缺乏自治能力的社会，则往往不相信明规则，而相信潜规则。

三

促使日本人形成强烈规矩意识的，还有一个因素，即"村八分"。

日本人世世代代生活在"村"当中，各个"村"有"共有地""共有林"，以及共同的村规、村纪。村民们严格地按村规、村纪办事。[2]如果你不守规矩，打乱整个村集体的步调，影响集体的效率，代价往往是非常沉重的，比如会遭遇"村八分"。除了"寄合"制度外，江户时代的"村八分"制度也对今天的日本形成了深远影响。

---

[1][美]弗朗西斯·福山：《信任：社会美德与创造繁荣》，载[美]唐·E.艾伯利主编《市民社会基础读本——美国市民社会讨论经典文选》，商务印书馆，2012年，第333页。
[2]李书成：《试论日本人的集团观念和归属意识——日本国民性探索之一》，《日本学研究》1991年12月，第35页。

"村八分"是一个每个字都是汉字但合起来中国人就读不懂的日本词语。

什么叫"村八分"呢？要弄明白"村八分"先得了解"村十分"。按照江户时期"御定书百条"的规定，农民们在十个方面，也就是"十分"，应该互助，这十个方面是"出生、成人、结婚、建房、火灾、水灾、生病、葬礼、出行、法事"。谁家里遇到生孩子、结婚、盖房子等这样的大事，全村人都要前来帮忙。

但是，有的人家却在村中非常孤立，只有发生火灾或者死人了，才有人前来搭把手。其他事情，没人前来帮忙，也就是说，"十分"当中断绝了"八分"，只留下"二分"，即火灾和葬礼。这就是所谓的"村八分"。

这些人家为什么会受到"村八分"呢？一般都是因为他们严重违反村规，损害集体利益，导致全村与之绝交。

之所以还留下"二分"，也并非因为可怜他们，而是因为"火灾"和"葬礼"这二分关乎全村：如果着了火不去救助，火势可能蔓延到整个村落。如果死了人不去帮着收殓，尸体腐烂可能引起瘟疫，至少味道四邻也受不了。所以这二分不得不保留下来。

"村八分"听起来很残酷，但是排挤村庄中的"异己者"并不是日本历史上独有的现象。在世界其他地方的自治社会，也常有类似的规定，比如中世纪有一些欧洲自治乡村也"清除那些不遵守共同体规则的成员"。一旦有谁严重破坏自治规定，"此人便会失去使用公共资源的权利，甚至不得使用村庄水井，而且没有人愿意同他说话，没有人与他交往，或者以任何形式来帮助他"。

当然，欧洲人可能更讲程序一点。"当一个村民与其同伴'邻里关系'失和，而且拒绝承担其持有地上负有的公共职责，他就会面临法庭的传唤并有财产被罚没的危险。……驱逐某一村民的事件并不罕见。每次驱逐都是由共同体全体成员一致决定的，通过陪审员表达出来，并得到法庭的批准。一旦做出决定，被判决者的家门前就会被夯进一根木桩，作为村民对此人表示厌恶的象征。于是，此人便会失去使用公共资源的权利，甚至不得使用村庄水井，而且没有人愿意同他说话，没有人与他交往，或者以任何形式来帮助他。在这样的排斥与压力下，该村民别无选择，只能离开村庄。在法国北部和佛兰德尔地区，村民们遵循着类似的做法：被驱逐者的邻居不再与他有任何交往，任何人都不会为他工作，他的儿子和女儿也不会从其他村民那里找到工作，他的房屋及其附属建筑可能被放火焚烧，农具会被毁掉，牲畜会遭受伤害，他的耕地满布杂草，有时他本人会遭到身体侵害。可见，对抗村庄共同体面临着多么严厉的惩罚！"[1]

和日本不一样的是，在欧洲，一户农民受到排斥，可以选择离开，到其他地方从头开始。但是日本江户时代却不允许农民搬家，也不能改变职业。所以如果一户人家被"村八分"了，余生当中每天看到的只有其他村民的鄙视的眼神。有的地方连神社也参与"村八分"，不许这家人参与神社祭祀，让他们失去最后的精神寄托，陷于叫天天不应叫地地不灵的人间炼狱之中。

因此日本的"村八分"要比世界其他地方严厉和极端许多。之所以如此，是因为日本从江户时代开始实行连坐制度，农村当中相邻的五户人家需要组成"五人组"，一人犯了罪逃亡，全体组员都要连坐。[2]这种制度强化了日本民众对破坏规矩的"异己分子"的厌恶，也强化了他们不愿给别人添麻烦的心理。

了解了这段历史，我们就更明白日本人为什么那么害怕不合群，那么害怕破坏规矩。和中国一样，农村是日本社会的胎盘，二战之前，80%左右的日本人生活在农村，所以今天日本社会心理受村社传统的影响仍然很大。虽然今天很多日本人可能已经不知道"村八分"是什么意思了，但是社会中仍

---

[1]侯建新等：《中古政治制度》，江西人民出版社，2011年，第159页。
[2][日]井上清：《日本历史》上册，天津市历史研究所译校，天津人民出版社，1974年，第316页。

然存在着普遍的"已鸡卖"（欺辱排斥异己者）现象，从职场到学校，经常会有那么几个被欺侮、被孤立的"受气包"。[1]这些"受气包"有的是因为破坏了规矩，损害了集体利益，有的则仅仅是因为太有个性，不合群。司马辽太郎说："在日本社会中，'欺辱'似乎成为维护秩序的正义之举。"[2]中小学生因为校园欺凌而自杀的新闻也屡见不鲜。"欺凌"如此严重也是因为要从众。"一个人被欺负，大家都去欺负他。那些原本不想欺负他人的人，为了与伙伴们保持一致，为了自己在小集团中能够站住脚而不落到受欺负的境地，就半主动地去欺负他人。因此那些受欺负的学生，很少能够得到旁人的援助。"[3]

四

促使日本人形成规矩意识的另一个因素是日本社会的等级制度。

在视频节目《圆桌派》一集讲日本的内容当中，旅日学者蒋丰说，到现在，日本有些大公司的领导，在公司内还被称为"社内天皇"，他上班的时候，经过走廊，其他员工马上要背对他面对墙壁站好，不能和他面对面。在日本大学当中，行政人员、助手对教授也是一副奉命唯谨的表情。这种"卑躬屈膝"的等级意识的表现，在当代中国是极难看到的。

日本人的等级意识源远流长。《倭人传》记载说：

> 宗族尊卑，各有差序，足相臣服。……下户与大人相逢道路，逡巡入草。传辞说事，或蹲或跪，两手据地，为之恭敬。对应声曰噫，比如然诺。

---

[1]万景路：《扶桑闲话》，广东人民出版社，2016年，第176页。
[2]万景路：《扶桑闲话》，广东人民出版社，2016年，第177—178页。
[3]王志强：《如此日本人》，北京航空航天大学出版社，2019年，第17页。

可见，从邪马台时代日本就分成分明的等级。总体来说，"大人"是上层，是贵族，"下户"是平民，是下层。"大人"与"下户"之间存在着森严的差别，他们在路途相逢时，"下户"要避道，躲到草丛中去。和"大人"谈话时，"下户"要蹲下或跪下，两手据地，非常恭敬。[1]我们看日本历史剧时会看到，直到江户时代，日本武士们回答上级问话时，仍然是"两手据地"。

隋唐时代，中国已经放弃了贵族等级制度，采用皇权官僚制度，日本虽然学习中国，却坚守自己"等级森严的阶级社会"的底线，没有引进科举制度。"日本从一开始起就未能复制中国那种无等级的社会组织。"[2]我们前面讲过，即使是在战国时代的"自治"大潮中，日本人的等级意识在自治体中仍有体现，庄园领主、地头都不参加村民大会。因此，不论战国时代的霸主们怎么努力集权，日本也无法走上中国式的集权郡县制道路。

日本人的等级意识在江户时代得到强化和固化。江户时代不光是士农工商严格分别，各阶层内部，甚至家庭里也都按男尊女卑，分出先后次序。"上下关系不仅贯穿在各个等级之间，一切人际关系都按照上下尊卑之别定下了秩序。武士中的主仆关系自不待言，庶民间的嫡系家庭与旁系家庭、商店的店主与佣人、农村的地主与佃户、城市的房东与房客等也都处于上下尊卑的关系之中，这种关系甚至还达到了家庭内部的父子、夫妇、兄弟等等之间。"[3]"这样，社会的各个角落都按照上下尊卑的秩序组织起来。"[4]

时至今日，日本人的生活中仍然时时处处可见等级意识。"日本人在构筑世界秩序时，经常考虑到等级制。在家庭以及人际关系中，年龄、辈分、

---

[1]吴廷璆主编《日本史》，南开大学出版社，1994年，第24页。

[2][美]鲁思·本尼迪克特：《菊与刀》，吕万和、熊达云、王智新译，商务印书馆，2017年，第61—62页。

[3][日]家永三郎：《日本文化史》，刘绩生译，商务印书馆，1992年，第136页。

[4][日]家永三郎：《日本文化史》，刘绩生译，商务印书馆，1992年，第137页。

性别、阶级决定着适当的行为。"人们的每一次寒暄，每一次相互接触，都显示出双方社会距离的远近。每当一个日本人向另一个日本人讲"吃"或"坐"时，都必须按对方与自己亲疏的程度，或对方的辈分，使用不同的词，还伴有适当的鞠躬和跪拜。这个分寸，不光是美国人感觉头大，就连中国人也很难把握。

虽然中国历代也一直存在等级意识，强调上下尊卑不可倒置，以至于鲁迅说，中国人是"一级一级的制驭着，不能动弹"，虽然中国人的等级意识强于西方人，以至于有人认为中国人骨子里存在"奴性"，但事实上，中国人的等级意识远远没有日本人强烈。近代中国人罗森在日记当中记载了日本社会一个令他印象深刻的情景，就是"百姓卑躬，敬畏官长。人民肃穆，膝跪路旁"。[1]晚清的中国社会虽然也是官尊民卑，但是百姓对官长并没有这种发自内心的敬畏。中国人从秦代就认为皇帝可以取而代之，"皇帝轮流做，明年到我家"。到了宋代，更是"朝为田舍郎，暮登天子堂"。因此传统时代的中国人的"平等意识""竞争意识"要远远强于传统时代的日本人。

五

等级制度对日本人性格的影响之一，是形成了日本人"规矩带来安全"的意识。

等级制并不仅仅意味着等级低的人对等级高的人卑躬屈膝，因为它约束的不仅是下一等级的人，也约束上一等级的人。也就是说，权利和义务是相对应的。中国秦以后的专制关系强调"只有臣错无主错，只有妻错无夫错，只有子错无父错"。但在日本的等级制中，不论是上级还是下级，都需要恪守自己的义务，谁都不能破坏规矩，百姓固然不能点灯，州官也不能放火。

---

[1]陶德民编：《卫三畏在东亚——美日所藏资料选编》卷上，大象出版社，2016年，第278页。

在封建时代，农民固然要遵守藩主定下的规矩，但如果藩主本人不守规矩，农民也可以向幕府呈诉，而且这种呈诉有一半的可能获胜。

在无法忍受的情况下，他们成群结队涌向藩主，但请愿和裁判的程序则是有秩序的。农民们写好请求匡正苛政的请愿书，递呈藩主内臣。如果请愿书被内臣扣压，或者藩主置之不理，他们便派代表去江户把状子呈送给幕府的将军。在一些有名的起义中，农民在江户城内的大道上拦截幕府高官的乘舆，直接呈递状子以保证不致被扣压。尽管农民呈递状子要冒极大风险，但幕府当局收到状子后则立即审查，其判决约有半数对农民有利。……

历代德川将军中的最开明者甚至设置了"诉愿箱"（控诉箱），任何一个公民都可以把自己的抗议投进箱中。只有将军持有打开这个箱子的钥匙。[1]

在家庭当中，虽然日本式的家长制也是很严厉的，但是与专制父权的性格也不相同。

在日本，由辈分和性别造成的特权是很大的。但是，行使这一特权的人与其说是独断专制者，毋宁说是受托者。父亲或兄长要对全体家庭成员负责。……遇到重大事件时，不论门第如何，家长都要召集家族会议，在会上加以讨论。……户主倘若无视众人意见，独断专行，则将使自己陷入非常困难的境地。[2]

---

[1][美]本尼迪克特：《菊与刀》，吕万和、熊达云、王智新译，商务印书馆，2017年，第72—78页。

[2][美]本尼迪克特：《菊与刀》，吕万和、熊达云、王智新译，商务印书馆，2017年，第59页。

因此等级制一方面是压制，另一方面也提供保护。在长期的等级社会中，人们形成一个坚固的信条，那就是如果我遵守规矩，就会获得安全。

> （等级制下）日本各个阶层都受到某种保障。甚至贱民阶层也得到保证垄断他们的特种职业，他们的自治团体也是经当局认可的。每个阶层所受的限制很大，但又是有秩序和安全的。
>
> 在日本，有真正的保证足以纠正侵犯性行为，只要这种行为是现存行为规范所不允许的。人们非常相信这种规范，并且只要遵守它，就一定安全。一个人的勇气和完美表现在与这些规范保持一致，而不是反抗或修改这些规范。在它宣布的范围内，它是一个可知的世界，因而在他们眼中也是一个可信赖的世界。[1]

经过江户时代的日本人习惯了处处有等级差别的状态，并且认为这种状态是宇宙的常态，只有一切分出长幼尊卑、高低上下，世界才能安定下来。因此日本人非常推崇"各安其分"四个字。

《菊与刀》说，美国人要想理解日本人，首先必须弄清他们的"各得其所"（或"各安其分"）这句话的含义。他们对秩序、等级制的信赖，与美国人对自由平等的信仰有如南北两极。

> 上自天皇，下至贱民，日本封建时期的极为明确的等级制在近代日本也留下了深刻的痕迹。……日本人与其他独立民族相比，更加受这样一种世界所制约，在这个世界里，行为的细节规范规定得宛如一幅精密地图，社会地位是规定了的。两百多年期间，在这个

---

[1][美]本尼迪克特：《菊与刀》，吕万和、熊达云、王智新译，商务印书馆，2017年，第71页。

世界里，法令和秩序是靠铁腕来维持的。在这期间，日本人学会了把这种繁密的等级制等同于安全稳定。只要他们停留在既知领域之内，只要他们履行已知的义务，他们是能够信赖这种世界的。盗贼得到控制，大名之间的内战受到制止。[1]

六

日本社会的很多规矩是不成文的，是依据等级社会中"各安其分"的原则派生出来的行为习惯。有一位中国学者说："与严苛的法律制度相比，风俗习惯、社群意识对他们更有约束力，能够让他们无碍地排除人情的干扰，建构一个非人情的社会，彼此和谐共处、相安无事。"[2]

这些不成文而又在生活中无处不在的规矩，让日本人如同"无壳蛋"一样挤在一起，在等级结构中精心维护着微妙而又明确的秩序。陈言说：

> 日本人如此注重规则与秩序，以至于有西方人以"无壳蛋"来形容日本人，说他们没有硬质边界，不把自己视为独立的个体，倾向于用与家庭、村落、所属部门的关系或者上下级关系来界定自身。[3]

如同"无壳蛋"一样挤在一起，导致日本人性格中看似矛盾的两种倾向。一是日本式独特的"依赖"意识。西方人崇尚独立，而土居健郎说："日本人一直崇尚依赖心理，他们认为相互依靠是人类理想的桃源世

---

[1][美]本尼迪克特：《菊与刀》，吕万和、熊达云、王智新译，商务印书馆，2017年，第76—78页。
[2]陈言：《在日本，越界的尴尬与冲动》，《新京报》2020年11月，第B04版。
[3]陈言：《在日本，越界的尴尬与冲动》，《新京报》2020年11月，第B04版。

界。"[1]另一个则是日本式的独特的人与人的距离感，即"分寸感"。

中国人公认的美德是"热情"，最善的人际关系是"亲密"，有索取就有回报，对他人的要求也多，也就是"如鱼得水"；而日本人最大的美德是"得体"，是"不给人添麻烦"，人际关系的最佳距离是不过于亲近，不侵入对方的场地。

（一个日本学生说，中国人）送礼的金额特别高，是因为对对方的价值或感情有同等的期待。中国人送礼背后是一种"交换"和"加深"的意识；而日本人送礼，金额不能高，因为不能让对方感到负担，其背后是一种"成年人的得体"的意识。

中国人在日本，有时候会觉得日本人非常亲切，有时候又会觉得日本人非常冷漠。我在日本多年还难免为此困扰，日本人仿佛都有一条线。在线的上面，他们无比地亲切体贴，一旦过了线，他们则冷漠地排斥和拒绝。[2]

[1][日]土居健郎：《日本人的心理结构》，阎小妹译，商务印书馆，2006年，第39页。
[2]邓芳：《"恪守成规"与"匠人"精神》，《新京报》2020年11月，第B06版。

第三章

日本人为什么会"过劳死"：
员工就是"武士"，企业就是"藩国"

一

日本企业的经营方式，是全世界最特殊的。

日本近代雇佣制度有"两大法宝"：一个叫"终身雇佣制"，另一个叫"年功序列工资制"。

所谓"终身雇佣制"，是指日本企业一般不会解雇自己的员工。员工对企业从一而终，企业对员工通常也一用就是一辈子。年纪长一些的中国人对此应该很熟悉，因为这类似过去中国国企的"铁饭碗"。

所谓"年功序列工资制"，就是在日本企业中，一个人工资多少，职位高低，主要不看个人能力，而看他的资历。中国人对这个应该也不陌生，在中国语境中，这叫"论资排辈""大锅饭"。这在过去中国国企中也不少见。

中国国企中经常挂着这样的口号——"厂兴我兴，厂荣我荣"。日本企业文化中也存在这样的理念。

不过这些对提高中国国企的效率作用似乎不大，以至于中国在改革开放后不断对国企进行改革，努力打破"铁饭碗""大锅饭"。为什么它们在日本能成为法宝呢？

因为日本企业很特殊。

日本有一个名词，叫"猛烈社员"。这是指这样一类人，他们不顾一切地为公司卖命，常常是早上七点多钟出门上班，晚上十一点左右回家，甚至周末都用来参加公司的社团活动或者加班。这种人在中国国企中也有，不过为数不多。在中国他们通常被领导大树特树，成为楷模。而在日本，这样的"猛烈社员"却相当普遍。"几乎所有担任课、处级的人员和相当数量的工人都是这样的。"[1]

中国国企宣传"爱厂如家"，日本很多企业还真的按"家"的方式来组织和经营。在这些企业中，老板和员工之间，看起来不太像雇主和打工者之间的关系，而更像家长和孩子之间的关系：老板是父亲，员工是子女。

日本人类学家中根千枝说："事实上，日文中没有'领导'这个词。日本人表达这个概念，就只好用所谓'亲—子关系'。"另一位日本学者也说："日本的公司，基本类似一个家庭，把公司的总经理尊为'亲父'。在西洋公司中不认经理为父，而是叫'老板'。"[2]

盛田昭夫说，日本企业管理的"全部秘密在于'家庭意识'"。日本的老板在企业中有着家长式的绝对权威，他们经常像父亲管教子女那样支配自己的下属，当众责骂下属。但与此同时，他们也必须如同父母一样，考虑到"孩子"一生的方方面面。"企业领导对下属职工必须给予保护和温情，关心他们的生活、学习、工作，甚至婚丧嫁娶。"[3]有些公司还专门为员工在神社购置墓地，员工死后葬在一起，墓碑上刻着："我们都是某某公司职工，生前一起工作为公司兴旺发达而努力；死后我们仍然聚在一起。"每逢祭奠之时，总经理会偕同全体员工来扫墓，以祭奠亡灵。[4]

---

[1]李书成：《试论日本人的集团观念和归属意识——日本国民性探索之一》，《日本学研究》1991年12月，第32页。

[2]姜林祥、薛君度主编《儒学与社会现代化》下卷，广东教育出版社，2004年，第76页。

[3]姜林祥、薛君度主编《儒学与社会现代化》下卷，广东教育出版社，2004年，第76页。

[4]姜林祥、薛君度主编《儒学与社会现代化》下卷，广东教育出版社，2004年，第74页。

因此，公司不仅是一个生产和经营场所，也是一个生活的场所。"在这种情况下，究竟哪些事务属于集团或公共生活范围，哪些又属于私人生活范围，就很难区分了。……对公司组织的郊游旅行，他们常是全家参加。日本著名的大企业都为自己的职工提供住宅，这就是个最好的范例。"[1]

自己家的孩子不管争气不争气，都不可能"开除家籍"，所以日本企业一般不开除员工，形成了"终身雇佣制"。同样，父亲不会鼓励自己的孩子争个你死我活，所以日本企业并不鼓励个人脱颖而出，只要求他们在自己的位置上认真地工作。[2]因此与"终身雇佣制"相对应，存在"年功序列工资制"。在日本企业当中，收入差距拉得不大。"一家日本私人商社的社长的薪水，比一个和他年龄相同的蓝领工人，要高出四至六倍；而在美国，一家公司总裁的工资一般至少要比一个工人高出十倍。"[3]

所以在日本，只要你进入了一家公司，一辈子就有了保障，再无后顾之忧。当然，如果公司破产，你也很难另谋生路。员工也因此表现出高度的自觉与工作热情，如同给自己的父母工作一样，一心一意，不偷奸不耍滑。日本的机关、银行、贸易公司，普遍要打两遍下班铃：第一遍是下午五点正式下班，第二遍是晚上八点，催促加班的员工赶紧回家。即使这样，还是有许多人一直工作到九点以后才离开。有些日本人甚至患上了"家庭恐惧症"，只愿意在单位拼命地做事，不愿意回家休息，一回到家里就感觉空虚、心绪不宁。所以不少人主动放弃休假，因为他们不干活就会"闹病"。[4]

所以日本人的工作时长一直是资本主义世界里最长的。"1992年世界主要发达国家中，日本平均每人每年劳动时间最长，达2124小时。而其他发达国家依次是：英国1953小时，美国1948小时，法国1683小时，德国

---

[1][日]中根千枝：《日本社会》，许真、宋峻岭译，天津人民出版社，1982年，第10页。

[2]苑淑娅：《日本集团主义的渊源与特质》，《中国青年政治学院学报》1995年第4期。

[3][美]罗伯特·C.克里斯托弗：《日本心魂》，贾辉丰、储觉敏、唐广钧、崔永禄译，中国对外翻译出版公司，1986年，第132页。

[4]苑淑娅：《日本集团主义的渊源与特质》，《中国青年政治学院学报》1995年第4期。

1598小时。日本的年度休假时间最短，为118休息日，而美国为139天，英国147天，法国154天，德国157天。"[1]其他国家，缩短工作时长的阻力来自资本家，而"日本缩短劳动时间的主要阻力来自企业和雇员自身，许多雇员都自愿延长劳动时间"。[2]

> 日本人总将公司称为自己的家（在日语里叫"うちの会社"），而真正的家对那些"企业战士"来说则成了旅馆饭店，日本人将自己的一生都给了公司。……人们对企业的认同远远地大于对国家的认同，而对企业的热爱和忠诚也远远地超越了后者。[3]

二

日本人为什么能做到"爱厂如家"呢？秘密藏在日本社会传统里。在近代企业出现以前，日本人一直是"爱集团如家"的。比如传统时代的武士，就"爱藩如家"，强调要"竭诚奉公"。武士们的生活中，对主公的"忠"是根本性的，第一位的。

中国人也讲忠，不过中国人的忠与日本人的不同：在中国儒家伦理中，忠是第二位的，孝才是第一位的。秦代以前的中国人说"孝高于忠"。秦代以后的中国人说"以孝治天下"，"忠孝不能两全"。总之，在中国，孝比忠重要，或者至少与忠相当。

而在日本武士的伦理中，忠却要比孝重要三倍，有"父子一世、夫妇二世、主从三世"的说法。也就是说，父子之情，只存在于今世；夫妇的恩

---

[1]崔卫国：《中日比较谈》第2版，经济日报出版社，2014年，第11页。

[2]杨河清主编《劳动经济学》，对外经济贸易大学出版社，2010年，第119页。

[3]武心波：《"一元"与"二元"的历史变奏——对日本"国家主义"一元政治进程的历史与现实分析》，博士学位论文，复旦大学，2004年，第8页。

情，是两世，即从今生延续到来世；而主君与从者的关系，贯穿过去、现在、未来三世。

在古代日本，武士与主君一旦结成主从关系后，就会世世代代生活在一起。武士的一切，都是主君提供的：主君赐予武士土地和俸禄，让他能过上优裕的生活。武士外出征战时，主君要照顾好他的家人，使武士在战场上无后顾之忧。武士战死后，主君还要负责抚养他的子女。这些用日本词语来说，都是主君赐给武士的"御恩"[1]。

因此，武士要以生命回报主君，为了主君的利益，万死而不顾。正如日本学者樱木庄太郎所说，主君"是用财产的一部分换取从者的生命"。[2]

日本武士的生活，是典型的集团生活。在传统时代，武士们世世代代生活于武士团中。"武士们生在武士团，死也可以葬在武士团内，武士团为武士由生到死提供了一整套的生活安排。"[3]

日本武士虽然在对外斗争中非常凶狠，但是武士团内部却以"和"为最高目标，并不鼓励武士之间的激烈竞争。因此武士团内部一般采用"年功制"来确定一个武士的地位，武士在武士团的时间越长，地位就越高，获得的经济利益也就越多。因此，武士们一旦选择一个武士团后，通常会一直效忠下去，没有极为特殊的变故，不会中途离开。[4]武士最害怕的是被团体开除而沦为"浪人"。"浪人"的境遇通常非常悲惨，只能从事副业苟且偷生。[5]

---

[1]税贞建：《日本武士道的"忠诚"与武士的生活方式》，《齐齐哈尔大学学报（哲学社会科学版）》，2015年第7期，第75页。
[2]税贞建：《日本武士道的"忠诚"与武士的生活方式》，《齐齐哈尔大学学报（哲学社会科学版）》，2015年第7期，第75页。
[3]税贞建：《日本武士道的"忠诚"与武士的生活方式》，《齐齐哈尔大学学报（哲学社会科学版）》，2015年第7期，第75页。
[4]税贞建：《日本武士道的"忠诚"与武士的生活方式》，《齐齐哈尔大学学报（哲学社会科学版）》，2015年第7期，第75页。
[5]即使侥幸有机会加入其他武士团的武士，也只是不被信任、地位极低的"外样"武士。

所以武士的"忠"也包括对集体的忠诚。对武士们来说，集体的利益和荣誉大于个人。因此在生活中，武士必须严格遵守武士团的规范，不能有损武士团的荣誉。在战争中，每一位武士都要担任特定的战争任务，各司其职、齐心协力，不得逞个人英雄主义。在岛原之乱中，锅岛胜茂就因为一马当先冲入敌阵而被幕府罚以闭门思过。[1]

这种"奉公"精神，不只存在于武士团当中。在农村，佃户对地主，"分家"对"本家"，也要"奉公"。甚至城里的商人也按这种方式组成集团。德川时代的商人家里，那些长年服务于主家的用人，从小开始"奉公"，即当学徒，"奉公"期满后主人视其忠诚程度给予一定资本和作为家业经营的标志"暖帘"，让其独当一面，进行经营，成为"别家"。这些用人颇像大名的家臣，小心谨慎，对自己的主人比对社会更忠诚。"别家"因此被称作本家的"藩屏"。[2]社会学家、东京大学福武直教授说，中国社会的统治层和被统治层的冲突和对立更多，"而日本统治层和被统治层则结成了保护和服务的相互依存关系"。

三

明治维新后，武士阶层消失了，但是武士对主君的效忠精神并没有消失，而是转化为日本员工对企业的基本态度。

对世界上绝大多数国家的人来说，工作是工作，生活是生活，企业是自己每天工作八小时每月领工资的地方，仅此而已。但是对日本人来说，企业就是他们的家，他们的一切，他们的最终归宿。因此他们对企业，有着类似过去武士对所在的藩的感情：

---

[1][日]北岛正元：《江户时代》，米彦军译，新星出版社，2019年，第84页。
[2]李卓：《略论日本传统家族制度的特征》，《外国问题研究》1996年第4期，第3页。

他们对自家公司的忠诚，简直不亚于封建时代的藩臣对藩主的热爱。日本人总是以他们所属的各自的企业为荣，就像藩士认为自己是藩的代表那样来看待他们自己和住友、三菱等大企业的关系，认为企业就是过去的藩，而自己则是藩士，就是企业战士，应该以企业为家，以企业为荣，对企业忠诚不二，奉公（企业）灭私（自我），为企业的利益和荣誉奋斗到底。

在大部分国家，跳槽是家常便饭，而日本人对自己的企业，却有一种"从一而终"的感情。"在多数日本人看来，一个人一旦加入某一集团，个人的前途命运就和该集团的兴衰存亡联系在一起。……而很少中途'变节'，这种近似于封建社会领属关系的观念，按欧美人的价值观看，简直是荒唐可笑的"。[1]

事实上，日本传统时代藩主与武士的关系，直接塑造了近代以来日本企业的雇佣关系。日本企业管理中的"终身雇佣制"和"年功序列工资制"，都是直接从过去藩的管理模式中脱胎出来的。

四

建立在日本传统社会运转方式之上的日本企业内耗小，效率高。

日本企业的运转很大程度上是靠人们遵守"各安其分"的原则，在各自的岗位上勤奋工作，企业减少了竞争与内耗。[2]日本由于罢工而损失的工作日在资本主义国家中是最少的，"平均不到英国的四分之一，美国的三分

---

[1]李书成：《试论日本人的集团观念和归属意识——日本国民性探索之一》，《日本学研究》1991年12月，第33页。

[2]李卓：《日本社会秩序稳定的历史文化因素——兼谈日本的国民性》，《日本学刊》2013年第4期，第121页。

之一"。[1]

日本企业内部各岗位的配合和协调也比欧美企业好。福山认为，如果社会各部分的协调性不高，机会主义盛行，就会提高企业的监督成本。20世纪80年代末，日本的丰田公司年产量450万辆，员工65 000人；美国的通用汽车公司年产量800万辆，而员工数750 000人。两者的产量相差不足两倍，而员工却相差十几倍。这是因为日本的员工更为自觉，在没有人监督的情况下也能尽职工作。[2]

日本企业之间也受"和为贵"观念的影响。面对欧美企业的巨大压力时，日本企业不像另一些国家企业那样内斗，互相拆台，而是往往采取联合行动一致对外，自发形成一种类似集团的互相配合和支持的关系。

福山认为，和美国比起来，日本是一个关注"社会利益"的低"掠夺性"社会。日本的上下游企业之间也形成了一种良好的互惠合作关系。这些企业之间存在着高度的信任感，相互充分交流信息，而不用太担心对方掌握自己的信息而产生要挟的行为。在日本，企业情愿以较高的价钱向同一家企业集团下的成员公司采购，也不愿接受外国公司所能提供的较低价格或较高品质，这也正是长期的企业合作关系。这些关系的存在无疑可以大大提高企业的协调性，而美国的企业间却缺乏应有的信任合作。[3]

很多日本企业之间形成了"泛家族关系"，一个为了高薪而跳槽的员工可能沦落到无处容身的下场，同时，向其他公司挖角的企业也会遭到同行的抵制。这些惩罚不是来自法律规定，而是出于企业间自发的约束力量或社会道德的压力。企业间相互持股，互为董事，形成了相关企业的"同甘共苦"的精神，在困难期间可以"相濡以沫""雪中送炭"。特别是银行会提供强

---

[1]李书成：《试论日本人的集团观念和归属意识——日本国民性探索之一》，《日本学研究》1991年12月，第38页。

[2]朱富强：《博弈、协调和社会发展》，博士学位论文，上海财经大学，2001年，第81页。

[3]朱富强：《博弈、协调和社会发展》，博士学位论文，上海财经大学，2001年，第99页。

有力的支撑，帮助困境中的企业渡过难关。而美国的破产法则鼓励银行抛弃困境中的企业。[1]

日裔美籍经济学家威廉·大内考察了20多家在日美都设有子公司、工厂或办事处的"双国公司"，发现日本提高生产率主要是依靠人与人之间的信任和亲密关系以及一些微妙的东西。企业、员工和民间集团以及企业与政府之间的"团体合作意识"被认为是日本丰富的社会资产。[2]

五

中国虽然总是在提倡集体主义，和欧美等国比起来，中国人在很多时候也确实表现出相当强的集体主义倾向，但是和日本人比起来，中国人却又显得相当"个人主义"了。2009年，中国学者林丽华对三名曾经在上海、广州等地日资企业工作的日本管理者进行了采访，以了解中日企业文化的不同。这三个日本人共同认为，"中国人和日本人……虽然长得一样，但是思想和观念……大不相同"。所以在中国工作和生活很不容易。[3]

他们认为，和日本人比起来，"中国人个人主义思想浓厚，公共道德缺失（以自我为中心）"。日本人在团队里不强调自我，以集团利益为主。中国人则自我主张强，在乎自己，以自我为中心，热衷于胜负，以自身的利益为主。进行共同作业时，日本人协作意识强，即便不喜欢的人，也会尽力配合，把工作做好。中国人不擅长同他人合作，不会积极主动地交换工作信息，只做自己责任范畴内的工作，对他人的工作内容不关心也不会提供帮助。

---

[1]朱富强：《博弈、协调和社会发展》，博士学位论文，上海财经大学，2001年，第99页。

[2]朱富强：《博弈、协调和社会发展》，博士学位论文，上海财经大学，2001年，第93—97页。

[3]林丽华：《集团主义的困惑与解脱——关于日资企业中日跨文化冲突的思考》，《漳州师范学院学报》2013年第3期，第128页。

日本管理者抱怨中国员工不愿意加班："通知加班，经常遭到员工的反抗。理由各种各样，比如说不喜欢加班，现在家里忙，今天不想加班等。"如果这个部门的员工被要求帮另一个部门完成任务，通常会引起中国职员的强烈不满，抱怨"凭什么我们要做其他部门的工作"。

在日本，中层管理者即便没有上司的指示，也能自觉独立地面对问题，寻找解决问题的方法，确保公司正常运营。而在中国，则是以老板为中心。老板不在的时候就偷懒，老板在的时候非常努力。所以对中国人进行管理需要明确责任，设立明确的奖惩制度。[1]

以上是日本管理者对中国企业员工的印象。那么中国人对日本企业的印象是什么呢？我们不妨也对比观察一下。

中国学者崔卫国曾经在日本企业打过工。他说，从某些方面说日本人是幸福的，比如人均国民收入很高，社会福利也很不错。"但从另一方面看，日本人并不那么幸福。……第一，过长的劳动时间和过于繁重的劳动强度。"他描述在日本企业的工作经历时说："日本人工作是很机械的，说工作就是工作，手不能停，可以坐下工作的也不能坐，很紧张，也很辛苦。而且真是轻伤不下火线。我有一次搬石头不小心砸伤了指头，血都渗透了手套，别人看到也只是叫我小心，没说让我休息。我忍痛坚持到下班，回来一看，右手中指被砸扁了，肿起老高。就这样第二天还得坚持上班。因为不上班就没工资，而当时因国内的生活费没到，我很需要钱。我看别的日本人也和我一样，为了生活不得不咬紧牙关。"[2]

日本企业频繁的"班后交际"和紧张的"先辈专制"也让他受不了。"日本人的劳动时间本来已经够长的了，可很多人下班后还不着急回家，而是与人相约到酒店喝酒，出了这家再到那家，喝了这种酒再喝那种酒。一般

---

[1]林丽华：《集团主义的困惑与解脱——关于日资企业中日跨文化冲突的思考》，《漳州师范学院学报》2013年第3期，第129页。

[2]崔卫国：《中日比较谈》第2版，经济日报出版社，2014年，第11页。

职员午夜十一二点才酩酊大醉地结束在居酒屋的班后交际回到住所。这种消费对于收入不高的人来说无疑是个负担，但日本人很好面子，又讲团体精神，不应酬又说不过去。"

更让讲求平等的中国人受不了的是"先辈专制"问题，即那些来公司时间长的"先辈"对来公司时间短的人的粗暴对待。他说：

> 在"大楼管理"株式会社，一次吃午饭时，一位后辈一句话惹怒了先辈，先辈一下子就把饭扣在他头上，并扑上去拳打脚踢，我急忙上前劝架。后辈挨了打还唯唯诺诺，一口一个"哈以"。
>
> 在"住友钢建"株式会社，一次我们下班坐车回去，一位后辈开车，先辈叫他向右拐，可车已开过去了。先辈大发脾气，后辈吓得慌慌张张倒车，结果与后面的车相撞。在"丸善中央建设"株式会社，有的先辈训后辈就像老子训儿子一样，尽管后辈年龄已经快60岁了，而先辈才30多岁。
>
> 有的人今天和这些人一起干活，他是先辈，可以肆无忌惮骂别人；明天和那些人一起干活，他又是后辈，老老实实挨别人骂。
>
> 我因为是外国人，所以刚开始他们对我还比较尊重。但毕竟是后辈，时间长了他们也就不客气了，有时因听不懂先辈的指示受到斥责。日本人可能是习惯了，挨骂也只能忍着。而我却受不了这个气，两次都为这个而辞职。[1]

由于长时间的紧张工作和耗时费钱的班后交际，崔卫国认为，使得很多人没有时间去谈恋爱和过正常的家庭生活。所以他对勤奋的日本人生活是否真的幸福很感怀疑。

---

[1]崔卫国：《中日比较谈》第2版，经济日报出版社，2014年，第12页。

　　当然，日本人的感觉可能和崔卫国不同。研究者认为，日本人在企业中，通常并不觉得自己会因为卖命工作而失去个性，失去生活，反而觉得很自豪，很充实。他们热情地高唱公司的歌曲，胸前佩戴公司的徽章，引以为荣。正如山本七平所说："我们勤奋劳动，是我们信仰劳动，对于我们许多日本人来说，做好一件工作，帮助自己的公司成长、繁荣，就是我们生活的意义——使生命值得活下去的东西。"[1]因此才会出现"过劳死"这样的日本式名词。

---

[1]姜林祥、薛君度主编：《儒学与社会现代化》下卷，广东教育出版社，2004年，第77页。

第四章

"集团主义"的利与弊

一

凡事都有两面。"集团主义"对日本社会来说，自然有利也有弊。

第一个好处是社会稳定。日本人对外尚武好战，但是对内和平有序。

《日本论》的作者戴季陶说："日本人的尚武是人人知道的，……用不着我再来说。我想要特别说明的，倒是充满日本社会的一种平和互助的习性。……日本民族的文明，年代是很浅的。封建制度的废除，不过是六十年前的事情。然而社会的文化确是比中国进步得多。各种野蛮的械斗和名实相符的部落生活，在日本内地是非常之少的。"

额尔金对日本的观察是：

这位翻译员在日本已住了两年，他向我保证说，自己从未见过有哪个日本人发脾气，也从未见到过父母打孩子的事。当地人似乎都一团和气，永远是这样。每当谈判遇到麻烦的时候，说两句笑话立刻又都使大家和颜悦色起来。……贵族们的宅邸却相当可观，他们的手下养着大批扈从，完全是家长式统治，人民都很孝顺，生活自给自足，内外和平，没有贫穷，等级与等级之间也毫无敌意。

1858年我在日本看到的就是这些。[1]

如前所述，即使在"夜這い"之类的性活动中，日本人也表现出强烈的集团主义倾向和自我组织能力。日本传统村庄青年组成"青年组"和"女孩组"，安排有组织的性生活，务使"雨露均沾"，皆大欢喜，不闹矛盾。[2]

所以在所谓"失去的20年"中，经济持续低迷，而整个日本社会并没有出现大的波澜和动荡；当日本首相像走马灯似的更换的时候，各级政府仍会按照既定的方式正常运转，社会依旧秩序井然；日本也频频爆发抗议政府或表达诉求的游行集会，但游行队伍自觉听从警察的引导，很少发生过激行为。[3]

可以说，稳定的社会秩序，帮助日本政府渡过了一个又一个难关，降低了社会发展成本。因此傅高义说，"勤勉，有毅力，能自我克制，以及对他人的体谅等等特质"，是日本人的美德。此外，更重要的是"日本具有独特的组织能力"。

陈言说，日本人"那种同一性、相互协调性，就像是个规模庞大的交响乐团，每个人都严格地按照曲谱，演奏着属于自己的那一部分，最后成就整个乐章的完美"。[4]

集团主义的第二个好处是犯罪率低，人们的互信程度比较高。

日本社会犯罪率很低，2013年，日本监狱在押人数约为6.3万人，而美国这一数字为244万人。即使按照总人口平均来计算，美国也是日本的14倍。俄罗斯按照总人口平均也是日本的9.6倍。被认为治安良好的英国，是

[1][英]额尔金、[英]沃尔龙德：《额尔金书信和日记选》，汪洪章、陈以侃译，中西书局，2011年，第114—115页。

[2]万景路：《扶桑闲话》，广东人民出版社，2016年，第180页。

[3]李卓：《日本社会秩序稳定的历史文化因素——兼谈日本的国民性》，《日本学刊》2013年第4期。

[4]陈言：《在日本，越界的尴尬与冲动》，《新京报》2020年11月7日，第B04版。

日本的三倍，韩国则是日本的两倍。[1]而据日本警视厅发布的数据，日本的在押犯人中，大多数是"在日外国人"。也就是说，如果去掉"在日外国人"，日本人的犯罪率更低。[2]

日本人口并非世界第一，但唱片销量世界排名很高，原因很简单，日本没有盗版。虽然日本唱片很贵（日本实体单曲一张一般1 700日元，折合100多元人民币，实体专辑5 100日元，折合300多元人民币），但大家买的都是正版。

中国音乐人高晓松在音频节目《晓说》"东瀛日本"系列中谈到他和日本唱片公司的人交流，日本人介绍说，我们现在也开始推动数字下载，人们在互联网上听歌，网站会按播放量和下载量给唱片公司结账。

高晓松等人的第一反应是问日本人，你们的监控软件是怎么开发的？在场日本人全没听懂"监控软件"是什么意思。中国人解释说，怎么防止网站瞒报数字？如果网站播放了一百万次，只说一万次，你不是亏了吗？

翻译把这些话反复翻译了三次，日本人才终于听明白了。他们说，我们没有监控软件，不需要监控。中国人问，如果网站骗你怎么办？日本人说，不可能，网站如果骗我，那么这家网站在日本很快就不存在了。

傅高义认为，日本的特点是"社会稳定有序，犯罪率低，交通死亡事故少，国民诚信度高，责任感强，收入均衡，腐败程度低，产品质量高端，医疗保健遍及全民，人性关怀到位，民风淳朴有礼"，这些都与日本人的"集团主义"倾向或多或少有关。

第三个好处是日本式的爱国主义。

"集团主义"是日本人爱国主义的心理基础。日本的"集团"是可变

---

[1]张玉来：《平成时代（1989—2019）日本衰退的虚与实》，天津人民出版社，2019年，第233页。

[2]《日警视厅发表在日外国人犯罪事件报告，中国人占四成》，环球网，https://world.huanqiu.com/article/9CaKrnJqnES。

的。家庭、村子、公司、学校、同学会、藩、国家，对他们来说，都是"集团"。H.卡恩甚至把日本叫作"日本株式会社"。在不同的时间，不同的情境下，集团的重要性也不同。在战时或者其他危急时刻，国家这个集团当然更重要。关键时刻，很多日本人真的能做到"以国为家"。《望乡》这部电影，反映日本在20世纪初，日本政府动员了一批妇女到南洋去卖淫，以其收入支持日本建设。这种事在其他国家根本不可想象。

新冠肺炎疫情暴发之初，检测能力不足对各国都是难题。日本首富孙正义挺身而出，表示自己愿意出钱提供100万份新冠病毒检测试剂，帮助对抗疫情。如果在世界其他国家，此举肯定会被赞扬，唯有在日本，孙正义的提议热脸贴了冷屁股，日本网民们表示并不领情，网络上一片批评之声，大意是政府对疫情处理自有通盘的考虑，不充分检测，是为了避免医疗能力崩盘，孙正义此举动机不良，"蓄意造成医疗崩溃"，会让日本成为第二个意大利。客气一点的也说，"孙桑应该去和专家开会商讨再行动而不是一意孤行"。结果两个小时后，孙正义就认输，放弃了这个想法，发推表示："听说有很多人想检测却测不上，我才提的，评价这么差，要不算了吧……"

这种发自内心的"以国为家"的思维方式，在世界上确实是相当罕见的。

二

日本式集团主义的弊端也很明显。第一个弊端是派系斗争与欺凌现象。

集团主义的日本社会内部当然也不是没有矛盾。与集团主义相伴生的，是日本社会重重的派系。日本政治派系斗争严重，正是因为日本社会的"集团主义"传统，同一党派内部不同立场的人各自抱团，形成"集团"也就是派系。派系内部也讲究成员对派系的绝对忠诚，派系内部也实行年功序列制及纵式等级结构，派系首领与成员也结成"亲子"关系。"在日本，政党派系政治通常不被视为邪恶的、有害的，而是正常的、必要的、有益的。日本前首相大平正芳还把派系的作用归纳为以下三点：一、派系有产生政治家或政治团体的活动源泉，即政治能量与活力的作用；二、派系有牵制当权者独裁的作用；三、派系还能促进互相了解的知心学者在学习会的气氛中自由交谈、加深了解。"但是，这种派系斗争也经常是非常激烈的，特别是与政治捐款结合，导致政治腐败。

日本社会的欺凌现象也很严重。一个社会不可能没有矛盾和冲突，在强调合群的日本社会，这种冲突的力量集中表现在上级对下级的欺凌，以及群体对个别的欺凌当中。

《菊与刀》说："高年级学生对低年级学生颐指气使，想尽办法欺侮。……那些没有升入中学的少年，在军队训练中也有同样的体验。……两年兵对一年兵的侮辱，远比中学里高年级生欺侮低年级生更为厉害。军官对此毫不过问，甚至士官也只是在特殊例外才干预。日本军队规范的第一条就是，向军官申诉是丢脸的。……两年兵把上一年的积恨一股脑儿地向一年兵发泄，想方设法侮辱一年兵。"

过于追求合群，不允许集体内部有不顺从者存在，更不允许有个别分子存在，导致很多人活得非常压抑。所以日本也出现了一些干脆放弃与社会的联系，自愿做街头流浪汉的人，或者长期拒绝与人接触、自闭于家中的人。在社会生活中不得不过于压抑自我也是日本社会自杀率高的原因之一。

日本亚文化的一些特点也与这种压抑有关。"强烈的社群意识和对排斥超越性价值的尊崇，必然滋生个人过度的克己心和自我压抑性，内心压抑久了，终将爆发。僵化的压制性社会体系中，反抗的方式表现为性、暴力与死亡，以及将性和暴力升华为艺术的努力，……它还体现在同时代的艺术对社会规范、权力的反抗，比如日本丰茂的亚文化中随处可见的猥琐、暴力、荒唐和病态。" [1]

---

[1]陈言：《在日本，越界的尴尬与冲动》，《新京报》2020年11月7日，第B04版。

集团主义的第二个弊端与第一个有关，那就是内外有别。

世代生活在集团中，日本人形成了"内外"意识，对集团内部的人和外部的人态度截然不同。

对"内部"人，日本人如同家人一样，一方面有福同享有难同当，另一方面说起话来不那么拘礼，也不必使用敬语。对待"外人"，日本人语言上谦逊客气，行为举止也彬彬有礼，但是心理上保持明显的"距离感"。

这种内外意识的表现之一，是对"圈外人"比较冷漠。在日本地铁上，年轻人很少给老年人让座。有一种说法是有一些日本老年人比较好强，你给他让座他反而会生气。另一种解释是，因为地铁上的人是圈外人，所以无关我事。[1]另一个表现是一个独特的日本词语，叫"旅途无'耻'"。即出门在外，因为没人认识自己，就可以随心所欲。

> 外国人觉得日本人特别怕羞，多是看到居住海外的日本人做事小心谨慎，显得格外拘束。这里也反映出日本人对外国人抱有自卑感，换句话说，也是恐惧感。日本人一方面期望对方把自己看作是朋友、伙伴，另一方面又总担心被排斥在圈外，这种恐惧心理在西方人面前表现得尤为突出，而在同是亚洲人面前则不甚显著。当然，如今日本在世界上的声望与日俱增，去海外旅行的日本人自以为不是以前的乡巴佬了，他们居然摆出一副"出门在外不必客气"的样子，到处惹是生非。不过应该注意一点，只有在团体旅行时才会出现这种情况。这是因为当日本人受到集团保护时，就觉得不必在乎外界如何看自己，在国内这类丑闻也是屡见不鲜的，这真可称之为日本人的最大特征。日本人喜欢团体活动，不擅于独自行动，因为独来独往很容易被误解为叛离集团的行为，所以他们不愿搞个

---

[1]赵淑玲：《日本人的内外意识与集团意识》，《日语学习与研究》2004年第4期，第55—56页。

人行动。[1]

日本人的内外有别意识，给外国人的感觉当然通常是不舒服的。有一位多年居住在日本的外国人曾感叹道："无论你在日本待上多少年，无论你对日本国和日本人多么熟知，无论你说的日语多么流利、地道，无论你的工作能力多么出色，你永远都会被日本人当作'外人'来看，你永远都不会被日本人划入他们的那个圈子里，你永远都不可能真正融入日本人的社会。"因此，日本也是西方社会中最封闭、最排外的，移民政策非常严厉。甚至日产汽车前董事长戈恩之被起诉，也有人评论说，是日本人"卸磨杀驴"所致。今天日本虽然面临严重的老龄化和少子化问题，但是仍不愿轻易降低移民门槛。

这种"内外有别"的更严重后果是"合群的残暴"。作为个体，日本人总是一副小心翼翼、彬彬有礼的样子。但一旦形成集团，便经常胆大妄为，表现出极其野蛮的一面。常有人说，"一个日本人是条虫，一群日本人就是一条龙"。日本人在集团内部受到压抑的竞争心理、嫉妒心理、暴力倾向，在对其他集团的关系上得到释放，[2]所以日本人在对外侵略战争中通常会表现得非常残暴，以致在二战中发生过屠杀中国人的"砍头竞赛"。对内和谐和对外残暴，在日本人身上毫不矛盾，而是相辅相成的。因为在"内外有别"的思维方式下，对内"和为贵"正是为了形成强大力量，一致对外。

这一点体现在日本企业管理上，就是日本企业内普遍存在的护短行为。日本人认为顺从集体是一种顾全大局的美德，日本议会投票时，本党议员投票反对本党议案的现象极为少见。西方人可能会揭露自己公司的丑闻，但日本公司的违法活动（如偷税漏税）绝大部分是靠局外人揭发。如果有人揭发了自己公司的丑闻就会被认为是"内奸""叛逆"，会被在公司内"村八

---

[1][日]土居健郎：《日本人的心理结构》，阎小妹译，商务印书馆，2006年，第34—35页。
[2]李卓：《日本社会秩序稳定的历史文化因素——兼谈日本的国民性》，《日本学刊》2013年第4期。

分"，也就是被孤立起来。[1]

所以日本企业虽然质量管控水平极高，但时常出窝案。譬如，闹得沸沸扬扬的2016年的三菱汽车油耗造假案、高田安全气囊召回案等。这类窝案往往案发前已延续多年，公司领导层却熟视无睹，案发后才从善如流，不惜以死抵罪。[2]

三

集团主义的第三个弊端是导致社会缺乏创造力。过于强调合群，抑制个性，是日本文化缺乏深度的原因之一。

加藤周一说：

> 日本有句古语是"以和为贵"，这句话出自《论语》，圣德太子在引用这句话时是不完整的，孔子在说这句话的同时，还说了另外一句话"和而不同"。少数人未必需要服从多数人，坚持己见未必就是吵架，"和"并不意味着统一，而是强调"和而不同"。孔子强调两个方面，"和"与"不同"，和并不是要让别人听话而已，而是要有个性。只强调"和"而不强调不同，这可能是日本集团主义的原型。
>
> ……………
>
> 日本人对于少数意见者，要么进行说服，如果不能说服，则将他赶出集团。

---

[1]李书成：《试论日本人的集团观念和归属意识——日本国民性探索之一》，《日本学研究》1991年12月。

[2]孙绿江：《道德的中国与规则的日本》，中华书局，2010年，第63页。

　　福泽谕吉批判等级制度带来的结果，从宏观来说"日本人缺少普通人类所具有的朝气而沉溺于停滞不动的深渊中"，从具体来说"日本在德川统治250年间极少有人敢于创造伟大事业"。[1]《武士道》的作者新渡户稻造也承认："我们缺乏深邃的哲学。"中岛在《评析日本集团意识的内涵及影响》一文中指出："日本的集团主义对日本来说像一把'双刃剑'。"其一方面促使日本人更有集团的归属感，责任心更重，更利于所属集团的发展；另一方面束缚了团体内部成员的行动力，禁锢了他们的思想，一味地效忠于自己的集团。[2]

　　这一点体现在企业管理上，弊端也很明显。人们长期固定在一个集团、一种职业，不利于员工开阔视野，接受新鲜事物，因而较容易滋长企业的保守主义和故步自封的倾向。[3]因此集团主义文化阻碍了"新经济"在日本的生长和发展。所谓"新经济"是指由信息技术革命带动的高新科技产业。"新经济"的本质是"个性经济"，精神实质和文化特征是崇尚冒险、创新、独立。但在集团主义文化的长期熏陶下，日本人缺乏独立思考、独立行动的意识和能力，缺乏创新和冒险精神，成为日本向"新经济"转型的桎梏。[4]

　　集团主义的另一个弊端是集体决策有时候会导致效率低下，无人肯于负责。遇到有一定风险的企业决策，日本企业决策者们往往瞻前顾后，频繁召开会议，直到全体一致通过后再拍板定案，这种机制难以适应信息化时代变幻莫测的市场需求和新技术开发的需要。[5]

---

[1]李卓：《日本社会秩序稳定的历史文化因素——兼谈日本的国民性》，《日本学刊》2013年第4期。

[2]王珍珍：《中国宗族主义与日本集团主义的比较研究》，硕士学位论文，哈尔滨理工大学，2014年。

[3]李书成：《试论日本人的集团观念和归属意识——日本国民性探索之一》，《日本学研究》1991年12月。

[4]尹小平、徐兴：《集团主义文化与日本公司治理结构的内部化制度变迁》，《现代日本经济》2014年第6期。

[5]尹小平、徐兴：《集团主义文化与日本公司治理结构的内部化制度变迁》，《现代日本经济》2014年第6期。

这一点在日本的二战决策过程中也得到过灾难性的展示。在二战中，日本天皇虽然是法律规定的国家主权所有者，法理上有决定一切的大权，但是他的意见总是非常抽象、模糊的。"战前的天皇，几乎是从来不以总结的形式表达自己的意见或感想。"[1]他经常以"现人神"处于青云之上的姿态发出些似是而非的指示，比如什么"谨慎将来""甚为遗憾"之类的。有时候则引用诗句来表达自己的倾向，"四海皆同胞，何以起风波"。[2]"当时的状况与气氛，每个人都是没有自信地窥视着别人的脸色发表意见。"[3]最终军部中的中下级军官成为推动战争前进的主要动力。"当时的政府阁僚、重臣，包括天皇在内，虽然都表示了反对战争的意向，但却未能制止战争的这一事实，充分看出日本的习惯特征——尊重调和的集团决定意志是多么可怕。"[4]

四

集团主义的最后一个弊端是"盲从"，即不辨是非，无条件追随集团。早在战后初期，日本学者川岛武宜就分析了集团主义对社会的影响：由权威进行统治和对权威的无条件追随；缺乏个人行动以及缺乏由此而来的个人责任感。

人们经常把日本人比喻成一群鱼，总是井然有序地朝一个方向游。如果你朝水中扔一块石子，它们短暂受惊后，又集体转向另一个方向。成也集团，败也集团。日本人"集团主义"的性格，导致他们无论是在正确的道路

---

[1][日]入谷敏男：《日本人的集团心理》，天津编译中心译，中国文史出版社，1989年，第76页。

[2][日]入谷敏男：《日本人的集团心理》，天津编译中心译，中国文史出版社，1989年，第77页。

[3][日]入谷敏男：《日本人的集团心理》，天津编译中心译，中国文史出版社，1989年，第187页。

[4][日]入谷敏男：《日本人的集团心理》，天津编译中心译，中国文史出版社，1989年，第76页。

上，还是错误的道路上，都比别人走得快。

很多人无法理解日本这个国家为什么能在历史关键节点上做180度的大转弯。在明治维新之前，日本涌动着"排外"的激情，出现了大量排外事件，"攘夷"是社会的主流主张。但是当"明治维新"大政方针一定之后，几乎整个日本都翕然景从，各项改革措施虽然剧烈，但是没有遇到强大的阻力。不能不说，明治维新的成功与日本人的国民性密切相关。同样，在明治维新以前，日本普通民众对天皇基本上是"不闻不问"的态度。"在日本整个封建时代的七百余年中，……对日本一般老百姓来说，天皇几乎不存在。"[1]但是明治维新之后，天皇一夜之间就被拥戴起来，重新成为最高权威，人人都"发自内心"地尊崇天皇，愿意为他而献身，这在其他国家也是不可想象的。中国戊戌变法模仿日本式的"快变""大变""全变"遭遇惨败，就是因为康有为等主导者不明了中国和日本社会的根本不同。

与此类似，二战当中，美日成为死敌，日本举国仇美，不共戴天。但是美国占领日本之后，日本人马上表现出发自内心地对美国的信任和友好。《菊与刀》解释说："日本人的行为则好像是：择定一条道路便全力以赴，如果失败，就很自然地选择另一条道路。"

所以日本人集团主义性格的优点是权威集团走对了路，整个社会也跟着走对了。但是当权威集团做了错误的选择，则整个社会也错得异常彻底。日本在二战当中表现极端的战争狂热就与这种特性有关。

日本人在二战后不能深入地反思和忏悔战争罪行，也与"集团主义"心态有关。日本人认为，国家或集团做出的任何决定，都要坚决去执行，无须过多思考任务的对与错。在"集团主义"思维方式下，日本人没有基于内心深处的明确善恶标准，因此也可以安然地把责任完全推给集团，拒绝自我反省。

---

[1][美]鲁思·本尼迪克特：《菊与刀》，吕万和、熊达云、王智新译，商务印书馆，2017年，第34页。

第五章

匠人精神与日本人的性格

一

一提到日本，很多人就会想到"匠人精神"。

什么叫匠人精神？"寿司之神"小野二郎说："我一直重复同样的事情以求精进，不断努力以求达到巅峰，但没人知道巅峰在哪里。即使工作了数十年，我依然不认为自己已经达到极致，但我每天仍感到欣喜。我爱自己的工作，并倾尽一生。"这是对所谓日本匠人精神的一个很好的表达。从哲学角度讲，"匠人精神"是"将眼前的工作完美地完成，达到某种极致"，以完成"对于生命存在的肯定"。[1]

匠人精神的基础，是日本人身上的认真特质。

鲁迅认为日本人身上最大的长处是认真。在和日本人的接触中，我也经常感觉到日本人通常都比较认真。为了写这本书，我经常问一些日本朋友问题，比如他们怎么看待"鬼"或者"灵魂"，他们通常都不会当场回答，说"我要想一想"。这种反应一开始让我感觉很郁闷，认为和日本人交流太费劲了，这么简单的问题也不能直接回答。但是第二天，他们可能会给你发来一段很长的文字，详细论述他们是怎么看待这个问题，以及在日本社会，大

---

[1]张斌璐：《日本为何发育出极致的匠人精神》，《长江日报》2016年7月19日。

部分人可能是怎么看待的。

中国学者邓芳在东京大学教学将近10年，为了练习汉语会话，她经常问学生一些日常生活的问题，比如"你周末做什么了"之类，她发现对这样简单的问题，日本学生一般也不肯随意回答，有的学生甚至要翻开记事本确认过后，一条一条查字典，再用汉语说出来。[1]

日本人为什么有这样认真的特质呢？有一种当然非常"民科"的说法，是与血型有关。确实，日本社会流行血型文化，据说日本人中A型血比较多，[2]而A型血的人一般都被认为做事认真严谨。

日本社会的特殊之处可能不在于A型血的人多，而在于对A型血有特殊的喜爱。中国人通常并不太喜欢A型血，认为A型血的人代表内向、呆板、克制、固执，但日本人认为A型血代表诚实敏感、认真细致、踏实努力。日本前首相麻生太郎在竞选首相时，曾以自己是A型血而竞争对手小泽一郎是B型血，来说明自己更适合当日本首相。2011年，日本复兴大臣松本隆粗暴对待地方官员的视频在电视上被曝光后被迫辞职，在辞职演讲中，他将失误归结为他是B型血。

中国人一般认为外向、活泼、开朗是优点，日本人却不这么认为。很多日本人不喜欢B型血。日本血型手册中说，B型血的人太过随性，过于自我，性子直来直去，不太注意环境，缺乏领导阶层应有的外交手腕和领导能力。有的相亲的女性说："我不喜欢B型，他们非常杂乱无章，而且办事不经思考。"为了印证这些说法，我曾经询问日本朋友，其中有一位女性朋友回复说："我不知道竞选首相考虑不考虑血型，不过有意思的是我相亲时会考虑这一点。之所以日本人喜欢A型血，可能是因为日本A型血最多，所以大家觉得A型血比较安全？"

---

[1]邓芳：《"恪守成规"与"匠人"精神》，《新京报》2020年11月7日，第B06版。
[2]根据梁今玉《血型分布规律的探讨》等材料，日本人中A型血占比确实比汉族等大部分民族高。

二

还有一种说法，日本人匠人精神的源头是"精农主义"。

苏联学者弗·普罗宁可夫在《日本人》中强调，勤劳是日本人的特性。美国人、德国人、英国人也勤劳，但德国人的勤劳是从容的、有节制的，而日本人的劳动则是忘我的，全身心投入，且带有一种满足的感情，表现出一种特有的美感。[1]

日本学者松尾康二说这与日本的地理环境有关。日本的冲积土壤和火山灰土适合农业生产，日照时间长，降水也丰富。这样的条件比欧洲更有利于农业生产，结果导致日本农民一年到头不得休息。日本农民一天到晚泡在田地里，精耕细作，种个地也慢条斯理，仿佛在摆弄一件艺术品。日本人解释"米"字，说它之所以可以拆成"八十八"，是因为大米从播种到收获就需要经历八十八道生产工序。从很早开始，日本农民对水稻生长周期内的育秧、插秧、灌溉、除草、驱虫等每一道工序就有着严格的时间规制和把控，从而保证了水稻种植的高产和优产。

很多人说，日本人的"过度勤劳"，就是这种"精农主义"的结果。自古以来，日本社会鄙视"闲赋在家"的行为，懒惰之人是极受日本社会所排斥的。

确实，直到今天，日本农民的完美主义仍然是很突出的。日本生产的一些水果，如西瓜等，价格高得离谱。日本一个大西瓜的价格要高于优衣库一条牛仔裤的价格。因为这些水果从播种到在超市或百货店上市，每个环节都要耗费大量的人力。[2]对日本农民来说，大小不一的西瓜不能卖，形状不浑圆的西瓜不能卖，花纹不美的西瓜不能卖，绿皮上只要呈现出黄斑的西瓜

---

[1][苏]弗·普罗宁可夫、[苏]伊·拉达诺夫：《日本人》，赵永穆、朱文佩译，中国广播电视出版社，1991年，第28页。

[2]邓芳：《"恪守成规"与"匠人"精神》，《新京报》2020年11月7日，第B06版。

也不能卖，或者只能贱卖。也就是说，日本人连西瓜也要"合群"，"和大家一样"。为了让西瓜看起来整齐划一、个个漂亮，西瓜的成长期要不断翻动、让每个面都受到完全均匀的日照；为了保证其含糖度，水分和温度的管理也要十分精确。[1]所以，一个瓜农不可能管理太多的瓜地，西瓜的定价不高，就不能维持收成。[2]日本大米能卖到70元人民币一斤，"和牛"的价格更高，这都与"精农主义"有关。

三

对于日本人的匠人精神，我个人更倾向认为，它的主要源头是日本的等级制度和固化社会。

江户时代是一个压抑的、沉闷的时代，《福泽谕吉自传》说，这个时代太让人绝望了："'家老'家所生的孩子永远当家老，'足轻'家生的孩子永远是足轻。世世代代，家老就是家老，足轻就是足轻，夹在其间者也同样如是，经过若干年后也无半点变更。"

身份制度与世袭制度阻碍了社会精英层吐故纳新，远远没有科举制度公平，可以调动社会各阶层的积极性。因此神田孝平抱怨说："官员不分大小皆是世袭，所以奇才俊物难以出世，民间之人为此而抱恨离世者，大多为此类。"

但是，如前所述，任何事情都有两面。即使是如此可笑而沉闷的江户时代，也有其优长之点。如前所述，日本实行封建制度，社会分层，士农工商的界限不能突破，如同一个个格子把人的一生隔断起来，压抑了很多人的才干。但与此同时，这一制度也有一个意外的好处，那就是武士以外的阶层断绝了政治野心，"顺天知命"，静下心来，专心致力于在自己的身份范围内

---

[1]邓芳：《"恪守成规"与"匠人"精神》，《新京报》2020年11月7日，第B06版。
[2]邓芳：《"恪守成规"与"匠人"精神》，《新京报》2020年11月7日，第B06版。

发展。

中国学者陈朝辉在日本熊本县某私立大学任教时，问一个报了汉语专业的学生，毕业之后想干什么工作？这个学生的回答让他很意外："我的梦想是毕业之后去做一名公交车司机。"他又问："那你为什么选学汉语专业？"学生答："大家英语好坏都能说几句，但汉语会说的人很少，所以觉得学点会有用。"

他接着问："那你为什么想做公交车司机呢？"学生答："我爱我出生长大的这座城市，只有做公交车司机才能每天边上班边欣赏这座城市的四季变化，和它一起长大、变老。这是我能够把爱好和生活之需兼顾起来的最佳选择。"

中国学者按着中国人习惯的思维方式启发他说："你也可以把汉语学到全国最好，成为中国问题专家，等你成名了再去竞选市长，然后更好地管理和改善你的这座城市。"结果这个日本学生说："我喜欢'等身大'（即汉语量体裁衣的意思），不喜欢不自量力。我如有那么突出的才能，小初高阶段就应该有所展现。可惜我完全没有。不能不承认，人和人的差异是要直接面对的。研究中国问题那种大事还是交给东大京大的优秀人才吧。我就把我能做的事情做好。"[1]

确实，长期的固化社会，让日本人喜欢"安心"的感觉。在日本任教的邓芳说："日本超市里永远都只有那几样熟悉的蔬菜……我曾多次问过学生们为什么日本蔬菜的种类这么少。有的学生说，因为日本人只会做这几种蔬菜，如果有新种类的蔬菜出现，他们反而不知道怎么处理；有的学生说，这些吃惯了的蔬菜是'安心的味道'，别的不知道味道的东西，并不想去尝试；还有学生说，这些蔬菜就足够了，每天吃同样的东西有什么不好呢。在食物上，日本最高学府的学生们到底还是日本人，他们有日本人保守、固执

---

[1]陈朝辉：《日本年轻人真的不思进取吗？》，《新京报》2020年11月7日，第B07版。

和恪守成规的一面。"[1]

等级制社会在日本人身上培养起一种很突出的特点，就是"螺蛳壳里做道场"。很多日本人穷尽一生，只为做好一件事情。他们追求在狭小的空间里，把事情做到尽善尽美。日本人的细腻无人能比，今天日本社会有很多非常精巧的"小发明"，都是在一些平时人们注意不到的地方进行细微的改进。[2]

中国人的心态通常并不如此。中国的社会流动性远强于日本。所以中国人更信奉个人奋斗，信奉"皇帝轮流做，明年到我家"，信奉"宁为鸡头，不为牛后"。中国传统社会王朝不断更替，全国性的起义、动荡频发，人口经常大起大落，所以中国人"争先恐后"的意识和焦虑程度要高于日本，中国的企业家，追求迅速成功，成功后又追求迅速扩张。这就如同北极植物因为生长期短，所以给点阳光就会迅速灿烂。而日本人通常没有中国人这样有"野心"。日本的一些著名的传统餐厅，即使供不应求，顾客需要提前很多天预约，也不愿意扩张规模，因为那样就难以保持质量了。不光是一个人一生专注一件事，甚至一个家族十几代，专注于做好一件事，这是许多百年老店甚至千年老店的由来。这也从一个侧面说明，虽然日本历史的记载中充满了高层政治斗争和各种战乱，但是社会底层相对中国来讲，还是更为稳定。

这本书中我反复讲的一个观点是凡事都有两面，"匠人精神"也是如此。匠人精神发展到极致，在日本企业发展中，也产生了负面作用。

京都大学教师汤之上隆在《失去的制造业：日本制造业的败北》一书

---

[1]邓芳：《"恪守成规"与"匠人"精神》，《新京报》2020年11月7日，第B06版。

[2]这种等级制度和各负其责的心态，会让天分高的人在自己的领域内成为"高手"，在普通人身上，可能就表现为刻板、不变通、死心眼儿。高晓松在音频节目《晓说》中说，他到东京迪士尼海洋公园排队坐游船，排了一个半小时，因为排队的人非常多，而负责引导上船的人在上船之前，会用日语解说一遍安全规则，如果遇到外国人听不懂，她就再用日语讲一遍，就在她讲的时候，一条条空船发出去了。高晓松说，如果是中国人，绝对会灵活安排，会让听懂的先上船，听不懂的集中留下来再给其讲，不会让空船发出去。确实，在日常生活中中国人远比日本人"活泛"，善于变通。

中，回顾了日本IT（信息技术）制造业几十年的荣辱史。他认为由于匠人精神过于强烈，在两个方面损害了日本制造业。第一是日本企业过度依赖匠人精神与手工艺者的技艺，而忽视了产品的标准化与通用化，严重缺乏低成本量产能力。第二个是日本企业过于苛求性能与指标的极致，忽视了市场实际需求水平，投入不必要的成本，致使市场出现变化的时候在研发上不能及时调整产品。

第六章

"长他人志气，灭自己威风"：日本人的强者崇拜

一

中国人对日本历史的一个集中关注点，是明治维新。

有一个日本朋友说，他发现几乎所有中国人和他聊起日本来，都会提到明治维新，而一般日本人对这段历史反而没那么大兴趣。

其实中国人最感兴趣的，是日本在世界剧变面前为什么能这么迅速地转身，而且变得这么彻底？

日本人国民性中最大的优点，我认为是"拎得清"。也就是说，你比我强，我一不嫉妒二不仇恨，而是老老实实向你学习。用学术点的话来讲，这叫"强者崇拜"。

这听起来应该是正常的反应，但是人类历史上各国各族能做到的并不多。很多民族面对压自己一头的优势民族，往往会不自觉地产生抗拒心理。特别是如果这些强者欺负过自己，则那份仇恨可能永远不会化解。

但是日本不这样。日本不需要被打到头破血流再被按在地上摩擦到遍体鳞伤，才心不甘情不愿地认输，而是一交手，确定打不过对方，日本人马上就心悦诚服，转过头来死心塌地地向对方学习。

日本历史上三次认真彻底地向外国学习，都是在被打败或者被威胁之后。

第一次是被唐朝打败后更深入地向唐朝学习。

如前所述，日本遣唐使规模的扩大，发生在白江口之战之后。所谓不打不相识，通过这一战，日本发现，唐朝的军事技术以及背后显示出来的国力，高日本何止数等。日本人没有因此燃起对大唐帝国的仇恨，也没有形成挥之不去的屈辱心理，相反，从此之后，日本开始更积极地向大唐帝国全面靠拢，不断派出遣唐使学习。白江口之战以前的遣唐使一般只有一两条船，人数介乎一二百人之间。白江口之战之后日本学习唐朝的热情和认真明显升级，派出的遣唐使多是四条船，成员在200—600人之间。

第二次是在西方武力威胁及小规模战争之后开国。

我专门去过一次横须贺市，那里有一座日本人专门为黑船来航事件中的"侵略军"司令佩里修的纪念公园。这是东京湾一个安静的小城，佩里公园不大，坐落在海边。公园竖立着一座高大的石质纪念碑，上面是伊藤博文所书大字"北米合众国水师提督伯理上陆纪念碑"。碑下有一幅青铜世界地图，画出了佩里从美国出发到达日本的航线。

引起我注意的，是地图下面的两段说明文字，文字内容是一样的，不过一段是用日语写的，一段是用英语写的。我将日语和英语内容综合起来翻译如下：

> 1853年7月8日，美国海军东印度舰队司令官佩里将舰队停靠在浦贺冲，7月14日，他在久里滨海滩上岸并将美国总统的亲笔书信交给了江户幕府。次年，美日两国在神奈川缔结了和亲条约。这一系列事件结束了幕府支配下的锁国状态，成为推动日本回归世界的原动力。
>
> 佩里航行48年后的1901年7月14日，日美友好协会在这与日本开国有重要关系之地，建起了纪念碑。

　　从文字内容中，看不到一丝怨恨，反而充满着对美国人推动日本"回归世界"的感激之情。

佩里公园的石质纪念碑

纪念碑下的日文说明文字

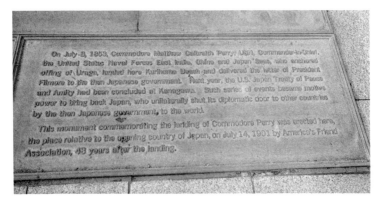

纪念碑下的英文说明文字

公园里还有一座规模不大的二层的佩里纪念馆，里面展出了很多与佩里在此登陆有关的图片及实物模型。从这些展出的内容可以看出，日本人对黑船来航的评价，没有"一分为二"，而完全是正面的。介绍文字中没有这一事件"虽然客观上有利于日本但毕竟是帝国主义侵略行径"之类的表述。[1]

[1]当然，日本人向西方学习也不是黑船来航一次促成的，如前所述，在那之后，日本的几个爱国热情特别高涨的藩先后与西方开战，然而战争的结果都是一打即和，《菊与刀》说："在历史上其他场合，日本也曾有同样的举动，往往使西方人迷惑不解。……英国派了远征军……炮轰萨摩藩重要港口鹿儿岛。……这次炮击却带来了意外惊人的后果，萨摩藩并没有誓死报复，反而向英国寻求友谊。"

日本人对黑船来航事件的整体心态，正如同福泽谕吉所写的那样："嘉永年间美国人跨海而来，仿佛在我国人民的心头燃起了一把烈火，这把烈火一经燃烧起来便永不熄灭。"[1]

第三次向外国学习则发生在二战战败之后。美国占领日本之后，非常担心日本人的抵抗和报复，然而这种行为没有发生。《菊与刀》说：

> 战败的欧洲人到处都在组织地下活动。而日本人则除少数极端顽固分子外，（认为）不需要组织抵制或在地下反对美国占领军的运动。他们不感到在道义上有坚持旧路线的需要。占领后不到几个月，美国人即使单身乘坐拥挤不堪的火车前往日本的穷乡僻壤，也不必为安全担心，并且受到曾经是国家主义者官员的有礼貌的接待，未发生过一次报复行为。我们的吉普车通过村子时，孩子们站立道旁高喊"Hello"（你好）、"Good-bye"（再见），婴儿自己不会招手，母亲就把着他的小手向美国兵挥动。
>
> 战败后日本人这种180度的转变，美国人很难理解是真实的。这是我们无法做到的。

前一秒你还是我的仇敌，后一秒你已经成为我的老师，这种反应在世界上应该是独一无二的。

日本善于取法乎上，聚精会神地向强者学习，在外交上体现得也非常明显。竭力与强国交好，谋求本国利益的最大化是日本外交最显著的特点之一，白江口之战失败后不过两年，即665年，日本就遣使参加泰山封禅大典。669年，即高句丽被唐朝灭掉的第二年，日本又派出"平高丽庆贺使"前往长安，祝贺唐朝在朝鲜半岛上的胜利。这种"追随强者式外交"其实已

---

[1][日]福泽谕吉：《文明论概略·序言》，北京编译社译，商务印书馆，2017年，《序言》第2页。

经成为日本外交决策的信条和传统，在今天仍然在继续着，我们从日本前首相安倍晋三对当时美国总统特朗普的态度中就可以看出来。

二

日本人有着一种质直的"崇洋媚外"心态。

妄自尊大是人类的一种本能，原始时代，就有很多部落认为自己是世界的中心，自己是文明人，其他部落都是野蛮人，都要服从自己。

其实，世界上许多民族都认为他们的居住地就是世界的中心。当代著名罗马尼亚宗教史学家米尔恰·伊利亚德（Mircea Eliade）以翔实的史料和精湛的文化人类学的材料力图证实，一些民族把自己的居住区域看成地球中心。[1]

各个种族与民族，各个王朝与地区，往往都把自己视为正统的"圣族"，而把外族与其他地区鄙视为"蛮族"，尤其是各王朝的统治者，都始终自诩为主宰世界的主人，或天下四方的王，非常不注重平等的相互交往。[2]

只有日本人似乎例外。日本人在历史上似乎一贯"崇洋媚外"。

623年，留学隋、唐的日本僧人回国并上奏朝廷说："其大唐国者，法式备定，珍国也，常须达。"大唐是一个非常珍贵的榜样国家，一定要常常派人去学。这是日本人自己的记载，记载于《日本书纪》之中。

1223年，日本名僧道元到宋朝留学五年，对比中国和日本，发出过这样

---

[1]崔明昆：《象征与思维：新平傣族的植物世界》，云南人民出版社，2011年，第47页。
[2]黄维民、张翔、慕怀琴等：《国际政治研究导论》，三秦出版社，2018年，第5页。

一番感慨：

> 西天（指印度）及神丹国（指中国）人本来耿直。中华使然，
> 教化以佛法。我朝自古人皆少仁智，难为正种，系蕃（番）夷使
> 然，不能不饮恨。且此国出家人不及大国俗人，举世皆惊其度量狭
> 窄，好执非常之功以自喜。如此之辈刚坐禅怎能即悟佛法。日今年
> 得神示，然日本人尚不仁智，且又迂曲，即使标志正直之法亦不能
> 成甘露，反为毒素。[1]
>
> 可哀，边鄙之境，邪风易扇，正法难通。……可悲，边鄙小
> 邦，佛法未弘通，正师未出世。若欲学无上之佛道，遥可访宋土之
> 知识。[2]

意思是说，印度人和中国人，都很质直，所以他们是文明发达之国，学
习佛法很快就能领会。我们日本自古以来，就没有多少仁智之人，这是因为
我们是蛮夷，这一点不能不让人饮恨。我国的出家人，还不如中国的在家
居士。日本人普遍愚笨、心量狭小，没有平常心。这样的人，即使坐禅，岂
能证得佛法！我国之人，仁智之心未开，人又迂曲，所以教给他们以正直
之法，到他们心里，甘露也成了毒汁。日本和中国比起来太落后了，要真学
佛，只能不辞辛苦来到中国。

这位日本和尚批判本国人素质的语言，用今天的标准来看，充满着"民
族自卑感"，绝对是"崇洋媚外"。[3]但这是日本人一贯的思维方式，日本
人遇到比自己先进的事物的时候，往往愿意进一步把它夸大，以突出其优越

---

[1]道元：《辨道话》，转引自[日]家永三郎《外来文化摄取史论》，靳丛林、陈泓、张福贵等
译，大象出版社，2017年，第22页。
[2]道元：《学道用心集》，转引自[日]家永三郎《外来文化摄取史论》，靳丛林、陈泓、张福
贵等译，大象出版社，2017年，第23页。
[3]武安隆：《日本人涉外文化心理的史学考察》，载《世界历史》1989年第5期，第81页。

之处。用今天的网络用语，就是"精外"：过去是"精唐""精宋"，后来是"精美""精欧"。

幕末明（治）初，大多数日本学者都热情洋溢地盛赞西方文明的优秀，并感慨日本的落后。比如学者西周以"浩大精微"四字来概括欧洲精神。他说："余尝游于欧罗巴，颇悉其事情。所观凡百事物，目之以二字，曰'浩大'。若都邑府城，若道路桥梁，若宫殿楼阁，若廨署庠校祠宇教堂，若幼孤哑盲癫狂疾病诸院，若分析铸锻金银硝磁诸工厂，若考古博物禽兽草木诸馆园，若铳炮船舰海陆诸兵具战器，若火车电线驿递银行互市诸场，凡以触目入耳，皆莫不愕然惊叹焉。及退而考诸书史，征诸学术，悯然自失，惝然自惑。盖其说之精微，其论之详确，不啻茧丝牛毛。……乃又目之以二字，曰'精微'。……精微者本也因也，浩大者末也果也。能尽其精微，故能致其浩大也。"[1]

也就是说，欧洲的一切事物，都可以说是"浩大"的，无论是城市、道路、桥梁、建筑、学校、教堂、医院、工厂、博物馆、火车站、银行，规模都很大。而这些"浩大"，又都是建立在"精微"的学术基础上。欧洲人学术之精微，如同茧丝牛毛一样。这显然是将欧洲文化推崇到了"致广大而尽精微，极高明而道中庸"的尽善尽美的高度。

福泽谕吉这样表达他的"精外"或者说"自卑"思想：

> 日本人的智慧与西洋人两相比较，从文学、技术、商业、工业等最大的事物到最小的事物，从一数到百或数到千，没有一样能高于西洋，没有一样能和西洋相比拟的，并且也没有人敢和西洋较量一番的。除了天下至愚的人以外，没有人会认为我国的学术、工商业可以与西洋列强并驾齐驱的。谁能以排子车和火车相比，又谁能

---

[1][日]西周：《致知启蒙序》，转引自武安隆《日本人涉外文化心理的史学考察》，载《世界历史》1989年第5期，第82页。

以日本刀和洋枪相比较呢？我们还在流行阴阳五行之说的时候，他们已经发现了六十个元素。我们还在以天文卜吉凶，他们已经制造了彗星历，并进而研究了太阳太阴的实质。我们认为人是居住在不动的平地上，他们已经知道地圆而且是转动的。我们认为我国是至尊的神州，他们已经足迹遍于全世界，到处开辟疆土，建立了殖民地，政令商法之齐备，远比我们优越的东西很多。所有这些问题，按目前日本的情况来看，没有一件可向西洋夸口的。日本值得夸耀的，……只有山水风景而已。[1]

这差不多可以称为"民族虚无主义者"了。

西村茂树（1828年—1902年）的观点也与之类似。明治元年（1868年），他上书岩仓具视说：

> 日本于地球之中甚小，如大象面前之蝼蚁。于此区区小国之内，互抱敌仇之心，一雄一雌相排击，却自以为得计。其识见之卑，目光之浅，实如管中窥天，蜗牛角上争雄。若欲扬国威于海外，须去如此固陋狭隘之识见，洞察五洲之大，知日本乃全地球之一隅，解国内之怨隙，期意于远大。[2]

意思是说，我们日本人原来自认为是大国，其实从全球来看日本，不过是大象之于蝼蛄、小蚂蚁。在这样一个小国里，还自己争来争去，感觉自己挺了不起。见识之低下，目光之浅陋，实在是管中窥天，蜗牛角上争雄。如果想要自强，就必须打破这种封闭的自我认识，从全球角度来看日本，内部

---

[1][日]福泽谕吉：《文明论概略》，北京编译社译，商务印书馆，2017年，第101—102页。

[2][日]西村茂树：《长短说》，转引自[日]家永三郎《外来文化摄取史论》，靳丛林、陈泓、张福贵等译，大象出版社，2017年，第293页。

别再争来争去，而是树立远大目标。

仅仅鄙薄日本还不够，西村茂树还把鄙视扩大到全亚洲。他在《长短说》中说：

> 亚洲较之非洲，其长处颇多。然比之欧洲，则短处居多，且原来之长处也不及欧洲。然若聚精会神疗治最短处，则最终或许能与欧洲并驾齐驱。其短处何在？缺乏进取之心与忍耐之力。此二者乃全亚洲之短处。欧洲人威制亚洲人，毕竟也因为这短处。于哥伦布之航海，牛顿之物理学，彼得之政事等，亚洲则无一奇伟卓越者可论。欧洲寻常之人，其进取与忍耐之力大大胜于亚洲人。此乃众目所视之事也。[1]

福泽谕吉和西村茂树的"精外"程度还远远谈不上登峰造极，更感性的极端表达是谷崎润一郎赞叹西洋的艺术美。他说："大凡西洋之事物，都美妙让人羡慕不已。在我眼中，西洋就是人们仰望的神灵。"[2]

不过这仍不算真正极端。极端的是还有人认为，日本人尚不及欧洲的狗"开化"：

> （欧犬）食肥肉，卧暖席，或睡美人膝，或吸阿娘口。同是犬也，何其幸福！欧洲虽犬亦能开化，故与人能睦也。人而可不如犬乎！[3]

---

[1][日]西村茂树：《长短说》，转引自[日]家永三郎《外来文化摄取史论》，靳丛林、陈泓、张福贵等译，大象出版社，2017年，第292页。

[2]转引自周颂伦：《近代日本社会转型期研究》，东北师范大学出版社，1998年，第70页。

[3][日]水岛尔保布：《新东京繁昌记》，转引自武安隆《日本人涉外文化心理的史学考察》，载《世界历史》1989年第5期，第83页。

总而言之，正如森鸥外在《论洋学的盛衰》中说，当时的日本人认为，"彼（西方）之所长并存于精神和技术两方面，我国人唯予模仿与崇拜可也"。[1]

在这种"精外"心态之下，自然一时之间也引发了一些荒唐可笑的建议，比如认为日本的语言"幼稚卑陋"，不足以表达进步的思想，应该全民学习英语，并创造出英日并用的文字。甚至还有人认为日本的人种必须改良。

日本人是怎么理解自己的这种"精外"心态的呢？家永三郎说，日本人对西方文化"评价过分"，并不是"毫无意义地崇拜西方"，而是要"达到刺激日本向上的目的"。[2]

无论如何，这种毫不掩饰的"崇洋媚外"心态，在人类各民族中，是非常罕见的。

三

那么，日本人这种独特的反应模式和心态是怎么形成的呢？

日本人愿意向强者学习的第一个原因，也是最简单的原因，是日本文化保持了"朴野性"，也就是"蛮性"。如前所述，日本统治阶层的头脑没有被一种统一思想格式化，比如儒学，或者对生活方式和思维方式有严格规定的宗教，比如中世纪的天主教。所以他们的思维方式比较"简单"，同时也就比较"清澈"，能够马上算出一加一得二。

元治元年（1864年）日本上演了一出戏剧，叫《开席料理三者论》。其

---

[1]武安隆：《试论日本吸收外来文化的周期性》，载中华日本学会、中国社会科学院日本研究所编《日本学刊》，1992年第1期，第90页。

[2][日]家永三郎：《外来文化摄取史论》，靳丛林、陈泓、张福贵等译，大象出版社，2017年，第298页。

中谈到"攘夷"问题说：

> 昔是昔，今是今，人亦变，地亦换，世界已打开。夷狄亦非昔
> 日之夷狄，唐亦非昔日之唐。日本亦异于昔日之日本。……枕不前
> 移，目不远视，一味因循，纸上谈兵，不腻味乎？君且豪言壮语
> 曰："一对一，舍命搏洋人。"夫此言不足畏也。[1]

意思是说，过去的已经过去了，今天是今天，世界已经互通。夷狄已经不再是过去那落后的夷狄，中国也不再是以前领先的中国，日本也不应该再固守以前的日本。如果在这样的形势下，仍然一味持着因循陈旧的观念，豪言壮语什么我们来一对一，舍命和洋人相搏，这话谁也吓唬不了。

涩泽荣一编的《枪术问答》中说：

> 御国武士重廉耻，有义勇气象。然今日值专行枪炮之时，唯恃
> 廉耻之勇，徒手空举，挺身突向持枪刀之夷狄，实乃愚蛮之至。故
> 欲敌彼之炮击，我亦须振炮迎之。[2]

意思是说，日本武士重廉耻，尚义勇，这自然很好。但是今天已经进入热兵器时代，你还凭血气之勇，以大刀对火枪，实在太愚蠢了。所以敌人用大炮打我们，我们也应该用大炮反击。

松田敏足在明治十一年（1878年）的《文明田舍问答》中也说：

---

[1]《开席料理三者论》，转引自[日]家永三郎《外来文化摄取史论》，靳丛林、陈泓、张福贵等译，大象出版社，2017年，第225页。

[2][日]涩泽荣一编：《枪术问答》，转引自[日]家永三郎《外来文化摄取史论》，靳丛林、陈泓、张福贵等译，大象出版社，2017年，第226页。

> 嗟夫！试思之：他人如以六尺木棒向我击来，而我仅以扇柄相
> 迎，则虽为神奇高明者亦将必败无疑。故此时我方亦须以棒相迎。
> 洋枪、洋炮与弊旧之和枪相比，实如六尺木棒与扇子之比也。方今
> 世界各国，兴民权、立宪法、倡独立之势，战阵之中火器完备。我
> 若不立宪法取用"队阵火术"，则难与列强各国相抗衡，不可奠定
> 不屈他国之基础。[1]

意思是说，别人拿六尺长的木棒打我，我只以扇柄相迎，不论我的武功多么神奇，也一定失败。所以洋枪、洋炮与传统的日本火绳枪相比，正如同六尺木棒与扇子之比。现在世界各国，都大兴民权，倡立宪法，建设独立国家，战场上比拼火器之完备。所以我们如果不立宪法，不采用西洋火器及操练方法，不可能奠定不屈于他国的立国基础。

这些观点在明治维新前后迅速成为日本上层社会的共识。而中国的士大夫们头脑被有效地格式化，虽然有个别人比如李鸿章也表达过"孔子不会打洋枪，今不足贵也"之类的想法，但是绝大多数人仍然持相反观念，以致一再被打得头破血流之后，仍然认为"立国之道，尚礼仪不尚权谋；根本之图，在人心不在技艺"。

其实"没文化"有时候胜于"有文化"，这在中国历史上有很多先例。满族之所以能入主中原，也是因为"落后"。当时满族文化水平普遍不高，而明朝大臣都是进士出身，明朝中原地区的识字率、文化水平要远远高于关外。但是满族在征服过程中表现出的决策水平要远远高于头脑僵化的受意识形态牢牢束缚的明朝统治者。满文化的核心精神是"现实"。早在关外，皇太极即说："凡事莫贵于务实。"满民族之所以以一个边鄙之地的落后小族，成功征服世界上最大的帝国，是因为他们一切判断从现实出发，因势利

---

[1][日]松田敏足：《文明田舍问答》，转引自[日]家永三郎《外来文化摄取史论》，靳丛林、陈泓、张福贵等译，大象出版社，2017年，第229页。

导，灵活实用。雍正皇帝说："本朝龙兴，混一区宇，惟恃实行与武略耳。并未尝恃虚文以粉饰，而凡厥政，务悉吻合于古来圣帝明王之徽猷，并无稍有不及之处，观此可知实行之胜于虚文矣。我满洲人等，纯一笃实，忠孝廉节之行，岂不胜于汉人之文艺、蒙古之经典欤？"

二战之后，日本民众对美军的占领没有产生多少抵触情绪，据有些学者分析，这与一件非常简单的事实，即进驻美军乘坐的吉普车有关。当时日本社会车辆稀少，而进驻美军40万人拥有吉普5万辆，几乎所有的美国兵都会开车。这一事实令日本人目瞪口呆，直观地认识到美国的富强。日本社会上对此讨论很多，吉普甚至成为日本流行歌曲讴歌的对象，人们开始思考为什么美国会如此强大。一位著名的日本政治记者说："对绝大多数日本人来说，战后美军带来的所有物质文明，都使他们一味惊异，把战后的日本人与幕末至明治初期的日本人等同起来也不为过。与此同时，善于思考问题的人们痛感大大落后了的日本与相当先进的美国文明之间的差距，不能不激起一种要超赶美国的热情和使命感，把仿效美国物质文明作为重建日本的途径，从而迅速形成日本的总体规划。"[1]

第二个原因是日本历史上的等级制度和观念。在日本文化当中，低等级的人向高等级的低头是本分，不会产生耻辱感。日本人如果确认你是强者，就会老老实实向你表示敬意。

第三个原因，也是最根本的原因，是日本人在历史早期就形成了"学习型路径"。

中国文明一直远比周边文化发达。按照我们常用的说法，中国文化是太阳型、原生性的文化，具有强大的辐射力，数千年间，中国人触目所及的异族，都远远落后于自己，所以形成了"天朝上国"心态。这样的心理定式已经是中国历史运行的"基础路径"，一旦成型就难以扭转。

---

[1]武安隆：《日本人涉外文化心理的史学考察》，载《世界历史》1989年第5期，第87页。

而日本文化是月亮型、次生性的。从一开始，日本就远远落后于中国，中国的先进一目了然而且辉煌耀目，数千年间，凡从域外所来的东西，几乎无不领先于日本，无不会给日本带来好处。

现代教育心理学告诉我们，幼儿时期的经历对人至关重要，很多影响一生的基本行为模式，六岁以前就形成了。一个国家也是这样。大陆文明通过朝鲜等渠道抵达日本，唤醒了日本。从秦汉时期到隋唐时期，从日本文化的幼年期到少年期，外来文明给日本带来的一直是巨大的惊喜。

当然，是惊喜而不是恐惧也与地理环境有关。大海既是通道也是保护，日本与大陆的距离保证它轻易不受大陆的武力威胁。"由于享受着免受外族入侵的安全感，（使）它在外来文化的吸收方面颇具自信心，而自信心又是一个民族在吸收外来文化时所必须具备的心态。"[1]

因此从与外部世界接触开始，日本人就形成了这样的心理定式，即日本是落后的，向外国学习可以获得巨大益处，从一开始，就形成了强大的学习本能。这也是日本历史的一种"路径依赖"。

明治维新在日本之所以顺利展开，就是建立在这样的已经成型的基础路径之上。在明治维新前后，几乎所有主张开国的人，都举出向唐朝学习的先例，来论证向外学习会给日本带来好处。

安政四年（1857年）的一份有关海防的上书中这样写道：

> 往昔与唐国及其他诸国通文以来，文字、武艺、有用之草木、器械等，徐徐然传入吾国。吾国得益匪浅。天下为之而遍知交通海外之利。富国强兵有赖于此，望圣上明虑。[2]

---

[1]武安隆：《文化的抉择与发展——日本吸收外来文化史说》，天津人民出版社，1993年，第11页。

[2]东京大学史料编纂所编：《大日本古文书：幕末外国关系文书》（第16卷），转引自[日]家永三郎《外来文化摄取史论》，靳丛林、陈泓、张福贵等译，大象出版社，2017年，第306页。

意思是说，过去和中国及其他国家建立交往以来，日本人学到了文字、军事等，各种有用的文化知识慢慢传入日本，我们得益匪浅。所以大家都知道与外国交往的好处，要想富国强兵，就不能闭关锁国，请圣上您明察。

松江藩名儒桃好裕在《开洋学所之事》中写道：

> 熟思日本古来之姿态，礼乐、刑政、文学、制度并民间之缝机等，多用外国传来之物。以遣唐使留学僧学彼法，遂有我日本之今日。如是，"青出于蓝而胜于蓝"，日本之长也。[1]

意思是说，日本自古以来，无论是礼乐、刑法政令、文学、制度，还是民间的器用，多是来自外国。正是遣唐使留学僧学习中国，我们日本才有今天。所以"青出于蓝而胜于蓝"本来是我们日本人最大的长处啊。

明治四年（1871年）龙冈藩知事松平恒说：

> 我邦之制度多依唐风，自太古时即如此乎？恐此乃建国之后，征服三韩，与中国往来，取其礼乐制度之长处而用之故也。天皇即位之礼，迄今犹用唐制之冠服。其他百般之事，今用之者亦多依唐制。然此为国体治风，非与国共生之物，乃效先觉之物也。凡于安民开国有利之物悉取之，以之为日本体。此乃古典也。[2]

意思是说，日本的很多东西和中国唐朝一样，难道从一开始就这样吗？

---

[1][日]桃好裕：《开洋学所之事》，转引自[日]家永三郎《外来文化摄取史论》，靳丛林、陈泓、张福贵等译，大象出版社，2017年，第307页。
[2][日]松平恒：《太政官日志》明治四年六月三日条，转引自[日]家永三郎《外来文化摄取史论》，靳丛林、陈泓、张福贵等译，大象出版社，2017年，第308页。

这是后来向中国学来的。天皇即位仪式，今天还用唐朝的冠服。其他的各种事情，现在也多按照唐朝时的制度做。但这是国家的形式制度风气，并非国家生来就有的，而是效法先觉悟者。凡是对百姓对国家有益的东西，就要学习，甚至用外国来的东西构成我们日本的基本制度，这是古来的传统。

三条实美、岩仓具视在答复久津岛光的书信中说：

> 凡国家之典礼，随时而沿革，乃古来之传统。如礼服，今斟酌欧美之风，犹如往时模仿隋唐之制也。苟取之为我所用，即为我服。不必非称之洋服不可。[1]

意思是说，我们日本的制度，随着时代而变化，这是古来的传统。比如礼服，现在学习欧美，正如同过去学习隋唐。一旦拿来为我所用，就是我们自己的服装，不要非得叫洋服。

类似的材料还有很多，由此可见，主张开国的思路完全一致，那就是"摄取外来文化，以丰富日本文化是日本的国家传统。他们极力主张，对待西洋文化也须大力继承这个传统"。[2]这是明治维新顺利展开的一个重要心理背景。

四

日本人向外学习时，有一个很了不起的思路，那就是主张不要把自己局限为日本人，也不要给外来文化贴上外来的标签。既然是人类，就应该敞开

---

[1][日]岩仓具视：《具视济时之策》，转引自[日]家永三郎《外来文化摄取史论》，靳丛林、陈泓、张福贵等译，大象出版社，2017年，第309页。
[2][日]家永三郎：《外来文化摄取史论》，靳丛林、陈泓、张福贵等译，大象出版社，2017年，第309页。

胸襟吸收一切人类的成果。乐于向外学习，不是日本人的缺点，反而是日本人的光荣。

村上英俊在1864年出版的《佛语明要自序》中写道：

> 广大无极之间，包容一大天体，名曰地球。区别之为五大洲。曰亚洲，曰欧洲，曰澳洲，曰非洲，曰美洲。诸多区别者，何也？若得言语文字相通，则虽地隔东西南北，人民所住，禽兽所居，草木所生，舟楫所通，犹是同类者，何以区别哉？同戴天宇，同踏地球而为人。于其性情，何有彼我之异哉？……上古神圣盖明此理。故虽异邪之事，亦乐其所长，用其所善。如我皇国，文字器物之类，多乐于异邦。是无他，取其便利以供民用，岂非大公无私至极耶？[1]

意思是说，地球虽然分为五大洲，语言不同，但是都是人类，人性是一样的，何必区别彼此？日本的文字器物，多是取自其他国家，这是因为过去的日本人以大公无私的心态来看世界，不分彼此，只要你有好东西，我就要学习。

伊达千广在《三踏山》中写道：

> 窃思之，万事不拘于一隅，万国各有胜事。广见广闻，文明之道必开。……无论何国，取其长为吾所用，其神心亦然。丰荣之朝日冉冉兮，升于天宇，和煦之春风兮，拂于四方。四季如春，贯通

---

[1][日]村上英俊：《佛语明要》，转引自[日]家永三郎《外来文化摄取史论》，靳丛林、陈泓、张福贵等译，大象出版社，2017年，第307页。

万方之理，乃我大国之光也！[1]

意思是说，世界各国，都有自己的长处。如果广泛吸收，必然能走上文明之路。无论是哪个国家，其长处都可以为我所用。我日本人的胸襟，要如同朝阳之升，如同和风之吹，能容得下全世界所有美好的东西，这正是我们大国的光荣之处。

所有的这些论述当中，应该算田口卯吉（1855年—1905年）在《西洋与日本》中说得最清楚：

> 西洋今日之开化，并非今日之人之发明，皆为数百年来遗传、积蓄之产物。今日西洋人是在模仿，我日本人也在模仿，这有何可卑？若曰"学西洋即可卑，守日本则为日本男儿"，此言则大谬！
>
> 吾人今日学物理学、心理学、经济学及其他诸种学科，并非学西洋科学，乃是学习宇宙之真理。吾人希望吾邦设立立宪政体，亦非因西洋流行此政体而欲立之，此政体乃适合人民固有天性之物，何以不立之？吾人今日欲用铁道、汽船及其他万般机械，非因西洋用之而吾人亦欲用之，此乃为吾辈平民之便利，何以不用？所以，倘若吾邦固有事物中有便利于民者，又何须废？
>
> 吾人的目的不是把我国西方化，而是提升我们的幸福感。因此，从此以后不要说把吾人的衣服做成西洋式的。[2]

意思是说，今天西洋的一切东西，也不是今天的西洋人发明的，而是全

---

[1][日]伊达千广：《三踏山》，转引自[日]家永三郎《外来文化摄取史论》，靳丛林、陈泓、张福贵等译，大象出版社，2017年，第308页。

[2][日]田口卯吉：《西洋与日本》，转引自[日]家永三郎《外来文化摄取史论》，靳丛林、陈泓、张福贵等译，大象出版社，2017年，第298页。

人类几百年来积累起的文化成果。今天的西洋人是在模仿，我们也是在模仿，有什么可以自卑的呢？说学外国就可耻，固守自己就光荣，这大错特错了。

我们今天学物理学、心理学、经济学及其他学科，不是学什么西洋科学，而是学习全宇宙的真理。

我们想建立立宪政体，不是因为西洋流行这种政体，而是人类社会历史发展证明这种政体优越，最适合人类社会。我们今天利用铁道、汽船及其他机械，不是因为西洋人用它，而是因为这些可以给包括日本人在内的全人类提供便利。所以，如果我们日本国的东西好，适于日用，那自然不必废除。我们的目标不是把我国西方化，而是提升我们的幸福感。因此，从此以后不要说把我们的衣服做成西洋式的。

津田左右吉则说，日本的这次西化，和以前吸收中国文化、佛教文化有着本质的不同。中国文化、佛教文化并没有完全同化于日本人的生活中，而西方文化以后将成为日本文化的基石。因为西方文化不只是西方的，也是全人类的。所以，今后的日本文化将变成"现代文化在日本"：

> 今天的日本在一切方面都领略了发源于西方的现代的世界文化。从其特色来说，这种文化可称为科学文化。日本的全部民族生活都建立在这一文化之上。过去的日本人只从中国学到一些书本知识和工艺，以及拿来一些文物，日本人的生活没有中国化。相反，现代的生活，从其基础的经济组织、社会机构都普遍地现代化了。过去的日本人尽管从中国拿来文物并仿效之，但并未投入于中国文化之中。现在我们则完全生活在发源于西方的现代的世界文化之中（虽然这种差异对于了解日本现代文化的性质极其重要，但并未引起人们的充分注意）。所以说，今天的日本文化是这种现代文化、

世界文化在日本的表现。[1]

因此，日本必须放弃追求成为"独立的文化"，放弃"保持固有文化"的心理：

今后的日本文化不是与其他民族根本对立意义上的独自的文化，不是像过去那样从异民族取来文物并使之日本化所形成的文化，而是世界文化在日本的独自的显现。……认为日本文化完成于过去，并力求保持下去的心理……是以朝气蓬勃创造日本未来文化的现代日本人必须首先排斥的。[2]

家永三郎则说，近代西方文化有很多不适合日本的地方："将近代西方文化视为单一普遍的世界文化，并断言日本的现代文化与此相同等，这种观点多少留有不够缜密的缺憾。……只要日本的风土与欧美的不等同，就必须承认西方文化的日本化具有一定限度。举一个极浅显的事例，西方人日常生活中的鞋，今天完全成为日本人的衣着生活的一部分。但是，我们都能体验到，在潮湿的日本环境下，经常穿鞋靴是多么不舒服、不方便。"

但是他又认为，"只要世界化是日本的必然出路，这种困难和不调和就是我们不得不接受的命运。……在历史的进展中存在着相对立的两方时，很少有两全其美的结局。唯有周到地、深思熟虑地处理，才能把不幸限制在最小限度"。

[1][日]津田左右吉：《中国思想和日本》，转引自[日]家永三郎《外来文化摄取史论》，靳丛林、陈泓、张福贵等译，大象出版社，2017年，第355—356页。
[2][日]津田左右吉：《中国思想和日本》，转引自[日]家永三郎《外来文化摄取史论》，靳丛林、陈泓、张福贵等译，大象出版社，2017年，第356页。

五

和中国一样，日本在近代也一度处于"被动挨打"的位置。中国人近代以来备感屈辱，形成了一种挥之不去的集体悲情心理和"受害者意识"。我还清楚地记得中学历史课堂上讲到近代史时，教室里的压抑气氛，和少年的我心中涌起的强烈悲愤感。

日本人却没有形成这种集体心理。

《论语与算盘》的作者，被称为"日本企业之父"的涩泽荣一1902年出访美国，在旧金山金门公园的海水浴场门口看到一个牌子，上面写着"禁止日本人在此游泳"。当地日本领事向他解释说，因为出现过日本青年钻到水底调戏白人妇女的事，所以美国人竖起了这个牌子。

这事听起来和发生在中国的"华人与狗不得入内"事件有些相似，虽然外国人说，不让中国人入园是因为中国人"在公园里出现一些不雅现象，有人随意采摘鲜花、践踏草坪，有人欲独坐一凳，不肯与人共坐"[1]等，但毫无疑问，这些借口背后是殖民者对中国人赤裸裸的歧视，中国人当然有权愤怒和抗议。

但是涩泽荣一的第一反应不是愤怒和抗议，而是感到羞耻，而且还担心这个事会影响美国和日本的关系，"因为某些不良青年的不文明行为，引发的这种问题，而让整个民族蒙受偏见。这对我来说实在是一件痛心疾首的事，如果这个问题不解决，随着矛盾的日益激化很有可能到最后引发两国的外交问题。……我只能郑重地恳请领事一定要对这件事重视起来"。[2]

针对一些日本人在落后挨打后表现出的"悲愤慷慨之情"，矢田部良吉说：

---

[1]熊月之：《"华人与狗不得入内"牌示的迷雾与真相》，载笔会编辑部编《寻找溪水的源头：笔会文粹》，文汇出版社，2015年，第221页。

[2][日]涩泽荣一：《论语与算盘》，卜可译，新世界出版社，2016年，第200页。

悟万物进化、生存竞争、劣者必灭之理者，不以悲愤慷慨之情
挺身兴国，而应以百折不挠之意行之。须先研究欧人进步之原因，
深思熟虑后徐徐然定相当之计划，与欧人竞争，而不屈服于彼等。
徒怀悲愤慷慨，何益之有？……欧洲人种，尤其日耳曼人，其文明
开化欣欣然而不滞。铁道、电信、汽船无须赘言，又发明文明机
械，达学术之蕴奥，渐成善良之政体，结成善良之社会。此决非由
于悲愤慷慨之情，而因精神爽快、百折不挠之精力而成。[1]

意思是说，要知道生存竞争、优胜劣汰的道理，所以要想振兴国家，不
要以一种悲愤慷慨的沉痛心情，而是凭百折不挠的坚定意志。先沉下心来，
认真研究欧洲人为什么如此进步，深思熟虑，制订可行的计划，来和欧洲人
竞争，最后达到和他们平等。一天到晚，总在那儿悲愤慷慨，有什么用呢？
欧洲人，特别是日耳曼人，文明欣欣向荣，不停发展，不是因为他们有悲愤
慷慨之情，而是因为他们积极向上、精神爽快，有百折不挠之精力。

西园寺公望也说：

国民之气象，宜活泼爽快，不可慷慨悲愤；宜正大有为，不可
偏曲奇僻。[2]

意思是说，日本人的精神，应该活泼爽快，不应该慷慨悲愤；应该正大
有为，不应该偏激怪僻。

---

[1][日]矢田部良吉：《悲愤慷慨之说》，转引自[日]家永三郎《外来文化摄取史论》，靳丛林、
陈泓、张福贵等译，大象出版社，2017年，第295页。
[2][日]西园寺公望：《明治二十九年东京高等师范学校毕业典礼演讲草案》，转引自[日]家永三
郎《外来文化摄取史论》，靳丛林、陈泓、张福贵等译，大象出版社，2017年，第295页。

有些日本人因为仇恨外国人，所以想固守过去，不愿意了解世界，福泽谕吉说，这正中一些洋人的下怀，因为有一些不怀好心的外国人正希望日本永远落后：

> 方今日本，与外国贸易始开，外国人中或有不正之辈，贪日本力，愚日本民，专营自己之利。今我日本人若唯皇学汉学是倡，慕古风，不好新法，不通世界之人情世体，则是自陷愚昧而使外国人得意，正中其下怀也。[1]

六

当然，更深入一点看日本，我们就很容易看到，日本人的国民性中除了虚心学习外国文化还有另一面，就是一有成就容易膨胀。

在刚遇到优越于自己的异质文化时，日本人容易一见倾心，就如同恋爱中的人一样，总是把对象想象得比实际美好，并在内心燃起强烈的愿望，贪婪地全力吸收。但是，等到学习有了成就，往往又会进入"倦怠期"。一方面，日本要反刍消化短期内学来的大量东西，反思对比外来文化与日本本土文化的异同。另一方面，所谓"岛国的狭隘性"此时也暴露出来，极易出现"自大"心理。

> 我们也可以把整个日本吸收外来文化的历史看作"热情吸收期"和"冷漠抵触期"交替出现的过程。[2]

---

[1][日]家永三郎：《外来文化摄取史论》，靳丛林、陈泓、张福贵等译，大象出版社，2017年，第311页。
[2]吴廷璆主编《日本近代化研究》，商务印书馆，1997年，第490页。

　　日本第一次系统反思对比中国和日本文化，始于江户时期的山鹿素行。从他开始，日本人逐渐形成了日本文化优越于中国论，强化了日本独特的"神国心态"。关于这些，在第二编的"中日不同：外国人的观察和日本知识分子的认识"一章，以及第三编的"日本人的神国观念"当中，我有更详细的分析。经过明治维新学习西方有成，特别是战胜中国之后，日本人又一次自我膨胀，一时"国体论"大作。这一点，我放到这一编的"从'民族主义'到'军国主义'：自我膨胀的代价"中再进行详细论述。

第七章

武士道就是赴死之道

一

马类育种的秘密在于保持血统纯正，不断淘汰不合格的马匹。人类因此把原始的野马驯化成了众多不同的品种，比如其中的热血马，外表清秀，气质敏感，善于奔跑。

与此相似，武士阶层也是日本社会的"特殊品种"。武士自产生之后，就脱离普通百姓，成为一个专业化的世袭职业。武士阶层的一些特质在世袭中一代代得到强化，变得越来越与众不同："这个阶级在长期的频繁战斗中，自然是从最勇敢、最富冒险精神的人中征募而来，这个筛选的过程不断发展，孱弱懦弱的人全被淘汰，借用爱默生的话来说，只剩'一群具有阳刚之气的、具有野性力量的、粗野的人'才得以生存下来，进而形成了武士的家族和阶级。"

这个特殊阶级的职业道德，被称作"武士道"。[1]

---

[1]武士阶级诞生不久，就诞生了"弓箭之道"或者"武道"，后来到了江户时代才定名为武士道。

二

武士是为战争而诞生的，因此武士道首先是赴死之道。《叶隐闻书》开头就说，"武士道即谓死"。[1]

所以武士们大都喜欢禅宗。

这话听起来有点绕，其实也不难明白：要杀人，首先要"杀掉自己"，也就是说，要超越生死。只有参透了生死的武士，才能一生无败。在战场上一旦你被死亡的恐惧抓住，眼前顿然漆黑一团，难辨敌人，手中的剑就会胡乱挥舞，没能击中对手，就会伤及自己。谁先沉静下来，看清对方，看清了敌人影子，就等于先看到了死；看到了死，心就会静。[2]

因此杀人技艺的最高层次，不在武功，而在精神上的专注。欧洲的骑士精神依赖基督信仰，而东方的武士则是从禅宗获得精神力量。

我们都知道，佛教主张四大皆空，因此佛教能帮助人破除死亡带来的恐怖，解开对肉体的眷恋，明心见性，"破生死关"。而佛教中的禅宗一路又讲究单纯、决断，更能帮助人"专注一念"。"因为在武士心中，哪怕是理智的微小浮泛也会阻止他前进，至于缠绵的情爱和物质的占有欲则是他在决定进退之际的巨大障碍。"武士在战斗之际只有抛开一切杂念，达到"空"的境界，即专注的状态，[3]平时修炼的武功才能得到最大限度的发挥。[4]

中国士大夫也讲求"临难不苟"，"舍生取义"，中国的武将也讲求"不要钱不怕死"。但是中国人战胜死亡，一般是走儒家的道路，即通过格物致知，研究义理，通过逻辑一步步地说服自己，从而获得勇气。

---

[1][日]山本常朝、[日]田代阵基：《叶隐闻书》，赵秀娟译，吉林出版集团有限责任公司，2014年，第1页。

[2]李冬君：《狂与死的美学》，http://www.eeo.com.cn/2014/0903/265824.shtml。

[3]易阳：《禅学影响下的日本古典造型艺术》，华中师范大学出版社，2011年，第91页。

[4]易阳：《禅学影响下的日本古典造型艺术》，华中师范大学出版社，2011年，第92页。

日本江户时代的武士道也有走儒家路线的，比如山鹿素行就主张以儒教为武士道根基，武士要善于反省，"志于道"，"历练德行，实践仁义"。但是更多的武士走佛家路线，追求"狂禅"精神。山本常朝说，儒家武士道用那么多教条，拿捏着武士，哪能成为生龙活虎的武士？山鹿素行言虽铿锵，心则苟且，在生死之间，计算利害得失，就像大阪的商人讨价还价一样，令人作呕。武士道的精神，是狂，不是仁。在道德的药罐里泡久了，反而要生病。[1]

江户时代的学者本居宣长也认为，儒教伦理喜欢一一拷问人之事，而忽略神之事，这会使人过于窘迫，反而使人心萎缩，坏事变得多起来。宣长还批评儒教，应该高兴的事，也并非那么高兴；值得悲哀的事，没有那么悲哀；应该震惊的事，并不大惊小怪，没有激情，无法成为武士们的精神动力。[2]

多说一句，日本人之所以喜欢王阳明，是因为王阳明的心学得益于禅宗者极多，特别是重直觉、尚顿悟的思维方式，距离禅宗比距离原始儒学更近。

三

因此，武士们一生，每天都要坚持做一件事，那就是为死做准备。因为死亡可能在任何时候突然来临。大名牧野忠精经常训导家臣要有"常在战场"的觉悟。《叶隐闻书》说："每天早上都要想一想，应当怎样去死。每天晚上要用赴死的想法来使自己的头脑清醒。这样做应当持之以恒。要培养自己的理智。如果你的思想经常围绕着死亡而活动，你的生命之路就会笔直而单纯。你的意志定能履行自己的义务，你的盾牌也会变成一面钢盾。如

[1]李冬君：《狂与死的美学》，http://www.eeo.com.cn/2014/0903/265824.shtml。
[2]李冬君：《狂与死的美学》，http://www.eeo.com.cn/2014/0903/265824.shtml。

果你不能有意识地、清醒地、直接地监督自己的生命之路，你就不能避免犯错误。"[1]

大道寺友山在《武道初心集》中也说："一个优秀的武士，应该牢记在心，从正月元旦一早起，拿起筷子吃煮年糕饼开始，到那一年尾的大年三十夜，每日每夜把死不间断地挂在心里，是一切事情中最重要的事。如果日日思死，也就从所有的恶事和灾难中逃离出来了。"[2]

正是因为时刻为死亡做准备，日本武士才能在战场上一往无前。也正是因为时刻为死亡做准备，武士们在切腹时，才能表现出超人的自制力。

米特福德在《旧日本的故事》中详细地记录了泷善三郎的自杀过程。

泷善三郎是备前武士，因于1868年在神户命令属下射杀外国人而被判处剖腹自杀，地点选在神户永福寺的正殿。

身处外国见证人团中的米特福德这样记载了切腹的过程：

> 泷善三郎身穿麻布礼服走进了正殿。他是一个三十二岁，器宇不凡的魁梧男子汉。由一个断头人和三个身穿金穗饰边无袖罩衣的官员陪伴着他。
>
> 泷善三郎左边跟随着断头人，两人缓步走到日本验尸官那边，一起向验尸官行礼，然后转向外国人这边，以同样的，甚至恐怕是更郑重的态度，行了礼。
>
> 泷善三郎静静地、威严地登上了高座，对着佛坛跪拜了两次，然后背向佛坛跪坐在毛毡地毯上，断头人则蹲在他的左侧。三个陪伴人中的一个，很快就把用白纸包着的胁差（日本人佩带的短刀）放在三宝（方木盘）上，行子礼之后就递给了罪人，他恭恭敬敬地

---

[1][苏]弗·普罗宁可夫、[苏]伊·拉达诺夫：《日本人》，赵永穆、朱文佩译，中国广播电视出版社，1991年，第249—250页。

[2]李冬君：《狂与死的美学》，http://www.eeo.com.cn/2014/0903/265824.shtml。

接过来，用双手将它一直高举过头顶，然后放在自己面前。

又一次郑重地行礼之后，泷善三郎说：

"我，就我一个，鲁莽而错误地下达了向神户的外国人开枪的命令，而且看到他们要逃跑时又命令开枪。我对此谨以切腹谢罪。请在场诸位检验一番，劳驾了。"

再次行礼之后，泷善三郎把上衣脱下一半，裸露到腰部，为了防止向后仰面倒下，他小心地按照惯例将两个袖子掖进膝盖底下——这是因为高贵的日本武士必须向前俯身而死。他不慌不忙地拿起放在面前的短刀，好像恋恋不舍地深情地注视着它，看来暂时在集中临终的念头，但很快便深深地刺入左腹，慢慢地向右拉，再拉回来，稍微向上切开。在这非常痛苦的动作中间，他的面部肌肉一动也不动。他拔出短刀，身子前倾，伸出了脖子。痛苦的表情这才从他面部一掠而过，但却一声不吭。直到此时一直蹲在一旁、静静地注视着他的一举一动的断头人，不慌不忙站了起来，瞬间举起刀。刀光一闪，咔嚓一声，人头落地，身体轰然倒下。

场上一片死寂，只听见从我们面前的尸首内汩汩流血的声音。

断头人深深鞠躬，取出预先准备好的白纸把刀擦干，从高座上走了下来。那把血染的短刀作为行刑的证据被庄严地拿走了。

在这段不动声色的描写中，我们可以看到切腹的过程是多么安静、克制、决绝，这与禅宗的风格一致。

四

新渡户稻造在《武士道》一书中充满激情地说：

"武士道的美德远远高出我国国民生活的一般水平……正如太阳升起

时，先染红最高峰的山巅，然后逐渐地向山底的峡谷洒下光芒，我们的伦理体系也一样，先照耀着武士阶级的伦理体系，最后才被人民大众所追随。"

确实，上层社会的精神和价值通常会对整个社会起到巨大的示范作用，武士道影响了日本人国民性的形成。新渡户稻造说："日本民间的娱乐和教育的无数渠道——戏剧、曲艺场、说评书、说唱、小说——都以武士故事为主题。农夫围着茅屋中的炉火不知疲倦地反复说着源义经及其忠臣弁庆，或者勇敢的曾我兄弟的故事，那些黑黝黝的小淘气包津津有味地听着，都张大了嘴巴，直到最后一根柴薪烧完，余烬也熄灭了，他们的心还在因为刚听过的故事而燃烧。"

武士道构成了或者强化了日本人国民性的一些基本特质。

首先是对集团的忠诚。如前所述，"忠"而不是"孝"，是日本人集团主义精神的核心。

日本历史上最著名的故事之一，就是四十七义士把生命献给主公的故事。

元禄十四年（1701年），在一次大名觐见幕府将军的仪式中，赤穗城城主浅野长矩与幕府官员吉良侯发生冲突。浅野拔刀而起，砍伤了吉良。

将军德川纲吉没有认真调查，就下令浅野切腹，而事实上，吉良故意捉弄浅野，有错在先。浅野悲愤而死，封地被没收。

第二年，以大石良雄为首的四十七位前浅野家臣，在一个大雪纷飞之夜闯入吉良宅邸，杀死主公的仇人，把首级供奉在主公墓前，然后集体来到幕府请罪，按幕府的命令，四十七人一起切腹，以酬国法。于是他们成了日本历史上忠义的典范，被世代传诵。甚至后来明治天皇也称赞赤穗浪士"固执主从之义，复仇死于法。百世之下，使人感奋兴起。朕深赏嘉"。

日本人对集团、对国家的忠诚，因为这类故事的传播得到强化。

其次是不畏死的特质。

中国有句老话，"好死不如赖活着"。而日本人的思路与此相反，他们说，"死是最高艺术"，死亡意味着清洁、超脱、干净。这应该说与武士阶级的影响有关。

众所周知，日本是世界上自杀率最高的国家之一。奈良有个很小的古刹，叫"暴死寺"，香火很旺，每天都有人来此烧香参拜，祈求自己"暴死"。[1]

日本人性格中的隐忍与镇定，与武士阶层的示范应该也有关系。

直到今天，每当日本有地震、海啸之类的重大自然灾害，外国人通常都会对日本人的"淡定"印象深刻。灾难过后，我们经常会看到这类新闻报道："东京街头尽是步行回家的人群，仿佛数百万人都一起走上了街头，但都自动列队默默前行，秩序井然，毫无喧哗，我在开车，路上塞车，但也毫无喇叭声，眼前的一切，仿佛是部场面巨大的无声电影。"

"几百人在广场避震完毕，整个过程，无一人抽烟，服务员在跑，拿来一切：毯子，热水，饼干。所有男人帮助女人，跑回大楼为女人拿东西，接来电线放收音机。三个小时后，人散，地上没有一片垃圾，一点也没有。"

"在遭遇这么严重灾难面前，日本这个民族在整个疏导过程中表现出来的秩序井然和沉着冷静几乎可以平复灾难带来的恐慌，让人内心始终充满了某种安全感。"

"如果家人、朋友遭遇不幸，日本人通常也不会号啕大哭，只是默默承受了这突如其来的变故。"[2]

日本人的这种表现，固然与日本经历的地震、海啸次数多有关，也与武士道提倡的镇定、隐忍有关。

日本武士的生活，从小时候就是克制的。武士讲究"喜怒不形于色"，

---

[1]李建军：《日本人自杀行为的历史文化因素》，《社会学研究》1995年第6期，第114页。

[2]宗禾：《镇定守序凸显日本国民韧性　大地震中的安全感》，http://roll.sohu.com/20110314/n304279768.shtml。

甚至父亲抱儿子都被认为可能有损他的尊严，丈夫当然更不能当众亲吻妻子。

明治初年著名政治家胜海舟回忆说，他小时候睾丸曾经被狗咬伤，当医生给他做手术时，父亲把刀戳在他鼻梁上说："一声也不许哭；要是哭，我就叫你死，要不愧为一个武士。"[1]

这种教育方式在武士家族是司空见惯的。武士的孩子如果因某种疼痛而哭泣的话，母亲就会这样责备孩子：因为这么点疼而哭真是胆小鬼！在战场上被砍断手该怎么办？被要求切腹时该怎么办？《菊与刀》说：

> 一个自重的日本人必须坚忍和自我克制，这是他对"名分的义理"的一部分。妇女分娩时不能大声喊叫，男人对于痛苦和危险必须处之泰然。当洪水冲到日本的村庄时，每个持重的日本人必须带好必需品，觅妥高地，不能乱喊乱跑，张皇失措。[2]

《武士道》总结说，武士道带给日本人的品质是重视礼节、坚忍和勇气：

> 人民普遍都重视礼节，就是武士道的遗产，这是众所周知的。"矮小的日本人"全身充满了耐力、坚忍和勇气，……为此，我们应感谢武士道。

---

[1][美]鲁思·本尼迪克特：《菊与刀》，吕万和、熊达云、王智新译，商务印书馆，2017年，第163页。
[2][美]鲁思·本尼迪克特：《菊与刀》，吕万和、熊达云、王智新译，商务印书馆，2017年，第161—162页。

五

但是很显然，另一方面，武士道也塑造了日本人国民性格中的一些缺陷。《武士道》重点只提了一点："我们缺乏深邃的哲学，尽管我国某些青年在科学研究上已经获得了国际声誉，但在哲学领域却毫无建树——应追溯到在武士道的教育制度下，忽视了形而上学的训练。"

事实上，除此之外，武士道对日本人国民性的负面影响还有很多。

首先是对"不怕死"的病态追求。

对武士来说，为死亡做准备，不是从成年开始，而是从小开始的。

木曾义昌的父亲在决斗中杀死了一名武士。第二天深夜，六岁的木曾义昌被父亲带到离死者两里远的地方。父亲用刀抵着他的背脊说："到树林里去，那里有个死人，旁边有块石头，你要用他的血在石头上印上你的手印，做不到，我就杀死你。"木曾义昌战战兢兢地走进阴森可怖的树林，完成了任务。[1]

事实上，在传统时代，几乎所有的武士在小的时候都经常听到父亲以死威胁。他们经常用古代武士从铺底下抽出刀来杀死坐姿不端的孩子之类的故事吓唬小武士，稍大一点，父亲们就自己拔出刀来扬言要杀死他。就像木曾义昌的父亲所做的那样。[2]

虽然有很多人赞美武士道，但是在我看来，这种对死亡的训练和追求，无疑是走火入魔的。武士道重视死亡的另一面是不尊重生命：不仅不尊重自己的生命，也不重视别人的生命。

"因为一些微不足道的，不，甚至只是想象中的侮辱，脾气暴躁的自大狂就会怒而拔刀相向，挑起许多不必要的争斗，断送很多无辜者的生命。有这么一个故事，某个市民好心地提醒一个武士有个跳蚤在他背上跳，就立刻

---

[1]张万新：《日本武士道》，南方出版社，1998年，第31页。
[2]张万新：《日本武士道》，南方出版社，1998年，第33页。

被砍成两半。"

是的，武士们总是把死和荣誉联系起来，通过死亡而追求名誉，有时候也达到了近乎病态的程度。

切腹这种做法之所以诞生，是因为武士们迷恋通过死亡的过程来夸示自己的勇敢。据说切腹的起源是989年大盗藤原义在被捕前，将腹部一字割开，然后用刀尖挑出内脏扔向官军。切腹过程越惨烈，武士就越光荣，这种野蛮时代的做法一直到近代还被武士们效仿。1868年日本外交史上发生了著名的"堺事件"，日本堺市的警卫队长箕浦猪之吉率领部下攻击登陆的法国水兵，导致十余人死亡。事后二十余名日本官兵被下令剖腹自杀，法国公使等人到场监视。第一个剖腹的是箕浦猪之吉，他在法国公使面前剖开腹部，然后把手伸进肚子中抓出内脏对准法国公使投了过去。见此情景，法国人立刻吓得血压下降昏倒于地。接下来，受刑者一个个走上前去剖腹自杀，场面极为惨烈。十一个武士剖腹之后，法国公使再也不敢看下去了，不得不要求日方停止，而日本人因此而感到自豪。

虽然一生为死做准备，但毕竟不是所有武士都有机会死在战场。特别是江户时代是一个太平时代，没有多少战事。武士们无法在疆场上为主公舍命，或者受主公之命自杀。然而死亡的光荣如此有诱惑力，因此很多武士就为死而死，在主公死后主动切腹自杀，把自己的忠诚永远奉献给主公的灵魂。山本常朝在《叶隐闻书》当中说，"将吾身献于主君，欲求速死，化作幽灵，不分昼夜为君祈福"。[1]这种行为被叫作"殉死"，或者"追腹"。

这种行为在江户时代风行一时，尽管幕府担心因殉死会失去很多有才能的家臣和武士，公布法令强行禁止殉死，但主人死后，随着"追腹"的却一直不绝。不论哪个藩，原则上是禁止殉死，但私下却以殉死之多来向外夸耀

---

[1][日]北岛正元：《江户时代》，米彦军译，新星出版社，2019年，第90页。

家臣的忠诚，心中窃喜的大有人在。这种风气在当时很盛，在有的藩，主君死后，近二十名的家臣接连"追腹"而去。[1]

如果受到已故主君的特别爱护却不剖腹，此人便会成为藩中的笑柄。当时除了为忠义而自杀的"义腹"外，还有为不输给其他藩而自杀的"论腹"，以及为死后留下美名，荫庇子孙受到主君优待的"商腹"。[2]

这种追求死亡的方式，无疑是荒唐而变态的。

六

武士道的另一个明显的缺陷是"盲目"。它既不同于中国的士人精神，也不同于欧洲的骑士精神。

有人把日本武士称作东方的骑士，这自然有其道理，因为武士和骑士阶层的形成有其相似之处，都是封建制度的组成部分："和欧洲一样，当日本的封建制度正式形成之际，职业武士阶层便顺其自然地崭露头角。他们被称为'侍卫'（samurai）。字面意思就像古英语的cniht（knecht，knight，骑士），意思就是卫兵或仆从。"

也有人把武士精神与中国的士人精神做类比。事实上，武士的士，与士人的士，是同源的，本义都是有担当的男人。

但不论骑士还是士人，都有自己的独立判断和最高价值追求。

中国的士人精神，讲求死亡要符合道义，司马迁说："人固有一死，或重于泰山，或轻于鸿毛，用之所趋异也。"士人要有民胞物与的抱负，要追求"仁"的境界。

骑士精神同样追求正义。索尔兹伯里的约翰曾经说过："为什么建立骑士制度？……为了保护穷人免受不公正对待。"《骑士规则全书》中写道：

---

[1]张万新：《日本武士道》，南方出版社，1998年，第158页。

[2][日]北岛正元：《江户时代》，米彦军译，新星出版社，2019年，第91页。

"骑士的使命就是做穷人的保护者，这样富人就不会伤害穷人；骑士的使命就是救济弱者，这样强者就不会欺压他们。"

但是公平和仁义在武士道当中都不是重点。日本的武士们追求的最高价值是"忠"，他们关心如何提高自己的战斗技能，通常不问他们所参加战争的性质。只要是主公的需要，他们对杀人放火、残害生灵毫不在意。[1]

因此，近代的日本士兵甚至民众，也盲从于军国主义的指挥刀，盲目于通过死亡展示自己的"忠勇"，很少有人反思他们所参加的战争的性质。

"这种道德观念一旦被误导或失控，就会给人类的和平带来巨大灾难，在日本发动的一系列对外侵略战争中，日本军人把在战场杀敌作为忠君爱国的具体行动，武士视死如归的精神被军国主义政权用来鼓动军人与民众随时赴死。日本在被侵略国家制造了数不清的惨案的同时，也创造了世界军事史上罕见的所谓'肉弹战术''沉船堵口'及驾驶飞机撞军舰等所谓自杀式'特攻战术'，在给他国军民造成巨大伤害的同时，也使众多日本军人丧失生命。"[2]

这种对"死亡荣誉"的盲目追求，在第二次世界大战的结尾，造成了很多不必要的集体死亡。

"1944年塞班岛战役中，日本守军3万余人全部战死或自杀，岛上日本居民的三分之二，约2万余人也在'为祖国而战''向天皇尽忠'的口号下毫无必要地死去：母亲杀死婴儿然后自杀，老人们彼此帮助自杀，有的妇女则背着孩子跳进波涛汹涌的大海。这种惨状，连攻占塞班岛的美军也不寒

---

[1]税贞建：《日本武士道的"忠诚"与武士的生活方式》，《齐齐哈尔大学学报（哲学社会科学版）》2015年第7期，第74—77页。

[2]李卓：《谈日本民族双重性格的历史源头》，《北京日报》2015年12月28日，第20版。

而栗。"[1]

　　类似的事件在二战日本战败的过程中并不少见。

塞班岛战役中的日本平民
1944年尤金·史密斯摄

---

[1]曾琰：《论日本武士道自杀文化心理》，硕士学位论文，四川大学，2005年，第26页。

第八章

青年日本与老年中国

一

民族性格与个人性格一样，都是由先天条件和后天经历两方面决定。

中国仰卧在亚洲大陆东端，体积庞大，邻居众多，漫长的历史中中国经历的事情太多了。中国的内部展开过反反复复的惨烈争斗，王朝一个又一个频繁更替，历史一遍遍被刷新改写。中国和四邻的关系错综复杂，经历过光荣的征服，也经历过多次屈辱的被征服，经历过无数次发现的喜悦，也经历过无数次痛苦的失败，经历过周围国家众星捧月的尊敬，经历过和周围蛮族无休无止的争逐，经历过最伟大的帝王和最昏聩的统治，经历过无数天灾人祸。这个民族什么都经历了，什么都见过了，曾经沧海难为水，晚清的中国已经像一个饱经沧桑的老人，对什么事情都不感兴趣，变得有些懈怠疲倦，反应迟钝。不论遇到什么事情，都难以改变他那迟缓拖沓的脚步，不论什么情况，他都能从自己的记忆中找到应对的成例。

日本列岛则孤独地漂浮在大洋之中，几千年里从来没有和外界有过直接接触。世界上没有哪个民族像日本人一样从来没有被异族侵略和征服过，也没有哪个民族的构成成分像日本人一样血统单一。日本人虽然也有两千年的历史，但这份历史和中国比起来好比一份简单的履历，一目了然。

一系列的与众不同铸就了日本人独一无二的个性。鲁迅说："日本国民性，的确很好，但最大的天惠，是未受蒙古之侵入；我们生于大陆，早营农业，遂历受游牧民族之害，历史上满是血痕。"[1]

确实，日本就像一个未经世事的青年，第一个特点是刚健顽强。

这个青年的成长条件并不算好，从小就是在忧患中长大，由于饱受风霜磨砺，养成了崇尚意志的性格。众所周知，日本列岛面积狭小而多山，时时刻刻处在地震、海啸、火山的威胁之中。所以，日本人的物质生活向来十分简朴，重视保持刚健顽强的心态。20世纪之初，许多中国人东渡日本，去寻找救中国的捷径。虽然那时的中国贫困已极而日本已经开始富强，可是中国留学生最不能适应的却是日本人生活的清苦。

"无论哪一个中国人，初到日本的几个月中，最感觉到苦痛的，当是饮食起居的不便。

"房子是那么矮小，睡觉是在铺地的席子上睡的，摆在四脚高盘里的菜蔬，不是一块烧鱼，就是几块同木片似的牛蒡。这是二三十年前我们初去日本念书时的大概情形；大地震以后，都市西洋化了，建筑物当然改了旧观，饮食起居，和以前自然也是两样，可是在饮食浪费过度的中国人眼里，总觉得日本的一般国民生活，远没有中国那么地舒适。

"但是住得再久长一点，把初步的那些困难克服了以后，感觉马上就会大变起来；在中国社会里无论到什么地方去都得不到的那一种安稳之感，会使你把现实的物质上的痛苦忘掉，精神抖擞，心气和平，拼命只想去搜求些使智识开展的食粮。

"若再在日本久住下去，滞留年限，到了三五年以上，则这岛国的粗茶淡饭，变得件件都足怀恋；生活的刻苦，山水的秀丽，精神的饱满，秩序的井然，回想起来，真觉得在那儿过的，是一段蓬莱岛上的仙境里的生涯。

"…………

---

[1]李新宇、周海婴主编《鲁迅大全集 10 创作编 1936 附录》，长江文艺出版社，2011年，第307页。

"而且正因为日本一般的国民生活是这么刻苦的结果，所以上下民众，都只向振作的一方面去精进。明治维新，到现在不过七八十年，而整个国家的进步，却尽可以和有千余年文化在后的英法德意比比；生于忧患，死于逸乐，这话确是中日两国一盛一衰的病源脉案。"[1]

这是郁达夫对他日本生活的回忆与感想。他写此文之时，日本侵华尚未开始，他也绝不会想到自己有朝一日会死于日本宪兵的暗杀。此时此地，他对日本充满了美好的印象。事实上，大多数留学日本的中国人都对那个时代日本人朝气蓬勃的精神状态产生了深刻印象，并且对日本人的生活方式颇为欣赏。在日本留学多年的蒋介石回国后虽然位高权重，可是终生生活简朴，每餐只吃一小碗饭，生活起居极有规律，据说，这是在日本养成的习惯。蒋介石自己说，这样严格的自律，可以保持精神健旺，有助于培养自己的意志力。鲁迅和周作人回国后，也保留了许多留学时代的生活习惯，终生不改。[2]

二

这个青年的第二个特点是敏感。

由于日本人一直独居一处，和其他民族很少直接接触，所以，他有点孤僻内向。

在日本人的经验中，外界既是先进文明的来源，也是值得警惕的威胁。要不是灿烂辉煌的大陆文化的强大辐射力，日本人也许至今还生活在蒙昧之中；要不是1281年那股如同从天而降的神风，日本早已被蒙古帝国的铁蹄踏碎。所以，自古以来，日本人就保持着对外界的高度敏感，即使在闭关锁国只留长崎一地对外贸易的幕府时代，日本也一直在密切关注外界的一举一

---

[1]吴秀明主编《郁达夫全集 3 散文》，浙江大学出版社，2007年，第283—284页。
[2]李妍编著：《资源战争》，山东大学出版社，2014年，第28页。

动。幕府当局在对外贸易中有这样一个特殊规定：凡是在长崎做生意的外国商人都必须向日本当局报告海外的各种消息，这种报告被称作"风说书"，其中来自中国商人的称作"唐风说书"，荷兰商人的叫作"和兰风说书"。日本人向这些商人详细询问一切海外的新鲜事，大到各国的风土人情，小到各地的奇闻逸事，那热心的程度就像一个好打听家长里短的家庭妇女。

傅高义认为，对日本迅速现代化贡献最大的因素，或许就是有组织地搜集外部世界的信息、对这些新信息加以分析，并随时准备据此做出改变。和日本相比，中国对外界几乎从来都是输出，很少取得。几千年不间断地领先世界，使中国形成了不可动摇的优越感，漠视来自外界的信息，只是埋头于内部事务之中。这种惯性使中国人直到今天在现实中遇到什么问题，还是习惯于向自身的历史去寻找答案。

这个青年的第三个特点是完美主义或者说"修正主义"心态。

在意识深处，日本人有一种很深的自卑感。就像传统时代日本人普遍身材比较矮小一样，生活在中国身边的日本不论在国土面积还是文化发展上都显得先天不足。生活在中国这个巨大的先进国家身边，日本没法不为自己的落后感到深深的自卑。

所以，日本人有着强烈的修正意识、超越意识。就像那些身材矮小的男人常常会把这种自卑当作动力，迫使自己更加刻苦努力一样，日本人也从来没有被自卑压倒。相反，他"虽身不满七尺，而心雄万夫"。正是这种先天不足，更激发了日本向先进国家学习的热情，他们总是认为自己是有缺陷的，因此努力地改善自己，总是竭尽全力学习别人的长处，来弥补自己的不足。

平心而论，日本人的先天素质并不十分突出，他们的智商不比中国人出色，明治维新以前，日本列岛从来没出现过大思想家、大科学家、大艺术家。由于血统过于单一，他们的体质也很一般。当中、韩等国的体育运动普遍开展起来之后，日本在亚洲体坛的地位迅速滑落。日本人之所以取得今日的成就，几乎完全是因为他们不屈不挠的天性。还是以体育为例，当今日本在世界体坛的领先项目，几乎全都是以耐力、意志取胜的项目，比如马拉松等。正是靠着毅力，日本人充分调动起自己的全部潜能，反而取得了比那些先天条件优越的国家更大的成就。

日本人为了完美可以付出任何代价。明治维新时，日本人雇用了大量的外国专家。为了聘用这些人才，他们花费了大量资金。当时，地方教员的工资多在10日元以下，最少的仅为1日元。而一位英国专家的月薪却高达2 000日元。可是普通日本人对此却毫无怨言。正是这多达数万名的专家，帮助日本把西方文明全方位地搬运到日本，大到政治方针，小到行为习惯，整个日本从里到外迅速而彻底地变了样。

日本人能坦率地承认自己的不足，总是试图用外来的东西彻底取代自己体内落后的部分。他们学什么一定要彻底学透才算罢休，所以他们学什么像什么。在日本生活了多年的鲁迅对此深有感触。1932年鲁迅在辅仁大学讲演时说道："日人太认真，而中国人却太不认真。中国的事情往往是招牌一挂就算成功了。日本则不然。他们不像中国这样只是作（做）戏似的。……这样不认真的同认真的碰在一起，倒霉是必然的。"

临终前，鲁迅还念念不忘这个话题："我怀念日本。那些日本人有种打破沙（砂）锅问（璺）到底的气质。我是羡慕日本人这一点的。中国人没有这种气质。不管什么，总是用'怎么都可以'来对付过去。不改掉这'怎么都可以'，是无论如何不能革新中国的。"[1]

三

当然，日本人热诚地向你学习，却丝毫不影响他那极为强烈的自尊甚至自负。他们学习你是为了超过你。日本的民间故事中许多都是以小胜大、以

---

[1][日]岛崎藤村：《鲁迅的话》，花启清译，《鲁迅研究动态》1985年第4期，第47页。

弱胜强的主题，像从桃子里跳出来的桃太郎、手指尖那么大的一寸法师、五分高的五分次郎，都是凭借自己的机智勇敢，最后战胜了庞大的敌人。神话是一个民族集体潜意识的反映，实际上，日本民族一直都在梦想着有朝一日，超越自己，战胜中国。甚至在羽翼未丰之际他们就已经多次尝试向中国这个庞然大物挑战了。日本历史有一个特点，只要实现内部统一，肯定就要出兵大陆。663年，它就和唐帝国为争夺朝鲜半岛而进行过白江口之战。这次过于急切的挑战虽然失败了，但是却充分说明了日本人内心的急迫和自负。

经过明治维新实现初步崛起后，日本人马上又一次开始了征服中国的尝试。1894年中日两国的国力，远没有后来的差距那样大。事实上，在GDP（国内生产总值）等大部分指标上，中国还是领先于日本的。当时的中国虽然贫弱，可是若论国土、资源和军力，还是远强于日本，北洋海军花巨资购建的"定远""镇远"两舰是当时世界上少数国家才能拥有的顶级战舰。

我们固然要批判日本发动甲午战争的侵略性质，同时我们也要承认，日本人其实主要是胜在坚定的意志力上。一定程度上，青年日本是一个唯意志论者。侵略者日本坚定的意志、必胜的决心和机动灵活的战术，让中日两国海军从大抵势均力敌变成了严重失衡，轻而易举地把中国苦心经营多年的北洋水师彻底击溃。

而几年后的日俄战争更是一场力量对比悬殊的较量，战争之初，世界各国几乎没有人相信日本会取胜，可是，日本人的表现让世人对这个小个子国家又一次刮目相看，最终是日本人凭借意志压倒了俄国，获得了又一次桃太郎式的胜利。

四

日本民族的每个优点背面，都背负着一个同样突出的缺陷。由于日本人一直独居一处，很少和其他民族直接接触，所以，一方面，它元气十足，锋芒未损，奋发向上；另一方面，它也有孤僻内向、以自我为中心的特点。

每年8月，日本各地都会举行隆重的纪念活动，悼念在原子弹灾难中广岛、长崎的死难者。全日本上下都沉浸在悲痛和激昂中。走进日本任何一家图书馆，人们总是可以发现关于那场灾难的纪实、回忆、资料。日本人至今还要求追究美国滥杀无辜的责任。可是，面对自己在战争中给那么多国家造成的那么惨痛的灾难，面对旅顺屠城、济南惨案、南京大屠杀、三光政策，日本却总是再三搪塞，不肯真诚道歉。中畑玉说：

> 它长期处于锁国状态，四周被大海包围，加以在国际环境中又很少受到磨炼，从而养成的只要自己的国家好并且好下去就可以的孤立的独善主义性格，至今仍然存在。受这种倾向的影响，由单一民族、单一文化、单一语言形成的这个国家，一旦有事就极容易团结、凝聚在一起走向集团主义。[1]

日本人认真向外国学习的另一面，是浅薄自满，有了一点成就之后就扬扬自得。日本问题专家赖肖尔精辟地指出：“日本人对其他国家的态度犹如一个钟摆，晃动于自卑感和优越感之间。”加藤周一也说：“日本人的外国观，有两个自古以来就明显存在的模式。其一，是强调日本的落后面，采取将特定的外国理想化的态度；其二，是强调外国的落后面，采取将日本理想化的态度。”[2]

日本人追随强者的另一面，则是欺凌弱者。“由于武士是统治者，武士的强者征服弱者，弱者服从强者的逻辑不可避免地影响到整个社会。”[3]浅

[1]南枫：《血光——长城抗战实录》，解放军文艺出版社，2002年，第286页。

[2][日]加藤周一：《日本文化论》，叶渭渠译，光明日报出版社，2000年，第322页。

[3]李卓：《谈日本民族双重性格的历史源头》，《北京日报》2015年12月28日，第20版。

井基文说，日本的外交特征是"如果认为对方比自己强，就会很顺从、很听话。如果认为对方不如自己，就会颐指气使，这样的姿态至今仍然持续着"。[1]

明治维新之后，日本与中国一盛一衰，蒸蒸日上的日本看着中国在列强的欺凌下苦苦挣扎，心中涌起的不是同情而是蔑视。在他们眼里，昔日印象中聪明能干的中国人原来不过是一群乌合之众，而他们日本人才是真正的优秀民族，这让一直生活在中国的大国阴影下的他们心中涌起一股恶毒的快意。他们称中国为"支那"，用这个意思暧昧的词来作为中国几千年前漫不经心地称他们为"倭"的报复。甲午海战打败中国之后，这种蔑视又进一步发展为毫无道理的仇视。正如幸德秋水所说："在对华战争时，日本人的爱国主义空前极端地发展起来了，他们藐视中国人，骂中国人软弱无能，还痛恨中国人。而且这些不只是用言辞来表达：从白发老人直到幼童都对这四亿人满怀着血腥的敌意。"在东京的街头上，中国留学生往往因为衣着、发辫而遭到顽童们的追逐嘲骂。民间的印刷品、传说和诗歌充满了对中国的污蔑之辞，说什么中国人是劣等民族，天性不思进取，懒惰退化，肮脏污秽，等等。更为荒唐的是，他们认为日本民族的一些缺点也都是从中国传染过来的，不是日本人本身所固有的。

日俄战争的胜利更是大大刺激了日本的野心。日本开始以与中国并存于东亚为耻，兴起了"脱亚入欧"论。中国在日本眼中成为不值得并肩的"恶友"，只有欧美才值得比肩。福泽谕吉说：

> 古人语"辅车唇齿"，以喻邻国相助。如今支那朝鲜对我日本没有丝毫的帮助，而且在西洋文明人看来，三国地理相接，有时甚至将三国同样看待，以评价支韩的标准来评价日本也并非不可能。

---

[1][日]浅井基文：《大国日本的选择：联合国安理会与日本》，转引自王俊英《日本明治中期的国粹主义研究》，博士学位论文，中国社会科学院，2012年，第160页。

例如支那朝鲜的政府仍在实行古老的专制，西洋人就认为日本也是一个无法律的国家；支那朝鲜的人士惑溺很深不知科学为何物，西洋的学者就认为日本也是一个信奉阴阳五行的国家；支那人卑躬屈膝寡廉鲜耻，日本人的侠义就可能为之遮蔽；朝鲜人行刑场面残酷，日本人也被怀疑为无情；等等，这些事例不胜枚举……间接地会成为我外交上的障碍，是我日本国一大不幸。

故今日我国之上策，与其坐等邻国开明而共兴亚洲，毋宁不与他们为伍，而与西洋文明共进退；与支那朝鲜接触时，也不必因为他们是邻国就特别客气，而以西洋的方式处理即可。与恶人交友就难免恶名，我们要从内心里谢绝亚细亚东方的恶友。[1]

五

日本人桃太郎式的勇于挑战强者的另一面，是赌徒心态。小个子日本总让人想起《红与黑》中那个野心勃勃的于连，为了达到目的不择任何手段。在战争中，日本人最擅长的就是偷袭。他们更像黑暗中的动物，在角落里默默盯着自己的猎物，选准时机，一扑而上。甲午战争是这样，日俄战争是这样，太平洋战争也是这样。日本海军长途奔袭珍珠港已经成为世界战争史上最深刻的记忆之一。正像山本五十六本人所承认的那样："袭击珍珠港，是不宣而战，乘敌熟睡之机，割人首级，不足为取，乃东洋武士之精神所不能容。"[2]日本人一向乐于铤而走险，渴望走捷径得暴利。在这个民族温文尔雅的外表下面，其实有着一颗赌徒的心。

---

[1][日]福泽谕吉：《脱亚论》，转引自杨鹏《中国史学界对日本近代中国学的迎拒》，博士学位论文，华中师范大学，2011年，第24页。

[2][日]阿川弘之：《偷袭珍珠港——山本五十六传》，张承译，时代文艺出版社，2003年，第205页。

不过，也正是对意志力的迷信使日本人最终走向了失败。在第二次世界大战中，日本人凭借意志狂热悍然挑战整个太平洋沿岸的邻居们，孤身与美、英、中、苏、法、荷、澳等26个国家作战。这场战争力量对比的悬殊大大超过以往。日本人统治世界的梦想，在第二次世界大战中得到了走得最远的一次实践，也收获了最惨痛的一次教训。

日本的唯意志论终于破产了，不可一世的日本帝国好运终于到头了。可是，日本人的意志狂热却依然让整个世界不寒而栗。在战场上，很少有被俘虏的日本兵，他们往往战斗到最后一刻也拒不放下武器。战败之后，日本曾涌现过一阵"举国玉碎"——以全民族的生命为代价拼到最后一刻以抗拒投降的精神冲动。这在其他国家是不可想象的。而在战争结束之后，还有许多日本老兵拒不投降，独自一人在东南亚荒野中像野兽一样生活。小野田中尉甚至在菲律宾的一个荒岛上孤身同美国部队战斗达四分之一世纪之久。

二战后的日本列岛变成了一片瓦砾，像一条案板上的死鱼等待战胜国的宰割。可是仅仅20多年后，它就从瓦砾堆中再度崛起，在世界经济战中打了一场极为漂亮的翻身仗，再度成为世界前列的发达国家。它就像科幻电影《终结者》中那个打不死的机器人，被压成碎片之后又慢慢聚拢，再度凝结……

日本已经为它的不成熟付出过代价，我们不知道，这个代价付得够不够。有朝一日，它会再度让世界震惊吗？

第九章

从"臣民"到"国民"：日本人是怎么改造国民性的

一

早在清末民国，大批留日学生就带回了对日本国民性的崇拜。其中最为典型的是蒋介石。他曾经说："我从前是向慕日本尽忠报国的传统精神，亦爱日本孝亲、尊师、尚侠、重义的民族性。"[1]

蒋介石认为，中国人国民性中有很多弱点，比如精神萎靡、体格赢弱等，而日本人恰好相反。他说："旁的不必多讲，我只举一两件极小的事情来说：日本人全国上下无论什么人早晚一定洗冷水脸，全国已成为普遍的一种习惯，……我们晓得，常常洗冷水脸，可以使人精神奋发，头脑清醒，又可以使人皮肤强健，不受风寒，还有最要紧的，不致耽误时间。所以这个习惯，事情虽小，益处却极大，所以日本人全国如此。试问我们中国，无论是军队里，学校里，家庭里，有几个人能终年用冷水洗脸呢？普通那（哪）一个不是非热水不洗脸！……由这一点就可以晓得我们的民族不行！""所以我们要复兴民族，报仇雪耻，不必讲什么枪炮，就先讲洗冷水脸，如果这一件最小的事也不能胜过日本人，其他的还讲什么！"[2]

蒋介石对王阳明的兴趣，也是在留学日本期间发生的。他说：

---

[1]《中日关系八十年之证言：蒋介石秘闻》，哈尔滨出版社，1989年，第21页。
[2]马致和主编《新生活与复兴》第一集，民志出版社，1934年，第10—11页。

当我早年留学日本的时候，不论在火车上、电车上或在轮渡上，凡是在旅行的时候，总看到许多日本人都在阅读王阳明《传习录》，且有很多人读了之后，就闭目静坐，似乎是在聚精会神，思索这个哲学的精义；特别是陆海军官，对于阳明哲学，更是手不释卷地在那里拳拳服膺。……乃知日本以蕞尔小国，竟能强大至此，实得力于阳明"致良知""即知即行"哲学的结果。[1]

日本留学经历对鲁迅一生影响也极为重大，他说："日本国民性，的确很好。"鲁迅最为看重的是日本人的"认真"。他对好友内山完造说："日本人的长处，是不拘何事，对付一件事，真是照字面直解的'拼命'来干的那一种认真的态度。""中国把日本全部排斥都行，可是只有那认真却断乎排斥不得。无论有什么事，那一点是非学习不可的。"[2]

他还在杂感中说："日人太认真，而中国人却太不认真。中国的事情往往是招牌一挂就算成功了。日本则不然。他们不像中国这样只是作（做）戏似的。"

似乎是为了回应鲁迅的说法，再度打开国门后，许多关于日本人的"认真"的故事在中国迅速流传。一篇流传极广的励志文章说，女政治家野田圣子打工时，负责刷洗酒店的马桶。经理前来检查清洁，她当着众人面从清洗过的马桶里舀了一杯水毫不犹豫地喝了下去。她步入政坛后，很快成为日本内阁邮政大臣。

另一个广为人知的故事是日本人做事认真到"愚蠢"的地步，餐馆洗盘子一定要洗七遍，一个中国留学生取巧只洗五遍，结果这个留学生再也找不

[1]《中日关系八十年之证言：蒋介石秘闻》，哈尔滨出版社，1989年，第109页。
[2]鲁迅先生纪念委员会编《鲁迅先生纪念集·悼文》第二辑，上海书店出版社，1979年，第19页。

到工作，最后只好离开日本。当然，这个故事很大概率是中国人编造的。

从民国到现在，虽然"仇日"情结在中国人心目中根深蒂固，但是对日本人国民性的崇拜同样深埋在很多中国人的心底。

然而很多中国人不知道的是，日本人历史上对自己的国民性一度极为自卑。

二

1853年7月的黑船来航事件，开启了日本近代化的历程。

开国之后日本的知识阶层，一下子接触到大量的西方文化，"骤然接触到这种迥然不同的新鲜事物，不仅感到新异，而且感到所见所闻无一不奇无一不怪。这好比烈火突然接触到冷水一般，不仅在人们的精神上掀起波澜，而且还必然要渗透到人们的内心深处，引起一场翻天覆地的大骚乱"。[1]

在国门打开之前，日本人是非常骄傲的。因为"日本乃神国也"，日本人是天下最优秀的人种。

但是，开国之后，这种虚妄被瞬间打破了。和西方文明撞击之后，大部分日本人马上意识到了西方的先进，著名启蒙学者福泽谕吉评论西方人的精神状态说："西洋各国人民智力充沛，有独立自主精神，在人与人的关系上是平等的，处理事物是有条不紊的，大自一国的经济，小至个人的生活，就目前的情况来谈，我们日本人无论如何是望尘莫及的。大体上说，到了今天人们才恍然大悟，完全承认西洋各国的文明和日本的落后。"[2]

日本人对本国国民性的反思也由此开始。明治维新之后迄今，关于国民

---

[1][日]福泽谕吉：《文明论概略·序言》，北京编译社译，商务印书馆，2017年，《序言》第2页。

[2][日]福泽谕吉：《文明论概略》，北京编译社译，商务印书馆，2017年，第178—179页。

性的讨论研究一直是日本社会的一个热点，不光出现了大量的书籍，甚至还有专门讨论国民性的杂志。大正时期的小学国语课本中甚至还收入了《我国国民性的长处和短处》一文。[1]日语中针对关于国民性的研究还出现了一个专门的词，叫"日本人论"。

这种关于国民性的反思在初始阶段与中国人后来经历的非常相似。

开国之初，日本知识分子首先反省的是当时的日本国民缺乏公共观念，不能适应近代化的需要。

1868年，不甘放弃权力的幕府与拥戴天皇的维新势力展开战斗，爆发了著名的"戊辰战争"。战争中的一个重要战场是会津。因为会津藩是幕府势力的中心之一，又累年经营，城高池深。因此在维新派军队中任参谋的时年三十一岁的板垣退助判断战斗肯定会异常激烈，在战前下定了葬身城下的决心。

板垣没有想到，攻城的进程远比想象的要轻松。虽然武士阶层进行了比较顽强的抵抗，但是会津藩的老百姓却根本不关心统治者的命运，战事一起就纷纷逃散，根本不为自己的统治者提供资助。

板垣在事后感慨地说："殉国者，不过区区五千士族而已，目击农工商庶民皆挑担逃避之状，深有感触。……会津为天下屈指可数之雄藩，若上下一心，奋力报效藩国，仅五千不满之吾官兵，岂能如此轻易使之降伏。庶民欲避开如此之难而四处逃散，毫无报答累世君恩之概念，见君国之灭亡却以为与之风马牛不相及，究竟是何故？想必是上下隔离，不能互享其乐之故。"[2]

民众与自己生活其中的政治体没有共命运的感觉，大难来时各自飞，这

[1]此文肯定了日本"国体优越无比，忠孝的美德冠于世界"，但也指出，岛国不适宜养成人的雄大豪爽气魄。锁国二百年，使日本人不知道世界大势，不了解国际交往的方法，欠缺容忍他人的度量。日本人善于吸收和模仿外来文化，但是创造力不足。

[2][日]宇田友猪编：《自由党史》（上卷），转引自田雪梅《近代日本国民的铸造：从明治到大正》，商务印书馆，2016年，第143页。

样的政治体显然无法适应近代激烈世界竞争的需要。板垣后来成为日本自由民权运动的先行者，就与这次刻骨铭心的经历有关。

开国前后的日本人缺乏国家和民族的观念，这一现象其实最早是西方人注意到的。在戊辰战争之前，1864年8月的马关战争中，西方人注意到，当他们占领马关炮台的时候，"日本人对于正在作业的部队不断显示出极其友好的态度，进而又自愿帮助移动大炮。他们真的非常高兴拆开尽情给他们增添麻烦的玩具"。[1]

读了这一段，相信很多读者会想起八国联军进攻北京城的时候，北京市民帮着扶梯子的照片。

福泽谕吉因此批评说，日本人是一盘散沙，缺乏国家意识："人民……不关心国事。结果，一百万人怀着一百万颗心，各人自扫门前雪，莫管他人瓦上霜。对一切公共的事漠不关心……终日岌岌惶惶唯恐沾染是非，哪有心情去考虑集会和议论！"[2]

这段话与梁启超的"然终不免一盘散沙之诮者，则以无合群之德故也"[3]几乎一模一样。

三

和大多数后发国家一样，除了缺乏民族意识外，开国之初的日本人还严重缺乏独立观念。

自由民权运动兴起后的《自由灯》杂志对日本人"无气无力的奴隶根性"做过如下批判："吾三千七百万同胞兄弟和私下埋怨着这里征兵那里

[1][日]丸山真男：《日本政治思想史研究》，王中江译，生活·读书·新知三联书店，2000年，第278—279页。
[2][日]福泽谕吉：《文明论概略》，北京编译社译，商务印书馆，2017年，第75页。
[3]张品兴主编《梁启超全集》第1册，转引自王达敏、胡焕龙《中国文学现代传统的形成》，安徽教育出版社，2016年，第188页。

酒税烟草税的顽固父辈，不少的人都处于对外界关系完全不知的酣睡状态。……哪个党占国会多数、掌握大权，都与我无关，过着隐居般的生活，这就是无气无力的奴隶根性。……这些以自己的奴隶根性自业自得、呜呼哀哉的懦弱的来往行人，即使日本成为洋鬼子的属国，定是同样的'嗨、嗨'低头，成为心灵肮脏的卑劣小人……"[1]

与奴性共生的是"官本位"思想。三宅雪岭批评说，日本根深蒂固的官本位至今没有铲除干净。从小学到大学的教职完全比照政府的官位，学术世界成了政府的附庸。有的学者一味追求晋升，跟在高位者后面亦步亦趋。[2]

土肥正孝1891年发表了《日本风俗改良论》，他认为，日本社会存在着人间阶级之弊、倾轧竞争、宗教迷信、西洋心醉、语言不统一、依赖心、自暴自弃、奢侈虚饰等11大弊病。他举例说，日本官吏横行，欺压百姓，社会缺乏公平竞争的氛围和习惯，政界、学术界、工商界无不拉帮结伙，排斥异己，相互倾轧。类似西方社会中的平等竞争的规则和环境远远没有形成，国民缺乏竞争精神和气质，贿赂、猜忌、诽谤、揭人隐私等手段无所不用其极。精英阶层肩负国家重任但不依据公平之大道，常以一己之私利出发，只知有己而不知有国。

四

概括起来，日本知识分子认为，转型之前的日本人存在两个方面的问题：一个是缺乏民族意识，不团结；一个是缺乏公民精神，不自尊不独立。

---

[1]《自由灯》，转引自田雪梅《近代日本国民的铸造：从明治到大正》，商务印书馆，2016年，第204页。

[2]杨宁一：《了解日本人：日本人的自我认识》，天津人民出版社，2001年，第27页。

　　当然，日本知识分子并没有停留在对现象的咒骂和批判上。通过与西方文明的对比，他们清楚地认识到，一个国家的国民性，不论是优点还是缺点，与政治制度关系都极大。事实上，人们传说的日本人的优点，比如传统日本社会的尚武任侠之风，或者说武士道精神，其实也不是什么"日本人的天性"，而是在封建诸侯体制下统治者鼓励武士阶层的发展而逐渐形成的。与此相同的是，普通老百姓奉行明哲保身、事不关己，是因为在传统时代，统治阶层独占统治权，一般的民众禁止谈论政治。福泽谕吉说："在亚洲各国，称国君为民之父母，称人民为臣子或赤子，称政府的工作为牧民之职，……这个牧字，若照饲养兽类的意思解释，便是把一州的人民当作牛羊看待。"[1]

　　福泽谕吉说，为什么日本人有官本位的心态呢？这是因为传统时代资源都被政府掌握。"我国人民之所以没有独立精神，是由于数千年国家的政权完全由政府一手掌握，从文事武备到工商各业，以至于民间的生活细节，都要归政府管辖。"[2]所以人们习惯性地依附权力，从不以屈从为可耻，自然就缺乏西方人的独立自主精神。

　　日本人的奴性和顺从性深重，更与日本的独特社会结构有关。封建时代的日本如同中国的周代一样，世官世禄，人们的身份一生下来就确定的，个人并没有多少奋斗的空间。正如福泽谕吉所说："中津藩在封建制度之下，就如同一切的东西皆整然有序地放置在箱子里一样，经过几百年都没有变动。"

　　正是这样的制度，塑造了日本平民的畏惧怯懦性格，不敢怀疑和挑战权威。"西方各国人民所以能达到今天的文明，追溯其根源，可以说都是从怀疑出发。"在西方国家，"一种议论产生，就有另一种学说来驳倒它，异说纷纭，不知其极。较之亚洲人民轻信虚妄之说，为巫蛊神佛所迷惑，一闻所

[1][日]福泽谕吉：《劝学篇》，群力译，商务印书馆，1984年，第61页。
[2][日]福泽谕吉：《劝学篇》，群力译，商务印书馆，1984年，第28页。

谓圣贤之言即随声附和，万世之后还不敢逾越，与之相比，其品行之优劣，意志之勇怯，实不可同日而语"。[1]

另一位明治时期启蒙思想家西周也认同这个观点。他在《国民气风论》中说："在上有专制政府，在下有此等人民。奉戴专制之君上，自视为奴隶，以易直行其身，以忠谅任其事，在专制政府可谓极好最佳的人民之气风。"由此造成了"无气无力的人民"。[2]

因此，一些日本知识分子认为，要改变日本人的国民性，必须两条腿走路：一条腿是由政治家在上层大刀阔斧地改革政治制度，以开辟国民性健康发展的空间，另一条腿是由知识分子面向大众进行启蒙，唤醒民众的精神。

日本的国民性改造运动由此开始。在明治政府效法西方进行变法的同时，以福泽谕吉为代表的日本知识分子写作和翻译了大量的著作，对日本人的精神觉醒起到了巨大的作用。

后来中国的国民性改造之路，开头与日本极为相似。在政治上，中国通过辛亥革命，建立了亚洲第一个共和国，全面移植西方制度。在文化上，中国的精英们如梁启超、鲁迅等，也效仿福泽等人，展开了声势浩大的启蒙运动。然而，两国的国民性改造运动结果却相当不同。

那么，中日两国国民性改造的主要差异在哪儿呢？

五

一般来说，后发展国家接受西方文化，都是通过精英阶层开始的。因为精英阶层受教育程度比较高，知识视野比较广，比较容易接触到新鲜事物和

[1][日]福泽谕吉：《劝学篇》，群力译，商务印书馆，1984年，第85页。
[2][日]西周：《国民气风论》，转引自杨宁一《了解日本人：日本人的自我认识》，天津人民出版社，2001年，第20页。

新的观念，但是普通民众的知识更新却比较困难。因为他们通常知识水平比较低，处于闭目塞听的社会底层，受制于巨大的文化惰性，沉溺在集体无意识中，传统观念极为顽固。他们在日本是社会转型的最主要障碍。

用西川长夫的话来说，如果将一个社会比作大地，精英人物和知识分子是表层，这些底层民众就是下面的黏土层，启蒙运动的雨水很容易浸润表层，却很难突破黏土层。

西川长夫说：

"国民，应该是很多的人通过各种深层的交往联结在一起，比如这块土地，在最上面的是沙层，沙层和小石层粘在一起，就形成沙砾层。其下有黑土、植物叶腐化后非常肥沃的黑土层，再下面是黏土层。日本社会原本是不毛之地，不通水，地下水就沉积在那里。文明开化、西洋文化或者是基督教文化这些东西一进来，就像雨一样不停地下，虽然容易通过沙砾层，却很难渗透到黑土层去，要花费很多时间。一般的大众、庶民就位于黑土层或黏土层。"[1]黏土层是最厚的，只有黏土层被浸透了，社会转型才可能完成。

在突破这个黏土层的过程中，日本知识精英发挥了巨大作用，他们发起了很多社会运动来翻掘渗透黏土层，其中最典型的是日本历史上著名的"自由民权运动"。

如前所述，会津战役的经历让军官板垣退助大发感慨，认识到只有让百姓从客人变成国家的主人，"将天下事让其（民众）参与看管"，"兴起与天下忧乐与共的风气"，百姓才会爱这个国家。因此后来板垣带头发起了"自由民权运动"。

这一运动的特点，不只是如中国知识分子所做的那样，通过文字作品向民众普及近代观念，更重要的是，发动民众动手实践，让民众主动参与，而

---

[1][日]西川长夫、[日]松宫秀治：《幕末明治期的国民国家形成与文化变迁》，转引自田雪梅《近代日本国民的铸造：从明治到大正》，商务印书馆，2016年，第162页。

不是被动倾听。让民众在起草宪法、讨论民权的过程中真正获得启蒙。

田雪梅在《近代日本国民的铸造：从明治到大正》中为我们勾勒出当时日本"自由民权运动"的概貌：

自由民权运动的宗旨是解放民众，约束政府。具体要求是开设国会、制定宪法、确立地方自治。在板垣的示范和呼吁下，1879年到1881年，日本各城市兴起很多学会，这些学会的主要作用是召集和推动民众学习自由民权思想。农村的富裕农民也组织结社，大量购入了各种报纸和启蒙思想家的著作，供其他农民无偿阅读。日本全国各地兴起了举行"演讲会"之风，连穷乡僻壤也请来城里的知识分子来进行演讲，并且在演讲之后和听众一起讨论自由民权问题。[1]有些启蒙者还别出心裁地创作出所谓的"民权歌舞"，比如把卢梭的主张和美国革命写进歌曲，在民间风靡一时。其中有一首歌的词是"一是人之上无人，完全没有权利，此不为人；二是我命无二次，舍掉也无自由，不足为惜"。据当时高松立志社的新闻报道，"此时卢梭和美国革命也做成俚歌，称为'民权歌'，印刷出来分发给听众或街上行人，所到之处的儿童都会唱此歌，颇为流行"。[2]

在社会精英的有效组织鼓动之下，民众一扫传统时代麻木不仁、死气沉沉的状态，对政治表现出空前的积极性。很多地方的农民在做完农活后，聚集在一起读书讨论，学习自由民权思想，甚至起草宪法。[3]根据当时《土阳新闻》的报道，在自由民权运动中，土佐县自开办夜校以来，"连农民亦积极奋发，杜绝往日治游艺伎等恶习，专志于学习者甚多"。[4]学习的内容包括福泽谕吉的《劝学篇》和斯宾塞的《社会平权论》等教材。青少年放学

---

[1]田雪梅：《近代日本国民的铸造：从明治到大正》，商务印书馆，2016年，第204—210页。

[2]《新闻集成：明治编年史三》，转引自田雪梅《近代日本国民的铸造：从明治到大正》，商务印书馆，2016年，第209页。

[3]田雪梅：《近代日本国民的铸造：从明治到大正》，商务印书馆，2016年，第157页。

[4]田雪梅：《近代日本国民的铸造：从明治到大正》，商务印书馆，2016年，第161页。

后也依次进行演讲，发表辩论，模拟议长选举、辩论讨论，进行起立表决。"自由已从土佐山间产生"，这是1877年土佐立志社机关报《海南新志》创刊号的一句话。[1]

自由民权运动刺激了社会草根阶层的广泛参与和政治觉醒。日本普通民众由此开始逐步有了自己的宪法设想和自治意识。最显著的成效体现为东京都西多摩郡五日市出现了一部由普通农众起草的《五日宪法草案》。这个宪法草案是五日市周边16个村数十名普通农民经过60多次讨论，由小学老师千叶卓三郎执笔起草的。从这部宪法草案的形成过程看，他们参考了数百种文献，研讨了当时刊行的绝大部分国内外法律、政治类书籍，在草案中体现出农民阶层的自身思考，极具独创性。[2]

日本的"自由民权运动"虽然只持续了10多年，但却是一场相当深入和广泛的政治宣传和动员，遍及日本的全境，直达最底层的农民。本来被封建思想严重束缚的日本人头脑中开始生长起民权思想和平等思想，一时间，在整个日本社会上，"自由""平等""民主"等字眼成为最时髦的语言，甚至连浴场的名字也出现了"自由澡堂""自由温泉"，点心中产生了"自由糖"，药铺出现了"自由丸"，饭店也有"自由亭"。可以说，它一定程度上改变了整个日本社会的头脑。

事实证明，普通民众的头脑启蒙不只是仅靠教育和宣传就能完成，更需要通过政治实践来学习。自由民权运动最有效的地方就在于让普通民众自己动手，亲身参与，以达到真正动脑。

西川长夫对自由民权运动评价很高，他说，以前福泽谕吉等人的宣传启蒙，只湿润了土表，自由民权运动才浸透了黏土层。

概括历史来看的话，形成国民这方面作用最大的、最中心、最主体的是自由民权运动。当然，在这之前，有明六社，福泽谕吉、加藤弘之、森有礼

---

[1]田雪梅：《近代日本国民的铸造：从明治到大正》，商务印书馆，2016年，第161页。
[2]田雪梅：《近代日本国民的铸造：从明治到大正》，商务印书馆，2016年，第158页。

等也曾经做过启蒙运动。这大概就是民众站在地表上，雨水在上层，只浸润了土表，并没有深入。……现在要重新评价的话，自由民权运动最大的效果，是在国民形成方面发挥了巨大作用这一点上。黑土层和以下黏土层的人，由于在地方而不在中心，虽然随着雨水不断进入，国民意识也逐步会高扬起来，但很难渗透和扩大下去。很快就进去的人群，比如去了欧洲的人、日本的一部分领导者（如沙砾层一样），他们发挥了重大作用。他们通过翻译，起到了向底下的黑土层和黏土层不断渗透的中介的作用。国民意识真的渗透到黑土层，抵达黏土层，国民形成就成功了。自由民权运动所起的便是将水渗透到黑土层的作用。[1]

六

当然，如果只有轰轰烈烈的民间运动，而没有政治上层的响应，自由民权运动也不会取得太多正面成果。

明治维新是一场很不彻底的改革，一开始并没有建立议院。1874年，板垣退助等人上书天皇，要求建立民选的议院。板垣退助在上书中写道："今吾政府设民选议院之目的，使吾人民养成敢为之风气，明白分任天下之义务，参与天下之事，以达全国一心。政府之强，乃天下人民皆同心也。现设民选议院，使政府与人民之间能够相互了解，合成一体。这样，国家方可强、政府方可强。"

这份"上书"在报上发表后，立刻在社会上引起强烈的反应。其后自由民权运动中众多政治团体持续多年的轰轰烈烈的政治活动，对政府形成了巨大压力。最终1889年，日本颁了《宪法》，1890年，日本帝国议会进行了第一次总选举，这标志着自由民权运动终于取得结果，达到了

---

[1][日]西川长夫、[日]松宫秀治：《幕末明治期的国民国家形成与文化变迁》，转引自田雪梅《近代日本国民的铸造：从明治到大正》，商务印书馆，2016年，第162页。

目的。

因此在日本，民权运动自下而上地施加压力，和政府自上而下的改革制度，形成了相辅相成的良好互动。

一个国家现代化的关键，在于社会制度能够给民众活力释放提供有效空间。在这次顺应民意制定宪法之前，明治政府已经主导进行了"废藩置县"、"四民平等"、户籍、学制、兵制、法制和税制改革等一系列制度改革。接下来，在制定宪法开启帝国议会的基础上，日本政府又开启地方自治、政党制度、议会制度建设，按西方模式进一步进行了权力结构的调整。日本社会因此不得不相对开放，公民社会在民众博弈的压力下得以逐步发育。

确立立宪制度后，日本民众初步获得了参政权、财产私有权以及言论出版结社权利，绝大多数人在这一过程中都感觉到了解放，获得了利益，感觉到了让人"又惊又喜"的世道变化。柳田国男的描述是，"这真是个一切都在飞跃的时代，'旧弊'成了最使人难堪的骂人话，人们对新时代的期待如火如荼"。[1]这自然有利于全国的团结一致。民众在不同程度上获得了政治参与权，增大了对国家的认同感，初步形成了上下同心、"官民一致"的整体。

七

日本近代化转型的初步成果，在甲午战争中强烈地显现出来。

明治时期的知识分子对日本人一盘散沙状态的感叹发出没有多久，日本人强烈的国家观念就培养起来了。普通日本人的集团认同，从"村庄"扩大到了"国家"。

---

[1]宋成有：《明治初年"文明开化"运动中的三大矛盾》，《世界历史》，1988年第4期，第89页。

甲午战争时，稻城村二十四岁的农民加藤芳五郎入伍，后来他留下了一本《从军日记》，从这本日记中，我们可以真切地感受到普通日本人身上的民族主义狂热。芳五郎说："通过关原古战场，……正在田里干活的农民，看到我们乘坐的汽车靠近，有蹲在地里两手合拢叩拜的，有向我们汽车频频敬礼的，我们特别铭记于心，同仇敌忾之心油然而生。观其精神，可以断定其子女或是其亲戚都已经奔赴战场，每个人都不能不感叹……"[1]

从甲午战争起，"战死"开始成为日本人竭力追求的"名誉"，被升华为所谓日本人的"光荣的樱花般的优良品质"。有一些日本士兵因病归乡，被视为"说谎的家伙、畜生"，被人们痛加抨击。

因此在与清王朝的这场战争中，日本不但表现出了武器层面的先进，更表现出精神层面的优势。日本人已经转变为近代国民，军队充满民族主义激情，而中国人的头脑还停留在古代阶段。当时的日本媒体《山梨日日新闻》这样评价说："日本兵为旗而战，'支那'兵为钱而战。……我军队是作为国民而战之人，'支那'兵则是作为赚钱而战之人""故战争从一个侧面来观察的话，是两国国民观念的战争"。[2]

因此日本士兵虽然人数上远少于中国军队，但是团结性和精神力却远远超越了中国军人。日本媒体的论调，虽然充满民族主义情绪，却也不能说毫无道理：

"不要说'支那'有四亿万人，他们有四亿万颗不同的心，不要说吾只有四千万人，但吾四千万人是同一条心。'支那'兵比吾人多，此言休也！其所恃者仅此而已，吾兵比其数少，此言亦休也！吾军之后援有四千万人。况战之胜败不在于兵之多寡，而在于其精神。况谈兵之精，彼不能不拜吾

---

[1]《稻城市史 资料编 3》，转引自田雪梅《近代日本国民的铸造：从明治到大正》，商务印书馆，2016年，第231页。

[2]《山梨日日新闻》，转引自田雪梅《近代日本国民的铸造：从明治到大正》，商务印书馆，2016年，第226页。

后尘。”[1]

显然，日本民众已经把自己的命运与国家的命运紧紧地联系在一起。甲午战争的胜利，一定程度上象征着日本民族主义培养的初步成功。日本人的现代民族观念的形成，可谓急速而高效。

---

[1]《山梨日日新闻》，转引自田雪梅《近代日本国民的铸造：从明治到大正》，商务印书馆，2016年，第226页。

第十章

从"民族主义"到"军国主义"：自我膨胀的代价

一

不过，初步形成的日本国民观念，是有严重缺陷的。相比民族观念，日本人"公民"意识的确立要曲折得多。

明治维新是不彻底的近代化改革，保留了大量的封建残余。虽然经过自由民权运动，日本政治结构也没有彻底近代化，尽管日本一度曾经出现过相当高的言论自由度和多党竞选制度，但是"帝国议会"没有权力控制军队和内阁，对行政权没有制约，对军队没有任何插足的权力。

积累起来的外交屈辱，和弱肉强食的国际环境，让近代日本把自己的国家战略核心确定为"富国强兵"，而不是民主和自由。近代日本致力于国家意识的唤醒和民族主义的培养，但是其目的是"国家崛起"这个具体目标。为了这个目标，日本统治阶层甚至有意识地压制日本人由臣民到公民的转变过程。因为一个"顺民社会"显然比一个"市民社会"更有利达成国家的集体主义目标。[1]

因此明治天皇于1890年发布《教育敕语》，宣称"臣民孝于父母，友于兄弟，夫妇相和，朋友相信，恭俭持己，博爱及众"。这表明了明治政府为

---

[1]田雪梅：《近代日本国民的铸造：从明治到大正》，商务印书馆，2016年，第264页。

了建立顺民社会，转而向传统伦理价值寻求资源，因为只有传统的孔孟之道才能支持民众无条件为国家的强大而压制自我甚至自我牺牲。明治政府还把"等级式集团主义"作为"和魂"的重要内容加以弘扬，通过神化天皇把人们置于一种宗教式狂热状态。田雪梅说："它蹂躏了正在成长中的近代教育与独立自主精神，对于近代日本民众精神结构的形成以及未来国家的走向，影响至深至烈。"

甲午战争的胜利，更刺激着精英阶层的扩张意识，强国的目标进一步压倒了强民。1885年出版的东海散士柴四郎所著的《佳人之奇遇》中说的："方今燃眉之急，与其内伸十尺之自由，毋宁外张一尺之国权。"而随之而来的日俄战争的胜利，更是让日本人陷入了对军国主义的迷信当中。就连反对"权力偏重"、主张民众"独立自尊"的福泽谕吉也从强调民权转为强调国权，甚至为了强化国权，宣称可以停止扩大民权。他写了《通俗国权论》，大力鼓吹对外扩张。他说："百卷外国公法不敌数门大炮，几册和亲条约不如一筐弹药。"[1]从这个时期开始，他不再对儒学大加批判，转而提倡官民调和，甚至提出带有浓重儒学色彩的"报国尽忠"，要求人民从属于天皇制国家的利益，说什么"我帝室乃收揽日本人民精神的中心"；什么"日本国民寻求道德的标准，……报国尽忠等题目最为适合"，日本应当争雄东亚，永为东方魁首盟主。[2]

公民意识培养的中断，与狂热的民族主义兴起，导致了严重的后果。越来越多的日本人变成军国主义分子，连福泽谕吉都成了狂热的军国主义者。他宣称，在中国的土地上"插上日本的国旗使之飘扬，使日本国人得以满足"，"以我所见，分割（中国的）土地不但有理由，而且在国防上是不得已的必要"。割让台湾只是一个开头，"待他日分割四百余州的时机一到，

---

[1]王向远：《日本对中国的文化侵略——学者、文化人的侵华战争》，昆仑出版社，2005年，第47页。

[2]汤重南等主编：《日本帝国的兴亡》（上卷），世界知识出版社，2005年，第252页。

就必须向它的中原地区大力挺进，选择立足之地"，并认为这是"今后的大势所趋"。[1]

一些日本人甚至开始提倡国粹主义，他们批判对西洋的崇拜，批评日本人"一度陷入支那崇拜热，再度患上西洋崇拜病"。他们认为，甲午战争和日俄战争证明，日本已经超过西方，"经过日清、日俄两役，渐渐恢复健康"。[2]天眼子则彻底否认了明治维新以来向西方学习的道路，说"国家单单外表上进步，国民的实质没有相伴，道德标准被打破，国民的精神被惑乱"。

大岛正德认为，第一次世界大战中表现最好的英、德两大强国的所谓国民性，也不能与日本人相比。他说，过于强调以个人主义为本位的英国人，虽然重个人教养和社会公共精神，但其对个人主义的偏重和保守性阻碍了国家力量的集中，影响了国家权力的发挥。德国人以国家为本位、崇尚勤勉和义务观念、有良好的组织秩序，但国家行政权力过于集中，其触角深入到个人生活的方方面面，个人完全被机械化。"英国人是散兵游勇式，德国人是集团组织式，击垮一个英国人只是倒下去一个，但一个德国人倒下去很可能导致全军的混乱。"[3]而日本文化和体制却正好弥补了二者的缺欠。日本人独有的忠君爱国、武士道、心灵手巧、富有情调等特点是日本国民性的主要特质，是冠绝于世界万邦的，既克服了英国个人主义社会的自由散漫，又避免了德国以国家为本位的笨重和机械。

他们认为日本人已经可以结束对欧美的学习和追随，因为日本已经用几十年的时间走完了西方几百年走的路，学完了西方所有的东西，接下来日

[1]王向远：《日本对中国的文化侵略——学者、文化人的侵华战争》，昆仑出版社，2005年，第50页。

[2][日]远藤隆吉：《日本我》，转引自杨宁一《了解日本人：日本人的自我认识》，天津人民出版社，2001年，第16页。

[3][日]大岛正德：《世界心国家心个人心》，转引自任华军《论日本的文化民族主义》，硕士学位论文，延边大学，2012年，第29页。

本要勇敢地创造自己的世纪，为世界指明新的方向。当然，这新的方向，要建立在传统的日本价值观上，也就是"我国民三千年来身体力行圣人之名教，……我大日本国民的道德在忠孝节义"。[1]他们开始赤裸裸地鼓吹战争，将世界史归结为战争史，呼吁日本人为实现"肇国大业"而献身，要身心一致地与天地同时愤怒，在战争中净化灵魂。他们鼓吹日本民族至上主义倾向，他们认定，日本人与世界其他国家的人们相比，具有至高无上的地位，要基于所谓"八纮一宇"的理念处理与世界各国的关系。也就是说，日本要成为天朝上国，其他国家都要追随日本，由日本来引领人类的发展，要创造新的世界性的日本文化，树立新的世界史之原理。

1937年日本政府文部省向全国学校颁发了"国体之本义"的指南，将当时日本社会的一些令人不满的现象归结于西方思想的影响，强调以"服务天皇"为社会生活及道德原则，取代西方思想。1941年太平洋战争前，文部省又颁布军国主义教育大纲《臣民之道》，这个大纲开宗明义地告诉日本人，日本有其特色，与世界多数国家的制度不同，因为天皇制是日本的国本。

它把近代世界划分为以英、美为代表的西方文明和以日本为代表的东方文明。西方文明的基础就是个人主义、自由主义、实用主义和唯物主义，它们信奉弱肉强食，无限地追求享受和奢侈，鼓励物质主义，刺激对殖民地的竞争和对贸易的控制，把世界投入形形色色争斗和流血的地狱。而日本的传统价值观念是集体主义，崇尚家族关系，以"和谐"为本。"家国"一体，"国家"一脉，而不承认和鼓励个人主义。

《臣民之道》说现存的世界秩序是由西方建立在个人本位之上的丛林法则规定的，是"霸道"，而"日本的使命"是要行"王道"，把自己文化中"家国一体"的美德引入国际社会，建立以"德治"为本的"国际新秩

---

[1][日]远藤隆吉：《日本我》，转引自杨宁一《了解日本人：日本人的自我认识》，天津人民出版社，2001年，第17页。

序"，从日本一国的"和谐"达到天下的"和谐"。

大纲回顾明治维新以来的历史，说日本在追求国家富强的同时，让各种不良的西方文化观念涌入，削弱了国本。现在必须肃清西方思想，维护国体。

军方人士还号召要大力肃清西方思想对日本的渗透："我们必须首先抛弃美国心、英国心，清除这一切洋夷思想，回归于'大和心'。此乃当务之急。"

这一理论实际上是拒绝了现代社会"公民"的概念，大力弘扬"臣民"身份，每个人都是"皇国血缘"的一分子，他们和国家权力之间的关系是晚辈与长辈之间的孝顺和慈爱。"不管怎样，国民要勤励自己的职务，皆尽其分侍奉国家古今不变。"[1]

一些学者认为，明治维新之后日本存在一个"国民不在"或者说"国民缺席"的时代。[2]"没有自主的国民，民众就无法从内部产生出对体制和文化的质疑乃至反抗力量，只能形成对它的绝对服从。"[3]正因如此，第二次世界大战期间，拒绝参加军队的日本人仅仅只有38人，而同期的美国由于"良心的兵役拒绝"而选择牢狱之路的美国人有16 000人，英国人则高达59 000人。[4]正是建立在这样一种"臣民"身份认同上的"皇民"意识，诱使很多日本人丧失了独立思考，沦为军国主义的炮灰。

---

[1]以上六个自然段主要参考程映虹：《日本军国主义简明读本：〈臣民之道〉》，载《凤凰周刊》2015年第8期，第75—77页。

[2]向卿：《近代日本"民族国家"论》，《南昌航空大学学报（社会科学版）》2009年第2期，第47页。

[3]向卿：《近代日本"民族国家"论》，《南昌航空大学学报（社会科学版）》2009年第2期，第47页。

[4]向卿：《近代日本"民族国家"论》，《南昌航空大学学报（社会科学版）》2009年第2期，第47页。

二

公民意识发育不完全，对国家对民众都是悲剧。天道好还，世界自有其定理，狂热的结果是不言而喻的惨败。日本人不但失去了第二次世界大战前期的一切收获，也失去了明治维新以来对外战争的几乎所有成果。日本本土被炸成焦土。廖季威回忆说："我初到日本时，……看见来往的日本人，男的大多数穿黄色军服，一副垂头沮丧的样子，面无笑容。他们看见盟国的军官，都很自卑地不敢正视。日本妇女一般是埋头而走，偶有笑容或向我们俯首鞠躬，以示尊敬。""一般做工劳动的日本人在用中餐时，就是几个土豆或一点红薯充饥而已。因此，很多人都是面黄肌瘦，营养不良，这是长期未能饱食的缘故。"[1]

没长成的谷子注定不能收获，自己不能完成的，需要由他人帮助完成。日本人真正完成现代化转型，是美军占领的结果。

美军占领日本后，为了彻底熄灭日本"军国主义"的烈火，大力推行"民主化"改革，对日本政治进行了全面改造。美国主导制定了日本新宪法，根本改变了旧宪法下国会、行政、司法都从属于天皇的性质，确立了三权分立原则，标志着日本政治制度终于彻底现代化。美国按照自己的联邦体制，帮助日本初步实行了地方自治，地方的长官由居民直接选举产生，并且地方设有议会，拥有审核财政的大权，这从根本上动摇了明治维新建立的集权体制。在美国占领军总部的干预下，日本政府还释放了政治犯和思想犯；开放了工人运动，通过了《工会法》，修改了《选举法》，首次给妇女以选举权和被选举权。

1946年1月8日，美国三部协调委员会所制定了题为"日本人再定位"的文件。文件中指出日本民族是一个有着传统封建主义观念的民族，尚武、

---

[1]成都市政协文史学习委员会编：《成都文史资料选编 4 抗日战争卷中·血肉长城》，四川人民出版社，2007年，第582、585页。

屈从权威，有着强烈的种族意识和排外情绪。有鉴于此，美国占领军总部连续发布了一系列有关指令，有计划地对日本人进行"意识形态改造"。美国人废除了日本旧有的控制新闻、出版、阅览、言论自由的旧法令，以保证言论自由。占领军当局还从一切教材中删除法西斯军国主义思想内容，进行议会民主和基本人权教育；允许教职员和学生自由讨论有关政治、宗教、公民自由等问题；全面禁止传授旧的封建伦理道德，停止讲授含有浓重传统意识的"修身"课程和民族主义意识的日本历史地理课程。在课程设置中强调追求个人的能动性和创造性，效仿美式的以个人为主的价值观。[1]

这些改革深入到日本文化的深层，对日本国民的心理发生了深刻的影响，因此日本人称美军占领对于日本是"第二次开国"。日本人至此才彻底认识到公民意识缺失对国家命运的影响，茅原廉太郎反省说，以前日本人没有确立自我，没有建立起平等意识，只有片面的国家观念而不具备社会观念，等级观念根深蒂固，所以很容易被军国主义动员。

三

日本人现代化的目标经过巨大挫折才得以实现。事实证明，后发国家民众的头脑现代化，是一个艰苦的过程，总是要付出很大的代价。

后发国家现代化转型的一般规律，都是由这个国家的知识阶层或者说精英阶层睁眼看世界，然后将新的观念传导给整个社会，在整个社会由上层到中层再到底层完成层层传导，转型才算彻底实现。

与日本相比，中国的近代化启蒙遭遇了两个瓶颈。第一个瓶颈是精英阶层睁眼看世界的过程没有顺利完成。走出国门的第一个中国外交官郭嵩焘，将他的所见所思写成书向国人汇报，却因为知识分子阶层的反对而遭遇毁

---

[1]于利民：《浅谈二战后美国对日本的现代化》，载《决策与信息》2015年第9期，第23页。

版。精英阶层这个沙土层始终没有完全近代化。第二个瓶颈是精英阶层向普通民众传导不畅，近代中国历史上缺乏日本自由民权运动这样的"翻土"行动，底层民众这个厚厚的黏土层始终没有突破。也就是说，人的头脑近代化进程基本上停留在部分知识分子阶层，并没有真正深入到普通民众中去。

第十一章

日本人对本国国民性认识的戏剧性变化

一

汉语中的"国民性"（或"民族性"）一词来源于日本引介西方的"national character"（或national characteristic）的日文对译。几乎每个研究国民性的人都承认"国民性"是一个非常难以准确把握甚至界定的概念，这不光是因为它的客观判定受到众多因素的影响，更是因为它的主观感受也非常易变。任何事情都存在两面，优点和缺点可以随时转化，日本人的自我认识就是一个典型的代表。

日本人的自我认识，在近代史上一直是从一个极端跳向另一个极端，由极度自卑可以轻易变为极度自负。总的来说，他们对自身国民性的认识是随着国家命运的兴衰而在自卑与自信之间交替。

中国人一度自认为是"中央帝国"，天朝高高在上，因此常被西方观察者批评为虚骄自大。

而在国门打开之前，日本人甚至比中国人还要骄傲。日本人认为日本是天下唯一一个由神创造的国家，而天皇就是神的代表。因此"日本乃神国也"，日本人因此也是天下最优秀的人种。

但是，开国之后，这种虚妄被瞬间打破了。和西方文明撞击之后，日本人马上意识到了西方的先进，一下子陷入巨大的自卑当中，社会上迅速兴起了一股崇洋热。幕府时期日本禁食牛肉，而此时牛肉却成了"文明的药剂"。大家都以不吃牛肉为不开化的表现，牛肉火锅店顾客盈门，人们在里面大啖牛肉，喝着葡萄酒，用蹩脚的英语谈着时事，认为这是最时尚的表现。[1]"有人说昨晚香槟喝多了头疼，就好像他和上流社会有来往，提高了他的品位。但是如果听说是喝日本酒醉了两天，别人就会不由得皱起眉头。"[2]化妆品不起个外国名就不能畅销。日本人甚至发明了"日本人种和日本文化劣等论"，认为自己从人种到语言都一无是处。福泽的弟子高桥义雄认为，要改变日本人的落后状态，最有效的手段是实施"人种改良"。由于西洋人在身高、体重、头脑等各方面都强于日本人，日本人应该与西洋人"杂婚"，这样于公于私都有好处。明治初期的外交官兼学者森有礼的观点更为偏激，他曾于1872年发表了《英语国语化论》，主张停止汉字教育，废除日本语，用英语取代国语。

二

明治维新后日本迅速崛起，连接获得了甲午战争和日俄战争的胜利。

随着这两场胜利，日本人的自我认识也发生了戏剧性的转变。日本人的自信心达到顶峰，认为日本已经成为一等国家。日本人不但一扫对欧美的自卑感，"日本人优秀论"还应运而生。他们认为大和民族是上天选定的完美无缺的民族，体质上也经受得了对外征战，因此国民性冠绝万国。芳贺矢一在《国民性十论》中总结出日本人的"十大优点"：忠君爱国，崇祖先重家名，注重实际，爱草木喜自然，乐天洒脱，淡泊潇洒，纤巧，清净洁白，重礼节，温和宽恕。这个时期的日本人说，日本国民和元首如父子般亲密，平时恭俭慈爱，勤勉服从，战时举国一体，勇于牺牲，因此才有两次胜利。

---

[1]宋成有：《新编日本近代史》，北京大学出版社，2006年，第117页。

[2]杨宁一：《了解日本人：日本人的自我认识》，天津人民出版社，2001年，第34—35页。

《山梨日日新闻》中有一篇社论，虽然充满军国主义谬论，却典型地反映出日本人由自卑向自大的迅速转变：

"吾邦此次战争中最值得向世界夸耀的是吾国民为世界唯一之高洁人民，……吾邦最初之派兵，在于挽救邻邦之颠覆，军队行进所至秋毫无犯；相反，在军旗行进之所，发布政令，抚恤人民，如此严谨之军纪，不能不说这来自于吾国民高洁性情之发挥。……吾邦之地位已经达致世界上最强国之同一地位，然彼辈不知吾国民之品位亦居世界最前位。吾人从彼处输入物质文明，作为其报酬，现在也必须向彼辈大量输出吾国高洁无形之文明。"[1]

那么，日本人为什么能这样"冠绝万邦""世界最优"呢？显然，这是日本的"神国"本质所决定的。日本人既是"神国国民"，品质怎能不优越？《世界国民性读本》就充斥着这种理念，此书对英、美、法、德、意、俄等强国和弱邻中国的国民性一一做了充满情绪化的评述，最终将日本的国民性定义为"大和魂"，其特质就是所谓忠孝义勇、清廉洁白、高雅优美……自古即系勇武之民族，同时亦注重修文。

三

国民性的极度自负代表的是日本人信心的过度膨胀。日本议会政治和政党政治的发展虽然在大正民主时期再度出现进展，[2]但好景不长旋即又跌入法西斯主义狂热的泥沼。

狂热的结果是惨败。第二次世界大战后，日本人又一次开始对国民性劣根性的反思，试图找出日本人战败的原因及其与国民性欠缺的关联性。《菊

---

[1]《山梨日日新闻》，转引自田雪梅《近代日本国民的铸造：从明治到大正》，商务印书馆，2016年，第225页。

[2]日本公民社会另一个重要发展时期是大正民主时期，个人主义思潮高涨。

与刀》正是在这个时候开始成为流行于日本的著名读物，引起了日本人的广泛共鸣。"神国"观念被彻底打破，越来越多的知识分子不再认为日本文化是"神性文化"，甚至也不是什么纯的文化，而是一种"杂种文化"。知识分子接续启蒙时代的任务，继续批判日本人的封建等级观念。

日本知识分子也开始反思日本人身上的狭隘性。他们说，日本人缺乏远见，只注重瞬间的眼前利益。岸田国士提出了"日本人畸形说"，列举出日本人的短处，即封建的、岛国的、形式主义的、不科学的、利己的、暴富的、小儿科的、野蛮的等。[1]

然而，经过战后的经济高速增长，日本迅速成长为仅次于美国的第二大经济强国，创造了所谓的"日本奇迹"后，日本人的自负又一次开始抬头。一部分日本学者又开始吹嘘本民族文化的特异之处。日本曾出现过一本畅销书叫《再见，亚洲》，在这本书里，作者长谷川庆太郎把日本比作高耸入云的霞关大厦，而把其他亚洲国家比作东京湾里的垃圾岛。中曾根认为英国人气质消沉，法国人过于轻佻，而美国的黑人、波多黎各人和墨西哥人降低了美国人的整体素质。马野修二甚至宣布：美国不过是一个由欧洲劣等的下层阶级后裔凑成的移民国家。日本人越比较越觉得自己确实高人一等，日本一些学者通过一系列独特的"研究"后宣布，日本人的大脑、语言、气质乃至风俗习惯都比世界上其他民族优秀高贵，日本开国以来取得的一系列辉煌成就就是证明。

四

这种对自身国民性评价的左右摇摆，并不是日本一国的现象。一个民族在困难之中的时候容易自卑。韩国人在亡国于日本的时候，也痛思本民族落

---

[1][日]岸田国士：《畸形的日本人》，杨晓钟译，陕西人民出版社，2011年，第5页。

后的劣根性，写出了一本《民族改造论》，呼吁彻底改造国民性，才能再造韩国。梁启超也在《朝鲜灭亡之原因》等文章中对韩国人的性格大加鞭挞。甚至到了20世纪60年代，韩国人还自认为是没有希望的民族。到了70年代，经济起飞之后，韩国人就开始挖掘自己身上优于其他民族的地方，得出的结论是韩国人的国民性是世界上最好的。

每个民族都有自己的民族性，就如同每个人都有自己的个性一样，这是客观存在的现实。国民性或者说民族性也是一个不断变化的动态过程。比如在传统时代，韩国人的保守忍耐是出了名的，而在现代史上，韩国人争取民主时表现出的斗争精神也举世闻名。

国民性的形成有多种因素，有地理因素、文化因素，以及制度因素。国民性中也可以分解出可以改变的部分和不可改变的部分。事实上，今天很多人谈论的"国民性问题"，实际上是前现代化或者现代化进程中的问题，而并不是因为某国特有的劣根性而产生的问题。比如我们今天所说的中国人的所谓"劣根性"，有一些实际上是前现代化的社会性格。因此很多时候只有跳出国民性来看国民性，实事求是地解决具体问题，才能真正改变国民性。

一

有些读者可能会问，你为什么会写日本史呢？你并不是学日本史的啊。

是的，不光不是学日本史的，甚至我本就不是学历史的。我本科专业是投资经济管理。

写这本书的第一个原因，是基于很多中国人心中的共同困惑：全球化以来，中国和日本对外部世界的反应为什么如此不同？为什么明治维新那么迅速成功而中国近代一系列变革都失败了？另一个原因，是无知者无畏，当年一个财经专业毕业的人在写第一本历史类作品时根本没想过自己其实是没资格写的。

和其他书一样，这本书的写作过程对我来说也是一个学习的过程。这本书原本计划在2020年东京奥运会前出版，但因为奥运会延期，干脆就继续写了一年。因为带着问题去写，所以这本书不是一本单纯的日本简史，而是日本政治史、日本文化史、日本外交史、日本国民性问题四部分的综合。这本名为"简读"的书之所以很厚，就是因此。

我写这本《简读日本史》的收获有两点，第一是通过和日本对比，更深入地认识到中华文明的独特性，第二是更深入地认识到一个民族文化的惯性。

胡适认为，各民族文化都有着极其强大的惰性，或者说"绝大的保守性"，任何一种民族文化的根本性质很难被外来文化真正改变。两种文化接触，强势一方的文化会部分"摧陷""替代"弱势文化，但是这种"摧陷"终有一个最大限度，就是"终不能根本扫灭"弱势文化的"根本保守性"。[1]日本文化的表现正是如此。日本的经验似乎一定程度上印证了胡适的说法，即无论如何努力，"全盘西化"也是不可能的。直到今天，日本仍然是独特的，日本文化的基础，仍然还在强有力地影响着日本的现实。

胡适说，在吸收外来文化时，不必担心本民族文化被彻底摧毁，连根拔除。"中国的旧文化的惰性实在大的（得）可怕，我们正可以不必替'中国本位'担忧。我们肯往前看的人们，应该虚心接受这个科学工艺的世界文化和它背后的精神文明，让那个世界文化充分和我们的老文化自由接触，自由切磋琢磨，借它的朝气锐气来打掉一点我们的老文化的惰性和暮气。将来文化大变动的结晶品，当然是一个中国本位的文化，那是毫无可疑的。如果我们的老文化里真有无价之宝，禁得起外来势力的洗涤冲击的，那一部分不可磨灭的文化将来自然会因这一番科学文化的淘洗而格外发辉光大的。"[2]

陈寅恪也有类似论述："窃疑中国自今日以后，即使能忠实输入北美或东欧之思想，其结局当亦等于玄奘唯识之学，在吾国思想史上，既不能居最高之地位，且亦终归于歇绝者。其真能于思想上自成系统，有所创获者，必须一方面吸收输入外来之学说，一方面不忘本来民族之地位。此二种相反而适相成之态度，乃道教之真精神，新儒家之旧途径，而二千年吾民族与他民族思想接触史之所昭示者也。"[3]

不过津田左右吉的观点和胡适、陈寅恪有所不同。如我书中引用过那

---

[1]胡适：《试评所谓"中国本位的文化建设"》，载何卓恩编《胡适文集·文明卷》，长春出版社，2013年，第92页。

[2]胡适：《试评所谓"中国本位的文化建设"》，载何卓恩编《胡适文集·文明卷》，长春出版社，2013年，第92—93页。

[3]陈寅恪：《冯友兰〈中国哲学史〉（下册）审查报告》，载《金明馆丛稿二编》，转引自杨剑锋《现代性视野中的陈三立》，上海大学出版社，2010年，第153页。

样，津田认为，日本的这次西化，和以前吸收中国文化、佛教文化有着本质的不同。今后的日本文化将变成"现代文化在日本"：

> 今天的日本在一切方面都领略了发源于西方的现代的世界文化。从其特色来说，这种文化可称为科学文化。日本的全部民族生活都建立在这一文化之上。过去的日本人只从中国学到一些书本知识和工艺，以及拿来一些文物，日本人的生活没有中国化。相反，现代的生活，从其基础的经济组织、社会机构都普遍地现代化了。过去的日本人尽管从中国拿来文物并仿效之，但并未投入于中国文化之中。现在我们则完全生活在发源于西方的现代的世界文化之中（虽然这种差异对于了解日本现代文化的性质极其重要，但并未引起人们的充分注意）。所以说，今天的日本文化是这种现代文化、世界文化在日本的表现。[1]

随着科技的发展、网络的兴起和全球化的加深，人类各民族文化的撞击和融合，最终会演变成什么样的局面，这个问题可能还需要两百年才能得到明确的回答。

二

写日本史很困难。

日本和中国那么相似，又那么不同，因此处处呈现出一种"暧昧"的面貌。举一个例子，日语里有一些词，虽然是汉字组成的，但是中国人根本看不懂。比如"惣村""寄合""御家人""一揆""村八分""武家""公

---

[1][日]津田左右吉：《中国思想和日本》，转引自[日]家永三郎《外来文化摄取史论》，靳丛林、陈泓、张福贵等译，大象出版社，2017年，第355—356页。

家""石高"……

日本介于中国和西方之间，日本史上的很多现象，既有东方特点，也有西方特点，比如自治城市和乡村。

中国人看日本，首先关注的当然是相似。中日文化中相似的地方太多了。从外在的建筑到内里的思维方式。中日两国有很多相似的谚语，比如中国有一句"出头的椽子先烂"，日本有一句"出头的钉子先挨敲"。中日两国都有"养儿方知父母恩"的说法。如果专门要写中日之间的相似，十本书的体量也不够。

不过再深入一层，就会看到中日表面之下巨大的不同，而正是这些不同，决定了中日两国不同的历史走向。

作为一名中国作者，这本书的重点是分析中国和日本的不同，因此这是一本有偏重的书，不是一部均衡的教科书式地讲述日本历史的作品。

另外需要强调的一点是，尘埃落定才成为历史。因此这本书中所写的内容，与今天的日本社会也有一定距离。今天日本年轻一代的思维模式和行为模式，可能与我书中所写的时代已经有很大不同。

在写作过程中，我得到了很多人的帮助，比如东京大学的松田康博教授、钟以江教授、高见泽磨教授、牧原成征教授，我向他们请教过日本历史上的税赋问题和江户时代的社会等许多问题。我赴横滨拜访了我的《中国国民性演变历程》的日文翻译者小林一美教授，他和我谈到了日本历史上的分家制度等问题。此外我还专程拜访了日本统计数理研究所，向专家们请教了日本人及其他国家国民性数据的调查统计分析问题；拜访了日本税务大学校租税史料室，向专家们请教了日本历史上的税收改革问题。当然，在这个过程中，离不开野口裕子女士、黑川樱小姐等人的帮助和介绍，离不开黑川樱小姐和东京大学留学生许一莐同学的陪同和翻译，他们的敬业精神令人感动。复旦大学日本史方向的钱静怡老师对本书的写作也提出了宝贵意见。

作为一个非日本史出身的写作者，这本书的主要写作方法是对既往学术成果的综合。我读过一篇关于斯塔夫里阿诺斯的《全球通史》的中文学术评论，说斯氏作品的缺点在于用的都是第二手材料，没有第一手材料。对《全球通史》这样的作品如此要求是否公平我不敢赞一词，不过本书和我以前的作品一样，仍然是由一个历史爱好者写给其他历史爱好者的普及之作，不登大雅之堂，或可免此批评。在我的理解当中，通俗性历史写作的一个重要功能是对学术研究成果进行"转化"，发挥史学的"经世"功能。因此虽然通俗性作品不一定要加注释，为免掠美，本书还是尽量注明出处，在此对我引用参考的著作论文的作者们深致谢意。同时，由于体裁，注释可能有遗漏不周之处，也敬请谅解。因为缺乏基础，学不专而思不精，未脱野狐禅习气，这本书有些地方可能是言前人所未言，更多的应是浅薄乃至谬误之处，期待方家批评指正。

"去日行藏同踏雪，迂儒事业类团沙。"在这个传播方式日新月异变化的时代，我仍然如同一个碾玉匠人一样，从事着古老的手工业，一本一本地写着普及性书籍。其中最大的动力，一直是解答自己的困惑。表面上看，我的写作一直是信马由缰，但实际上也有一个固定的方向，那就是不断地完善自己的知识拼图。因此，这本《简读日本史》是一个开头，接下来我还会再写几本关于世界史的书，最终形成一个世界史系列。

图书在版编目（CIP）数据

简读日本史 / 张宏杰著 . -- 长沙：岳麓书社，
2021.7

ISBN 978-7-5538-1526-8

Ⅰ.①简… Ⅱ.①张… Ⅲ.①日本—历史—通俗读物
Ⅳ.① K313.09

中国版本图书馆 CIP 数据核字（2021）第 131820 号

JIAN DU RIBEN SHI

简读日本史

作　　者：张宏杰
责任编辑：李伏媛
监　　制：秦　青
特约策划：曹　煜
特约编辑：陈　皮　王子佳
营销编辑：马欢玥　杨　婷
版式设计：利　锐
封面设计：格局创界文化 Gervision
岳麓书社出版
地址：湖南省长沙市爱民路 47 号
直销电话：0731-88804152　88885616
邮编：410006
2021 年 7 月第 1 版　2021 年 7 月第 1 次印刷
开本：680mm×955mm　1/16
印张：31.5
字数：447 千字
书号：ISBN 978-7-5538-1526-8
定价：78.00 元
承印：嘉业印刷（天津）有限公司

若有质量问题，请致电质量监督电话：010-59096394
团购电话：010-59320018